POLÍTICAS PÚBLICAS, PODER JUDICIÁRIO E O DIREITO À MORADIA

COLEÇÃO FÓRUM
DIREITO
E POLÍTICAS
PÚBLICAS

**COLEÇÃO FÓRUM
DIREITO E POLÍTICAS PÚBLICAS**

ALEXANDRA FUCHS DE ARAÚJO

Prefácio
Maria Paula Dallari Bucci

Apresentação
Luis Manuel Fonseca Pires

POLÍTICAS PÚBLICAS, PODER JUDICIÁRIO E O DIREITO À MORADIA

5

Belo Horizonte
FÓRUM
CONHECIMENTO JURÍDICO
2023

COLEÇÃO FÓRUM
DIREITO E POLÍTICAS PÚBLICAS

© 2023 Editora Fórum Ltda.

É proibida a reprodução total ou parcial desta obra, por qualquer meio eletrônico, inclusive por processos xerográficos, sem autorização expressa do Editor.

Conselho Editorial

Adilson Abreu Dallari
Alécia Paolucci Nogueira Bicalho
Alexandre Coutinho Pagliarini
André Ramos Tavares
Carlos Ayres Britto
Carlos Mário da Silva Velloso
Cármen Lúcia Antunes Rocha
Cesar Augusto Guimarães Pereira
Clovis Beznos
Cristiana Fortini
Dinorá Adelaide Musetti Grotti
Diogo de Figueiredo Moreira Neto (*in memoriam*)
Egon Bockmann Moreira
Emerson Gabardo
Fabrício Motta
Fernando Rossi
Flávio Henrique Unes Pereira
Floriano de Azevedo Marques Neto
Gustavo Justino de Oliveira
Inês Virgínia Prado Soares
Jorge Ulisses Jacoby Fernandes
Juarez Freitas
Luciano Ferraz
Lúcio Delfino
Marcia Carla Pereira Ribeiro
Márcio Cammarosano
Marcos Ehrhardt Jr.
Maria Sylvia Zanella Di Pietro
Ney José de Freitas
Oswaldo Othon de Pontes Saraiva Filho
Paulo Modesto
Romeu Felipe Bacellar Filho
Sérgio Guerra
Walber de Moura Agra

FÓRUM
CONHECIMENTO JURÍDICO

Luís Cláudio Rodrigues Ferreira
Presidente e Editor

Coordenação editorial: Leonardo Eustáquio Siqueira Araújo
Aline Sobreira de Oliveira

Rua Paulo Ribeiro Bastos, 211 – Jardim Atlântico – CEP 31710-430
Belo Horizonte – Minas Gerais – Tel.: (31) 99412.0131
www.editoraforum.com.br – editoraforum@editoraforum.com.br

Técnica. Empenho. Zelo. Esses foram alguns dos cuidados aplicados na edição desta obra. No entanto, podem ocorrer erros de impressão, digitação ou mesmo restar alguma dúvida conceitual. Caso se constate algo assim, solicitamos a gentileza de nos comunicar através do *e-mail* editora@editoraforum.com.br para que possamos esclarecer, no que couber. A sua contribuição é muito importante para mantermos a excelência editorial. A Editora Fórum agradece a sua contribuição.

Dados Internacionais de Catalogação na Publicação (CIP) de acordo com ISBD

A663p	Araújo, Alexandra Fuchs de
	Políticas públicas, Poder Judiciário e o direito à moradia / Alexandra Fuchs de Araújo. - Belo Horizonte : Fórum, 2023.
	310p. ; 14,5cm x 21,5cm. – (Coleção Fórum Direito e Políticas Públicas ; v. 5)
	ISBN: 978-65-5518-441-9 ISBN da coleção: 978-65-5518-447-1
	1. Direito. 2. Direito urbanístico. 3. Direito à moradia. 4. Políticas públicas. 5. Direito Administrativo. 6. Direitos fundamentais. 7. Propriedade. 8. Moradia. 9. Direitos possessórios. 10. Ocupações urbanas. 11. Controle judicial. 12. Processo coletivo. 13. Direito Civil. 14. Direito Constitucional. 15. Direito Processual Civil. 16. Direitos Humanos. I. Título.
2022-2223	CDD 341.374 CDU 349.44

Elaborado por Vagner Rodolfo da Silva - CRB-8/9410

Informação bibliográfica deste livro, conforme a NBR 6023:2018 da Associação Brasileira de Normas Técnicas (ABNT):

ARAÚJO, Alexandra Fuchs de. *Políticas públicas, Poder Judiciário e o direito à moradia*. Belo Horizonte: Fórum, 2023. (Coleção Fórum Direito e Políticas Públicas, v. 5). 310 p. ISBN 978-65-5518-441-9.

*À memória de meus pais, Pedro e Lisette,
e ao meu marido Marcelo.*

AGRADECIMENTOS

Agradeço, primeiramente, à minha orientadora na tese de doutorado, Professora Maria Paula Dallari Bucci, por todo o apoio durante todo o trabalho de pesquisa. À professora Susana Henriques da Costa, pelas diversas sugestões bibliográficas. Aos da Magistratura, pelo debate constante de ideias sobre temas urbanísticos que de alguma forma afetam o Poder Judiciário, em especial a Cynthia Tomé, Luiza Barros Rozas, Ana Rita Nery, Luís Manuel Fonseca Pires e Helena Refosco. Aos Oficiais de Justiça do Foro Hely Lopes Meirelles, com quem muito aprendi sobre a dinâmica da execução das grandes imissões na posse, para além da decisão judicial.

LISTA DE SIGLAS

ACP	Ação Civil Pública (ACP)
Ag	Agravo de Instrumento (Ag)
AgInt	Agravo Interno (AgInt)
AgRg	Agravo Regimental (AgRg)
APA	Área de Preservação Ambiental (APA)
APPs	Áreas de Proteção Permanente (APPs)
ARE	Recurso Extraordinário com Agravo
ARISP	Associação de Registradores Imobiliários do Estado de São Paulo (ARISP)
ARP	Ação de Reintegração de Posse (ARP)
BID	Banco Interamericano de Desenvolvimento (BID)
BNDES	Banco Nacional de Desenvolvimento Econômico Social (BNDES)
BNH	Banco Nacional da Habitação (BNH)
CAB	Coeficiente de Aproveitamento Básico
CC	Código Civil
c.c.	combinado com
CCB	Código Civil Brasileiro
CCMFHLM	Central de Cumprimento de Mandados do Foro Hely Lopes Meirelles
CDHU	Companhia de Desenvolvimento Habitacional e Urbano
CDRU	Concessão de Direito Real de Uso
CEF	Caixa Econômica Federal
CEJUSC	Centro Judiciário de Solução de Conflitos e Cidadania
CEPACs	Certificados de Potencial Adicional de Construção
CF	Constituição Federal
CGJ	Corregedoria-Geral de Justiça
CIDPD	Convenção Internacional dos Direitos da Pessoa com Deficiência
CMH	Conselho Municipal de Habitação

CNI	Confederação Nacional da Indústria
CNJ	Conselho Nacional de Justiça
CNMP	Conselho Nacional do Ministério Público
COHAB	Companhia de Habitação Popular
COHAB/SP	Companhia Metropolitana de Habitação de São Paulo
Conam	Confederação Nacional das Associações de Moradores
CONAMA	Conselho Nacional do Meio Ambiente
CONPEDI	Conselho Nacional de Pesquisa e Pós-Graduação em Direito
CPC	Código de Processo Civil
CRF	Certidão de Regularização Fundiária
CRFB	Constituição da República Federativa do Brasil
CTN	Código Tributário Nacional
CUEM	Concessão de Uso Especial para Fins de Moradia
DAEE	Departamento de Águas e Energia Elétrica
DERSA	Desenvolvimento Rodoviário S/A
DPJ	Departamento de Pesquisas Judiciárias
DPP	Direito e Políticas Públicas (DPP)
ENFAM	Escola Nacional de Formação e Aperfeiçoamento de Magistrados
EPM	Escola Paulista da Magistratura
EUA	Estados Unidos da América
FAR	Fundo de Arrendamento Residencial
FDS	Fundo de Desenvolvimento Social
FIESP	Federação das Indústrias do Estado de São Paulo
FMH	Fundo Municipal de Habitação
FMSAI	Fundo Municipal de Saneamento Ambiental e Infraestrutura
FNHIS	Fundo Nacional de Habitação de Interesse Social
FNRU	Fórum Nacional de Reforma Urbana
FPSP	Fazenda Pública de São Paulo
FUNDURB	Fundo de Desenvolvimento Urbano
GAORP	Grupo de Apoio às Ordens Judiciais de Reintegração de Posse
HCRSM	Hospital Centro de Referência da Saúde da Mulher
HES	Hospital Estadual de Sorocaba

HESJC	Hospital Estadual de São José dos Campos
HIS	Habitação de Interesse Social
HIS1	Habitação de Interesse Social 1
HIS2	Habitação de Interesse Social 2
HMP	Habitação de Mercado Popular
IAB-SP	Instituto de Arquitetos do Brasil – Departamento de São Paulo
IAPs	Institutos de Aposentadorias e Pensões
IBDU	Instituto Brasileiro de Direito Urbanístico
INSS	Instituto Nacional do Seguro Social
IPEA	Instituto de Pesquisa Econômica Aplicada
IPTU	Imposto Predial e Territorial Urbano
IRDR	Incidente de Resolução de Demandas Repetitivas
IRIB	Instituto de Registradores Imobiliários do Brasil
JFESP	Justiça Federal do Estado de São Paulo
LGD	Lei Geral de Desapropriações
LINDB	Lei de Introdução às Normas do Direito Brasileiro
LRF	Lei de Regularização Fundiária
LRP	Lei de Registros Públicos
LUOS	Lei de Uso e Ocupação do Solo
MPF	Ministério Público Federal
MPSP	Ministério Público de São Paulo
MZPA	Macrozona de Proteção e Recuperação Ambiental
NATJUS	Núcleo de Apoio Técnico do Poder Judiciário
NEDU	Núcleo de Estudos de Direito Urbanístico
ODMs	Objetivos de Desenvolvimento do Milênio
ODSs	Objetivos de Desenvolvimento Sustentável
OGU	Orçamento Geral da União
ONGs	Organizações Não Governamentais
OODC	Outorga Onerosa do Direito de Construir
OUCs	Operações Urbanas Consorciadas
PAC	Programa de Atuação em Cortiços
PAQHs	Planos de Ação Quadrienais de Habitação
PAR	Programa de Arrendamento Residencial
PCB	Partido Comunista Brasileiro
PCI	Processo Civil Individual
PDC	Plano Diretor da Cidade

PDE	Plano Diretor Estratégico
PEC	Projeto de Emenda Constitucional
PEUC	Parcelamento, Edificação ou Utilização Compulsórios
PIB	Produto Interno Bruto
PL	Projeto de Lei
PLHIS	Plano Local de Habitação de Interesse Social
PMCMV	Programa Minha Casa Minha Vida
PMH	Plano Municipal de Habitação
PMHS	Plano Municipal de Habitação Social
PPPs	Parcerias Público-Privadas
PRIHs	Perímetros de Reabilitação Integrada do Habitat
PUC-SP	Pontifícia Universidade Católica de São Paulo
PVT	Parque Várzeas do Tietê
QPPP	Quadro de Problemas de Políticas Públicas
QRPP	Quadro de Referência de Políticas Públicas
RCJPP	Roteiro de Controle Judicial de Políticas Públicas
RE	Recurso Extraordinário
REsp	Recurso Especial
RPJ	Reforma do Poder Judiciário
SABESP	Companhia de Saneamento Básico do Estado de São Paulo
SEHAB	Secretaria Municipal de Habitação
SIURB	Secretaria Municipal de Infraestrutura Urbana e Obras
SMDU	Secretaria Municipal de Desenvolvimento Urbano
SNHIS	Sistema Nacional de Habitação de Interesse Social
SUS	Sistema Único de Saúde
SVMA	Secretaria Municipal do Verde e do Meio Ambiente
TCESP	Tribunal de Contas do Estado de São Paulo
TDC	Transferência do Direito de Construir
TJRS	Tribunal de Justiça do Estado do Rio Grande do Sul
TJSP	Tribunal de Justiça do Estado de São Paulo
UCSB	University of California Santa Barbara
UFPR	Universidade Federal do Paraná
USP	Universidade de São Paulo
ZEISs	Zonas Especiais de Interesse Social

SUMÁRIO

APRESENTAÇÃO DA COLEÇÃO 17

PREFÁCIO 19

APRESENTAÇÃO
LUIS MANUEL FONSECA PIRES 27

INTRODUÇÃO 29

CAPÍTULO 1
O CONTROLE JUDICIAL DE POLÍTICAS PÚBLICAS DE MORADIA PARA POPULAÇÃO DE BAIXA RENDA 37

1.1	Uma questão nova?	37
1.2	O processo de concentração urbana brasileira e a questão da moradia	46
1.3	A judicialização do espaço urbano e o direito à moradia	53
1.4	Uma amostra da questão da moradia para a população de baixa renda no Poder Judiciário de São Paulo	60
1.4.1	Caso 1: A execução da desapropriação da Quadra 36 da Cracolândia	64
1.4.2	Caso 2: A execução da imissão na posse da área do Alto Tietê – Dique Itaim	71
1.4.3	Caso 3: A desapropriação e a remoção da ocupação do terreno da CDHU no Bairro do Bresser	78
1.4.4	Um precedente histórico	81

CAPÍTULO 2
DIREITO À MORADIA PARA BAIXA RENDA: PERSPECTIVAS DO DIREITO MATERIAL 85

2.1	Conflitos de racionalidades no Direito e suas consequências no Direito Urbanístico	87
2.2	Os conflitos de racionalidades do direito à moradia nos Tribunais Superiores	94
2.3	O CC e a propriedade dos bens públicos e privados	102
2.4	O CC e as diversas teorias da posse	108
2.5	A moradia para baixa renda e o Estatuto da Cidade	117

2.5.1	Os instrumentos de planejamento urbanístico	121
2.5.2	Institutos tributários e financeiros	125
2.5.3	Instumentos de operacionalização das políticas públicas de desenvolvimento da infraestrutura urbana	131
2.5.3.1	Desapropriação e parcelamento, edificação ou utilização compulsórios	132
2.5.3.2	TDC com doação de imóvel e o direito à moradia	136
2.5.3.3	CDRU e CUEM	138
2.5.3.4	Instrumentos de regularização fundiária	143
2.6	As políticas municipais de moradia para baixa renda e a instituição de ZEISs	155
2.7	O direito à moradia, a Política Nacional de HIS e as Políticas Municipais de Moradia	161
2.8	A moradia para baixa renda e o Princípio da Solidariedade Ambiental	163

CAPÍTULO 3
DIREITO À MORADIA PARA PESSOAS DE BAIXA RENDA: PERSPECTIVAS DO DIREITO PROCESSUAL CIVIL 167

3.1	A tutela processual de políticas públicas e o CPC/2015	168
3.1.1	A tutela de direitos de interesse público e a RPJ	174
3.1.2	O novo CPC e os novos princípios da prestação jurisdicional	176
3.2	A moradia para a população de baixa renda e a tutela possessória do CPC	182
3.3	Conflitos legislativos no Poder Judiciário: os complexos processos de mudança institucional	191
3.4	Uma nova abordagem da fase de Execução do Processo	194
3.4.1	Os instrumentos de execução forçada na ação coletiva e o experimentalismo jurídico	197
3.4.2	Articulação interinstitucional judiciária e experimentalismo jurídico	202
3.4.3	O negócio jurídico processual no processo de interesse público	210
3.4.4	Decisões estruturais na fase de execução e políticas públicas	212
3.4.5	O sistema de padronização das decisões	217

CAPÍTULO 4
PROCESSOS JUDICIAIS DE MORADIA PARA BAIXA RENDA: POSSIBILIDADES DE ABORDAGEM A PARTIR DA METODOLOGIA DPP 225

4.1	As mudanças institucionais e o lugar do Poder Judiciário nas políticas públicas de moradia para baixa renda	225
4.2	Os diversos níveis da ação governamental e o lugar do Poder Judiciário	227
4.3	A abordagem DPP e o Quadro de Problemas de Políticas Públicas (QPPP) da moradia para baixa renda	234

4.4	Questões juridicamente relevantes para o controle judicial de políticas públicas de moradia a partir dos casos narrados	240
4.5	Elementos de um RCJPP adequado a conflitos judicializados de moradia para baixa renda	243
4.5.1	Grupo A: Questões referentes ao ajuizamento da ação	245
4.5.2	Grupo B: Questões referentes à citação e à defesa do réu	249
4.5.3	Grupo C: Questões referentes ao saneamento e à instrução	253
4.5.4	Grupo D: Questões referentes ao cumprimento de liminar e à fase de execução do processo	258

CONCLUSÃO 263

REFERÊNCIAS 269

ANEXOS

ANEXO I – TESTE DO CASO 1 – EXECUÇÃO DA DESAPROPRIAÇÃO DA QUADRA 36 DA CRACOLÂNDIA 289

Questões do Grupo A – Ajuizamento da ação 289

Questões do Grupo B – Citação e defesa 292

Questões do Grupo C – Saneamento e instrução 294

Questões do Grupo D – Cumprimento de liminar e execução 298

Conclusão 299

ANEXO II - TESTE DO CASO 3 - A DESAPROPRIAÇÃO E A REMOÇÃO DA OCUPAÇÃO DO TERRENO DA COMPANHIA DE DESENVOLVIMENTO HABITACIONAL E URBANO DO ESTADO DE SÃO PAULO (CDHU) NO BAIRRO DO BRESSER 301

Questões do Grupo A – Ajuizamento da ação 301

Questões do Grupo B – Citação e defesa 303

Questões do Grupo C – Saneamento e instrução 306

Questões do Grupo D – Cumprimento de liminar e execução 308

Conclusão 310

APRESENTAÇÃO DA COLEÇÃO

A *Coleção Fórum Direito e Políticas Públicas* tem o objetivo de apresentar ao leitor trabalhos acadêmicos inovadores que aprofundem a compreensão das políticas públicas sob a perspectiva jurídica, com triplo propósito.

Em primeiro lugar, visa satisfazer o crescente interesse pelo tema, para entender os avanços produzidos sob a democracia no Brasil depois da Constituição de 1988. É inegável que as políticas públicas de educação, saúde, assistência social, habitação, mobilidade urbana, entre outras estudadas nos trabalhos que compõem a coleção, construídas ao longo de várias gestões governamentais, mudaram o patamar da cidadania no país. Certamente, elas carecem de muitos aperfeiçoamentos, como alcançar a população excluída, melhorar a qualidade dos serviços e a eficiência do gasto público, assegurar a estabilidade do financiamento e, no que diz respeito à área do Direito, produzir arranjos jurídico-institucionais mais consistentes e menos suscetíveis à judicialização desenfreada. O desmantelamento produzido pela escalada autoritária iniciada em meados dos anos 2010, no entanto, explica-se não pelas deficiências dessas políticas e sim pelos seus méritos – não tolerados pelo movimento reacionário. Compreender a estrutura e a dinâmica jurídica das políticas públicas, bem como a legitimação social que vem da participação na sua construção e dos resultados, constitui trabalho importante para a credibilidade da reconstrução democrática.

O segundo objetivo da coleção é contribuir para o desenvolvimento teórico sobre as relações entre Direito e Políticas Públicas. Publicando trabalhos oriundos de teses e dissertações de pós-graduação, constitui-se um acervo de análises objetivas de programas de ação governamental, suas características recorrentes e seus processos e institucionalidade jurídicos. Neles estão documentados os impasses inerentes aos problemas públicos de escala ampla, e estudadas algumas soluções ao mesmo tempo jurídicas e políticas, presentes em práticas de coordenação e articulação, seja na alternância de governo, nas relações federativas, ou na atuação intersetorial. Assim, sem perder a multidisciplinaridade característica dessa abordagem, valendo-se da bibliografia jurídica em cotejo com a literatura especializada, publica-se material de pesquisa empírica (não quantitativa) da qual se extraem os conceitos e relações que numa organização sistemática dão base para a teorização jurídica da abordagem Direito e Políticas Públicas. Com essa preocupação, a coleção também publicará trabalhos de alguns dos raros autores estrangeiros com obras específicas na área.

Finalmente, o terceiro objetivo da coleção é contribuir para a renovação teórica do direito público brasileiro, fomentando o desenvolvimento de uma tecnologia da ação governamental democrática, engenharia jurídico-institucional para o avanço da cidadania do Brasil. Isso permitirá ampliar a escala de experiências bem-sucedidas, inspirar melhores desenhos institucionais pela comparação com experiências similares, além de avançar na cultura da avaliação, agora positivada na Constituição Federal.

São Paulo, 22 de agosto de 2022.

Maria Paula Dallari Bucci
Professora da Faculdade de Direito da Universidade de São Paulo (USP). Coordenadora da *Coleção Fórum Direito e Políticas Públicas*.

PREFÁCIO

O controle judicial de políticas públicas inaugura a perspectiva de Direito e Políticas Públicas no Brasil, desde o artigo seminal do professor Fabio Konder Comparato.[1] Para registro histórico, vale lembrar que na década de 1990 a atuação ampla do Poder Judiciário ainda era algo a se estabelecer; custava a ser vencida a tradição formalista que limitava o seu campo. Juristas progressistas[2] produziam doutrina para fundamentar essa atuação alargada no contexto da Constituição dirigente, orientada à plena aplicação de sua "força normativa", mas um bom tempo se passou até que os juízes admitissem as políticas públicas e passassem a decidir sobre elas.

Apesar disso, durante vários anos em minha trajetória de pesquisa evitei o tema. Acautelava-me para não reforçar posições moralistas ou voluntaristas comuns na visão do controle, com frequência exacerbadas pela doutrina. Cada controlador tinha sua ideia sobre a melhor forma de implementar o direito em questão, muitas vezes alheio aos

---

[1] COMPARATO, Fabio Konder. Ensaio sobre o juízo de constitucionalidade de políticas públicas. In: Estudos em homenagem a Geraldo Ataliba. Direito Administrativo e Constitucional, v. 2. Celso Antônio Bandeira de Mello (org.). São Paulo: Malheiros, 1997, p. 343-359. A visão de Comparato, contudo, era muito distinta do que acabou se realizando em matéria de controle judicial de políticas públicas. Ele propunha uma reforma constitucional em que se definissem "a forma processual da demanda, a legitimidade das partes e a competência judiciária". Recomendava, ainda, que a ação fosse direta e não incidental e que o controle fosse concentrado, e não difuso, em respeito, exatamente, ao seu caráter político. "Uma política pública é sempre decidida e executada no nível mais elevado da instância governamental. Ademais, é muito comum o seu espraiamento por toda a Administração Pública, e o concurso legislativo para a consecução de seus objetivos. Nestas condições, não faz sentido que o litígio a respeito da constitucionalidade de uma política pública possa ser decidido incidentalmente, no curso de outro processo judicial, tendente à solução de uma lide particular. Por via de lógica consequência, esse juízo de constitucionalidade, ao contrário do que tem por objeto leis ou outros atos normativos, deveria ser concentrado e não difuso. O órgão judiciário competente para proferi-lo haveria de ser, com exclusividade, aquele colocado na cúpula do sistema, em cada nível da estrutura federativa, admitindo-se que, tratando de políticas municipais, a competência de processo e julgamento caberia ao Tribunal de Justiça do Estado onde se encontra o Município em questão" (p. 357-358).

[2] DALLARI, Dalmo de Abreu. O poder dos juízes. São Paulo: Saraiva, 1996.

impactos de suas preferências.[3] Evidentemente, essa leitura não pode ser generalizada, nem deve ser diminuída a importância da garantia judicial para a efetividade dos direitos fundamentais. Como observa Alexandra Fuchs de Araújo, há um balanço entre proteção do direito e judicialização, ocorrendo um "estímulo à judicialização dos conflitos fundiários num momento em que a política parece mais refratária à concretização dos direitos sociais".

Mas parecia necessária uma base mais consistente sobre a fundamentação jurídica das políticas públicas como condição para um controle judicial mais adequado. Em especial, carecíamos de compreender a interdisciplinaridade primordial, isto é a dinâmica das relações entre os universos do direito e da política. No Poder Judiciário, o déficit democrático – a "razão sem voto"[4] – vai além da questão tradicional da separação de poderes; a mentalidade prescritiva descompromissada gera impactos de muitas ordens, sociais, econômicos, além dos políticos em sentido estrito.

> O juiz não conhece os ônus subjacentes a cada escolha que resultou naquele arranjo complexo, nem a composição de interesses que sustenta a decisão política, tampouco assumirá consequências pela interferência sobre a estratégia que orientou a adoção de um ato ou outro (a qual pode ter consequências, meritórias ou perversas, com outras estratégias, pertinentes a outras políticas do governo). Nesse sentido é que se fala de irresponsabilidade política do Judiciário.[5]

Por essas razões, defendo um papel subsidiário do Poder Judiciário em matéria de políticas públicas. A hipertrofia judicial, em que judicialização induz mais judicialização,[6] distorce tanto a relação entre Poderes como a própria concepção de cidadania, erroneamente

---

[3] Há um exemplo dessa postura trazido neste livro, do juiz que determina a ligação de água pela Sabesp em uma favela, sob pena de multa diária, e acredita estar fazendo uma política pública de abastecimento de água (cap. 2).

[4] VIEIRA, Oscar Vilhena; GLEZER, Rubens [org.]. *A razão e o voto*. Diálogos constitucionais com Luís Roberto Barroso. São Paulo, FGV Direito SP Editora, 2017.

[5] BUCCI, Maria Paula Dallari. Controle judicial de políticas públicas; possibilidades e limites. *In*: BENEVIDES, Maria Victoria de Mesquita; BERCOVICI, Gilberto, MELO, Claudineu de [org.]. *Direitos humanos, democracia e república*. Homenagem a Fábio Konder Comparato. São Paulo: Quartier Latin, 2009, p. 693-712. O trecho transcrito refere-se às páginas 698-699.

[6] BUCCI, Maria Paula Dallari. Contribuição para a redução da judicialização da saúde. Uma estratégia jurídico-institucional baseada na abordagem de Direito e Políticas Públicas. *In*: BUCCI, Maria Paula Dallari, DUARTE, Clarice Seixas (coord.). *Judicialização da saúde*: a visão do Poder Executivo. São Paulo: Saraiva, 2017, p. 31-88.

tida como expansão indefinida de direitos subjetivos. Isso acabou sendo involuntariamente enfatizado no âmbito acadêmico, com a negligência do estudo dos processos de produção normativa, tanto no Poder Legislativo como nos órgãos e instâncias do Executivo,[7] em prejuízo do entendimento do processo político. "[...] os juristas se desinteressaram das tarefas de entender, explicar e orientar – porque não? – a organização do Estado e suas injunções jurídicas, preferindo armar-se para as batalhas judiciais em torno da questão".[8] Além disso, a tônica preponderante do controle tende a valorizar mais o não-fazer do que o fazer do Poder Público, reforçando a oposição entre a Administração Pública e os cidadãos.[9] Ou, como resumiu José Siqueira Neto: "Essa contradição entre a sociedade com poder participativo e Estado com instituições fragilizadas, combinada com a exacerbação individualista de atuação do brasileiro, pode ser caracterizada como a síntese estrutural das políticas públicas no país".[10]

Fazia mais sentido uma agenda de pesquisa centrada na construção do Estado democrático, para uma compreensão mais profunda dos processos decisórios e dos mecanismos de coordenação e articulação pelos quais se evolui nos pontos de consenso ou se processa o dissenso. Tomou forma, então, a abordagem Direito e Políticas Públicas, que destaca a perspectiva do Poder Executivo, a escala ampla da ação governamental e o exercício de uma visão prospectiva,[11] posteriormente explicitada como a engenharia jurídico-institucional democrática.

Alexandra Fuchs de Araújo desenvolve a abordagem e traz uma visão nova sobre o controle judicial das políticas públicas. O livro tem origem em tese de doutorado defendida na Faculdade de Direito da Universidade de São Paulo, perante uma banca multidisciplinar composta pelo cientista político Eduardo Marques, pelos professores de Direito Urbanístico Luís Fernando Massonetto e Fernando Bruno, e pelos docentes-magistrados Carlos Alberto de Salles e Luís Manoel

---

[7] BUCCI, Maria Paula Dallari. Que futuro projetar para o ensino jurídico? *In*: BUCCI, Maria Paula Dallari; SOUZA, Rodrigo Pagani de [org.].*O ensino jurídico no bicentenário da Independência*. Belo Horizonte: Editora D'Plácido, 2022, p. 11-36. A menção específica está às páginas 23-27.
[8] BUCCI. *Controle judicial de políticas públicas*, cit., p. 696.
[9] BUCCI. *Controle judicial de políticas públicas*, cit., p. 711.
[10] SIQUEIRA NETO, José Francisco. Apresentação a *Judicialização da saúde*: a visão do Poder Executivo. BUCCI, Maria Paula Dallari, DUARTE, Clarice Seixas (coord.). São Paulo: Saraiva, 2017, p. 11-30; ref. p. 17.
[11] BUCCI, Maria Paula Dallari. *Contribuição para a redução da judicialização da saúde*, cit., p. 35.

Fonseca Pires. O processo de orientação e o diálogo com Alexandra reconciliaram-me com o tema.

Escrito numa linguagem fluente e interessante, o livro expõe grande domínio sobre a perspectiva adotada. A autora é juíza estadual com longos anos de atuação tanto na Vara da Fazenda Pública, onde decidia demandas de moradia para a população mais pobre, entre outras, como na coordenação da Central do Cumprimento de Mandados, em que enfrentou a frustrante tarefa da execução das decisões de alcance coletivo. Foi também responsável pela organização e coordenação do Núcleo de Estudos de Direito Urbanístico da Escola Paulista de Magistratura, o que lhe valeu sofisticada reflexão e o desembaraço com que transita da teoria jurídica aos dilemas da aplicação prática dos institutos e vice-versa.

Alexandra Fuchs de Araújo foge do óbvio ao explicitar as dificuldades da atuação do Poder Judiciário em matéria de políticas públicas, intrinsecamente jurídicas, decorrentes da falta de tradução desse objeto complexo para linguagem operada pelo processo judicial; "a dinâmica que marca as políticas públicas ainda não foi propriamente absorvida pelo direito" (cap. 3). Dada essa limitação congênita, resta ao juiz e demais participantes do processo fazer aproximações, de maneira parcial e quase sempre insatisfatória.

> [...] o Poder Judiciário não tem elementos suficientes para, diante da situação apresentada, apreciar o pedido com a ação governamental em curso, uma vez que as questões não lhe são apresentadas como integrantes de uma política pública. Como o trabalho do juiz é balizado pelo pedido da parte, a falta de uma técnica disponível no mundo jurídico para situar a questão apresentada na lógica de uma política pública compromete o resultado do controle.

Com a clareza desse ponto de partida, o livro adota uma estratégia inovadora, ao colocar lado a lado as perspectivas do direito material (cap. 2) e do direito processual (cap. 3), conferindo profundidade à análise. Isso só foi possível graças à bagagem que Alexandra trazia de seu mestrado, sobre a participação na revisão dos Planos Diretores na cidade de São Paulo,[12] a fundamentar o conhecimento sobre políticas

---

[12] ARAÚJO, Alexandra Fuchs de. *Participação democrática na administração*: o procedimento de reforma do Plano Diretor da cidade de São Paulo – fase do Executivo – gestões Kassab (2006-2012) e Haddad (2013-2016). São Paulo: Quartier Latin, 2019.

urbanas contemporâneas e seus problemas jurídicos, fornecendo o contexto da cidade que se quer sustentável.

Mesmo com um ponto de partida afinado com a perspectiva coletiva própria das políticas públicas, o tema do livro é um desafio em si, pois trata de uma questão-limite para o controle judicial. Não se discute a proteção do direito à moradia, mas a garantia desse direito para a população de baixa renda, historicamente alijada dos programas habitacionais oficiais. Não há lugar para essas pessoas em políticas desenhadas com base em mecanismos de financiamento; elas dependem de recursos a fundo perdido. E isso em geral não passa de opção marginal de governos. As moradias populares pouco inovaram em relação ao padrão do "autoempreendimento da moradia popular, baseado no trinômio loteamento periférico, casa própria e autoconstrução", conforme sintetiza Nabil Bonduki (cap. 1). No plano judicial, a realidade é a da

> remoção das populações vulneráveis e que habitam em moradias precárias, sem que o Poder Público tenha programado alternativas de sua realocação, o que desencadeia novos desequilíbrios, vulnerabilidades e conflitos no espaço urbano. Esses, por sua vez, demandam nova ação governamental do ente público na busca pela sustentabilidade. [...] não é possível alcançar um exercício adequado da função social da cidade sem um planejamento urbano que enfrente a questão da habitação. A ação judicial que envolve o território urbano não discute a repercussão da execução da sentença na política urbana e na questão da moradia. Assim, a execução de uma sentença, mesmo quando proferida com a intenção de corrigir um desvio, tende a gerar um desequilíbrio, fazendo com que a sustentabilidade urbana – outra função da gestão – reste comprometida. (cap. 1)

O Judiciário não dispõe de mecanismos para a dimensão substantiva do problema. O que já era evidente na judicialização da saúde se agrava no caso dos grandes conflitos de moradia.

> A judicialização do direito à moradia difere da judicialização da saúde, muito criticada academicamente, mas com uma repercussão concreta no desenvolvimento de políticas públicas de saúde. Ambas, contudo, possuem um problema em comum: o Poder Judiciário não tem elementos suficientes para, diante da situação apresentada, apreciar o pedido com a ação governamental em curso, uma vez que as questões não lhe são apresentadas como integrantes de uma política pública. Como o trabalho do juiz é balizado pelo pedido da parte, a falta de uma técnica disponível no mundo jurídico para situar a questão apresentada na lógica de uma política pública compromete o resultado do controle.

Pretende-se, assim, formular uma alternativa técnico-jurídica que permita o controle judicial a partir de demandas sociais já previstas no Plano Diretor da Cidade, pois hoje a situação processual é apresentada ao estado-juiz sem referência a nenhuma política pública urbana, e o magistrado é instado a resolver uma situação fática, sem conhecer o problema público entendido coletivamente como relevante para ser tratado ou resolvido por meio de um programa de ação governamental.

O conflito lhe é apresentado de forma desconectada de uma política setorial, de determinado programa de ação governamental identificável, ou de uma ideia-diretriz de obra a ser realizada em um grupo social. Da narrativa das partes dificilmente emerge para o juiz o contexto mais amplo do processo de formação e implementação de uma política pública. (Introdução)

A conhecida preferência do Judiciário pela demanda individual, quase sempre em favor dos proprietários, raramente dos possuidores, é confirmada em revisão bibliográfica. Não bastasse isso, a base jurídica dos conflitos é permeada de incongruências, carecendo de critérios consolidados para a aplicação de institutos novos, como a concessão de uso especial para fins de moradia e a regularização fundiária urbana, cercados de divergências interpretativas nos tribunais superiores. Mas algumas inovações do direito positivo, como o princípio da cooperação judicial, no Código de Processo Civil de 2015, ou o entendimento de que a melhor posse não se funda apenas no justo título, mas também no efetivo exercício da função social da propriedade, com base no Código Civil de 2002, lentamente indicam que "o tratamento jurídico dado às políticas públicas de moradia pode estar desenvolvendo uma técnica mais avançada de tutela, já que procura superar os mecanismos clássicos de construção da decisão judicial baseada exclusivamente no direito individual" (cap. 2).

Embora o livro não se proponha à pesquisa empírica, uma seleção de decisões ilustrativas relevantes, apresentadas com rigor suficiente a embasar as generalizações analíticas propostas, traz ao leitor parte da rica experiência da magistratura sobre o tema. Dela provém o conhecimento de instrumentos infralegais necessários para o preenchimento de vazios normativos, como é próprio do tecido jurídico das políticas públicas, a exemplo dos *Critérios, Parâmetros, Diretrizes e Metodologias para Avaliação de Imóveis*, produzidos pelo Centro de Apoio aos Juízes das Varas da Fazenda Pública de São Paulo (CAJUFA), ou das normas de regulamentação para o cumprimento da legislação sobre regularização fundiária criadas pela Corregedoria do Tribunal de Justiça de São Paulo.

Questão-chave para o controle judicial das políticas públicas, identificada nessa vivência e explorada no livro, é a diferença entre o que se passa no processo de conhecimento, sem maiores dificuldades, e o processo de execução, em que a inviabilidade de cumprimento da decisão geralmente se mostra. "Toda a crítica da doutrina ao controle judicial de políticas públicas é baseada na tutela concedida na fase de conhecimento do processo e de forma individualizada, e nada se discute quanto à fase de execução e da força executiva das sentenças que envolvem políticas públicas" (cap. 3). O litigante individual tem vantagens que se multiplicam, se comparadas com a baixa eficiência das ações coletivas, meio processual para a tutela de políticas públicas, como aponta Susana Henriques da Costa: "o cumprimento desta espécie de decisão é complexo e desloca para a fase satisfativa do processo um alto grau de atividade cognitiva. [...] A execução precisa, nesses casos, da elaboração de um plano específico, porém flexível e sujeito a eventuais adaptações que se façam necessárias" (cap. 3).

Dessa percepção provêm algumas perguntas que podem funcionar como pontes em um hipotético diálogo entre o Judiciário e os demais Poderes incumbidos de formular e implementar políticas públicas. O Poder Executivo terá ou não recursos para cumprir a decisão judicial? O Poder Judiciário poderá bloquear valores orçamentários para garantir aquela obrigação de fazer individual? Vale a pena ajustar sua política pública às demandas judiciais, para reduzir seu custo de judicialização?

Por fim, o livro traz uma importante contribuição metodológica para o tema, o *Roteiro de Controle Judicial de Políticas Públicas* (cap. 4), seguindo a estratégia dos quadros analíticos de políticas públicas,[13] *frameworks* orientados para decompor e organizar sistematicamente seus elementos mais relevantes.

> Os dois quadros descritos são *frameworks* baseados na categoria instituição, ou seja, na ação governamental. No caso da política pública judicializada, entretanto, o principal decisor do processo judicial deve ser o juiz que comanda o processo, com uma peculiaridade: ele não tem nenhuma relação direta com a ação governamental. Sua missão é decidir dentro da lógica processual.

---

[13] BUCCI, Maria Paula Dallari. *Quadro de referência de uma política pública*. Primeiras linhas para uma abordagem jurídico-institucional, 2015 (republicado em Colunistas Direito do Estado); RUIZ, Isabela; BUCCI, Maria Paula Dallari. Quadro de problemas de políticas públicas: uma ferramenta para análise jurídico-institucional. *REI-Revista Estudos Institucionais*, v. 5, nº 3, 2019.

É nesse ponto que o sentido democrático do controle judicial de políticas públicas se revela, eis que a decisão judicial pode ou ignorar a ação judicial em curso, ou, mesmo sendo contramajoritária, levar em consideração a ação governamental e a legislação aplicada àquela política pública.

Na segunda hipótese, eventualmente, poderá contribuir para o surgimento de uma "janela de oportunidade" na implementação da política pública ou, conforme expressão de Virgílio Afonso da Silva, da "vontade política", contribuindo a partir da perspectiva estrutural da política para contribuir com o seu o avanço.

Considerada a posição do magistrado em relação à política pública, e a lide como a pretensão resistida urbanística, o instrumento mais adequado para auxiliar o juiz a se situar no contexto de uma ação governamental não é um Quadro, e sim um Roteiro Decisório de Políticas Públicas específico, que considere as dinâmicas processuais, e deste modo seja apto a colaborar para o julgamento de ações que envolvem políticas públicas, aumentando o âmbito de cognição do juiz e, desse modo, incrementando as condições de exequibilidade das decisões. (cap. 4)

O Roteiro é composto de uma sequência de perguntas que orienta a aproximação do magistrado em relação à lide: a) questões referentes ao ajuizamento da ação; b) questões referentes à citação e defesa do réu; c) questões referentes ao saneamento e instrução do processo; e d) questões referentes ao cumprimento de liminar e à fase de execução do processo.

Essa inovação dá suporte à atividade judicante e pode contribuir para mudar o modo de decidir em matéria de políticas públicas, com decisões mais bem fundamentadas em vista do objeto complexo e, mais importante, mais aptas a seu cumprimento e por isso menos geradoras de frustrações sociais. Trata-se de instrumento que além do uso direto pode inspirar a criação de ferramentas similares, contribuindo para uma cultura judicial de controle mais propícia à realização do papel democrático a ela reservado.

São Paulo, 9 de novembro de 2022.

Maria Paula Dallari Bucci
Professora da Faculdade de Direito
da Universidade de São Paulo (USP).

APRESENTAÇÃO

Com enorme satisfação integrei a banca na qual Alexandra Fuchs de Araújo defendeu, em junho de 2021, a sua tese de doutorado, intitulada *Controle judicial de políticas públicas de moradia para baixa renda: uma proposta metodológica,* junto ao programa de pós-graduação em Direito da Faculdade de Direito da Universidade de São Paulo (USP), sob orientação da professora doutora Maria Paula Dallari Bucci. O trabalho é agora publicado como livro do qual tenho a honra de prefaciar.

O propósito inicial de sua pesquisa foi a investigação das possibilidades de o Poder Judiciário realizar um controle mais eficiente de políticas públicas no campo do direito social à moradia, especialmente voltado à população mais vulnerável. Os caminhos traçados pela autora envolveram a análise da fase de execução das ações judiciais, normalmente deixada de lado em trabalhos acadêmicos, mas que guarda enorme relevância para a dimensão prática do direito à moradia.

Para melhor desenvolver as suas propostas teóricas, Alexandra Fuchs de Araújo resolveu testá-las diante de situações concretas, por isso, neste particular, delimitou o seu trabalho, geograficamente, à cidade de São Paulo. Um passo a mais na precisão de sua investigação levou-a a manter-se na "perspectiva urbanística". Com esses contornos, a autora selecionou casos específicos: a imissão na posse em ações judiciais envolvendo a desapropriação da Quadra 36 da Cracolândia, a imissão na posse do Alto Tietê-Dique Itaim, e a ação de reintegração de posse em área da Companhia de Desenvolvimento Habitacional e Urbano (CDHU) para a construção de um conjunto habitacional. Mas antes, vale destacar, a pesquisa apresenta um arcabouço teórico sólido e necessário: a evolução do direito à moradia é passada desde o Código Civil (CC) até o Estatuto da Cidade, e ainda com referência aos instrumentos disponíveis no Código de Processo Civil (CPC), principalmente por seus reflexos na fase de execução.

Diante desse quadro de pesquisa acadêmica que alinha com enorme coerência e sensibilidade os fundamentos teóricos com a experiência da autora como magistrada por longos anos à frente de uma Vara da Fazenda Pública da capital paulista na qual conflitos sobre o direito à moradia são uma realidade constante, uma das principais contribuições de sua tese é o que por ela se intitula *Roteiro de Controle Judicial de Políticas Públicas (RCJPP)*, um guia referencial bem estruturado metodologicamente que dá densidade real a fundamentos teóricos e aos paradigmas normativos que tratam da moradia – Constituição Federal (CF), CC, Estatuto da Cidade e CPC.

O RCJPP orienta uma prática judicante segura, fortemente vinculada aos direitos fundamentais. Como diz a autora: "se propõe a aumentar as possibilidades de solução de problemas jurídicos complexos em conflitos policêntricos, como são as ações analisadas nessa tese, já que o magistrado terá elementos para conhecer o problema público de forma mais ampla, bem como as ações já tomadas (ou não) para o enfrentamento do problema". O RCJPP apresenta-se como uma proposta a ser conhecida e trabalhada, sobretudo no âmbito de cursos de escolas da magistratura, para a difusão entre magistrados de modo a servir como um referencial à condução de conflitos envolvendo o direito à moradia. Espero que o seu trabalho alcance este propósito: o debate, a reflexão crítica, e seja tal como apresentado ou com as variações que podem (devem) sofrer em discussões futuras, que a prática de um roteiro como colaboração aos julgamentos seja difundida.

Luis Manuel Fonseca Pires
Livre-docente, doutor e mestre em Direito Administrativo pela Pontifícia Universidade Católica de São Paulo (PUC-SP). Professor de Direito Administrativo da PUC-SP. Juiz de Direito no Estado de São Paulo, titular da 3ª Vara da Fazenda Pública da capital paulista.

INTRODUÇÃO

Este livro é o resultado de uma investigação realizada no período de 2018 a 2021, quanto à viabilidade de o Poder Judiciário, com os instrumentos atualmente disponíveis na esfera jurídica, realizar um controle mais eficiente das políticas públicas de moradia destinadas à população de baixa renda, colaborando para a redução dos conflitos urbanos e para a sustentabilidade urbana.

É também o resultado da experiência de praticamente 20 (vinte) anos de exercício na jurisdição da Fazenda Pública de São Paulo (FPSP), período em que pude vivenciar os resultados da Reforma do Poder Judiciário (RPJ) e do Código de Processo Civil (CPC). Apesar das mudanças, tenho constatado que o trabalho da magistratura é cada vez mais árduo, mais intenso e de menor resposta às demandas da sociedade.

As reformas propiciaram rapidez à fase de conhecimento do processo, mas distanciaram os juízes dos seus jurisdicionados. Em nome da celeridade, os atos judiciais perderam a oralidade, enquanto a decisão judicial passou a ser cada vez mais padronizada. A rapidez dos processos na fase de conhecimento, entretanto, não foi acompanhada da disponibilização de instrumentos eficientes à fase de execução das sentenças, sendo esse um grande gargalo do Poder Judiciário.

A jurisdição da Vara de Fazenda Pública, nesse período, atravessou profundas alterações, e as questões relativas à cidade passaram a ser judicializadas com muita frequência. São processos fáceis de sentenciar, pois não há dúvida quanto ao direito incidente. Contudo, a fase do cumprimento de sentença é bastante ingrata, pois dela emerge, para o Poder Judiciário, o caráter policêntrico das demandas urbanas.

A intensificação da judicialização do urbano coincide com a promulgação do Estatuto da Cidade que, em 2001, trouxe um novo campo de estudos para o Direito. Desde então, temas como Imposto Predial e Territorial Urbano (IPTU), lixo, estações de metrô, ganharam uma perspectiva nova, permeada pela ideia de direito à cidade.

Para complementar a formação dos juízes nessa área, a Escola Paulista da Magistratura (EPM) organizou, em 2013, um Núcleo de

Estudos de Direito Urbanístico, do qual tenho participado desde então e onde assumi, inclusive, a coordenação por dois anos.

Em 2014 ingressei no mestrado da Faculdade de Direito da Universidade de São Paulo (USP), interessada em estudar com profundidade os processos participativos que, na época, passavam por intensa judicialização. Da minha dissertação resultou a obra *Participação Democrática na Revisão do plano diretor*. Ao longo da pesquisa tive a oportunidade de entrar em contato com uma rede de pessoas e instituições vinculadas, de alguma forma, ao direito à moradia, de grande relevância à construção do objeto de estudo desta obra. O contato com diversos atores sociais proporcionou-me a visão do processo a partir de outras perspectivas.

Entre 2016 e 2017 fui coordenadora da Central de Cumprimento de Mandados do Foro Hely Lopes Meirelles. Tive, então, a oportunidade de organizar duas grandes imissões na posse na cidade, e o desafio de enfrentar as dificuldades práticas relativas à execução dos processos de desapropriação de grandes obras de infraestrutura urbana. Não havia, até então, me dado conta da intensidade do impacto dessas obras no direito à moradia, tampouco da fragilidade do exercício desse direito numa cidade como São Paulo.

Este livro nasceu de casos "vivenciados" nesse período, cujo trabalho foi pouco visível, mas complexo, doloroso e gratificante. A execução de processos dessa natureza é um desafio para o magistrado, mas, principalmente, uma fonte abundante de questões jurídicas para o pesquisador, pois as situações que se apresentam desafiam a teorização, em abstrato, do arcabouço conceitual dos direitos material e processual.

O direito à moradia, do ponto de vista jurídico, não costuma ser associado a grandes obras de infraestrutura, tampouco às ações de desapropriação a elas relacionados. Em razão dessa falta de conexão, em vez de ser um direito fundamental a ser protegido, é um "problema" da fase de execução desses processos. Por esse motivo, a narrativa dos casos selecionados para ilustrar a obra está concentrada na fase de execução dos julgados, em que as questões jurídicas não resolvidas revelam as suas consequências práticas.

Nesse contexto, foram selecionados três casos, sendo que dois deles partiram da minha experiência na Central de Cumprimento de Mandados, e relacionam-se diretamente a grandes obras: um no centro da cidade, na Cracolândia, e outro no extremo da periferia, em região conhecida como Jardim Pantanal.

O terceiro caso foi-me narrado por pessoas que conheci na minha atividade de pesquisadora. Sua relevância decorre do fato de refletir uma situação comum na cidade: as políticas habitacionais via mercado resultam no aprofundamento da violação do direito à moradia dos mais vulneráveis. As áreas escolhidas para a construção por parte do Estado e de seus parceiros nesta política são justamente aquelas em que moram os mais pobres, sendo que nos projetos não existe alternativa habitacional às populações a serem removidas e que não têm condições de acesso à moradia via mercado.

É importante destacar, ainda, que a discussão do controle judicial de políticas públicas de moradia para baixa renda não se faz na perspectiva do *Programa Minha Casa Minha Vida* (PMCMV), tampouco de alguma outra política pública de moradia via mercado. O termo "déficit habitacional" também é evitado, pois o estudo não contempla nenhuma demanda por moradia adequada que esteja articulada com uma política pública.

O objeto deste trabalho diz respeito ao direito à moradia em um estágio anterior, em que o titular do direito se encontra em situação de profunda vulnerabilidade. São pessoas que precisam de uma política pública assistencial que os auxilie a conquistar uma existência minimamente digna ou, então, pessoas que já conquistaram uma moradia precária (longe de ser adequada) e, com isso, uma vida menos vulnerável, mas que por uma ação do Estado vêm-se novamente lançadas no estágio de vulnerabilidade anterior. Essas pessoas têm dificuldade para chegar à faixa 1 dos atuais programas habitacionais, e a cada remoção o objetivo de um teto seguro fica mais distante, fenômeno que se intensificou no período da pandemia: a cada dia, novas barracas habitacionais se instalam nas calçadas, disseminando-se na paisagem urbana o fracasso do país em elaborar políticas públicas aptas a combater a insegurança da moradia.

Procura-se, então, neste estudo, encontrar alternativas jurídicas que possam viabilizar o controle judicial do direito à moradia e, assim, estimular o desenvolvimento de políticas públicas nessa direção.

A judicialização do direito à moradia difere da judicialização da saúde, muito criticada academicamente, mas com uma repercussão concreta no desenvolvimento de políticas públicas de saúde. Ambas, contudo, possuem um problema em comum: o Poder Judiciário não tem elementos suficientes para, diante da situação apresentada, apreciar o pedido com a ação governamental em curso, uma vez que as questões não lhe são apresentadas como integrantes de uma política pública.

Como o trabalho do juiz é balizado pelo pedido da parte, a falta de uma técnica disponível no mundo jurídico para situar a questão apresentada na lógica de uma política pública compromete o resultado do controle.

Pretende-se, assim, formular uma alternativa técnico-jurídica que permita o controle judicial a partir de demandas sociais já previstas no Plano Diretor da cidade, pois hoje a situação processual é apresentada ao Estado-juiz sem referência a nenhuma política pública urbana, e o magistrado é instado a resolver uma *situação fática*, sem conhecer o *problema público entendido coletivamente como relevante para ser tratado ou resolvido por meio de um programa de ação governamental*.

O conflito lhe é apresentado de forma desconectada de uma política setorial, de determinado programa de ação governamental identificável, ou de uma ideia-diretriz de obra a ser realizada em um grupo social. Da narrativa das partes dificilmente emerge para o juiz o contexto mais amplo do processo de formação e implementação de uma política pública.

A descontextualização da situação-problema reflete na inadequação do controle judicial, tanto em políticas públicas de saúde como em outras políticas públicas de direitos fundamentais. Atualmente, o juiz não tem instrumentos técnicos que vinculem a demanda judicial ao contexto da política pública, o que estimula o uso do Poder Judiciário como recurso de barganha de protagonistas e antagonistas, ou como veículo para a negativa de direitos fundamentais.

Com o objetivo de superar essa lacuna, propõe-se, como resultado deste estudo, a elaboração de um *Roteiro de Controle Judicial de Políticas Públicas* (RCJPP) genérico, instrumento que poderá ser utilizado no curso de ações judiciais que envolvam políticas públicas e direitos fundamentais.

A pesquisa foi realizada a partir de informações e processos judiciais da cidade de São Paulo.

Acredito que as dificuldades relativas às políticas públicas de moradia se repitam em todo o país, porém, "a cidade de São Paulo é hoje a maior e mais importante metrópole brasileira e uma das maiores cidades do mundo, e apresenta tanto desafios quanto potencialidades",[1] o que justifica elegê-la como objeto de estudo.

---

[1] MARQUES, Eduardo. São Paulo: transformações, heterogeneidades, desigualdades. *In*: MARQUES, Eduardo (org.). *A metrópole de São Paulo no século XXI*: espaços, heterogeneidades e desigualdades. São Paulo: Ed. Unesp, 2015b, p. 1-17, p. 1.

De acordo com o Censo de 2010,[2] os 39 (trinta e nove) municípios da região metropolitana reuniam cerca de 19% do Produto Interno Bruto (PIB) nacional e 10% da população do país. Assim, o que interessa a São Paulo, interessa a pelo menos 10% dos brasileiros. No mesmo ano, cerca de 15% dessa população vivia abaixo da linha da pobreza, e 2,8 milhões de seus moradores habitavam áreas com precariedade urbana ou habitacional, apesar de o Município concentrar a produção de tanta riqueza.

Essa realidade impactante associa-se ao fato de que ainda não existe um Plano Municipal de Habitação (PMH) para a cidade de São Paulo. Desde 2016 tramita o Projeto de Lei (PL) nº 619, e enquanto não for aprovado, as políticas públicas de moradia para populações vulneráveis na esfera municipal são bastante reduzidas e desconectadas entre si.

O PL em tramitação tem como finalidade estabelecer um conjunto de programas e estratégias de ação[3] diante das necessidades de habitação para pessoas de baixa renda. Destina-se, principalmente, à parcela da população que se enquadra legalmente na demanda por Habitação de Interesse Social 1 (HIS1), e que mora nas ruas, em cortiços ou em assentamentos precários, sejam favelas ou loteamentos irregulares, e que não tem condições de moradia digna na cidade.

Embora o plano não esteja aprovado, define parâmetros relevantes para esta investigação. Assim, quando esta obra refere-se à "moradia para baixa renda", utiliza o mesmo conceito do plano,[4] especialmente

---

[2] INSTITUTO BRASILEIRO DE GEOGRAFIA E ESTATÍSTICA (IBGE). Aglomerados subnormais. *In*: IBGE. *Censo 2010*. Rio de Janeiro: IBGE, 2010. Disponível em: https://censo2010.ibge.gov.br/agsn/. Acesso em: 19 set. 2022. Infelizmente, o Censo de 2020 foi adiado para 2021, e faltam dados oficiais mais recentes.

[3] Conforme o artigo 1º, §1º do PL, "o Plano Municipal de Habitação estabelece o conjunto de programas e estratégias de ação diante das necessidades habitacionais identificadas, aprimora a estrutura de gestão e participação social, cria a dinâmica de planejamento financeiro da Política Municipal de Habitação, cria regras para os Planos de Ação Quadrienais de Habitação (PAQHs), que estabelecerão metas para a política no território, de forma a assegurar a universalização do acesso à moradia digna em todo o Município" (SÃO PAULO (Cidade). Secretaria Municipal de Habitação (SEHAB). *Plano Municipal de Habitação de São Paulo*: caderno para discussão pública. São Paulo: SMH, jun. 2016b, p. 7. Disponível em: http://www.favelasaopaulomedellin.fau.usp.br/wp-content/uploads/2016/09/CadernoPMH.pdf. Acesso em: 7 dez. 2020).

[4] Conforme o artigo 11 do Plano: "A Política Habitacional deve ser orientada para o enfrentamento das necessidades habitacionais, que devem ser identificadas considerando os seguintes fatores: I – as diversas dimensões implicadas no direito à moradia digna, entre as quais a segurança da posse, a disponibilidade de infraestrutura, equipamentos e serviços públicos, o custo acessível, a habitabilidade e a localização adequada; II – as tipologias de precariedades habitacional e urbana presentes no território, tais como favelas, loteamentos e conjuntos habitacionais irregulares e cortiços; III – a população em situação de rua como

nas suas linhas de ação, que procuram atender à população de baixa renda sem acesso à moradia via mercado.

A fim de atender os objetivos propostos, o livro está dividido em quatro capítulos. No primeiro, a questão da moradia é apresentada do ponto de vista urbanístico, inserida no processo de urbanização de São Paulo e do Brasil. Propõe-se a sistematizar a forma como se dá a judicialização do espaço urbano e do direito à moradia mediante a apresentação de um resumo das pesquisas já existentes sobre o tema e da forma como os pesquisadores de direitos fundamentais e da área de urbanismo interpretam a judicialização da moradia.

Para tanto, são narrados os três casos de litigiosidade que envolvem o direito à moradia para baixa renda no município de São Paulo, os quais servirão de base para as questões a serem investigadas. A finalidade é proporcionar uma base empiricamente fundamentada para subsidiar as proposições teóricas a serem formuladas.

No segundo capítulo são identificadas as diversas gerações de legislações protetivas de direitos fundamentais que se relacionam com o direito à moradia, com ênfase no CC (CC) e no Estatuto da Cidade. Com esse propósito são identificadas as políticas de moradia para baixa renda incidentes no território da cidade de São Paulo e em que medida elas resultam de políticas públicas federais. Busca-se, nesse processo investigativo, encontrar aspectos que sirvam de subsídio às mudanças nos processos decisórios judiciais que envolvem o direito à moradia.

No terceiro capítulo são identificadas as peculiaridades do direito processual quando incidente sobre questões de direito público. Para tanto, o estudo visa se aprofundar na reflexão quanto ao momento da execução e fase crítica do processo, em que o Poder Judiciário faz a entrega da prestação jurisdicional, a qual é pouco pesquisada.

Os institutos de Direito Processual Civil são igualmente estudados a fim de que possam colaborar com a visualização do direito à moradia nos processos em que a tutela desse direito de alguma forma

---

parte da demanda da política habitacional; IV – as demandas relacionadas às dinâmicas econômicas, que comprometem o acesso à moradia digna ao exigir que famílias de baixa renda sejam obrigadas a compartilhar uma mesma moradia, muitas vezes em condição de adensamento excessivo, ou que essas comprometam grande parte de sua renda com o pagamento do aluguel; V – o crescimento demográfico da população de baixa renda durante o prazo de validade desse Plano" (SÃO PAULO (Cidade). Secretaria Municipal de Habitação (SEHAB). *Plano Municipal de Habitação de São Paulo*: caderno para discussão pública. São Paulo: SMH, jun. 2016b. Disponível em: http://www.favelasaopaulomedellin.fau.usp.br/wp-content/uploads/2016/09/CadernoPMH.pdf. Acesso em: 7 dez. 2020).

se encontra em risco, identificando-se os limites de sua aplicação para processos que envolvem políticas públicas.

No quarto capítulo, a partir da abordagem *Direito e Políticas Públicas* (DPP), propõe-se elaborar um RCJPP. Instrumento que se destina a buscar uma nova forma de sistematização dos pontos controversos no processo e da lide resistida, de tal forma que seja possível trazer o contexto da política pública envolvidos para dentro do processo, nos casos em que o direito à moradia se encontra em jogo.

CAPÍTULO 1

O CONTROLE JUDICIAL DE POLÍTICAS PÚBLICAS DE MORADIA PARA POPULAÇÃO DE BAIXA RENDA

1.1 Uma questão nova?

A judicialização de políticas públicas, ou seja, a possibilidade de o Poder Judiciário decidir sobre políticas públicas e garantir a observância dos valores eleitos pela Constituição Federal (CF) de 1988[5] como predominantes na sociedade brasileira[6] tem fundamento no conjunto de princípios e diretrizes positivados no Texto Constitucional.

O direito à moradia é uma garantia fundamental incorporada ao Texto Constitucional em 2000, mas o controle judicial do uso da terra urbana no Brasil não é um fenômeno novo. Desde o CC/1916, que em seu artigo 505[7] estabelecia a possibilidade de discussão em juízo, da

---

[5] BRASIL. [Constituição (1988)]. *Constituição da República Federativa do Brasil de 1988.* Brasília, DF: Presidência da República, [2020a]. Disponível em: http://www.planalto.gov.br/ccivil_03/constituicao/constituicao.htm. Acesso em: 7 dez. 2020.

[6] COSTA, Susana Henriques da. Controle Judicial de Políticas Públicas – Relatório Nacional (Brasil). *Civil Procedure Review*, Salvador, v. 4, Special Edition, p. 70-120, 2013, p. 80. Disponível em: http://www.civilprocedurereview.com/busca/baixa_arquivo.php?id=72&. Acesso em: 20 dez. 2020.

[7] "Artigo 505. Não obsta a manutenção, ou reintegração na posse, a alegação de domínio, ou de outro direito sobre a coisa. Não se deve, entretanto, julgar a posse em favor daquele a quem evidentemente não pertencer o domínio" (BRASIL. Lei nº 3.071, de 1º de janeiro de 1916. Código Civil dos Estados Unidos do Brasil. *Diário Oficial da União*, Rio de Janeiro, DF, p. 133, 5 jan. 1916. Disponível em: https://www2.camara.leg.br/legin/fed/lei/1910-1919/lei-3071-1-janeiro-1916-397989-publicacaooriginal-1-pl.html. Acesso em: 15 dez. 2020).

"melhor posse", sedimentou-se um critério legal para a solução das disputas relativas à posse e propriedade de terra urbana. Estabelecia a norma que quando uma das partes fosse o proprietário, e não houvesse dúvida quanto a esse domínio, era defeso ao juiz julgar a manutenção ou reintegração de posse contra aquele proprietário.

A simples existência desse dispositivo já é um forte indício de que, em 1916, os conflitos relativos ao uso da terra no Brasil chegavam ao Poder Judiciário em quantidade perturbadora para a época, e que era necessário estabelecer parâmetros claros para o juiz proferir a sua decisão.

Raquel Rolnik reputa como marco inicial dos conflitos fundiários urbanos a Lei de Terras.[8] Até então, vigiam no Brasil institutos do direito romano e canônico, as Ordenações Filipinas e inúmeras leis extravagantes, muitas delas contraditórias entre si, além do direito de outros países, aplicado subsidiariamente. A forma de transferência da terra era o regime sesmarial.

A Lei de Terras – Lei nº 601, de 18 de setembro de 1850[9] –, elegeu a compra e venda como a principal forma contratual de acesso à terra e aboliu, em definitivo, o regime de sesmarias. A propriedade imóvel se tornou passível de herança, mas a lei autorizou a regularização das sesmarias já existentes e a legalização da posse para aqueles que demonstrassem "princípio de cultura" sobre o terreno no momento da entrada em vigor da nova norma. Caso não fosse possível a prova, as terras seriam consideradas devolutas.

Do ponto de vista histórico, aquele também era o momento em que o país iniciava um processo de transformação econômica. Com o fim do tráfico negreiro e da escravidão, a propriedade imóvel passou a ser

---

[8] "A história dos usos da terra urbana é, em parte, a história da apropriação do espaço através tanto da ocupação real quanto da propriedade legal. Duas questões podem ser apontadas aqui: a raiz da noção de que o direito à terra está diretamente ligado à sua efetiva utilização, que remonta à própria ordem jurídica portuguesa, e a convivência de um sistema oficial de concessão e um registro de terras virtual e acessível a poucos com a realidade do apossamento informal. Essa contradição que, como vimos, não representava um problema ou uma fonte de conflito até 1850, passou a ser o elemento fundamental de tensão urbana a partir dessa data até nossos dias" (ROLNIK, Raquel. *A cidade e a lei* – legislação, política urbana e territórios na cidade de São Paulo. São Paulo: Studio Nobel/Fapesp, 2003, p. 22).

[9] BRASIL. Lei nº 601, de 18 de setembro de 1850. Dispõe sobre as terras devolutas do Império. *In*: Imprensa Nacional. *Coleção das Leis do Brasil* (CLBR). 1850. Rio de Janeiro: Imprensa Nacional, 1850, v. 1, p. 307. Disponível em: https://www.planalto.gov.br/ccivil_03/leis/lim/lim601.htm. Acesso em: 26 set. 2019.

o principal bem com reserva de valor.[10] A Lei nº 601/1850 garantia aos grandes latifundiários o domínio das terras utilizadas na produção econômica, tornando esse bem de difícil acesso a escravos e estrangeiros[11] em razão das restrições legais estabelecidas para aquisição de terras.

A forma como esta legislação regulamentou a propriedade estimulou os conflitos fundiários em juízo no país, pois aqueles que não conseguiam comprovar sua posse, providenciavam títulos forjados para garantir a propriedade, os quais eram discutidos judicialmente. Antigas ações judiciais tramitam até os dias atuais, ou decorrem de ações mal resolvidas que visavam trazer segurança jurídica à posse urbana.

Foi, portanto, num contexto já estabelecido de disputas pela terra que, em 1916, foi promulgado o CC, com a positivação do primeiro parâmetro de controle judicial da posse e da propriedade, firmado dentro de uma visão liberal da propriedade.

Os obstáculos para o acesso à terra decorrentes dessa nova Lei facilitaram a ação de loteadores inescrupulosos que, na virada para o século XX, nos primórdios do processo de urbanização, enganavam as pessoas necessitadas de uma moradia, alienando terrenos parcelados a prestações. Como essa atividade econômica não era regulamentada, ao final do pagamento não havia a garantia da propriedade.

Os adquirentes dos lotes nessa situação não possuíam acesso à Justiça e eram desfavorecidos pelos critérios de disputa de domínio consolidados pelo CC. Buscavam, assim, a solução para os conflitos apenas no Legislativo e no Executivo.

---

[10] MALHEIROS, Rafael Taranto. *O procedimento administrativo da regularização fundiária urbana de interesse social como garantia do direito à moradia*. Dissertação (Mestrado em Direito) – Universidade Presbiteriana Mackenzie, São Paulo, 2019, p. 46-47.

[11] A dificuldade de acesso decorria do fato de que, nos termos do artigo 14 da lei, a terra apenas poderia ser vendida para quem não possuía prova de lavoura ou criação, em hasta pública e com pagamento à vista, o que inviabilizava o acesso para escravos, ex-escravos ou imigrantes que não tinham como fazer a prova exigida, e não tinham dinheiro para fazer a compra à vista, em hasta pública. De acordo com José Sacchetta Ramos Mendes, "a interpretação flexível do artigo 3º, inciso IV, da Lei de Terras (que admitia e legitimava a posse concretizada antes da promulgação da lei), confirmada no Regulamento de 1854, ensejou a aquisição fraudulenta de terrenos públicos mediante legitimação, por ofício, de posse alegadamente anterior. A prática se generalizou, resultando na ocorrência sistemática de falsas posses em todo o país, na segunda metade do século XIX, até o período republicano. As fraudes na obtenção de escrituras raramente eram cometidas por lavradores, eles próprios vítimas de posseiros e empresas colonizadoras que lhes revendiam os terrenos. Na maioria das vezes, os beneficiados foram grandes proprietários e não agricultores sem terra, fossem eles brasileiros ou imigrantes" (MENDES, José Sacchetta Ramos. Desígnios da Lei de Terras: imigração, escravismo e propriedade fundiária no Brasil Império. Cad. CRH [online], Salvador, v. 22, nº 55, p. 173-184, 2009, p. 179-180. Disponível em: http://www.scielo.br/scielo.php?script=sci_arttext&pid=S0103-49792009000100011&lng=en&nrm=iso. Acesso em: 7 dez. 2020).

A solução legal encontrada foi a edição do Decreto-Lei nº 58, de 1937,[12] por meio do qual o Estado buscava tutelar a posse do compromissário comprador em face do loteador, garantindo a quitação e o título àquele que comprovasse o pagamento integral. Era uma tentativa de coibir as fraudes sem nenhuma preocupação urbanística.

Ainda sob a vigência desse Decreto-Lei foi promulgado o CPC, de 1973, que na linha do antigo CC[13] também vedava ao juiz julgar a ação possessória em desfavor daquele que não possuía o domínio.

Esse artigo, posteriormente, foi alterado pela Lei nº 6.820/1980,[14] com a supressão da vedação. Apesar de parte da doutrina, à época, entender que com a alteração do então CPC, o artigo 505 do CC também não subsistia,[15] este não era o entendimento jurisprudencial, pois não havia revogação formal do dispositivo.

A inadequação da legislação registrária para os parcelamentos urbanos e as constantes fraudes, somadas à deterioração do espaço urbano e à intensificação da formação dos cortiços, levaram à publicação da Lei nº 6.766, de 1979, conhecida como "Lei de Parcelamento do Solo Urbano",[16] responsável pelo estabelecimento de uma série de exigências legais para registro do imóvel urbano, com a finalidade de conter a proliferação dos loteamentos irregulares.

Novamente, o efeito alcançado pela lei foi inverso ao planejado. A terra urbana ficou ainda mais cara e inacessível, recrudescendo a informalidade da posse e os conflitos fundiários urbanos, uma vez que a proteção jurídica segura da terra urbana estava limitada àqueles com acesso ao título de propriedade, vale dizer, àqueles com recursos financeiros para atender aos dispositivos legais.

---

[12] BRASIL. Decreto-Lei nº 58, de 10 de dezembro de 1937. Dispõe sôbre o loteamento e a venda de terrenos para pagamento em prestações. *Diário Oficial da União*, Rio de Janeiro, DF, 13 dez. 1937. Disponível em: http://www.planalto.gov.br/ccivil_03/decreto-lei/1937-1946/del058.htm. Acesso em: 1º ago. 2022.

[13] Ver, adiante, o item 2.4 desta obra.

[14] BRASIL. Lei nº 6.820, de 16 de setembro de 1980. Dá nova redação ao art. 923 da Lei nº 5.869, de 11 de janeiro de 1973 – Código de Processo Civil. *Diário Oficial da União*, Brasília, DF, 17 set. 1980. Disponível em: https://www.planalto.gov.br/ccivil_03/leis/1980-1988/l6820.htm. Acesso em: 1º ago. 2022.

[15] BARROZO, Thaís Aranda. *Ocupações coletivas e tutela jurisdicional possessória*. Análise à luz da garantia de defesa dos réus. Tese (Doutorado em Direito) – Faculdade de Direito da Universidade de São Paulo (USP), São Paulo, 2017, p. 144.

[16] BRASIL. Lei nº 6.766, de 19 de dezembro de 1979. Dispõe sobre o Parcelamento do Solo Urbano e dá outras Providências. *Diário Oficial da União*, Brasília, DF, p. 19457, 20 dez. 1979a. Disponível em: http://www.planalto.gov.br/ccivil_03/leis/l6766.htm. Acesso em: 1º ago. 2022.

A judicialização da terra urbana e dos conflitos fundiários, por sua vez, continuou tendo por base a regra estabilizada por praticamente um século de existência do CC/1916, que modelou o exercício da jurisdição na defesa de direitos fundamentais de primeira geração.

A forma como se sedimentou o modo de decidir os conflitos fundiários no Poder Judiciário não foi capaz de absorver a positivação do direito à moradia – direito social[17] –, e que tende a ser, ainda, interpretado como antagônico ao direito de propriedade.

Há indícios de que em relação ao direito à moradia, quando de alguma forma esse direito se apresenta em situação de conflito, as soluções encontradas pelo Poder Judiciário não são suficientemente adequadas e as dificuldades encontradas se relacionam à intensificação dos conflitos urbanos.

Pesquisa realizada pelo Instituto Brasileiro de Direito Urbanístico (IBDU), em 2016, e organizada por Daniela Campos Libório, Henrique Botelho Frota, Patrícia de Menezes Cardoso e Irene Maestro S. dos Santos Guimarães,[18] concluiu que há dificuldade de o Poder Judiciário realizar o controle do direito fundamental de moradia sob a ótica dos direitos sociais. Segundo o relatório elaborado pelo Instituto:

> Comprovou-se que, nos casos de conflito entre direitos, incluindo direitos fundamentais, como direito à moradia e meio ambiente, ou ainda direito à moradia e direito à propriedade, a argumentação jurídica sobre a prevalência de um direito sobre o outro é a forma mais recorrente de fundamentação, prevalecendo sobre a ponderação entre os direitos envolvidos.[19]

---

[17] Conforme pondera Luiza Barros Rozas, "[...] o direito à moradia não é necessariamente um direito a ser exercitado diretamente contra o Estado, ou seja, ninguém tem um direito subjetivo a um lugar para habitar. O direito à moradia é entendido como um dever que o Estado tem de criar políticas públicas para atender às necessidades dos cidadãos. [...] O direito à moradia abrange medidas que são necessárias para evitar a falta de moradia, as remoções forçadas e as discriminações, focando nos grupos mais marginalizados e vulneráveis e garantindo a segurança da posse e a habitação adequada de todos" (ROZAS, Luiza Barros. *Direito à moradia*: âmbito, limites e controle no ordenamento jurídico nacional. Tese (Doutorado em Direito) – Universidade de São Paulo (USP), São Paulo, 2016, p. 27-28).

[18] LIBÓRIO, Daniela Campos; FROTA, Henrique Botelho; CARDOSO, Patrícia de Menezes; GUIMARÃES, Irene Maestro S. dos Santos (org.). *Direito urbanístico em juízo*: estudo de acórdãos do Tribunal de Justiça do Estado de São Paulo. Colaboração de Larissa Perez Cunha e Victor Iacovini. São Paulo: Instituto Brasileiro de Direito Urbanístico (IBDU), 2016.

[19] LIBÓRIO, Daniela Campos; FROTA, Henrique Botelho; CARDOSO, Patrícia de Menezes; GUIMARÃES, Irene Maestro S. dos Santos (org.). *Direito urbanístico em juízo*: estudo de acórdãos do Tribunal de Justiça do Estado de São Paulo. Colaboração de Larissa Perez

Trabalhos acadêmicos apontam para a má qualidade institucional da proteção ao direito à moradia pelo Poder Judiciário. Um exemplo é a pesquisa empírica realizada por Vanice Regina Lírio Valle e Paula do Espírito Santo de Oliveira Dias, com foco na judicialização do município do Rio de Janeiro. A pesquisa foi baseada em dados extraídos de 830 processos desse município, separados em três categorias: Ação Civil Pública (ACP), ação ordinária e processos do juizado especial.[20]

A partir dessa classificação, as pesquisadoras diagnosticaram a preferência do Poder Judiciário pela demanda individual, fato atribuído ao "caráter ainda conservador e formalista dos profissionais do direito na sociedade brasileira".[21]

Giovanna Bonilha Milano,[22] em livro originado de sua tese de doutorado, tomou como ponto de partida uma seleção de ementas de decisões proferidas pelos Tribunais Estaduais e Tribunais Superiores relativas a conflitos fundiários. O estudo concluiu que há uma seletividade de atuação, sempre em favor dos proprietários tabulares, o que em nada colabora para a pacificação social.

A autora constatou, ainda, que nos casos de conflitos fundiários apresentados ao Poder Judiciário, o ocupante da área é sempre nomeado de "invasor", e que o modelo de atuação do Poder Judiciário intensifica os conflitos urbanos:

> Por todas essas razões, assume-se a possibilidade de afirmar que o Poder Judiciário se apresenta, majoritariamente, como um agente não apenas de reforço, mas de produção da segregação socioespacial urbana no Brasil. Ao chancelar as despossessões, ignorando as dinâmicas espaciais subjacentes, a atuação jurisdicional deixa de contribuir para a democratização do direito à cidade e a efetivação do direito à moradia. Mas sua responsabilidade vai além. A autorização dos despejos forçados, em cumprimentos orquestrados sobre a racionalidade bélica e com a missão de eliminação do inimigo-invasor, produz novas fronteiras

---

Cunha e Victor Iacovini. São Paulo: Instituto Brasileiro de Direito Urbanístico (IBDU), 2016, p. 110.

[20] VALLE, Vanice Regina Lírio; DIAS, Paula do Espírito Santo Oliveira. A litigiosidade na proteção ao direito fundamental à moradia: o caso do Município do Rio de Janeiro. In: PENALVA, Angela et al (org.). *Rio de Janeiro*: uma abordagem dialógica sobre o território fluminense. Rio de Janeiro: EDUERJ, 2018a. p. 233-253.

[21] VALLE, Vanice Regina Lírio; DIAS, Paula do Espírito Santo Oliveira. A litigiosidade na proteção ao direito fundamental à moradia: o caso do Município do Rio de Janeiro. In: PENALVA, Angela et al (org.). *Rio de Janeiro*: uma abordagem dialógica sobre o território fluminense. Rio de Janeiro: EDUERJ, 2018a. p. 233-253. p. 240.

[22] MILANO, Giovanna Bonilha. *Conflitos fundiários urbanos e Poder Judiciário*. Curitiba: Ithala, 2017.

de segregação nas cidades e esfacela o núcleo protetivo do Estado Democrático de Direito.[23]

A pesquisa empírica de Luciana Bedeschi[24] segue caminho semelhante, ou seja, parte do levantamento das sentenças proferidas em Primeira Instância pelo Poder Judiciário paulista para concluir pela inadequação das decisões diante da realidade urbana. A conclusão da pesquisadora, a partir das sentenças selecionadas, é no sentido de que:

> [...] após a promulgação da Constituição de 1988 (BRASIL, 1988) e o Estatuto da Cidade (BRASIL, 2002) (a função social da propriedade) não se efetivou como previram operadores populares do direito, urbanistas e lideranças comunitárias. Consequentemente, assistiu-se ao agravamento das disputas possessórias caracterizado por espoliações urbanas, na forma das reintegrações de posse sem defesa, remoções, precariedades habitacionais, insegurança na posse e especulação imobiliária. [...] o tratamento individualizado e fragmentado dos conflitos urbanos não foi capaz de enfrentar o problema fundiário difuso, nem mesmo colocá-lo em posição de destaque como uma questão inerente à política urbana. [...] o pluralismo excludente normativo, observado em grande parte das sentenças analisadas, onde direitos foram confrontados, pode indicar porque não se constitucionaliza, no Poder Judiciário, um novo sistema possessório com contornos da nova ordem urbanística.[25]

As ocupações e os conflitos fundiários urbanos relacionam-se com ações governamentais mal planejadas, ou com a inexistência de políticas públicas de direito à moradia.[26]

---

[23] MILANO, Giovanna Bonilha. *Conflitos fundiários urbanos e Poder Judiciário*. Curitiba: Ithala, 2017, p. 242.

[24] BEDESCHI, Luciana. *Limites do sistema possessório*: conhecimento e prática do princípio constitucional da função social da propriedade urbana no Tribunal de Justiça de São Paulo. Tese (Doutorado em Direito) – Universidade Federal do ABC, São Paulo, 2018.

[25] BEDESCHI, Luciana. *Limites do sistema possessório*: conhecimento e prática do princípio constitucional da função social da propriedade urbana no Tribunal de Justiça de São Paulo. Tese (Doutorado em Direito) – Universidade Federal do ABC, São Paulo, 2018, p. 163.

[26] Adota-se como conceito de políticas públicas "a ação governamental coordenada e em escala ampla, voltada sobre problemas complexos, a serviço de uma estratégia determinada, tudo isso conformado por regras e processos jurídicos. Seu objetivo é examinar os pontos de contato entre os aspectos políticos e jurídicos que cercam a ação governamental e como se promovem transformações jurídico-institucionais, ora por meio de uma aproximação realista e analítica, ora idealista e prescritiva" (BUCCI, Maria Paula Dallari. Método e aplicações da abordagem Direito e Políticas Públicas – DPP. *Revista de Estudos Institucionais*, Rio de Janeiro, v. 5, nº 3, p. 791-832, 2019, p. 809. Disponível em: https://estudosinstitucionais.com/REI/article/view/430/447. Acesso em: 1º ago. 2022).

E, por envolverem ação governamental que visa à realização de direitos previstos constitucionalmente, essas políticas devem ser estruturadas sobre uma base legal, ou mesmo outras espécies normativas, como decretos, portarias e resoluções que, em conjunto, por meio de "camadas de estruturas", com uma ordem definida que permite o controle pelo Poder Judiciário:

> Os programas de ação iniciados por diferentes governos não se materializam sobre uma "tábula rasa" institucional. O cenário mais típico é o da existência de "camadas de estruturas", isto é, órgãos, competências, corpos burocráticos criados para determinado programa, num governo, que terminam esvaziados com as sucessões políticas e ali permanecem. Cada novo programa arranja, de maneira peculiar, sobre uma base normativa própria, atribuições de órgãos públicos muitas vzes preexistentes, novas funções para servidores públicos, aproveitando estruturas antigas ou criando outras e articulando-as, a partir da orientação governamental presente (integral ou parcialmente) da norma instituidora, que passa a conferir novo sentido àquele conjunto. O traço a destacar no arranjo instituiconal, portanto, é seu caráter sistemático, de ordem, que atua graças, em grande medida, à coesão proporcionada basicamente pelos instrumentos jurídicos. No ambiente caótico da multiplicidade de normas e estruturas, o arranjo institucional se configura como ordem definida, que permite visualizar seus contornos, distinguindo-o do ambiente de normas e decisões circundantes.[27]

Vislumbrar com clareza o arranjo institucional relativo às políticas públicas de moradia, entretanto, é uma tarefa complexa, que envolve institutos do Direito que remontam ao Direito Romano e à discussão dos conceitos de posse e propriedade, inseridos no contexto urbano do século XXI.

A regra prevista no artigo 505 do CC/1916 foi revogada pelo novo CC que, em seu artigo 1210, §2º, fixou que não obsta a manutenção ou reintegração de posse a alegação de propriedade ou de outro direito sobre a coisa. Após praticamente um século em vigor, porém, seus fundamentos modelaram a jurisprudência para lidar com os conflitos fundiários no Brasil. Apesar da sua revogação, a interpretação da regra permanece viva como um critério de controle judicial nas ações possessórias,[28] um obstáculo para o avanço dos direitos sociais

---

[27] BUCCI, Maria Paula Dallari. *Fundamentos para uma teoria jurídica das políticas públicas*. São Paulo: Saraiva, 2013, p. 250-251.
[28] Exemplo desse fato é o "Caso Pinheirinho", decorrente de Ação de Reintegração de Posse (ARP) movida pela Massa Falida da Empresa Selecta Comércio e Indústria S/A, ajuizada

constitucionalmente reconhecidos e para o desenvolvimento de políticas públicas de moradia.

Do ponto de vista das políticas públicas, em que pese o reconhecimento do direito à moradia, no artigo 6º do Texto Constitucional parece não haver "vontade política", tampouco "vontade judicial"[29] para o avanço da implementação desse direito. Os avanços nas políticas públicas desse direito se dão de forma tortuosa, enquanto o número de pessoas sem uma moradia nos grandes centros urbanos aumenta de forma significativa.

De acordo com o Censo da População de Rua da Cidade de São Paulo, de 2019,[30] nos últimos 28 anos essa população saltou de quase 4.000 para 24.344 pessoas – um crescimento superior a 500%, segundo dados da Prefeitura.

A população paulistana de rua é heterogênea, e segundo o Censo mencionado, os motivos para essas pessoas entrarem nessa situação podem ser conflitos familiares (50%), uso de drogas ou álcool (33%), desemprego (13%) e/ou perda de moradia (13%).

Por outro lado, "estima-se, de acordo com os dados extraídos do Sistema de Informações para Habitação Social na Cidade de São Paulo (Habisp/abril 2016), que 445.112 domicílios estejam em favelas e 385.080 em loteamentos irregulares".[31]

---

em 2004. A reintegração ocorreu em 2012, com a expulsão de 1.577 famílias do local (BARROZO, Thaís Aranda. *Ocupações coletivas e tutela jurisdicional possessória*. Análise à luz da garantia de defesa dos réus. Tese (Doutorado em Direito) – Faculdade de Direito da Universidade de São Paulo (USP), São Paulo, 2017, p. 20).

[29] Os termos são usados a partir da perspectiva de Virgílio Afonso da Silva que, ao discutir a falta de efetividade aos direitos sociais, conclui: "Em face dos esforços de alguns autores em demonstrar que não há diferença entre os direitos individuais e os direitos sociais, é de se perguntar, então, por que os primeiros são muitas vezes efetivamente realizados enquanto que os direitos sociais frequentemente não ultrapassam a barreira da promessa constitucional. Nos países ainda em desenvolvimento é muito comum ouvir, como resposta a essa questão, que 'falta vontade política ao governo'. Ocorre que, se de fato o problema fosse apenas uma falta de vontade política, bastaria haver uma 'vontade judicial' por parte dos operadores do direito, sobretudo dos juízes, para que pelo menos parte do problema fosse resolvida" (SILVA, Virgílio Afonso da. O Judiciário e as políticas públicas: entre transformação social e obstáculo à realização dos direitos sociais. *In*: GRINOVER, Ada Pelegrini; WATANABE, Kazuo; COSTA, Susana Henriques da. (org.). *O processo para solução de conflitos de interesse público*. Salvador: Juspodivm, 2017, p. 383-396, p. 389).

[30] SÃO PAULO (Cidade). Secretaria Especial de Comunicação (SEC). *Censo da População de Rua da Cidade de São Paulo, de 2019*. 31 jan. 2020. Disponível em: http://www.capital.sp.gov.br/noticia/prefeitura-de-sao-paulo-divulga-censo-da-populacao-em-situacao-de-rua-2019. Acesso em: 20 dez. 2020.

[31] SÃO PAULO (Cidade). Secretaria Municipal de Habitação (SEHAB). *Plano Municipal de Habitação de São Paulo*: caderno para discussão pública. São Paulo: SMH, jun. 2016b, p. 6. Disponível em: http://www.favelasaopaulomedellin.fau.usp.br/wp-content/uploads/2016/09/CadernoPMH.pdf. Acesso em: 7 dez. 2020.

Assim, a questão da falta de moradia ou da moradia precária atinge um contingente elevado da população da cidade, já que envolve os moradores de territórios classificados como ocupações (ou favelas) e, também, boa parte dos moradores de rua.[32] Essa população cronicamente carente, intensamente vulnerável a epidemias e crises econômicas, conforme se revelou no primeiro semestre de 2020, é produto de um processo histórico de concentração urbana, ao que tudo indica irreversível, já que apenas se intensificou nos últimos 100 anos, com a criação de opções legislativas, escolhas políticas dos gestores e decisões judiciais.

Todo esse cenário confirma o principal objetivo deste estudo, que é investigar a viabilidade de o Poder Judiciário, a partir dos instrumentos disponíveis no sistema jurídico e da perspectiva das políticas públicas existentes para a tutela desse direito, proferir decisões em processos litigiosos que atinjam o direito à moradia, capazes de colaborar para a redução dos conflitos fundiários urbanos.

1.2 O processo de concentração urbana brasileira e a questão da moradia

O processo de urbanização brasileira[33] foi acelerado a partir da década de 1950. No início dos anos 1960, as favelas já substituíam os cortiços como opção de moradia popular nas cidades brasileiras.[34]

O período compreendido entre 1889-1930, entretanto, pode ser considerado aquele em que houve o primeiro surto de crescimento urbano no país e de proliferação de áreas com precariedade urbana e habitacional na cidade de São Paulo, hoje a maior metrópole brasileira, conforme relato de Bianca Melzi de Domenecis Lucchesi:

---

[32] Ver nota 3 da Introdução desta obra.
[33] "Historicamente, a noção de cidade tem sido atribuída à concentração populacional e à existência de um ambiente de trocas, de ligações, de transferências materiais e imateriais; portanto, um ambiente que envolve fluxos, circulação e escalas variadas. No passado, a urbanização foi, fundamentalmente, um fenômeno associado ao aumento de população nas cidades e explicado pelo êxodo rural. A dimensão demográfica era vista como determinante" (INSTITUTO BRASILEIRO DE GEOGRAFIA E ESTATÍSTICA (IBGE). *Arranjos populacionais e concentrações urbanas do Brasil*. 2. ed. Rio de Janeiro: IBGE, 2016, p. 12. Disponível em: https://www.ibge.gov.br/apps/arranjos_populacionais/2015/pdf/publicacao.pdf. Acesso em: 8 dez. 2020).
[34] SILVA, Luiz Antonio Machado. Quarenta anos de sociologia das classes populares urbanas. *In*: CARNEIRO, Sandra de Sá; SANT'ANNA, Maria Josefina Gabriel (org.). *Cidade*: olhares e trajetórias. Rio de Janeiro: Garamond, 2009. p. 21-42.

O crescimento populacional de fins do século XIX é impulsionado pela chegada massiva de imigrantes que, aportados em Santos, teriam por destino a Hospedaria dos Imigrantes de São Paulo para então serem encaminhados às lavouras de café do Oeste Paulista ou do Vale do Paraíba. No entanto, nem todos os imigrantes seguiam para o interior, muitos permaneciam na capital e tentavam a vida como operários da nascente industrialização paulistana. O volume de pessoas no centro urbano transformou-se em perigo ao ferir os padrões higiênicos de uma cidade civilizada. O poder público passa, então, a conferir especial atenção às questões sanitárias que envolviam e manchavam a promissora São Paulo, montando um verdadeiro plano de saneamento com a finalidade de "limpar" a capital e seus ares.[35]

Era preciso dar conta da habitação, ou seja, analisar e modificar as características, hábitos e habitantes daquilo que os engenheiros criadores de um verdadeiro regimento higiênico chamaram, em 1893, de "unidade urbana":

> não bastava [...] melhorar as condições de abastecimento d'água e do serviço de esgoto, [...] proceder a regularização e limpeza dos terrenos baldios, retificar o curso dos nós urbanos, effectuar o aceio e limpeza das ruas e quintaes, [...] arborizar as praças, calçar as ruas, tomar enfim todas as medidas para manter em nível elevado a hygiene de uma cidade que cresce rapidamente e cuja população triplicou em dez anos, é preciso cuidar da unidade urbana.[36]

A solução proposta pelo Estado era a demolição das "unidades habitacionais infecciosas" com o deslocamento dos cortiços, sempre incômodos do ponto de vista higiênico e social ao cenário urbano da capital.

---

[35] LUCCHESI, Bianca Melzi de Domenicis. Transformações urbanas e habitação no final do século XIX: proibição e permanência dos cortiços na cidade de São Paulo. *In*: SIMPÓSIO NACIONAL DE HISTÓRIA, 28., jul. 2015, São Paulo. *Anais* [...]. São Paulo: ANPUH, jul. 2015. Disponível em: http://www.snh2015.anpuh.org/resources/anais/39/1434064843_ARQUIVO_Transformacoes urbanasehabitacaonofinaldoseculoXIXproibicaoepermanenciadoscorticosnacidadedeSaoPaulo-BiancaLucchesi.pdf. Acesso em: 3 nov. 2019.

[36] LUCCHESI, Bianca Melzi de Domenicis. Transformações urbanas e habitação no final do século XIX: proibição e permanência dos cortiços na cidade de São Paulo. *In*: SIMPÓSIO NACIONAL DE HISTÓRIA, 28., jul. 2015, São Paulo. *Anais* [...]. São Paulo: ANPUH, jul. 2015. p. 2. Disponível em: http://www.snh2015.anpuh.org/resources/anais/39/1434064843_ARQUIVO_Transformacoes urbanasehabitacaonofinaldoseculoXIXproibicaoepermanenciadoscorticosnacidadedeSaoPaulo-BiancaLucchesi.pdf. Acesso em: 3 nov. 2019.

A tensão existente entre a necessidade de adaptar padrões estéticos urbanos associados à civilização e ao progresso com o crescimento populacional em expansão demandava "imperativos técnicos que, através da urbanização promovida por engenheiros, objetivam anular a concentração de miasmas teorizados pela medicina como causadores de doenças".[37]

As Posturas Municipais, de 1875,[38] já condenavam os cortiços e proibiam a sua construção na área central da cidade, bem como estipulavam uma distância mínima de 15 metros entre o cortiço e qualquer outra moradia, e de cinco metros entre os próprios cortiços.

No Código Sanitário, de 1894, cinco capítulos foram dedicados à regulamentação da habitação. Precedido pelo Relatório de 1893, elaborado pela *Commissão de Exame e Inspecção das Habitações Operárias e Cortiços do Distrito de Santa Ephigenia* – cujo objetivo era mapear e propor soluções à ameaça que os cortiços representavam enquanto foco de epidemias – a proposta era a construção de habitações populares em bairros de baixa densidade populacional e situados ao longo de estradas de ferro.[39]

Para a referida Comissão, os vilões da ordem urbana eram os moradores dos cortiços e seus proprietários, que cobravam aluguéis extorsivos, muito além da capacidade financeira dos trabalhadores que lá residiam.

A narrativa interessa, em especial, porque demonstra que os problemas relativos à moradia para as pessoas de baixa renda tendem a se repetir na linha histórica da cidade, assim como as soluções fracassadas, reduzindo as possibilidades de busca por novos olhares sobre a questão da moradia e de novas políticas urbanísticas.

---

[37] LUCCHESI, Bianca Melzi de Domenicis. Transformações urbanas e habitação no final do século XIX: proibição e permanência dos cortiços na cidade de São Paulo. *In*: SIMPÓSIO NACIONAL DE HISTÓRIA, 28., jul. 2015, São Paulo. *Anais* [...]. São Paulo: ANPUH, jul. 2015, p. 5. Disponível em: http://www.snh2015.anpuh.org/resources/anais/39/1434064843_ARQUIVO_TransformacoesurbanasehabitacaonofinaldoseculoXIXproibicaoepermanenciadoscorticosnacidadedeSaoPaulo-BiancaLucchesi.pdf. Acesso em: 3 nov. 2019.

[38] SÃO PAULO (Cidade). *Resolução nº 62, de 31 de maio de 1875*. Código de Posturas da Câmara Municipal da Imperial Cidade de São Paulo sobre os diversos meios de manter a segurança, comodidade e tranquilidade pública. Cap. XIV, arts. 229 e 230. São Paulo: Secretaria do Governo de São Paulo, 31 maio 1875. Disponível em: https://www.al.sp.gov.br/repositorio/legislacao/resolucao/1875/resolucao-62-31.05.1875.html. Acesso em: 8 nov. 2019.

[39] BRESCIANI, Maria Stella. Sanitarismo e configuração do espaço urbano. *In*: CORDEIRO, Simone Lucena (org.). *Os cortiços de Santa Ifigênia*: sanitarismo e urbanização (1893). São Paulo: Imprensa Oficial do Estado de São Paulo; Arquivo Público do Estado de São Paulo, 2010. p. 15-38.

No período compreendido entre 1930-1964 – fase da "produção rentista",[40] caracterizada pela construção da moradia operária para locação – as sugestões da Comissão foram seguidas como uma forma de investimento, e voltadas à oferta de moradia para quem tinha condições de pagar aluguel de mercado.

Nessa fase, o governo passou a intervir no mercado habitacional de duas formas: num primeiro momento regulamentou a venda de lotes à prestação. Foram criadas, para tanto, as Carteiras Prediais dos Institutos de Aposentadorias e Pensões (IAPs) que, a partir de 1937, transformaram-se nas primeiras instituições públicas de caráter nacional a produzir, em escala, habitações populares. Não havia, contudo, controle político-jurídico algum sobre a cobrança de aluguéis, enquanto que a rentabilidade do investimento era alta.[41]

De acordo com Marisa Varanda Teixeira Carpintéro:

> os interesses em torno da construção popular eram diversos: para os construtores, representava uma opção de investimento e fonte de lucro; para os políticos, representava uma possível solução perante as manifestações populares que reivindicavam melhores condições de moradia.[42]

Num segundo momento, o governo buscou regulamentar a relação entre inquilinos e locadores por meio do Decreto-Lei do Inquilinato – Decreto-Lei nº 4.598/1942[43] – congelando os aluguéis. Em que pese, todavia, a tentativa de controle do preço dos aluguéis, a crise habitacional perpetuou-se por ausência de alternativas.

Mais adiante, entre 1920 e 1970, consolidou-se a prática de construção de casas à margem do mercado formal e do Estado, denominada por Nabil Bonduki de "autoempreendimento da moradia popular, baseado no trinômio loteamento periférico, casa própria e autoconstrução".[44]

---

[40] BONDUKI, Nabil; KOURY, Ana Paula. *Os pioneiros da habitação social*. Inventário da produção pública no Brasil entre 1930 e 1964. São Paulo: Ed. Unesp/Edições Sesc, 2014, v. 2, p. 15.

[41] BONDUKI, Nabil; KOURY, Ana Paula. *Os pioneiros da habitação social*. Inventário da produção pública no Brasil entre 1930 e 1964. São Paulo: Ed. Unesp/Edições Sesc, 2014. v. 2.

[42] CARPINTÉRO, Marisa Varanda Teixeira. *A construção de um sonho*: os engenheiros-arquitetos e a formulação da política habitacional no Brasil. São Paulo – 1917/1940. Campinas: Unicamp, 1997, p. 2.

[43] BRASIL. Decreto-Lei nº 4.598, de 20 de agosto de 1942. Dispõe sobre aluguéis de residências e dá outras providências. *Diário Oficial da União*, Rio de Janeiro, DF, p. 12897, 21 ago. 1942a. Disponível em: https://www2.camara.leg.br/legin/fed/declei/1940-1949/decreto-lei-4598-20-agosto-1942-414411-publicacaooriginal-1-pe.html. Acesso em: 1º ago. 2022.

[44] BONDUKI, Nabil. *Origens da habitação social no Brasil*. Arquitetura Moderna, Lei do Inquilinado e Difusão da Casa Própria. São Paulo: Fapesp, 2017, p. 289-290.

Ainda na década de 1930, "os principais órgãos do governo criaram setores ou departamentos de arquitetura e engenharia que formularam concepções próprias de como enfrentar a questão da habitação".[45] O objetivo era garantir oferta de moradias para os trabalhadores assalariados, com vistas ao controle político da classe operária,[46] acompanhada de políticas de remoção de favelas e cortiços. Não se cogitavam, porém, alternativas habitacionais para os não assalariados, o que levou o método do autoempreendimento a expandir-se na periferia da cidade.

A partir da década de 1960 iniciou um debate político e acadêmico sobre o problema habitacional, opondo direita (anticomunista) e esquerda. A esquerda dividiu-se entre as propostas do Partido Comunista Brasileiro (PCB) e as da Igreja, enquanto esta também adotava duas posições antagônicas, parte alinhada com a esquerda e parte com a direita. Havia, ainda, uma oposição entre as ideias de "reformas" (superestruturais) ou "revolução" (com propostas de reformas de base).[47]

Nesse momento, a favela já era vista como um problema habitacional, mas o foco da discussão estava no seu significado sociocultural ou econômico-financeiro. Um dos tópicos principais dos debates era o significado do mutirão como um modo específico de produção da habitação, com teorias que vinculavam uma memória do antigo mundo rural de onde seus ocupantes provinham para o processo de construção do urbano. Entendiam, alguns, que essa forma de erguer as moradias era capaz de produzir uma ação coletiva de baixo para cima.[48]

No período entre 1964-1986, o governo militar deu novos rumos à questão habitacional.[49] O debate sobre a integração das camadas subalternas à cidade incorporou novo foco, deslocando-se a questão

---

[45] BONDUKI, Nabil; KOURY, Ana Paula. *Os pioneiros da habitação social*. Inventário da produção pública no Brasil entre 1930 e 1964. São Paulo: Ed. Unesp/Edições Sesc, 2014, v. 2, p. 1.

[46] SILVA, Luiz Antonio Machado. Quarenta anos de sociologia das classes populares urbanas. *In*: CARNEIRO, Sandra de Sá; SANT'ANNA, Maria Josefina Gabriel (org.). *Cidade*: olhares e trajetórias. Rio de Janeiro: Garamond, 2009, p. 21-42, p. 24.

[47] SILVA, Luiz Antonio Machado. Quarenta anos de sociologia das classes populares urbanas. *In*: CARNEIRO, Sandra de Sá; SANT'ANNA, Maria Josefina Gabriel (org.). *Cidade*: olhares e trajetórias. Rio de Janeiro: Garamond, 2009, p. 21-42, p. 25.

[48] SILVA, Luiz Antonio Machado. Quarenta anos de sociologia das classes populares urbanas. *In*: CARNEIRO, Sandra de Sá; SANT'ANNA, Maria Josefina Gabriel (org.). *Cidade*: olhares e trajetórias. Rio de Janeiro: Garamond, 2009, p. 21-42, p. 27-28.

[49] SILVA, Luiz Antonio Machado. Quarenta anos de sociologia das classes populares urbanas. *In*: CARNEIRO, Sandra de Sá; SANT'ANNA, Maria Josefina Gabriel (org.). *Cidade*: olhares e trajetórias. Rio de Janeiro: Garamond, 2009, p. 21-42, p. 26.

da moradia à necessidade de emprego e ocupação. Foi um período de mudanças do cenário político e da academia, com ênfase nas questões de desenvolvimento.

Nesse período foi criado o Banco Nacional da Habitação (BNH), mas novamente o objetivo não era suprir a demanda por habitação social de qualidade e, sim, construir habitação para a classe média.[50]

Já nos anos 1970, o debate sofreu novo deslocamento, agora com foco nas grandes alianças com vistas à redemocratização.[51] Entendeu-se que a cidade de São Paulo estava marcada por um tecido polarizado centro-periferia, e "consolidou-se implicitamente a ideia de que as desigualdades urbanas estariam associadas aos polos dessa dualidade, como que envolvidos em um jogo de soma zero".[52]

Na década de 1980, o Brasil passou por grandes transformações políticas, econômicas e sociais, culminando com a promulgação da CF/1988. As antigas associações de bairro passaram a se chamar "movimentos sociais urbanos" e a se organizar em associações de diversos modelos e dimensões.[53] Essas associações tiveram um papel fundamental no processo constituinte, ocasião em que chegaram a formular 83 Emendas Populares, muitas delas tendentes a aumentar a sua participação no Estado.[54]

---

[50] BONDUKI, Nabil. *Origens da habitação social no Brasil:* o caso de São Paulo. Tese (Doutorado em Arquitetura e Urbanismo) – Faculdade de Arquitetura e Urbanismo da Universidade de São Paulo (USP), São Paulo, 1994, p. 65.

[51] Nesse período, as favelas "retornaram indiretamente à cena como referência privilegiada, não mais como territórios habitacionais ou economicamente problemáticos, e sim, positivadas como fonte potencial de ação de base autônoma" (BONDUKI, Nabil. *Origens da habitação social no Brasil:* o caso de São Paulo. Tese (Doutorado em Arquitetura e Urbanismo) – Faculdade de Arquitetura e Urbanismo da Universidade de São Paulo (USP), São Paulo, 1994, p. 35).

[52] MARQUES, Eduardo. São Paulo: transformações, heterogeneidades, desigualdades. *In*: MARQUES, Eduardo (org.). *A metrópole de São Paulo no século XXI:* espaços, heterogeneidades e desigualdades. São Paulo: Ed. Unesp, 2015b, p. 1-17, p. 3.

[53] "No Brasil e na América Latina os movimentos sociais populares se propagaram bastante nos anos de 1970 e 1980 por causa da oposição ao então regime militar, especialmente pelos movimentos cristãos de base, inspirados pela Teologia da Libertação. Assim, a Confederação Nacional das Associações de Moradores (Conam) foi fundada no dia 17 de janeiro de 1982, tendo como papel organizar as federações estaduais, uniões municipais e associações comunitárias, entidades de bairro e similares, para defender a universalização da qualidade de vida, com especial atenção às questões do direito a cidades, incluindo a luta pela moradia digna. Em 1987 foi instituído o Fórum Nacional de Reforma Urbana (FNRU) por meio da articulação nacional que reúne movimentos populares, sociais, ONGs, associações de classe e instituições de pesquisa" (GOHN, Maria da Glória. Movimentos sociais na contemporaneidade. *Revista Brasileira de Educação*, São Paulo, v. 16, nº 47, p. 333-361, maio/ago. 2011, p. 342. Disponível em: http://www.scielo.br/pdf/rbedu/v16n47/v16n47a05.pdf. Acesso em: 12 jul. 2019).

[54] "Foram apresentadas 121 emendas populares à Mesa Diretora da Assembleia que, após verificação, admitiu 83 propostas que atendiam às exigências regimentais da Constituinte.

Tanto os movimentos sociais como as associações concentraram suas ações em torno das lutas pela moradia, regularização fundiária, saúde e saneamento. No período de redemocratização, na década de 1980, os movimentos de moradia se articularam com outras organizações da sociedade (sindicatos, universidades, ONGs e partidos políticos) e ampliaram a luta pelo direito à moradia e à cidade, constituindo uma rede de reforma urbana aglutinada no Fórum Nacional de Reforma Urbana (FNRU).[55]

Dessa articulação, que levou à convergência de diversos movimentos sociais e Organizações Não Governamentais (ONGs) por todo o país, resultou a capacidade de influir na Assembleia Constituinte que, por fim, aprovou a possibilidade de Emendas Populares ao Projeto da Constituição. Entre as emendas propostas constam os atuais artigos que tratam da política urbana, como os artigos 182 e 183 da CF/1988.

Desde então o mundo jurídico passou a ser um campo de batalha ao lado da política na busca por uma cidade menos desigual e mais sustentável. Houve um avanço legislativo representado pela promulgação do Estatuto da Cidade e pela elaboração de Planos Diretores pelos municípios que, por sua vez, possibilitaram a demarcação de Zonas Especiais de Interesse Social (ZEISs) nas cidades com vistas à implementação de moradias à população de baixa renda.

As alterações legislativas, entretanto, não são suficientes para impor novas políticas públicas de moradia à cidade, mas podem, como catalisadores de possíveis transformações, contribuir para as mudanças necessárias.

A distribuição dos equipamentos urbanos em São Paulo ainda é muito desigual, e reflete a diversidade de renda. Há uma expansão dos serviços, como a ligação de domicílios à rede de esgotos, mas, por outro lado, algumas regiões não alcançaram a universalização experimentada por outras partes da metrópole, o que denota uma relação direta entre o nível de renda e a localização da moradia. É possível afirmar, inclusive,

---

O total de subscrições foi de 12.277.423 assinaturas, o que, mesmo considerando o limite máximo de três subscrições por eleitor, implicou o envolvimento superior a 4 milhões de cidadãos!" (LOPES, Júlio Aurélio Vianna. *A carta da democracia:* o processo constituinte da ordem pública de 1988. Rio de Janeiro: Topbooks, 2008, p. 55).

[55] FERREIRA, Regina Fátima. Movimentos de moradia, autogestão e política habitacional no Brasil: do acesso à moradia ao direito à cidade. *AGB Urbana*. São Paulo, 2013, p. 1-18, p. 2. Disponível em: https://agburbana.files.wordpress.com/2013/12/texto_isa_reginaferreira_port.pdf. Acesso em: 27 jul. 2022.

que na cidade os mais ricos se encontram mais segregados do que os demais grupos sociais, em territórios melhor equipados.[56]

Todas as regiões, porém, são pontuadas por moradias de baixa qualidade e sem segurança jurídica. No centro da cidade, em 2020, pelo menos 51 prédios estavam ocupados por cortiços, fenômeno que permanece no tempo e que não foi atingido pelas políticas públicas habitacionais das diversas gestões.

As questões se agravam à medida que lideranças de movimentos da sociedade civil competem com o crime organizado pela administração de um espaço, evidenciando a inexistência de políticas públicas de moradia para baixa renda satisfatória, e o descumprimento de direitos fundamentais por parte do Estado.

A expulsão das populações do centro para a periferia leva os mais vulneráveis a se instalarem em áreas de risco e de proteção ambiental, com o comprometimento da segurança de recursos hídricos. Uma vez instalada uma comunidade, a sua remoção das áreas de manancial torna-se praticamente impossível.

Ainda não há, nesse contexto, um programa nacional articulado para o atendimento habitacional da população de baixa renda.[57]

1.3 A judicialização do espaço urbano e o direito à moradia

Uma das peculiaridades da judicialização do direito à moradia é o fato de que, com grande frequência, esse direito não é discutido de forma direta no processo. Para dar cumprimento ao julgado, todavia, o juiz precisa, de fato, enfrentar a situação subjacente a essas ações, e que pode ser resumida na seguinte questão: o que fazer com as pessoas que ocupam esse território?

A questão, antes de ser jurídica, é urbana e urbanística. A ideia de cidade sustentável tornou-se uma diretriz urbanística internacional desde a Conferência das Nações Unidas – Rio 92, com a elaboração

---

[56] REQUENA, Carolina; HOYLER, Telma; SARAIVA, Camila. Interação e segregação: centro, periferia e residenciais fechados. *In*: MARQUES, Eduardo (org.). *A metrópole de São Paulo no século XXI*: espaços, heterogeneidades e desigualdades. São Paulo: Ed. Unesp, 2015, p. 255-307.

[57] Mais adiante são analisados os principais programas de produção pública e privada de habitação da cidade na medida em que repercutem neste estudo, já que o principal objetivo aqui não é o estudo das políticas públicas de habitação e, sim, em que medida é viável o seu controle pelo Poder Judiciário de modo a reduzir os conflitos territoriais urbanos.

da chamada Agenda 21 – documento que contém diversas diretrizes e recomendações para as nações adaptarem os seus processos de desenvolvimento a modelos sustentáveis. O conceito então fixado representava uma ideia genérica,[58] mas o desejo de busca por um meio ambiente urbano sustentável foi positivado em princípio jurídico com a promulgação do Estatuto da Cidade.[59]

As cidades, desde o fenômeno da concentração urbana ocorrida durante o século XX, são o principal espaço da atividade humana. Devem, portanto, submeter-se ao princípio do desenvolvimento sustentável a partir das políticas urbanas, de modo a viabilizar o exercício dos direitos fundamentais para uma boa qualidade de vida. Betânia de Moraes Alfonsin assim se posiciona a respeito:

> [...] a política de desenvolvimento urbano deve promover o desenvolvimento sustentável, de modo a atender às necessidades essenciais das gerações presentes e futuras. [...] significa compreender o desenvolvimento urbano como política pública que efetive os direitos humanos, garantindo à pessoa humana uma vida digna.[60]

Embora em um primeiro momento o conceito de "cidade sustentável", quando aplicado ao problema da moradia de baixa renda, remeta à ideia de equilíbrio entre o exercício do direito de propriedade e o direito ao meio ambiente ecologicamente equilibrado, hoje já está estabelecido que a sustentabilidade envolve o atendimento das seguintes dimensões: ambiental, social, econômica e temporal dos processos urbanos.[61]

---

[58] A concepção de "desenvolvimento sustentável", materializada na Agenda 21, foi reduzida a "[...] aquele que atende às necessidades do presente sem comprometer a possibilidade de as gerações futuras atenderem às suas próprias necessidades", faltando, neste ponto, definir quais são esses imperativos (BRASIL. Senado Federal. *Conferência Rio-92 sobre o meio ambiente do planeta: desenvolvimento sustentável dos países*. 7 ago. 2017b. Disponível em: https://www.senado.gov.br/noticias/Jornal/emdiscussao/rio20/a-rio20/conferencia-rio-92-sobre-o-meio-ambiente-do-planeta-desenvolvimento-sustentavel-dos-paises.aspx. Acesso em: 8 nov. 2019).

[59] Após a promulgação do Estatuto da Cidade, a doutrina de direito urbanístico tem caminhado no sentido da defesa do desenvolvimento como princípio constitucional implícito, resultante da interpretação sistemática dos arts. 170, 182 e 225 da Constituição Federal de 1988 (CABRAL, Lucíola Maria de Aquino. *Competências constitucionais dos municípios para legislar sobre o meio ambiente*: a efetividade das normas ambientais. Curitiba: Letra da Lei, 2008, p. 117).

[60] ALFONSIN, Betânia de Moraes. Regularização fundiária: um imperativo ético da cidade sustentável – O caso de Porto Alegre. In: SAULE JR., Nelson (coord.). *Direito à cidade: trilhas legais para o direito às cidades sustentáveis*. Porto Alegre: Max Limonad, 1999, p. 157–172, p. 160.

[61] GARCIA, Maria (org.). *A cidade e seu estatuto*. São Paulo: Juarez de Oliveira, 2005, p. 135.

O Estatuto da Cidade estabelece normas e diretrizes que visam alcançar a almejada sustentabilidade urbana, a qual deve ser compatível com o exercício adequado das funções sociais da sociedade moderna, definidas pela Carta de Atenas nos anos 1930, quais sejam: habitação, trabalho, circulação e recreação.[62]

Sintetizando os principais elementos que envolvem a função social da cidade, Jorge Luiz Bernardi[63] demonstra que as cidades devem desempenhar suas funções sociais em três esferas: urbanística, cidadania e gestão (ver Quadro 1):

Quadro 1 – Funções sociais das cidades

Funções urbanísticas	Funções de cidadania	Funções de gestão
Habitação	Educação	Prestação de serviços
Trabalho	Saúde	Planejamento
Lazer	Segurança	Preservação do patrimônio cultural e natural
Mobilidade	Proteção	Sustentabilidade urbana

Fonte: Bernardi (2006, p. 56).[64]

A partir do Quadro 1, acima, fica visível que não é possível alcançar um exercício adequado da função social da cidade sem um planejamento urbano que enfrente a questão da habitação. A ação judicial que envolve o território urbano não discute a repercussão da execução da sentença na política urbana e na questão da moradia. Assim, a execução de uma sentença, mesmo quando proferida com a intenção de corrigir um desvio, tende a gerar um desequilíbrio, fazendo com que a sustentabilidade urbana – outra função da gestão – reste comprometida.

A pandemia da covid-19 demonstrou, de forma catastrófica, o quanto a ausência de sustentabilidade urbana – em especial das

---

[62] SILVA, José Afonso da. *Direito urbanístico brasileiro*. 5. ed. São Paulo: Malheiros, 2008.

[63] BERNARDI, Jorge Luiz. *Funções sociais da cidade:* conceitos e instrumentos. Dissertação (Mestrado em Gestão Urbana) – Centro de Ciências Exatas e Tecnologia da Pontifícia Universidade Católica do Paraná (PUC-PR), Curitiba, 2006, p. 59. Disponível em: http://livros01.livrosgratis.com.br/cp000951.pdf. Acesso em: 2 out. 2019.

[64] BERNARDI, Jorge Luiz. *Funções sociais da cidade:* conceitos e instrumentos. Dissertação (Mestrado em Gestão Urbana) – Centro de Ciências Exatas e Tecnologia da Pontifícia Universidade Católica do Paraná (PUC-PR), Curitiba, 2006, p. 59. Disponível em: http://livros01.livrosgratis.com.br/cp000951.pdf. Acesso em: 2 out. 2019.

condições adequadas de moradia – pode afetar, por exemplo, o êxito do Estado no controle de pandemias,[65] devido à ameaça do esvaziamento dos espaços públicos e da perda das trocas e da construção cultural.

Esse desequilíbrio territorial é muito evidente na cidade de São Paulo. No planejamento de grandes obras de infraestrutura e no ajuizamento de ações necessárias à sua implementação, o Poder Público não é capaz de se articular no espaço urbano, levando em consideração todas as dimensões envolvidas na execução dos projetos urbanísticos, quais sejam, ambiental, social, econômica e temporal dos processos urbanos. Em consequência, há o comprometimento do resultado esperado no que diz respeito à própria obra empreendida.

Uma das consequências comuns às obras de infraestrutura é a remoção de populações vulneráveis e que habitam em moradias precárias, sem que o Poder Público tenha programado alternativas de sua realocação, o que desencadeia novos desequilíbrios, vulnerabilidades e conflitos no espaço urbano. Esses, por sua vez, demandam nova ação governamental do ente público na busca pela sustentabilidade.

As dificuldades para a implementação do direito à moradia envolvem desde as restrições orçamentárias[66] até a polarização ideológica relacionada ao seu conteúdo.[67] As intensas disputas na arena

---

[65] Segundo Maria Fernanda Zieler, a partir de pesquisa realizada por Pedro Henrique Campello Torres, pesquisador visitante na Bren School of Environmental Science & Management, da University of California Santa Barbara (UCSB), nos Estados Unidos da América (EUA), e Pedro Jacobi, supervisor do estudo de pós-doutorado e coordenador do Projeto Temático Governança Ambiental da Macrometrópole Paulista face às Mudanças Climáticas: "O novo coronavírus (SARS-CoV-2) tem impactado de forma desigual os territórios urbanos brasileiros. O número de casos e de mortes por Covid-19 tende a ser maior nas áreas periféricas e em regiões que antes da crise global já sofriam com problemas como falta de moradia digna, acesso deficiente à água e saneamento, altos índices de poluição do ar e contaminação do solo. [...] Os pesquisadores afirmam que, para além da questão de menor acesso à saúde pelas populações mais pobres no Brasil e nos EUA, a disseminação da doença está diretamente ligada à territorialidade" (ZIEGLER, Maria Fernanda. Padrão de disseminação urbana da COVID-19 reproduz desigualdades territoriais. *Agência Fapesp*, São Paulo, 22 maio 2020. Disponível em: https://agencia.fapesp.br/padrao-de-disseminacao-urbana-da-covid-19-reproduz-desigualdades-territoriais/33226/. Acesso em: 1º jun. 2020).

[66] O orçamento para o PMCMV foi contingenciado nos últimos anos, e o investimento no ano de 2019 se aproximou de zero (FERNANDES, Anaïs. Minha Casa chega aos 10 anos esvaziado e com futuro incerto. *Folha de São Paulo*, São Paulo, 24 mar. 2019. Disponível em: https://www1.folha.uol.com.br/mercado/2019/03/minha-casa-chega-aos-10-anos-esvaziado-e-com-futuro-incerto.shtml. Acesso em: 8 jun. 2019).

[67] PIRES, Luís Manuel Fonseca. *Moradia e propriedade:* um breve ensaio sobre conflitos humanos. Belo Horizonte: Fórum, 2015; ROZAS, Luiza Barros. *Direito à moradia:* âmbito, limites e controle no ordenamento jurídico nacional. Tese (Doutorado em Direito) – Universidade de São Paulo (USP), São Paulo, 2016, p. 26-30.

política parecem contribuir para o afastamento da discussão jurídica quanto à importância da preservação desse direito fundamental como peça-chave na busca pela sustentabilidade e função social da cidade. Afinal, a tendência é que pessoas removidas sem um destino planejado ocupem áreas já precárias ou protegidas do ponto de vista ambiental, distanciando a cidade do ideal de um desenvolvimento sustentável.

A desarticulação das políticas públicas urbanas no mundo real reflete no microuniverso do Poder Judiciário.[68] Prova dessa afirmativa é a fragmentação da taxonomia de temas relevantes juridicamente do ponto de vista do território urbano, estabelecida pelo Conselho Nacional de Justiça (CNJ) com a finalidade de classificar os processos judiciais no território nacional.

Baseada em grandes temas doutrinários e na legislação mais tradicional no país,[69] a classificação adotada pelo CNJ para distribuir os processos entre os juízes não revela os casos jurídicos que tratam das questões urbanas e de moradia. Assim, se há necessidade de remoção de uma população de área de risco, em vez de se ajuizar uma "ação de administração de área urbana de risco" (ou algo semelhante), o município ajuíza uma Ação de Reintegração de Posse (ARP).

Isso ocorre porque a lógica do Direito Processual maneja institutos já conhecidos, muitos com origem no Direito Romano, e não existe nenhuma categoria processual forjada para lidar com situações de vulnerabilidade da população urbana decorrentes da concentração urbana contemporânea.

Na lógica processual civil, um critério simples, como o endereço, não é relevante para o agrupamento de demandas que envolvem conflitos territoriais urbanos. Essa modalidade de conflito, embora

---

[68] Salomão Barros Ximenes, Vanessa Elias de Oliveira e Maria Pereira da Silva já constataram que os efeitos da judicialização sobre as políticas públicas são os mais variados (e ainda pouco conhecidos). Segundo os autores, "as decisões judiciais e extrajudiciais afetam não apenas o processo de políticas públicas propriamente dito (formulação, implementação e avaliação), mas afetam, também, o próprio sistema de justiça, que passa a ter um novo e cada vez mais amplo papel na garantia dos direitos sociais e no acesso à justiça, com mudanças institucionais decorrentes desse [...]" (XIMENES, Salomão Barros; OLIVEIRA, Vanessa Elias de; SILVA, Mariana Pereira da. Judicialização da educação infantil: efeitos da interação entre o Sistema de Justiça e a Administração Pública. *Revista Brasileira de Ciência Política*, São Paulo, nº 29, p. 115-188, maio/ago. 2019, p. 161. Disponível em: https://periodicos.unb.br/index.php/rbcp/article/view/27544. Acesso em: 20 jun. 2020).

[69] LIBÓRIO, Daniela Campos; FROTA, Henrique Botelho; CARDOSO, Patrícia de Menezes; GUIMARÃES, Irene Maestro S. dos Santos (org.). *Direito urbanístico em juízo*: estudo de acórdãos do Tribunal de Justiça do Estado de São Paulo. Colaboração de Larissa Perez Cunha e Victor Iacovini. São Paulo: Instituto Brasileiro de Direito Urbanístico (IBDU), 2016, p. 32-33.

reconhecida genericamente como relevante para o CNJ,[70] não está suficientemente institucionalizada no Direito Processual.

Assim, os processos que envolvem um território urbano, como, por exemplo, uma grande obra de infraestrutura, serão distribuídos livremente para diversos juízes e não serão identificados como tal para o Poder Judiciário.

A questão da remoção das populações de baixa renda que não participaram do processo judicial devido à ausência do título e às dificuldades de acesso à Justiça, mas que residem no território em disputa, diz respeito à fase administrativa do cumprimento de títulos transitados em julgado, e apenas será evidenciada na fase de execução, após o último recurso judicial, quando a sentença se torna imutável e deve ser cumprida pelo juiz.

Para a efetivação da decisão judicial, cabe ao beneficiário providenciar os meios para a sua execução,[71] ou seja, os veículos para a remoção dos moradores e os equipamentos para a destruição de suas casas, sendo os bens destinados a um depósito pelo prazo de um mês. A defesa dos moradores não é admitida nesses processos em razão do princípio do direito processual individual basilar, qual seja, *o princípio da coisa julgada e seus limites objetivos e subjetivos*.[72]

De acordo com esse princípio, a decisão proferida não pode mais ser alterada, mas o seu alcance é limitado, pois se restringe ao pedido formulado pelo autor do processo e às partes envolvidas. Essa limitação impede a perda de um direito em decorrência de um processo judicial por quem não teve ampla oportunidade de se defender.

A doutrina relativa a princípios processuais constitucionais é bastante firme quanto à impossibilidade de afetar direitos de terceiros

---

[70] CONSELHO NACIONAL DE JUSTIÇA (CNJ). Departamento de Pesquisas Judiciárias (DPJ). *Principais ações do Conselho Nacional de Justiça* – conflitos fundiários. Ago. 2010. Disponível em: https://www.cnj.jus.br/wp-content/uploads/2011/02/relat_acoes_cnj_2009_2010.pdf. Acesso em: 24 dez. 2020.

[71] A responsabilidade do credor pelo custeio das despesas da execução e pelo fornecimento dos meios decorre do disposto no artigo 82 do CPC: "Salvo as disposições concernentes à gratuidade da justiça, incumbe às partes prover as despesas dos atos que realizarem ou requererem no processo, antecipando-lhes o pagamento, desde o início até a sentença final ou, na execução, até a plena satisfação do direito reconhecido no título" (BRASIL. Lei nº 13.105, de 16 de março de 2015. Código de Processo Civil. *Diário Oficial da União*, Brasília, DF, p. 1, 17 mar. 2015. Disponível em: http://www.planalto.gov.br/ccivil03/ato2015-2018/2015/lei/l13105.htm. Acesso em: 7 dez. 2020). Ver item 4.5 desta obra, adiante.

[72] MARINONI, Luiz Guilherme; ARENHART, Sérgio Cruz; MITIDIERO, Daniel. *Novo curso de processo civil*: tutela dos direitos mediante procedimento comum. 3. ed. São Paulo: Revista dos Tribunais, 2017, v. 2, p. 174.

pela coisa julgada. Esse entendimento, todavia, é mitigado quando se refere a ocupantes de áreas públicas ou privadas abandonadas, conforme cita o comentário ao artigo 554, §1º do CPC: "todos os *invasores* que se encontrarem no local devem ser pessoalmente citados, devendo a citação dos demais ocorrer por edital".

Ao explicar o mesmo artigo, outro doutrinador afirma que se refere à situação "comum no cotidiano nacional, *invasões* possessórias por grupos, por vezes organizados (movimentos de sem-terra ou sem-teto) e com objetivos específicos (reforma agrária, urbanística etc.), mas cujos indivíduos são de difícil determinação e/ou identificação".[73]

O CPC, entretanto, não utiliza o termo *invasor*, empregado pela doutrina, e sim *ocupante*.[74] Ou seja, existe uma tendência à pré-qualificação dos ocupantes de um território não regularmente ocupado como invasores, e o termo é tão incorporado à aplicação do Direito que emerge na doutrina processual, mesmo quando não expresso na lei. Existe, assim, a tendência de que, ao ser judicializada a posse dos territórios onde se desenvolveu o autoempreendimento mencionado por Nabil Bonduki e Ana Paula Koury,[75] seus ocupantes sejam chamados de *invasores*, não tenham a oportunidade de participar efetivamente do contraditório, caso não estejam em casa no momento da citação, e sejam instados a abandonar suas casas quando da Execução da Sentença.

As populações removidas em razão do cumprimento de um julgado geralmente passam a ocupar outros territórios urbanos também não destinados, em princípio, à moradia, ainda menos aptos a recebê-los

---

[73] GAJARDONI, Fernando da Fonseca *et al*. *Processo de conhecimento e cumprimento de sentença*: comentários ao CPC/2015. 2. ed. Rio de Janeiro: Forense; São Paulo: MÉTODO, 2018b, v. 2, p. 928, grifo meu.

[74] Conforme o artigo 554, §1º: "A propositura de uma ação possessória em vez de outra não obstará a que o juiz conheça do pedido e outorgue a proteção legal correspondente àquela cujos pressupostos estejam provados" (BRASIL. Lei nº 13.105, de 16 de março de 2015. Código de Processo Civil. *Diário Oficial da União*, Brasília, DF, p. 1, 17 mar. 2015. Disponível em: http://www.planalto.gov.br/ccivil03/ato2015-2018/2015/lei/l13105.htm. Acesso em: 7 dez. 2020); A doutrina relativa a princípios processuais constitucionais é bastante firme quanto à impossibilidade de afetar direitos de terceiros pela coisa julgada. Esse entendimento, todavia, é mitigado quando se refere a ocupantes de áreas públicas ou privadas abandonadas, e doutrina, tende a utilizar o termo "invasor", e não ocupante, ao comentar o artigo 554, §1º do Código de Processo Civil (CPC). Luiz Guilherme Marinoni, Sérgio Cruz Arenhart e Daniel Mitidiero afirmam que "a citação dos réus incertos é obrigatória e deve ser feita por edital, embora não se exija que se identifique especificamente cada um dos invasores" (MARINONI, Luiz Guilherme; ARENHART, Sérgio Cruz; MITIDIERO, Daniel. *Novo curso de processo civil*: tutela dos direitos mediante procedimento comum. 3. ed. São Paulo: Revista dos Tribunais, v. 2, 2017, p. 736).

[75] Ver nota 41 desta obra.

do que a ocupação anterior. Isso compromete a função social da cidade e a sua sustentabilidade, pois há o incremento da vulnerabilidade dos mais carentes.

A judicialização de questões políticas urbanas que envolvem o problema da moradia é, portanto, um fenômeno com características muito específicas, de pouca visibilidade, mas de grande relevância em razão da complexidade das questões envolvidas e de sua repercussão no território urbano, no destino das populações envolvidas e no caminho para que se alcancem os objetivos do Estado brasileiro.

A partir do perfil da judicialização que atinge o direito à moradia, das políticas públicas envolvidas no fenômeno e dos institutos legais vigentes, justifica-se a busca de caminhos viáveis para que o Poder Judiciário possa atuar de forma a garantir uma melhor proteção ao direito à moradia das populações mais vulneráveis.

1.4 Uma amostra da questão da moradia para a população de baixa renda no Poder Judiciário de São Paulo

Esta obra busca demonstrar a viabilidade de o Poder Judiciário, com os instrumentos hoje disponíveis na esfera jurídica, vivenciar um processo de mudança institucional a fim de obter um controle mais eficiente das políticas públicas de moradia à população de baixa renda, colaborando para a redução dos conflitos urbanos e para a sustentabilidade urbana.

A ideia de viabilidade[76] ligada ao ciclo de políticas públicas está relacionada aos processos de avaliação de políticas públicas nas dimensões tecnológica, alocativa e da escala na elaboração de um projeto de políticas públicas realizado sob a ótica governamental.[77]

---

[76] "Destarte, a avaliação da viabilidade econômica, financeira e social das políticas públicas, passa a ser o instrumento de medição de eficiência: sobre a ótica do setor privado, para garantir o máximo de lucro e crescimento econômico (geração de renda e emprego); sobre a ótica governamental, para garantir a sustentabilidade do crescimento econômico ou o ótimo econômico de bem-estar da população; sobre a ótica social, para garantir a distribuição equânime dos frutos do crescimento e/ou do desenvolvimento econômico" (MAIA, José Afonso Ferreira; SILVA, Sandra Almeida da; SILVA, Cristiane Almeida da. Metodologia para avaliação econômica e social de políticas públicas. *Sitientibus*. Feira de Santana, nº 32, p. 167-192, jan./jun. 2005, p. 168. Disponível em: http://www2.uefs.br/sitientibus/pdf/32/metodologia_para_avaliacao_economica.pdf. Acesso em: 19 nov. 2019).

[77] Contempla os seguintes estudos: (i) a viabilidade financeira (análise dos impactos distributivos financeiros e fiscais, mensurados a preços de mercado); (ii) a viabilidade

A proposta não é analisar as políticas públicas de moradia e, sim, saber se o Poder Judiciário possui instrumentos para mudar o modo de decidir, e influir nos arranjos urbanos de modo a favorecer a articulação entre os diversos "atores do urbano".[78] E, também, incrementar as capacidades estatais dos demais poderes para lidar com a questão da moradia tal qual ela se apresenta na realidade urbana, cumprindo, desse modo, com os seus objetivos institucionais de pacificação social.

A obra parte da premissa de que o "mito de Montesquieu" não se adéqua a uma sociedade "infinitamente mais complexa do que aquela que o filósofo tinha como paradigma",[79] e que o papel do juiz numa sociedade em que há dicotomia entre Estado Liberal/Estado Social, necessita de atenção especial, haja vista a distinção entre deveres negativos e positivos, com diferentes estruturas de direitos individuais e direitos sociais.

Em consequência, o juiz, na qualidade de controlador de políticas públicas, deveria, ao mesmo tempo, pensar sobre os direitos sociais de forma global, "respeitar as políticas públicas planejadas pelos poderes políticos, não fazer realocação irracional e individualista de recursos escassos e, sobretudo, realizar com maior eficiência os direitos sociais".[80]

---

econômica (maximização do bem-estar econômico); (iii) a viabilidade social, que contempla o valor subjetivo dos diversos segmentos da população público-alvo, associado ao mérito e ao princípio da equidade distributiva dos benefícios e custos dos bens públicos e quase públicos (MAIA, José Afonso Ferreira; SILVA, Sandra Almeida da; SILVA, Cristiane Almeida da. Metodologia para avaliação econômica e social de políticas públicas. *Sitientibus*. Feira de Santana, nº 32, p. 167-192, jan./jun. 2005, p. 168-169. Disponível em: http://www2.uefs.br/sitientibus/pdf/32/metodologia_para_avaliacao_economica.pdf. Acesso em: 19 nov. 2019).

[78] O termo "capitais do urbano" é empregado por Eduardo Marques para categorizar os atores sociais com interesses capitalistas no espaço urbano. Segundo o autor, "independentemente da relevância ou não dessas perguntas, considerando os debates em que foram formuladas, elas não podem ser confundidas com as questões centrais do presente texto, associadas mais claramente à política e às políticas do urbano (e não apenas no urbano). Elas dizem respeito à influência dos capitais nas políticas públicas urbanas, às condições e dinâmicas políticas ligadas a essa influência, assim como à sua variação, considerando tipos de capitais distintos" (MARQUES, Eduardo. De volta aos capitais para melhor entender as políticas urbanas. *Novos Estudos CEBRAP*, São Paulo, v. 35, nº 2, p. 15-33, jul. 2016, p. 19. (Dossiê Capitais do Urbano)).

[79] SILVA, Virgílio Afonso da. O Judiciário e as políticas públicas: entre transformação social e obstáculo à realização dos direitos sociais. *In*: GRINOVER, Ada Pelegrini; WATANABE, Kazuo; COSTA, Susana Henriques da. (org.). *O processo para solução de conflitos de interesse público*. Salvador: Juspodivm, 2017, p. 383-396 , p. 386.

[80] SILVA, Virgílio Afonso da. O Judiciário e as políticas públicas: entre transformação social e obstáculo à realização dos direitos sociais. *In*: GRINOVER, Ada Pelegrini; WATANABE, Kazuo; COSTA, Susana Henriques da. (org.). *O processo para solução de conflitos de interesse público*. Salvador: Juspodivm, 2017, p. 383-396, p. 395.

A questão que se coloca é como garantir, nesse contexto, o direito social à moradia a uma população que não busca essa proteção diretamente do Poder Judiciário, mas que é afetada pelas decisões de processos dos quais não participou. Não existem, ademais, instrumentos jurídicos suficientemente estruturados para que o juiz possa evitar a violação desse direito fundamental.

Tomou-se como ponto de partida a narrativa de três casos de litigiosidade que envolvem o direito à moradia a pessoas de baixa renda no município de São Paulo, dos quais retiraram-se as questões a serem investigadas com a finalidade de proporcionar uma base empiricamente fundamentada nas proposições teóricas a serem formuladas.[81] A narrativa de caso, a depender do contexto e do tipo de pesquisa, pode servir de apoio a uma "geralização analítica", com "intensão compreensiva, visando evoluir a compreensão, pois ela aumenta os circuitos pelos quais podemos percorrer o material".[82]

Pretende-se, assim, demonstrar que as questões a serem analisadas nos próximos capítulos não são meramente teóricas, e merecem uma reflexão acadêmica, comprometida com a necessidade de avanço em relação à implementação jurídica dos direitos fundamentais no país.

A escolha dos casos teve como pressuposto eventos conhecidos e relevantes em relação à hipótese central deste estudo.

É necessário esclarecer, ainda, que apesar de utilizar a narrativa de casos como apoio para favorecer induções, esta não é uma pesquisa empírica. Os dois primeiros relatos foram extraídos da experiência de trabalho na Central de Cumprimento de Mandados, e o terceiro caso surgiu do contato com outros pesquisadores de Direito Urbanístico.

---

[81] "No passado, consagrou-se a expressão segundo a qual 'só existe ciência do geral' para indicar esse projeto – próprio à atividade científica – de generalização teórica para além da população propriamente dita do pesquisador (de seu universo de análise específico). Esses resultados heurísticos constituem outra forma de generalização, que eu caracterizarei de analítica ou teórica. Com isso, quero dizer que ela ultrapassa os limites da descrição ou da explicação aplicadas unicamente à população P, tal como esta foi definida para fins de amostragem. Se a pesquisa for bem conduzida, esses resultados teóricos serão, certamente, um fundamento empírico. Nesse sentido, eles são mais do que hipóteses *a priori*; eles são esclarecimentos teóricos, empiricamente fundamentos, e virtualmente passíveis de serem aplicados noutro local" (PIRES, Álvaro P. Amostragem e pesquisa qualitativa: ensaio teórico e metodológico. In: POUPART, Jean et al. *A pesquisa qualitativa*: enfoques epistemológicos e metodológicos. Petrópolis: Vozes, 2014, p. 154-214, p. 159).

[82] MACHADO, Maíra Rocha. O estudo de caso na pesquisa em direito. In: MACHADO, Maíra Rocha (org.). *Pesquisar empiricamente o Direito*. São Paulo: Rede de Pesquisa Empírica em Direito, 2017, p. 357-389, p. 383.

Busca-se registrar a dinâmica da execução dos processos judiciais que envolvem políticas públicas urbanas e trazer à superfície as questões relativas às limitações institucionais do Poder Judiciário nas demandas do direito à moradia, embora de forma subjacente e difusa.

Os casos apresentados foram selecionados por envolverem uma situação bastante comum no Poder Judiciário, mas pouco evidenciada na doutrina que trata de Processo Civil, de Direito Urbanístico e de Direitos Fundamentais: a ameaça ao direito à moradia apenas se apresenta ao aplicador do Direito na fase de Execução do Processo.

O processo judicial, via de regra, tem duas fases: a primeira fase chama-se "fase de conhecimento", em que são definidas as partes com interesse jurídico no processo, estabece-se o contraditório e é proferida uma sentença. Há recurso que transita em julgado, o qual forma o título executivo judicial, enquanto as partes dão início a uma nova fase do processo: a Fase de Execução.

A partir do trânsito em julgado, o título se torna imutável, e eventuais erros não podem ser revistos. Em nome da certeza e segurança jurídica, desde o Direito Romano, a coisa julgada é revestida pela imutabilidade, mesmo quando a decisão está equivocada ou deixou de considerar aspectos não discutidos no processo.

A crítica ao instituto da coisa julgada é antiga, tendo dado azo ao aforismo *"res iudicata facit de albo nigrum, de quadratum rotundum"*, ou seja, a coisa julgada faz do branco, o negro, e do quadrado, o redondo.

A coisa julgada é uma garantia democrática constitucional,[83] e nas situações selecionadas a ameaça de lesão a Direito Fundamental apenas se evidencia na fase de Execução do Processo, quando já formada a coisa julgada. Trata-se de ameaça sutil e sem tutela específica na esfera jurídica.

A partir da narrativa, pretende-se dar visibilidade ao direito em jogo e localizar os mecanismos jurídicos que inviabilizam uma tutela adequada do direito à moradia às populações de baixa renda e que dificultam ao Poder Judiciário colaborar de fato com a redução de conflitos e com a sustentabilidade urbana.

Os dois primeiros casos envolvem contratos de Parcerias Público-Privadas (PPPs) e a remoção de populações de baixa renda decorrente de ações de desapropriação. O terceiro caso envolve uma reintegração

---

[83] Conforme redação do artigo 5º, inciso XXXVI da CF/1988: "A lei não prejudicará o direito adquirido, o ato jurídico perfeito e a coisa julgada" (BRASIL. [Constituição (1988)]. *Constituição da República Federativa do Brasil de 1988*. Brasília, DF: Presidência da República,

de posse realizada pela Companhia de Desenvolvimento Habitacional e Urbano (CDHU) – empresa pública estadual de produção de habitações para o mercado – de um terreno localizado no bairro do Bresser, de sua propriedade, e cuja imissão na posse ainda não havia ocorrido em julho de 2019.

Os casos escolhidos envolvem processos judiciais voltados à implementação de políticas urbanas de infraestrutura, mas que atingem, no momento da execução, o direito à moradia de vulneráveis, sem que o exequente – via de regra, o Poder Público e o responsável do ponto de vista constitucional pela garantia de direitos fundamentais – busque uma alternativa para a mitigação das consequências nefastas da Execução do Julgado às populações atingidas.

1.4.1 Caso 1: A execução da desapropriação da Quadra 36 da Cracolândia

O primeiro caso ilustrativo selecionado para este estudo envolve a intervenção do Estado de São Paulo, por meio da sua Secretaria Estadual de Saúde, para implantar, no centro da capital, especificamente no bairro de Campos Elíseos, uma nova unidade do Hospital Pérola Byington.

Essa unidade hospitalar foi inserida no Lote 2 do Contrato de Concessão Administrativa nº PPP 02/2014, que tem por objeto a concessão administrativa para construção, operação de serviços e manutenção de três hospitais: Hospital Estadual de São José dos Campos (HESJC), Hospital Estadual de Sorocaba (HES) e Hospital Centro de Referência da Saúde da Mulher (HCRSM).

Em relação, especificamente, à construção do HCRSM, foi editado o Decreto Estadual nº 59.217/2013 que assim declara: "Utilidade pública, para fins de desapropriação, imóveis situados no Bairro Campos Elíseos, Município e Comarca de São Paulo, necessários à instalação do novo Hospital Pérola Byington".[84]

A área escolhida para a construção do HCRSM foi a Quadra 36 do Bairro Campos Elíseos, conhecida como Cracolândia, ocupada, em

---

[2020a]. Disponível em: http://www.planalto.gov.br/ccivil_03/constituicao/constituicao.htm. Acesso em: 7 dez. 2020).

[84] SÃO PAULO (Estado). *Decreto nº 59.217, de 21 de maio de 2013*. Declara de utilidade pública, para fins de desapropriação, imóveis situados no Bairro Campos Elíseos, Município e Comarca de São Paulo, necessários à instalação do novo Hospital Pérola Byington. São

regra, por imóveis precários e habitados por pessoas vulneráveis, de baixa renda e que trabalham na região central. A Quadra 36 está inserida na Macrozona de Estruturação e Qualificação Urbana e na Macroárea de Estruturação Metropolitana.

A intervenção prevista nesse território deveria envolver, portanto, a manutenção da população moradora e a produção de Habitação de Interesse Social (HIS) e Habitação de Mercado Popular (HMP).

A região da Cracolândia atrai o interesse de atores sociais da área da Segurança Pública (Polícias Civil e Militar e Guarda Metropolitana), defensores de direitos humanos (Defensoria Pública, Ministério Público e ONGs), movimentos por moradia, consumidores de drogas, traficantes, criminosos e pessoas sem condições de morar em outro local por total falta de recursos.

A área é ocupada por cortiços desde o início do século XIX, e poucos proprietários residem no local. Recursos de diferentes programas e esferas da Federação evidenciam a região na disputa política. Algumas incorporadoras e construtoras também têm interesse na área já que é atraente ao mercado em razão da sua localização na região central da capital.[85]

Por ser, ainda, uma região sujeita à gentrificação em razão da recente valorização do entorno, o Plano Diretor Estratégico (PDE) de São Paulo – Lei Municipal nº 16.050/2014[86] – delimitou várias áreas do bairro, entre elas a Quadra 36 da Cracolândia, como ZEISs categoria 3 (ZEISs-3).

Nenhuma dessas informações, contudo, integra a fase de conhecimento da ação de desapropriação. Essa ação apenas trata do interesse público em desapropriar. O autor da ação é o Estado; o réu, o proprietário tabular, ou seja, aquele que consta como proprietário no Cartório de Registro Imobiliário. Assim, o título executivo judicial, ou seja, a sentença, é proferida levando em conta apenas os interesses do autor e do réu.

Paulo: Casa Civil, 21 maio 2013. Disponível em: https://www.al.sp.gov.br/repositorio/legislacao/decreto/2013/decreto-59217-21.05.2013.html. Acesso em: 7 dez. 2020.

[85] HOYLER, Telma. Produção habitacional via mercado: quem produz, como e onde? In: MARQUES, Eduardo (org.). *A metrópole de São Paulo no século XXI*: espaços, heterogeneidades e desigualdades. São Paulo: Ed. Unesp, 2015. p. 378-385.

[86] SÃO PAULO (Cidade). Lei nº 16.050, de 31 de julho de 2014. Aprova a Política de Desenvolvimento Urbano e o Plano Diretor Estratégico do Município de São Paulo e revoga a Lei nº 13.430/2002. *Diário Oficial da Cidade*, São Paulo, p. 1, 1º ago. 2014. Disponível em: https://leismunicipais.com.br/plano-diretor-sao-paulo-sp. Acesso em: 4 jul. 2019.

A Quadra 36 da Cracolândia, por sua vez, é ocupada tradicionalmente por pessoas de baixa renda (que não têm condições de serem incluídas no PMCMV faixa 1 por falta de recursos financeiros ou de documentação suficiente), e que vivem em extrema situação de vulnerabilidade social.

As diversas ações de desapropriação que envolvem a região[87] haviam sido distribuídas livremente[88] em 2013, como é a prática jurídica, sendo uma para cada título de domínio formal. Isso porque o Decreto-Lei nº 3.365/1941[89] não exige que o Poder Público especifique na fase de conhecimento do processo, em sua petição inicial, se aquela desapropriação está inserida em uma determinada obra ou política pública, tampouco a sua adequação ao plano diretor ou se há ocupantes no local. São requisitos da petição inicial apenas a existência do decreto expropriatório, a oferta e a comprovação do domínio do expropriado.

Ocorre que, passada a fase de conhecimento, formado o título judicial e iniciada a fase de execução das decisões de imissão na posse proferidas nas ações de desapropriação, verificou-se que os requisitos da Lei de Zoneamento e do plano diretor não haviam sido cumpridos.

Nesse momento nasceu novo conflito entre o direito do Estado em se imitir na posse (cumpridos os requisitos do Decreto-Lei nº 3.365/1941) e o direito dos vulneráveis, ocupantes do imóvel, de terem garantida uma alternativa de moradia digna em caso de remoção para o cumprimento da sentença.

Durante a fase de conhecimento dos processos, ao menos até a imissão na posse, as ações prosseguiram da forma prevista em lei. Foi realizada perícia prévia, o proprietário do imóvel foi citado, houve contraditório em relação ao valor do bem e foi proferida sentença.

---

[87] Processos nºs: 0032108-69.2013.8.26.0053, 0032740-95.2013.8.26.0053, 0031812-47.2013.8.26.0053, 0031918-09.2013.8.26.0053, 0035225-68.2013.8.26.0053, 0031375-06.2013.8.26.0053, 0032609-23.2013.8.26.0053, 0030803-50.2013.8.26.0053, 0030804-35.2013.8.26.0053, 0029064-42.2013.8.26.0053, 0030802-65.2013.8.26.0053, 0031189-80.2013.8.26.0053, 0031374-21.2013.8.26.0053, 0031813-32.2013.8.26.0053, 0032739-13.2013.8.26.0053, 0001732-32.2015.8.26.0053, 0027484-74.2013.8.26.0053, 1050508-75.2017.8.26.0053, 0031917-24.2013.8.26.0053, 0027485-59.2013.8.26.0053, todos disponíveis para consulta no campo Consulta Processual do *site*: www.tjsp.jus.br. Acesso em: 10 jul. 2019.

[88] "Distribuição livre" significa distribuição por sorteio, sendo uma para cada juiz, o que difere da distribuição por conexão que ocorre "quando lhes for comum o objeto ou a causa de pedir" (artigo 103 do antigo CPC e artigo 55 do novo CPC).

[89] BRASIL. Decreto-Lei nº 3.365, de 21 de junho de 1941. Dispõe sobre desapropriações por utilidade pública. *Diário Oficial da União*, Rio de Janeiro, DF, p. 14427, 18 jul. 1941. Disponível em: http://www.planalto. gov.br/ccivil_03/decreto-lei/del3365.htm. Acesso em: 12 set. 2022.

Com o depósito integral, o mandado de imissão na posse foi expedido e encaminhado à Central de Cumprimento de Mandados para execução da ordem.

Nas Varas da Fazenda Pública de São Paulo os mandados de imissão na posse não são cumpridos pelo juiz competente para a ação, e sim, pelo juiz coordenador da Central de Cumprimento de Mandados, que não possui competência jurisdicional. Sua atribuição é meramente administrativa no sentido de intimar os ocupantes da área da iminente desocupação, determinar o fornecimento dos recursos para o cumprimento da ordem judicial pelas partes interessadas e designar a sua deliberação.

Para os procedimentos de imissão ou reintegração de posse o juiz coordenador da Central de Cumprimento de Mandados segue o disposto na Ordem de Serviço nº 05/2013,[90] e convida todos os interessados para uma audiência de planejamento da ação de imissão na posse, que não é uma audiência processual, mas, sim, administrativa.[91] Como consequência, a ata não é publicada, as decisões não são sujeitas a recurso, e pedidos protocolados não estão sujeitos a prazos processuais. Após a audiência, os juízes das Varas são comunicados da data da imissão na posse.

No caso da Quadra 36, no ano de 2017, quando o Estado manifestou interesse pela imissão na posse das áreas desapropriadas, foi designada uma primeira audiência para a organização da diligência, para a qual foram convidados, além do Estado, a Polícia Militar, as associações de moradores, o Ministério Público, a Defensoria Pública, o Conselho Tutelar e todos os eventuais interessados.

Nesse primeiro encontro, representando o Estado, compareceu o "gestor do contrato"[92] da obra de infraestrutura a ser realizada, que

---

[90] A referida Ordem de Serviço, editada pela Corregedoria da Central de Cumprimento de Mandados, visou à realização do cumprimento conjunto e cercado de uma série de cautelas, entre elas a constatação prévia do local e das pessoas que ali tinham sua residência, lavrando-se um auto de constatação com a descrição da situação pessoal ou familiar de cada ocupante e seu interesse em desocupar espontaneamente a área. Desde então, os mandados de imissão e reintegração de posse de áreas contíguas passaram a ser cumpridos "em lote" no município de São Paulo, no "Setor de Cumprimento de Mandados", apesar de os processos tramitarem em diferentes varas. Assim, o Poder Público passou a obter a posse da área de uma única vez, com o controle da imissão da posse nas mãos de um único juiz.

[91] Na época dos fatos, esta autora exercia o cargo de Juíza Coordenadora da Central de Cumprimento de Mandados, e acompanhou os fatos ocorridos entre outubro de 2017 e abril de 2018, até a finalização da imissão na posse.

[92] No caso em específico, o "gestor do contrato" era o gestor público encarregado pelo acompanhamento da execução da PPP firmada. Esse ator social não aparece na totalidade dos casos que envolvem imissão na posse.

relatou não ter proposta alguma de moradia para os ocupantes, já que a seu ver esta era uma política municipal e, portanto, não era seu problema. Da mesma forma, não apresentou proposta de fornecimento de caminhões para a mudança dos moradores, tampouco local para depósito de bens, caso necessário.

Não há, na prática jurídica, um padrão quanto à forma como a administração – seja estadual ou municipal – lida com as imissões e reintegrações de posse. A conduta pode ser diferente em uma mesma gestão, a depender do órgão da administração responsável pela execução do título.

Diante da ausência de meios disponibilizados, a reunião foi adiada para outra data, comprometendo-se o gestor do contrato a buscar um convênio com o município de São Paulo para o fornecimento de uma alternativa de moradia à população.

No início de 2018 foi marcada nova reunião. O gestor público, desta vez, apresentou a proposta de garantir aluguel social de R$ 400,00 para cada família, além de abrigo para aqueles que não tinham família constituída. Em nenhum momento cogitou-se a remoção da população para outra área central a fim de lhe possibilitar moradia digna.

O Ministério Público também compareceu à audiência e mostrou-se indignado, pois o projeto do Estado de São Paulo para a área violava o plano diretor do Município, já que a quadra era demarcada como ZEIS-3, ou seja, área destinada especificamente à moradia de pessoas da faixa 1 de renda, ou seja, até 1 (um) salário mínimo.

O artigo 48 do plano diretor determina que nas ZEIS-3 já habitadas por pessoas de baixa renda deverão ser constituídos Conselhos Gestores compostos por representantes dos moradores, do Executivo e da sociedade civil organizada, com vistas à formulação e implementação das intervenções necessárias. O §4º do referido artigo aponta que "a instalação do Conselho Gestor deverá preceder a elaboração do plano de urbanização, que por ele deverá ser aprovado"[93].

O artigo 52, por sua vez, determina que o projeto de intervenção nas ZEIS-3 deverá, ainda, conter o "cadastramento dos moradores da área ocupada, a ser realizado pela Secretaria Municipal de Habitação (SEHAB), e validado pelos membros do Conselho Gestor da respectiva

---

[93] SÃO PAULO (Cidade). Lei nº 16.050, de 31 de julho de 2014. Aprova a Política de Desenvolvimento Urbano e o Plano Diretor Estratégico do Município de São Paulo e revoga a Lei nº 13.430/2002. *Diário Oficial da Cidade*, São Paulo, p. 1, 1º ago. 2014. Disponível em: https://leismunicipais.com.br/plano-diretor-sao-paulo-sp. Acesso em: 4 jul. 2019.

ZEIS". Assim, nenhuma intervenção pode acontecer antes da formação daquele Conselho.

Esse mesmo artigo prevê, ainda, que o Plano de Urbanização da área deve apresentar: (i) formas de participação dos moradores da área, quando ocupada, e dos futuros beneficiários, quando previamente organizados, na implementação da intervenção; (ii) um plano de ação social e de pós-ocupação; e (iii) soluções para a regularização fundiária, de forma a garantir a segurança de posse dos moradores. O §2º do mesmo artigo determina que "nas ZEIS-3, em caso de demolição de edificação usada como cortiço, as moradias produzidas no terreno deverão ser destinadas, prioritariamente, à população moradora do antigo imóvel".[94]

A Defensoria Pública e as associações de moradia também compareceram à audiência e, além de aderirem às razões do Ministério Público, pleitearam uma solução definitiva para a moradia dos ocupantes. Relataram que diversos moradores da Quadra 36 já vinham de outras remoções na região, que estavam aguardando moradia há muitos anos e que ainda não havia nenhuma previsão definitiva nesse sentido.

A Municipalidade também compareceu e prontificou-se a pagar o auxílio-moradia de R$ 400,00 a cada família, além de incluir todos os moradores "selados"[95] numa lista para acesso à moradia definitiva.

Como o juiz da Central de Cumprimento de Mandados não tem competência jurisdicional, o promotor responsável formulou o pedido de suspensão, de forma descentralizada, em cada um dos 20 processos e em cada uma das Varas. Foram proferidas 20 (vinte) decisões, sendo que dessas, 8 (oito) eram liminares de suspensão da imissão nas Varas de origem.

Todas as 20 (vinte) decisões foram objeto de agravos. Na ocasião, um dos desembargadores recebeu agravo por prevento, e ao menos 10 (dez) ações foram reunidas por prevenção. Algumas delas não tiveram a prevenção conhecida – umas por já terem sido objeto de agravo em oportunidade anterior e outras porque a Câmara, de forma colegiada, entendeu que não havia prevenção. Apesar de ser mantida a suspensão

---

[94] ROLNIK, Raquel. Pode o governo do Estado descumprir impunemente o plano diretor? *Blog da Raquel Rolnik*, [s.l.], 23 abr. 2018. Disponível em: https://raquelrolnik.wordpress.com/2018/04/23/pode-o-governo-do-estado-descumprir-impunemente-o-plano-diretor/. Acesso em: 13 jul. 2019.

[95] A "selagem" é uma marcação feita em campo, em que cada um dos imóveis existentes na área recebe um código, chamado "número de selagem" (nota desta autora).

de alguns agravos, a maior parte dos recursos foi provida em desfavor dos ocupantes, justamente nos processos que envolviam a maioria dos moradores da área.

O Conselho Gestor da Quadra 36 foi formado apenas um dia antes da imissão na posse, em 15 de abril de 2018.[96] E, embora a imissão tenha sido realizada com urgência e sem proposta de moradia digna aos ocupantes removidos, a obra programada só teve início depois de transcorrido mais de um ano da desocupação da área.[97]

Os ocupantes da Quadra, em sua maioria, mudaram-se para a quadra ao lado, o que agravou a situação de vulnerabilidade.[98]

Segundo relato de uma das moradoras do local, registrado pelo Observatório das Remoções, é possível ter uma ideia do que ocorreu com a maioria dos ocupantes:

> Renata, coordenadora dessa ocupação e que mantinha um bar na esquina da Alameda Barão de Piracicaba com Rua Helvétia, também levou seus equipamentos de trabalho para o prédio onde morava quando seu ponto comercial foi arrasado.
>
> Renata vivia nesse imóvel desde 2013, após ser expulsa de onde morava por outra ação do Estado, que removeu e demoliu um quarteirão inteiro, daquela vez na esquina da Rua Helvétia com Alameda Cleveland. O terreno permanece vazio, com exceção de dois prédios. Na época, Renata saiu com um termo da CDHU, garantindo atendimento definitivo, o que nunca aconteceu.
>
> Agora, ela receberá um auxílio-moradia mensal de R$ 400,00, além de um segundo termo da CDHU com nova promessa de algum dia acessar uma habitação digna e com segurança na posse. Contudo, vivendo com sete de seus nove filhos e sem emprego com carteira assinada, alugar um imóvel no mercado formal é uma tarefa quase impossível. A única opção para não perder a rede de suporte e vínculos que ela constituiu na vizinhança onde mora desde que nasceu, há 35 anos, é se submeter a uma moradia precária por ali mesmo. Provisoriamente, ela foi com os filhos para uma pensão na quadra 37 e suas coisas foram para um depósito que ela mesma encontrou perto dali.

---

[96] BERGAMIM JR., Giba. Justiça cumpre ação de reintegração de posse em quadra da Cracolândia. *G1 São Paulo*, São Paulo, 16 abr. 2018. Disponível em: https://g1.globo.com/sp/sao-paulo/noticia/justica-cumpre-acao-de-reintegracao-de-posse-em-quadra-da-cracolandia.ghtml. Acesso em: 10 dez. 2020.

[97] SÃO PAULO (Estado). Governo de SP inicia construção do novo hospital da mulher. *ABC do ABC*, [s.l.], 13 ago. 2019. Disponível em: https://www.abcdoabc.com.br/abc/noticia/governo-sp-inicia-construcao-novo-hospital-mulher-86770. Acesso em: 27 jul. 2022.

[98] Inquérito Civil nº 14.0749.0004371/2017, instaurado pelo MPSP para apurar os fatos relativos às violações da legislação urbanística decorrentes das desapropriações das Quadras 36, 37 e 38 da Cracolândia.

Seu irmão, Paulo, ajudou a organizar a mudança. Ele estava resignado até encontrar a Oficial de Justiça. "*A senhora já me tirou [de casa] cinco vezes*". Ao que a Oficial respondeu: "*E daqui a pouco vou te tirar de novo*". Paulo está ameaçado de remoção porque mora na quadra vizinha, a 38, onde prefeitura e o governo do Estado pretendem demolir tudo para construir torres habitacionais também em esquema de PPP. "*Eu aviso para eles não mudarem para aqui perto. Tudo isso vai cair*", ela prevê, se referindo também à quadra 37, para onde Renata se mudou.[99]

São questões processuais extraídas do caso: (i) a falta de identidade entre as partes dos processos e as populações atingidas pelo título formado; (ii) a imprecisão das regras de conexão entre as ações, envolvendo uma intervenção urbana em um dado território; (iii) o descompasso entre os mecanismos processuais de intervenção do Estado na propriedade e os princípios constitucionais de Direito Processual Civil; (iv) as limitações dos instrumentos processuais para garantir o diálogo entre as políticas públicas de gestão com a garantia de direitos fundamentais pelo Poder Judiciário.

Entre as questões de Direito Material destacam-se: (i) os conflitos de competência material entre Estado e Município; (ii) as diversas leituras da obrigatoriedade do Estatuto da Cidade e do plano diretor na esfera federativa; (iii) a inadequação da Lei de Desapropriação como instrumento de gestão urbana; (iv) a incompatibilidade entre a ação governamental nas obras de infraestrutura e dispositivos do CC; e (v) a ausência de mecanismos legais efetivos para garantia de observância do direito constitucional à moradia na ação governamental.

1.4.2 Caso 2: A execução da imissão na posse da área do Alto Tietê – Dique Itaim

A segunda narrativa diz respeito à imissão na posse coletiva realizada em 2017, em Área de Preservação Ambiental (APA), criada em 1987 e regulamentada em 1998.[100]

---

[99] O LabCidade – Laboratório Espaço Público e Direito à Cidade – é um laboratório de pesquisa e extensão da Faculdade de Arquitetura e Urbanismo da USP, coordenado no período entre 2018 e 2020 pelas professoras Paula Freire Santoro e Raquel Rolnik (FACULDADE DE ARQUITETURA E URBANISMO DA UNIVERSIDADE DE SÃO PAULO (FAUUSP). Sobre o LabCidade. *LabCidade*, São Paulo, [2019]. Disponível em: http://www.labcidade.fau.usp.br/entenda-o-labcidade/. Acesso em: 13 jul. 2019).

[100] O caso narrado já foi discutido no artigo: ARAÚJO, Alexandra Fuchs de; CUNHA FILHO, Alexandre Jorge Carneiro da. A desapropriação e a política pública urbana: necessidade

O Jardim Pantanal não é um bairro formal e, sim, uma região que se localiza no extremo leste do município de São Paulo, na foz do Córrego Lajeado no Rio Tietê, limite com o Município de Guarulhos.[101] A região do Jardim Pantanal insere-se num recorte territorial entre os distritos de São Miguel, Jardim Helena e Vila Jacuí que, por sua vez, compõem a subprefeitura de São Miguel Paulista e são uma realidade típica da extrema periferia da cidade de São Paulo. A aplicação da Lei de Uso e Ocupação do Solo (LUOS) apresenta diversas inconsistências em relação à sua real situação fundiária.[102]

Os três distritos apresentam características comuns nas áreas periféricas: sobreposição de legislações, planos e políticas de intervenção por parte de todas as esferas de governo, os quais criaram indefinição normativa e significativa lentidão na solução dos problemas.

A região é caracterizada por ocupações informais, loteamentos irregulares e clandestinos, com características de bairro habitacional consolidado, embora seja classificado como ZEIS-1 devido à informalidade fundiária ainda vigente. São lotes bem alinhados, ocupados por sobrados oriundos do autoempreendimento,[103] ruas asfaltadas, com postes de eletricidade e fornecimento de água e captação de esgoto (embora parte sem tratamento).

---

de releitura do instituto para a adequada tutela de bens ambientais e urbanísticos. *Revista de Direito Ambiental*, São Paulo, v. 48, nº 48, p. 9-20, 2019. Disponível em: http://www.tjsp.jus.br/download/EPM/Publicacoes/Cadernos Juridicos/48.01%20fuchs_cunhafilho.pdf?d=636970733448306078. Acesso em: 1º jun. 2020.

[101] A ocupação do Alto Tietê remonta à década de 1970, quando, "apesar da redução do crescimento populacional e da diminuição dos fluxos migratórios de outras localidades para a [Região Metropolitana de São Paulo (RMSP)], estabeleceu-se um esvaziamento populacional nas regiões centrais mais servidas de infraestrutura e, simultaneamente, um aumento populacional acompanhado de um crescimento horizontal da urbanização nas áreas periféricas mais carentes de infraestrutura (o que agravou de forma contínua as inundações)" (OLIVEIRA, Antonio Manoel dos Santos; CAMPOS, Daniel Carlos. A ocupação das várzeas no alto Tietê e a reprodução deste modelo urbano na bacia do Rio Baquirivu Guaçu, Guarulhos e Arujá. *GEOUSP:* Espaço e Tempo (*online*), São Paulo, nº 32, p. 198-213, 2012, p. 205. Disponível em: https://www.revistas.usp.br/geousp/article/view/74291/77934. Acesso em: 19 set. 2022).

[102] Para esta obra utilizou-se o *site* oficial do município de São Paulo como fonte das informações urbanísticas sobre o Jardim Pantanal: FACULDADE DE ARQUITETURA E URBANISMO DA UNIVERSIDADE DE SÃO PAULO (FAUUSP). Intervenções na Metrópole: a utilização das ZEIS e dos Eixos de Estruturação da Transformação Urbana como mecanismos de transformação social no Jardim Pantanal. *Gestão Urbana SP*. São Paulo, 2014. Disponível em: https://gestaourbana.prefeitura.sp.gov.br/wp-content/uploads/2015/02/D2-FAUUSP-Interven%C3%A7%C3%B5es-na-Metr%C3%B3pole-a-utiliza%C3%A7%C3%A3o-das-ZEIS-e-dos-Eixos-de-Estrutura%C3%A7%C3%A3o-da-Transforma%C3%A7%C3%A3o-Urbana-c.pdf. Acesso em: 27 jul. 2022.

[103] Ver nota 41, item 1.2 deste livro.

Ao mesmo tempo, é uma área com grandes glebas ocupadas por indústrias (com problemas de contaminação do solo), galpões ou outras instalações atrativas de mão de obra, os quais alavancam o adensamento da área em razão na proximidade do Rio Tietê, essencial à atividade industrial.

A sobreposição da regulamentação de zoneamento e políticas públicas na região se caracteriza pelo fato de, na LUOS, as áreas lindeiras ao rio serem classificadas como Áreas de Proteção Permanente (APPs). Em razão da irregularidade fundiária generalizada, toda área do Jardim Pantanal está incluída em uma ZEIS-1, exceto um pequeno quadrilátero de ZEIS-3.

No PDE de 2014, toda a área do Jardim Pantanal encontra-se em uma Macrozona de Proteção e Recuperação Ambiental (MZPA).

Em termos de política pública, o município de São Paulo conta com o Projeto Renova SP, promovido pela SEHAB e organizado, em 2010, pelo Instituto de Arquitetos do Brasil – Departamento de São Paulo (IAB-SP) que, por sua vez, é parte do Programa de Urbanização e Regularização de Assentamentos Precários, vinculado ao PMH da cidade. Apesar de atualmente estar paralisado, o Programa prevê a urbanização e a construção de conjuntos habitacionais com remoção de moradores. Documentos oficiais, contudo, não revelam detalhes do Projeto mencionado,[104] o que dificulta qualquer controle social democrático da região.

Na esfera estadual existe o Projeto Várzea do Tietê (PVT),[105] coordenado pela Secretaria de Saneamento e Energia e executado pelo Departamento de Águas e Energia Elétrica (DAEE). O Projeto destina-se à recuperação das várzeas remanescentes a montante da Barragem da Penha e à garantia da sua preservação mediante o controle de cheias no trecho situado à jusante do rio Tietê. Integra, portanto, a implantação da *Via Parque* em todo o perímetro do Parque Várzeas, investindo na intervenção estrutural com vistas a criar uma barreira física que previna a ocupação da várzea.

---

[104] Um exemplo é a Fazenda da Biacica, uma extensa área verde na faixa lindeira ao rio e ao longo da rua Tietê, com construções remanescentes do século XVII. Não é possível, contudo, localizar informações sobre um suposto processo de desapropriação, tampouco sobre o projeto de um "polo urbano" no contexto do parque, e em que medida esse pode ou não atingir as construções antigas.

[105] DEPARTAMENTO DE ÁGUAS E ENERGIA ELÉTRICA (DAEE). Parque Várzeas do Tietê – O Maior Parque Linear do Mundo. *Vizca*, São Paulo, [2018]. Disponível em: http://www.vizca.com.br/2018/07/30/parque-varzeas-do-tiete-o-maior-parque-linear-do-mundo/. Acesso em: 4 ago. 2022.

Com essa finalidade, o Projeto prevê a desocupação dos assentamentos próximos ao rio Tietê para implantação de parque linear. Seu objetivo é recuperar e proteger a função das várzeas do rio, funcionando como regulador de enchentes, e oferecer opções de lazer aos moradores das regiões onde o Parque Várzeas será implementado. O Projeto prevê, no entanto, a implantação de via de automóveis marginal ao rio ao longo do parque, contrariando os objetivos ambientais, já que impermeabiliza o solo e gera poluição difusa.

Essa região possui um longo histórico de alagamentos, o que permite afirmar que as ocupações contribuíram dramaticamente para o agravamento das inundações. Aterros clandestinos e impermeabilização crescente da área contribuem para a elevação do nível da água acima do esperado nas épocas de enchente.

As fortes chuvas que acometeram a região em dezembro de 2009, em especial a precipitação do dia 08 daquele mês, resultaram em um prolongado alagamento, o que levou o DAEE e a Municipalidade, em 2011, a projetarem a implantação de uma estrutura maciça, de solo importado de boa coesão, denominada pôlder. Trata-se de um muro de contenção que impede o alagamento, por águas advindas de rios e córregos nos períodos de grandes chuvas, das regiões baixas adjacentes a esses cursos d'água e que estão ocupadas por moradias irregulares.

No bairro (informal) Itaim Paulista, situado nos limites geográficos do município de São Paulo e da região Jardim Pantanal, justamente onde o rio Tietê adentra a cidade, o DAEE também sugeriu a construção de outro sistema de pôlder. Foi nessa área que se deu a intervenção ora analisada.

Com vistas à execução do projeto na região, foi celebrado o Convênio nº 203/2015 entre o DAEE, o Desenvolvimento Rodoviário S/A (DERSA) e o município de São Paulo, por intermédio da SEHAB, da Secretaria Municipal de Infraestrutura Urbana e Obras (SIURB) e da Secretaria Municipal do Verde e do Meio Ambiente (SVMA), que originou o projeto do pôlder da Vila Itaim. No planejamento administrativo estavam previstas algumas desapropriações, remoções e reassentamentos necessários à execução da obra.

Apesar de as ações de desapropriação tratarem de um único projeto de gestão, e de a adjudicação implicar em grandes remoções de populações em área de proteção ambiental e em iminente risco de vida, nenhum desses fatos foi levado a juízo no momento do ajuizamento das ações e tampouco durante a sua instrução.

A obra em questão, já concluída, consumiu R$ 117 milhões. A licitação foi iniciada em 21 de junho de 2016.[106]

O território do Jardim Pantanal movimenta interesses de diversos atores sociais. Além dos atores públicos já relacionados, como o Estado, o Município e o DAEE, têm interesse na área ONGs (com destaque para o Instituto Alana), instituições relacionadas com a proteção ambiental (como a Fundação Florestal), empresas relacionadas com o mercado privado de regularização fundiária (como a Empresa Terra Nova Regularizações Fundiárias, que desenvolve uma ação direta no Jardim Pantanal), Movimentos Sociais e empresas construtoras de obras de infraestrutura.[107]

Para a concretização da obra foram ajuizadas 47 ações de desapropriação, distribuídas livremente entre as Varas da Fazenda Pública de São Paulo, todas movidas contra os proprietários tabulares. Em nenhum momento durante a tramitação das ações de desapropriação, a Defensoria Pública ou o Ministério Público demonstraram interesse em acompanhar os processos.

Em 4 de dezembro de 2017, quando da imissão na posse da área, havia liminar em favor do Poder Público em apenas 30 (trinta) ações.[108]

No ato do cumprimento das imissões na posse, os processos indicados estavam em momentos processuais diferentes, mas em nenhum deles havia sentença fixando o valor definitivo do bem. Como se aproximava o encerramento do ano havia urgência hipotética na imissão na posse em razão das chuvas de verão e do risco de vida dos ocupantes.

Após a reunião preparatória para o cumprimento dos mandados de imissão na Central de Cumprimento de Mandados, foi marcada nova

---

[106] GOVERNO de SP inicia licitação para pôlder contra enchente na Vila Itaim. *G1 São Paulo*, São Paulo, 21 out. 2016. Disponível em: http://g1.globo.com/sao-paulo/noticia/2016/10/governo-de-sp-inicia-licitacao-para-polder-contra-enchente-na-vila-itaim.html. Acesso em: 10 dez. 2020.

[107] SILVA, Amanda Sousa da. Outros atores e interesses identificados no Jardim Pantanal. *Jardim Pantanal*: atores e interesses, desalento e esperança. 2016. Dissertação (Mestrado em Mudança Social e Participação Política) – Escola de Artes, Ciências e Humanidades da Universidade de São Paulo (USP), São Paulo, 2016. DOI:10.11606/D.100.2017.tde-03022017-193812. Disponível em: https://www.teses.usp.br/teses/disponiveis/100/100134/tde-03022017-193812/publico/dissertacaoamanda.pdf. Acesso em: 30 jul. 2022.

[108] Dentre os processos com ordem de imissão deferida constavam os seguintes: processo nº 1012754-36.2016.8.26.0053; 1013061-87.2016.8.26.0053; 1011406-80.2016.8.26.0053; 1012958-80.2016.8.26.0053; 1012753-51.2016.8.26.0053; 1012752-66.2016.8.26.0053; 1012821-98.2016.8.26.0053. Para as demais 17 (dezessete) ações, após mais de um ano do seu pedido judicial, sequer havia sido deferida a ordem de imissão.

audiência para designação da data da imissão na posse e fixação das providências a serem tomadas pelas partes interessadas, intimando-se as partes, a Polícia Militar, os ocupantes e a Defensoria Pública.[109] O Ministério Público, entretanto, não demonstrou interesse em participar da execução.

Na audiência realizada em 4 de dezembro de 2017, conforme consta na ata arquivada na Central de Cumprimento de Mandados – a qual não faz parte dos documentos obrigatórios para a tramitação regular das 47 ações de desapropriação – foi negociado um auxílio-moradia de R$ 700,00 (setecentos reais) para cada família, a serem pagos pela CDHU, e realizado o cadastramento dos ocupantes para o recebimento de moradia definitiva. Na data da imissão na posse, muitos moradores já haviam saído voluntariamente do local, dirigindo-se para outras ocupações nas proximidades, igualmente precárias. Em razão desse fato, não existe um registro oficial do número de vulneráveis que foram removidos de sua moradia para a realização da obra.

Na audiência verificou-se que, embora os ocupantes da área soubessem da possibilidade remota de expulsão, e até já tivessem sido intimados anteriormente quanto a esses processos, não tinham facilidade em vincular um determinado processo de desapropriação com a área por eles ocupada, o que dificultava o exercício do direito de defesa.

Nos casos em que havia resistência à imissão na posse, a Defensoria Pública contatada por alguns moradores não conseguia associar a área ocupada ao processo de desapropriação em fase de execução, pois os mandados de intimação recebidos pelos ocupantes relacionavam todos os processos, mas não individualizam as áreas em que residiam.

Assim, era impossível associar o local de moradia do ocupante ao processo em que deveria ser realizada a defesa, o que levou a Defensoria a peticionar em todas as Varas da Fazenda Pública de São Paulo, aleatoriamente, sem garantia de que o assistido, de fato, estava sendo removido do território por alguma daquelas ações.

A Defensoria foi bem sucedida em obter a suspensão da imissão na posse em algumas Varas. O Estado, porém, recorreu e na manhã em que iniciou a imissão na posse, e mesmo durante o cumprimento da diligência, ainda chegaram ordens revogando as liminares de suspensão

---

[109] No momento em que o Estado entendeu ser conveniente a imissão na posse da área para a construção do pôlder do Dique Itaim, esta autora coordenava a Central de Cumprimento de Mandados.

concedidas em Primeira Instância. A ausência de um procedimento claro de prazos para o cumprimento da revogação pela Segunda Instância Jurisdicional da suspensão de liminares causou tumulto e insegurança jurídica durante o cumprimento da ação.

Após a imissão na posse, a informação oficial foi no sentido de que as obras seguiam em ritmo acelerado,[110] mas não há informação alguma quanto ao destino dos moradores. Não se sabe se ainda recebem o auxílio-moradia, tampouco há notícias sobre a construção de moradias para baixa renda na região.

O LabCidade[111] também não possui dados relativos aos ocupantes removidos que, provavelmente, ocupam outra área de risco na mesma região e, talvez, com maior risco de danos ao meio ambiente e às suas vidas do que na ocupação anterior em razão do aumento de precariedade da nova moradia provisória.

Entre as questões processuais relevantes que surgiram nesse caso destacam-se: i) as dificuldades de defesa de terceiros nos processos de desapropriação, uma vez que os moradores da área não são partes processuais; e ii) a ausência de conexão do projeto de infraestrutura com as ações de desapropriação, criando obstáculos ao direito de acesso à Justiça e à fiscalização social da intervenção urbana como um todo.

Do ponto de vista do Direito Material é evidente o conflito entre o direito da infraestrutura, o direito ambiental, o direito à moradia e o direito à sustentabilidade urbana.

Esse exemplo também deixa claro que o modelo de judicialização hoje adotado reflete no direito à moradia, sem discutir as políticas públicas envolvidas, e impede o controle social das políticas públicas

---

[110] SÃO PAULO (Estado). *Ofício SIMA/GAB/GAB/354/2019*. 2019. Disponível em: http://www.daee.sp.gov. br/index.php?option=com_content&view=article&id=2385:polder-da-vila-itaim-obras-seguem-em-ritmo-acelerado&catid=48:noticias&Itemid=53. Acesso em: 17 jul. 2019.

[111] "O LabCidade – Laboratório Espaço Público e Direito à Cidade – é um laboratório de pesquisa e extensão da Faculdade de Arquitetura e Urbanismo da Universidade de São Paulo, atualmente coordenado pelas professoras Paula Freire Santoro e Raquel Rolnik. O laboratório tem como foco de atuação o acompanhamento crítico das políticas urbanas e habitacionais, particularmente em São Paulo e em outras regiões metropolitanas brasileiras, assim como a intervenção direta no debate público a respeito das mesmas e ações desenvolvidas em rede com parceiros, tanto com grupos de pesquisa de outras universidades do país, como com ONGs, coletivos, escritórios modelo e de assistência técnica, entre outros" (FACULDADE DE ARQUITETURA E URBANISMO DA UNIVERSIDADE DE SÃO PAULO (FAUUSP). Sobre o LabCidade. *LabCidade*, São Paulo, [2019]. Disponível em: http://www.labcidade.fau.usp.br/entenda-o-labcidade/. Acesso em: 13 jul. 2019).

em implementação a partir da perspectiva do Plano Diretor, com consequências concretas à população.

Em 2020, após a construção do Dique Itaim, as enchentes no Jardim Pantanal ainda persistem[112] na região, apesar de diversas famílias terem perdido suas casas para a realização da obra. A população da região, em julho de 2020, era a mais afetada na cidade pela covid-19.[113]

1.4.3 Caso 3: A desapropriação e a remoção da ocupação do terreno da CDHU no Bairro do Bresser

O município de São Paulo, em 2007, iniciou (mais) um programa de combate aos cortiços a partir de um protocolo firmado entre a SEHAB, as subprefeituras da Mooca e da Sé e o governo estadual visando a construção de habitações populares pela CDHU.[114]

A partir do censo realizado pelo Programa de Atuação em Cortiços (PAC) e pela CDHU, com recursos do Banco Interamericano de Desenvolvimento (BID), foram localizados 311 imóveis com potencial para serem convertidos em HIS. A Secretaria de Habitação passou a orientar as subprefeituras, responsáveis pela fiscalização dos imóveis, a intimar os proprietários, alertando-os de que seus imóveis se encontravam em situação irregular.

O principal objetivo do PAC não é a retomada dos imóveis pelos proprietários, mas a sua requalificação, contudo, para permanecer no local, os ocupantes devem adquiri-los por meio de um instrumento chamado "Carta de Crédito". Em razão dos pré-requisitos para o acesso à moradia, apenas 41% dos beneficiários puderam permanecer no centro, enquanto os 59% restantes tiveram que providenciar outra moradia.[115]

---

[112] MORADORES do Jardim Pantanal tentam salvar móveis após temporal. *R7*, São Paulo, 9 jan. 2020. Disponível em: https://noticias.r7.com/sao-paulo/moradores-do-jardim-pantanal-tentam-salvar-moveis-apos-temporal-09012020. Acesso em: 10 dez. 2020.

[113] BALZA, Guilherme; ARCOVERDE, Léo. Testagem aponta que 34% dos moradores do Jardim Pantanal, na Zona Leste de SP, já tiveram coronavírus. *G1 São Paulo*, São Paulo, 17 jul. 2020. Disponível em: https://g1.globo.com/sp/sao-paulo/noticia/2020/07/17/testagem-aponta-que-34percent-dos-moradores-do-jardim-pantanal-na-zona-leste-de-sp-ja-tiveram-coronavirus.ghtml. Acesso em: 10 dez. 2020.

[114] COMPANHIA DE DESENVOLVIMENTO HABITACIONAL E URBANO (CHDU). *Relatório Geral do Programa de Atuação em Cortiços*. [s.d.]. Disponível em: http://cdhu.sp.gov.br/documents/20143/37069/RelatorioGeralProgramaCorticos.pdf/cef12342-5419-23a0-bf8c-95360484fe86. Acesso em: 10 dez. 2020.

[115] COMPANHIA DE DESENVOLVIMENTO HABITACIONAL E URBANO (CHDU). *Relatório Geral do Programa de Atuação em Cortiços*. [s.d.]. p. 33. Disponível em: http://cdhu.sp.gov.br/documents/20143/37069/RelatorioGeralProgramaCorticos.pdf/cef12342-5419-23a0-bf8c-95360484fe86. Acesso em: 10 dez. 2020.

Nesse contexto foram projetados os conjuntos habitacionais do Brás, tendo como critérios de priorização das intervenções a maior precariedade física do imóvel, o adensamento populacional e a proximidade de outros imóveis.

Nessa modalidade de ação governamental, que se prolonga ao longo dos anos, cabe ao Poder Municipal a tarefa de regularizar a situação dos cortiços desocupados e à CDHU o estudo de viabilidade para aquisição dos imóveis e a construção de outros empreendimentos do PAC.

Seguindo essa política pública para o centro da cidade de São Paulo, a CDHU já havia se tornado proprietária de uma área localizada na rua 21 de Abril, a partir de uma ação de desapropriação nº 0430883-71.1998.8.26.0053, a qual tramitara na 2ª Vara da Fazenda Pública de São Paulo. O objetivo era implantar habitações para a população de "baixa renda" por meio do empreendimento denominado "Conjunto Habitacional Brás A".

A área expropriada, inicialmente, pertencia à Clínica Especializada de Raios-X S.C. Ltda e ao Hospital e Maternidade Nossa Senhora da Conceição S/A. A obra nunca foi contratada de forma efetiva, tampouco houve a posse formal da área pela CDHU. A notícia da ocupação do local por pessoas vulneráveis data, ao menos, de 2001, antes mesmo do início do PAC. Os ocupantes dos imóveis não integraram o polo passivo da ação de desapropriação.

Durante muito tempo a CDHU não tomou conhecimento da invasão, entretanto, em 2014, diante da possibilidade de financiamento do conjunto habitacional planejado por meio do PMCMV, achou por bem ajuizar ARP sob nº 1021019-51.2014.8.26.0100[116] numa Vara Cível, ou seja, no foro João Mendes, sem nenhuma conexão com a ação de desapropriação anterior.

---

[116] TRIBUNAL DE JUSTIÇA DO ESTADO DE SÃO PAULO (TJSP). *Registro: 2017.000075083*. Acórdão. 27 set. 2017. Disponível em: https://esaj.tjsp.jus.br/cjsg/getArquivo.do;jsessionid=EA8B18183C5CC1C5E17FA1FC8B6B5714.cjsg2?conversationId=&cdAcordao=10846183&cdForo=0&uuidCaptcha=sajcaptcha_b1ff28907a894602908985b29ccc2059&g-recaptcha-response=03AIIukzhoUREXpHsgcPRqvmmM9PHOfEUMs5s0ehErunqNzRkDdvgCv_OOEt4xGS6p9F3w5cRN0sFAhuxxvYXgn2jppuPvySJJA-k4YBI31u-T4JBbJ2ZsjKrQxzW8Nr22YS3mCw3IOxgF1OsLCxm6TH1uGVFZJHTSWopIFGouzFLHfJRjEMHXLxMUnT2cbFiGS6-RtFkkZpD1ORIUc81rZpcSpPUyXYkPSL7y2nPrcVrFjkxRpS2MN4mVf3Zu9-ZeHFDl-aQQzjFozhWi_usDleYMPnGPzCYR5S4C7eZGCnU7RZt9O0nR4NLHQ9jS8AWT7kIUc2N1kH1RkrM4taQWIjDcET5n7PTErm-4pZiKTWnYSt39Yt3SUbVGFv7BQIYuq0zusVWSRGzi62AzfHP1ddxLyqn7k0wdxkV-7rnyMUPgDW_8xsFKqmZRM91JGCrQb-92Lc2ZI7aXlmk7sJlq64DFcS-N5yVJN4Yijt3BMvGpn4pOkoEP9TFeisDlNgnEfJQDrXHrujBfT3W5_AWIKbMU4b9m-PahcDdtVfexqJYdNO_Z3FabMwlmhApKnSQCSAJkB601EEKIJFke. Acesso em: 19 set. 2022.

Nessa segunda ação os ocupantes foram citados para integrar o polo passivo da ação e apresentaram defesa em forma de contestação por meio do Centro Gaspar Garcia, que relatou que a área era ocupada por centenas de famílias há mais de 10 anos, de forma indivisa, e que a expropriada Clínica Especializada de Raios-X já havia proposto ARP pelo Processo nº 0186011-17.2012.8.26.0100, a qual foi julgada improcedente.

A CDHU noticiou, ainda, as tratativas mantidas com a autora da reintegração com vistas à desocupação da área. Afirmou que os ocupantes cumpriam a função social da propriedade e que os lotes não eram individualizáveis em razão da ocupação coletiva. O caráter coletivo da ocupação intensificou-se após um incêndio ocorrido numa área vizinha, em 2014, quando um número maior de pessoas teve que ocupar uma área menor. Foram ouvidas testemunhas que comprovaram o tempo prolongado da ocupação.

Apesar da prova produzida, a ARP foi julgada procedente, entendendo o magistrado sentenciante que a CDHU tinha a posse do bem desde, pelo menos, 2006, em razão da sentença na Ação de Desapropriação. A usucapião, alegada como matéria de defesa, foi afastada por se tratar de área pública, embora a posse fosse anterior à ação e pelo não preenchimento do requisito de 5 (cinco) anos de posse ininterrupta, sendo fixada como data inicial da posse dos ocupantes algum momento entre 23.08.2012 e 09.03.2013.

Entendeu, ainda, o magistrado sentenciante, que a posse dos ocupantes era clandestina em razão da existência de Boletim de Ocorrência datado de 2014. E, ante a caracterização de má-fé, foi afastado o direito de retenção de benfeitorias.

O acórdão transitou em julgado em 28.11.2017 e, após o trânsito em julgado da sentença iniciou-se o procedimento para a reintegração de posse. Em 20.03.2018, porém, a própria exequente – a CDHU –, pediu a suspensão do processo por 120 (cento e vinte) dias para a realização de diálogo com os ocupantes na busca por uma solução para o cadastramento das famílias em programa habitacional.

Em 1º/08/2018 a CDHU solicitou mais 90 (noventa) dias para cumprir a medida, cujo pedido foi renovado em 28/02/2019, desta vez por mais 180 (cento e oitenta) dias. A reintegração de posse, contudo, não havia sido cumprida até, pelo menos, o final do ano de 2020, permanecendo a insegurança na posse dos ocupantes do imóvel. Até essa data ainda não havia sequer uma alternativa de moradia para os ocupantes da área.

Novamente, o conflito entre direitos ficou evidente: direito de propriedade e direito de moradia, meio ambiente urbano sustentável, infraestrutura e bens públicos.

O caso demonstra, também, a dificuldade de aplicação dos novos dispositivos do CC e do CPC/2015 relativos à posse e à função social da propriedade. Do ponto de vista das políticas públicas, percebe-se a desconexão entre as instituições criadas para a sua concretização e a forma como ocorre a judicialização das demandas sociais. O caso evidencia, também, as diferenças entre o devido processo legal e o processo formal em ações que envolvem políticas urbanas, além das dificuldades de acesso à justiça material.

As experiências relatadas trazem indícios de que a forma como as questões que envolvem políticas públicas urbanas são tratadas pelo Poder Judiciário não reflete o domínio de mecanismos para aplicar os instrumentos disponíveis no sistema jurídico à tutela de direitos fundamentais de diversas gerações previstos na Constituição democrática, nem para colaborar na obtenção de uma cidade sustentável ou para reduzir os conflitos urbanos submetidos ao Poder Judiciário. O resultado dessa judicialização quase sempre é o agravamento da questão da moradia à população de baixa renda.

1.4.4 Um precedente histórico

Evidências históricas mostram que o Poder Judiciário possui condições de desenvolver, de modo inovador, parâmetros para lidar com a questão da moradia à população de baixa renda, colaborando para o avanço do Direito. Pode-se afirmar, nesse sentido, que ao menos no município de São Paulo, nos idos da década de 1970, tendo em vista o momento ainda embrionário do então Direito Urbanístico, o Tribunal de Justiça do Estado de São Paulo (TJSP) exercia controle sobre os procedimentos administrativos relativos a Cartórios Extrajudiciais que colaboravam para viabilizar a regularização de loteamentos irregulares, dando o passo inicial para o desenvolvimento do instituto da regularização fundiária e para o aumento da segurança da posse.

Vicente Celeste Amadei e Vicente de Abreu Amadei[117] narram que, naquele momento, em razão do intenso processo de urbanização,

---

[117] AMADEI, Vicente Celeste; AMADEI, Vicente de Abreu. Desdobro de lote. *In*: AHUALLI, Tania Mara; BENACCHIO, Marcelo. *Direito Notarial e Registral*. Homenagem às Varas de Registros Públicos da Comarca de São Paulo. São Paulo: Quartier Latin, 2016. p. 21–42.

a quantidade de loteamentos irregulares ou clandestinos demandava uma resposta jurídica para a qual não havia lei. O magistrado Gilberto Valente da Silva, à frente da 1ª Vara de Registros Públicos da Capital, estabeleceu um procedimento administrativo na esfera correicional com a finalidade de garantir a posse.

De acordo com o procedimento adotado, após serem ouvidos o Oficial Registrador e o Curador de Registros Públicos, era proferida uma decisão que determinava o registro, superando, dessa forma, a falta da lei para a regularização fundiária e a permanência dos ocupantes das áreas em sua moradia.

Esse procedimento tinha por objetivo suprir a ausência de uma política de regularização por parte do Município, cuja finalidade era a pacificação social e, nesse sentido, foi além de outras regulamentações contemporâneas.[118]

Com a encampação da política pública de regularização pela Municipalidade desde a edição do Decreto Municipal nº 15.764/1979,[119] que permitia a regularização de loteamentos implantados até 1º de novembro de 1972, foram estabelecidas inúmeras exigências legais e urbanísticas complementares, suprimindo a decisão quanto à regularização da esfera correicional. Até hoje, muitos desses loteamentos ainda não foram regularizados, o que leva a questionar se a finalidade do poder público com esta regulamentação seria, de fato, normalizar a posse irregular do território ou manter a situação de instabilidade da posse.[120]

---

[118] Existe ansiedade do Poder Judiciário em destravar os registros fundiários urbanos. Após o precedente mencionado, outras tentativas foram feitas para dar andamento à regularidade urbana como meio de combate a suas consequências. Em 2017, o CNJ e a Corregedoria-Geral de Justiça (CGJ) editaram provimentos para adequação de normas à Lei nº 13.465/2017, mas sem equivalência com leis estaduais ou municipais. Seu objetivo principal é garantir a efetividade da lei federal e a redução de conflitos entre o cidadão e a atividade cartorária, mas a ausência de lei regulamentadora nas diversas esferas da Federação pode gerar novos conflitos decorrentes da atuação administrativa dos Tribunais. O mesmo ocorreu com a edição do Provimento nº 56/2019, que buscou viabilizar a atividade cartorária, conferindo interpretação restritiva à Lei nº 13.465/2017 (Ver, adiante, item 2.5.3.4 desta obra).

[119] SÃO PAULO (Cidade). Decreto nº 15.764, de 22 de março de 1979. Dispõe sobre a regularização de armamentos e loteamentos executados anteriormente a 1º de novembro de 1972, e dá outras providências. *Diário Oficial da Cidade*, São Paulo, p. 3, 23 mar. 1979. Disponível em: http://legislacao.prefeitura.sp.gov.br/leis/decreto-15764-de-22-de-marco-de-1979. Acesso em: 9 jun. 2019.

[120] A falta de resultados na regularização fundiária ainda merece um estudo mais aprofundado. Para tanto, a explicação de William H. Clune talvez indique um caminho. Para o autor, "a falha em entregar resultados – que às vezes decorre da desorganização política – pode colocar em tensão a legitimação jurídica. Quando se adota a retórica das consequências

Essa narrativa demonstra que o controle judicial do direito à moradia de baixa renda[121] é um fenômeno que antecede a CF/1988. Apesar de o tema e a questão serem antigos, na prática, ações judiciais que atingem o direito à moradia dos habitantes do território não possuem, em sua estrutura jurídica, mecanismos que preservem, ao morador em situação de desalento, a segurança da posse e um nível mínimo de dignidade humana decorrente de um lar. Com o cumprimento do julgado, o morador é transportado para uma situação de maior vulnerabilidade, já que deverá iniciar do zero e sem recursos financeiros, a construção de nova habitação precária.

---

sociais sem atenção às realidades empíricas, geralmente não há ganho em efetividade. Diante do utilitarismo passageiro o direito se arrisca ao colapso, mantendo funções meramente simbólicas" (CLUNE, William H. Law and Public Policy: Map of an Area. *Southern California Interdisciplinary Law Journal*, v. 2, 1993, p. 1-39, p. 19-22 *apud* BUCCI, Maria Paula Dallari. Método e aplicações da abordagem Direito e Políticas Públicas – DPP. *Revista de Estudos Institucionais*, Rio de Janeiro, v. 5, nº 3, p. 791-832, 2019, p. 806. Disponível em: https://estudosinstitucionais.com/REI/article/view/430/447. Acesso em: 15 jun. 2020). A explicação mais provável, porém, pode estar no campo da política e na dificuldade de governos conservadores produzirem políticas progressistas.

[121] Aqui, a referência é a existência de um controle ao direito à moradia e não do direito de propriedade, tampouco ao conflito entre ambos, pois o controle se dava na esfera correicional do Tribunal de Justiça do Estado de São Paulo (TJSP) e, portanto, na esfera administrativa.

CAPÍTULO 2

DIREITO À MORADIA PARA BAIXA RENDA: PERSPECTIVAS DO DIREITO MATERIAL

O primeiro desafio que se coloca ao Poder Judiciário no enfrentamento de ações judiciais que envolvem o direito à moradia da população diz respeito à racionalidade do direito material envolvido no conflito específico.

O Direito tem como finalidade a pacificação social a partir da regulação das condutas humanas. Quando há um fato para o qual o Ordenamento não dá tratamento específico, revela-se uma deficiência normativa, cabendo ao juiz suprir essa lacuna mediante técnicas específicas.

Para Hans Kelsen, que reduz o ordenamento jurídico ao ordenamento normativo, a ideia de lacuna nada mais é do que uma ficção. O objetivo dessa construção teórica, segundo o estudioso, é estabelecer limites ideológicos à atividade do juiz, pois em razão do princípio de clausura, o que não está proibido é permitido.[122]

Existem outras teorias que buscam explicar as lacunas jurídicas, como a ideia de *incompletude insatisfatória*, ou seja, de presença de falhas ou falta de conteúdo de regulação jurídica para determinadas situações de fato, cabendo ao juiz preenchê-las.

Pode haver, entretanto, ausência planejada da norma, ou seja, uma *lacuna político-jurídica*, em que "gostaríamos de ver uma conduta tipificada como punível, mas ela assim não é considerada pelo direito

---

[122] KELSEN, Hans. *Teoria pura do direito*: introdução à problemática científica do direito: versão condensada pelo próprio autor. 2. ed. rev. Trad. J. Cretella e Agnes Cretella. São Paulo: Revista dos Tribunais, 2002, p. 338-343.

positivo".[123] Por se tratar de uma "lacuna *de lege ferenda* e não *de lege lata*, que pode apenas motivar o legislador a uma reforma do direito",[124] o juiz não estaria obrigado a preenchê-la.

O Direito ainda tem outras lacunas decorrentes da passagem do tempo e das alterações na concepção de vida da sociedade, chamadas pela doutrina de *lacunas secundárias*. Essas "existem desde o nascimento das normas", e ao juiz cabe preenchê-las com a sua valoração pessoal.

Quando se está diante de normas que envolvem políticas públicas e direitos fundamentais, esse preenchimento de lacunas ainda é um desafio. As normas podem ser claras, mas conflitantes com outras normas que tratam do mesmo objeto daquela política pública, mas não se encontram inseridas no quadro normativo da política pública, e com a CF. Todas são normas abraçadas pelo sistema jurídico, porém seguem diferentes lógicas jurídicas. O Direito que incide sobre o urbano, formado em diferentes esferas políticas e em momentos históricos diversos, em particular, é marcado por essas características.

A narrativa apresentada ao magistrado desafia a dogmática jurídica, e decorre da natureza intrinsecamente conflituosa do espaço urbano.

Quanto ao direito à moradia, esse Direito Fundamental foi incluído no Texto Constitucional apenas em 2006, e convive com outras normas jurídicas urbanísticas anteriores. Cabe ao juiz, portanto, a tarefa de conciliar as normas e interesses conflitantes e antagônicos entre si.

Luiz Sérgio Fernandes Souza afirma nesse sentido que,

> Será a lógica da persuasão que se encarregará de estabelecer o consenso em torno do significado da norma a ser aplicada. No fundo das disputas doutrinárias, obscurecidas por uma rede de conjuntos simbólicos, confrontam-se forças antagônicas, a exemplo do direito oficial e do direito não oficial; da preservação e da mudança. Esta lógica prudencial, composta de juízos empíricos e axiológicos, processa-se por meio das regras de calibração do sistema jurídico, pelo que, a despeito do padrão

---

[123] SOUZA, Luiz Sérgio Fernandes. Lacunas no direito. *In*: CAMPILONGO, Celso Fernandes; GONZAGA, Álvaro de Azevedo; FREIRE, André Luiz (coord.). *Enciclopédia Jurídica da PUC-SP* [online]. Tomo: Teoria Geral e Filosofia do Direito. São Paulo: Pontifícia Universidade Católica de São Paulo (PUC-SP), 2017. Disponível em: https://enciclopedia juridica.pucsp.br/verbete/159/edicao-1/lacunas-no-direito. Acesso em: 10 dez. 2020.

[124] SOUZA, Luiz Sérgio Fernandes. Lacunas no direito. *In*: CAMPILONGO, Celso Fernandes; GONZAGA, Álvaro de Azevedo; FREIRE, André Luiz (coord.). *Enciclopédia Jurídica da PUC-SP* [online]. Tomo: Teoria Geral e Filosofia do Direito. São Paulo: Pontifícia Universidade Católica de São Paulo (PUC-SP), 2017. Disponível em: https://enciclopedia juridica.pucsp.br/verbete/159/edicao-1/lacunas-no-direito. Acesso em: 10 dez. 2020.

legalidade, que orienta o direito racional do Estado Moderno, é possível, em determinados momentos, à vista de uma crise de legitimação do direito vigente, optar por outros padrões de funcionamento.[125]

Neste capítulo, o objetivo é evidenciar as normas jurídicas que, quando apresentadas ao Poder Judiciário, atingem o direito à moradia, mesmo quando dele não tratam diretamente.

2.1 Conflitos de racionalidades no Direito e suas consequências no Direito Urbanístico

Uma primeira característica dos conflitos normativos envolvendo o direito à moradia diz respeito à difícil compatibilização jurídica de institutos protetivos de Direitos Fundamentais de primeira e segunda geração.

A dificuldade de transposição de racionalidades pode levar um magistrado, por exemplo, ao determinar a ligação de água pela Companhia de Saneamento Básico do Estado de São Paulo (SABESP) em uma favela, sob pena de multa diária, a acreditar que está determinando uma política pública de abastecimento de água.

A compatibilização da dupla proteção dentro de um mesmo Estado, ou seja, do direito individual e coletivo, que abraça ao mesmo tempo valores tanto do Estado liberal quanto do Estado social, é um desafio jurídico de difícil solução prática; porém, enquanto a "impressão de incompatibilidade que divide os operadores do direito [...]" persistir, "qualquer discussão acerca da relação entre direito e as políticas públicas" não será produtiva.[126]

Ronaldo Porto Macedo Júnior, a partir da contraposição entre a obra de Friedrich Hayek, árduo defensor da ordem liberal,[127] e de

---

[125] SOUZA, Luiz Sérgio Fernandes. Lacunas no direito. *In*: CAMPILONGO, Celso Fernandes; GONZAGA, Álvaro de Azevedo; FREIRE, André Luiz (coord.). *Enciclopédia Jurídica da PUC-SP* [online]. Tomo: Teoria Geral e Filosofia do Direito. São Paulo: Pontifícia Universidade Católica de São Paulo (PUC-SP), 2017. Disponível em: https://enciclopedia juridica.pucsp.br/verbete/159/edicao-1/lacunas-no-direito. Acesso em: 10 dez. 2020.

[126] SILVA, Virgílio Afonso da. O Judiciário e as políticas públicas: entre transformação social e obstáculo à realização dos direitos sociais. *In*: GRINOVER, Ada Pelegrini; WATANABE, Kazuo; COSTA, Susana Henriques da. (org.). *O processo para solução de conflitos de interesse público*. Salvador: Juspodivm, 2017, p. 383-396, p. 385.

[127] Para o ensaio mencionado, Macedo Júnior utilizou, especialmente, os livros *Direito, legislação e liberdade*, uma nova formulação dos princípios liberais de justiça e economia política. São Paulo: Visão, 1985, e *Os fundamentos da liberdade*. São Paulo: Visão, 1983, conforme nota 2 do referido ensaio (MACEDO JÚNIOR, Ronaldo Porto. O conceito de direito social

François Ewald,[128] assistente de Michel Foucault ligado à Escola Epistemológica Francesa e a uma visão social do Direito, busca compreender as origens dessas diferentes racionalidades e suas consequências à dogmática.[129]

Hayek critica a visão social do Direito, pois numa tal sociedade,

[...] devido à sua complexidade e pluralismo, não pode haver consenso quanto a fins específicos. O consenso numa tal sociedade pode se constituir quanto aos meios, i.e., quanto às normas gerais que orientam os tipos de fins que podem ser atingidos. Assim, o consenso apenas se estabelece quanto aos procedimentos.[130]

Ainda, "para o pensamento liberal deste autor, somente a conduta humana pode merecer o atributo justo ou injusto. A natureza ou uma ordem social não podem ser considerados justos ou injustos".[131] A norma deve ser abstrata, e valer para todos os indivíduos igualmente, "independentemente dos atributos que determinam a sua individualidade dentro de uma ordem social. Tais características fazem com que as normas sejam quase todas negativas ao invés de prescreverem determinados tipos de ação".[132]

---

e racionalidades em conflito: Ewald contra Hayek. *In*: MACEDO JÚNIOR, Ronaldo Porto. *Ensaios de Teoria do Direito*. São Paulo: Saraiva, 2013b, p. 57-107, p. 58).

[128] Para o referido ensaio, Macedo Júnior utilizou, especialmente, a obra *L'État Providence* (Paris: Grasset, 1986), e o artigo *A Concept of Social Law* (*In*: TEUBNER, Gunther. *Dilemmas of law in the Welfare State*. Florence: European University Institute, 1985. p. 40-75. (Series A (Law v. 3))). Segundo François Ewald, "o direito não existe; aquilo que chamamos 'direito' é uma categoria do pensamento que não designa nenhuma essência, mas serve para qualificar certas práticas: práticas normativas, práticas de coerção [...] e da sanção social (sem dúvidas), prática política (certamente) e prática da racionalidade" (EWALD, François. *A Concept of Social Law*, 1985, p. 30 apud MACEDO JÚNIOR, Ronaldo Porto. O conceito de direito social e racionalidades em conflito: Ewald contra Hayek. *In*: MACEDO JÚNIOR, Ronaldo Porto. *Ensaios de Teoria do Direito*. São Paulo: Saraiva, 2013b, p. 57-107, p. 85).

[129] Existem outros estudiosos que buscam sistematizar as diferentes racionalidades do direito, como Norberto Bobbio, no texto *Normas Primárias e Normas Secundárias*. *In*: BOBBIO, Norberto. *Estudos por uma Teoria Geral do Direito*. Trad. Daniela Beccacia Versiani. São Paulo: Manole, 2015. p. 175-197. A escolha do texto de Macedo Júnior deu-se em razão da necessidade de se buscar premissas claras para o debate que se pretende desenvolver nesta obra.

[130] MACEDO JÚNIOR, Ronaldo Porto. O conceito de direito social e racionalidades em conflito: Ewald contra Hayek. *In*: MACEDO JÚNIOR, Ronaldo Porto. *Ensaios de Teoria do Direito*. São Paulo: Saraiva, 2013b, p. 57-107, p. 70.

[131] MACEDO JÚNIOR, Ronaldo Porto. O conceito de direito social e racionalidades em conflito: Ewald contra Hayek. *In*: MACEDO JÚNIOR, Ronaldo Porto. *Ensaios de Teoria do Direito*. São Paulo: Saraiva, 2013b, p. 57-107, p. 71.

[132] MACEDO JÚNIOR, Ronaldo Porto. O conceito de direito social e racionalidades em conflito: Ewald contra Hayek. *In*: MACEDO JÚNIOR, Ronaldo Porto. *Ensaios de Teoria do Direito*. São Paulo: Saraiva, 2013b, p. 57-107, p. 71.

Ewald, em contraposição, destaca o "esquema da solidariedade" como a matriz lógica que permitiu pensar o indivíduo como parte do todo, e que fundamentou as novas práticas do direito social e uma nova história para o instituto da responsabilidade civil.[133] Para ele, "o problema da definição do conceito de justiça social passa a ser o de saber se é possível existir uma regra sobre a qual se chega a um acordo e que permita a cada um medir-se em relação ao outro e medir o preço da solidariedade".[134]

São características da nova racionalidade proposta por Ewald[135]: (1) a norma constitui medida cambiante que varia de acordo com a mudança de uma situação de hegemonia que uns estabelecem frente aos outros, com uma estabilização precária e momentânea do equilíbrio social; (2) o princípio do equilíbrio, o que significa dizer que as sociedades são plurais e não podem ser reduzidas a um princípio fundador único; a norma é "ilha de uma sociedade conflitual"; o seu papel é o de manter aberto o jogo político estabelecido entre os grupos de interesses; (3) a norma assume papel análogo ao do contrato social para o pensamento clássico, sendo uma forma de produzir objetividade e, portanto, sempre certa e justa; (4) o social torna-se a medida de todas as coisas, mas *uma coisa somente começa a existir a partir do momento em que ela é querida, investida por um interesse, desígnio de uma vontade de poder*.[136] A legitimação da verdade se dá numa relação (política) de poder, que é sempre parcial e opressiva; (5) a retórica jurídica envolve a produção da verdade, o que *resulta na formação de uma opinião que, por sua vez, abarca a participação dos meios de comunicação*; (6) tudo é político. A norma tem um princípio de comensurabilidade de natureza política, e a política transforma-se na moeda universal que torna comensuráveis o econômico e o político, permitindo justificar diferentes prioridades governamentais (grifos nossos).

---

[133] MACEDO JÚNIOR, Ronaldo Porto. O conceito de direito social e racionalidades em conflito: Ewald contra Hayek. *In*: MACEDO JÚNIOR, Ronaldo Porto. *Ensaios de Teoria do Direito*. São Paulo: Saraiva, 2013b, p. 57-107, p. 88.

[134] MACEDO JÚNIOR, Ronaldo Porto. O conceito de direito social e racionalidades em conflito: Ewald contra Hayek. *In*: MACEDO JÚNIOR, Ronaldo Porto. *Ensaios de Teoria do Direito*. São Paulo: Saraiva, 2013b, p. 57-107, p. 90.

[135] MACEDO JÚNIOR, Ronaldo Porto. O conceito de direito social e racionalidades em conflito: Ewald contra Hayek. *In*: MACEDO JÚNIOR, Ronaldo Porto. *Ensaios de Teoria do Direito*. São Paulo: Saraiva, 2013b, p. 57-107, p. 98-100.

[136] MACEDO JÚNIOR, Ronaldo Porto. O conceito de direito social e racionalidades em conflito: Ewald contra Hayek. *In*: MACEDO JÚNIOR, Ronaldo Porto. *Ensaios de Teoria do Direito*. São Paulo: Saraiva, 2013b, p. 57-107, p. 99.

As diferentes formas de interpretar o Direito e o seu papel na sociedade, a partir das racionalidades de Hayek e Ewald, demonstram que a existência de conflitos entre normas protetivas de diversas gerações de direitos não é um desafio recente. A solução dos conflitos de normas de diferentes racionalidades, por outro lado, é mais desafiadora ao intérprete do que a solução de antinomias entre normas da mesma racionalidade.

O desenvolvimento de políticas públicas e a sua judicialização tornou mais complexo esse processo, como se depreende do fenômeno da judicialização da saúde.

As políticas públicas colocam em confronto direto essas duas racionalidades, ou seja, a racionalidade liberal, com a concessão de diversos pedidos individuais de medicamentos, e a lógica social, na medida em que se são instituídos programas de ação governamental, configurados numa agenda específica de pesquisa e ação e que pode não contemplar aquele direito individual, tal como postulado na ação individual, com fundamento em um direito social abstratamente previsto na CF.

Apesar das críticas sofridas pelo Poder Judiciário – que teria desprezado as políticas públicas de saúde vigentes, privilegiando interesses individuais – a lógica das decisões proferidas, concedendo medicamentos de alto custo a indivíduos, fora das listas de medicamentos fornecidos pelo Sistema Único de Saúde (SUS), com base no princípio da universalidade, confirmou a dimensão atribuída por Ewald ao Direito e forçou a inclusão de diversos medicamentos na lista do SUS, alcançando-se uma tutela social a partir da lógica do direito material individual[137].

A incorporação da lógica social pelo Poder Judiciário na judicialização da saúde, todavia, se deu de forma incompleta, consideradas as características apontadas por Ewald para uma lógica pós-liberal. Faltou considerar a dimensão da política pública, que torna comensuráveis o econômico e o político, e que justifica diferentes prioridades governamentais. Essa questão, o Poder Judiciário deixou para ser resolvida exclusivamente na esfera do Poder Executivo, que foi pressionado a incluir medicamentos de alta demanda judicial nas listas oficiais de compra, viabilizando sua licitação e aquisição por menor

---

[137] Esse ponto será mais bem desenvolvido no terceiro capítulo, que tratará do Direito Processual em jogo nas políticas públicas de moradia.

preço. Mas esse processo em nada se relaciona com a ação individual, envolvendo políticas públicas.

Retornando ao caso dos medicamentos, por exemplo, declarado o direito individual à obtenção de um medicamento, com fundamento da universalidade do Direito, a questão econômica da aquisição daquele bem é relegada à fase de cumprimento de sentença: o Poder Executivo terá ou não recursos para cumprir a decisão judicial? O Poder Judiciário poderá bloquear valores orçamentários para garantir aquela obrigação de fazer individual?

Para o ente político envolvido, entretanto, a questão é mais complexa: o Poder Judiciário podia ter determinado aquela aquisição, e assim comprometido o planejamento orçamentário do ente público? Dentro da distribuição administrativa de competências federativas, no SUS, é dever daquele ente político adquirir aquele medicamento? Se ele comprar um medicamento que não é de sua competência, quando poderá compensar este valor, devido na verdade por outro ente? Em que medida esta aquisição irá comprometer o seu orçamento? Vale a pena ajustar sua política pública às demandas judiciais, para reduzir seu custo de judicialização?

No espaço urbano, os conflitos de normas de diferentes racionalidades são uma constante, o que decorre do fato de que a cidade contemporânea é, antes de tudo, um fenômeno social.

Há, entre os urbanistas, uma tendência à predominância da ideia de que o neoliberalismo avança e de que o espaço urbano se encontra comprometido pela dominação de uma ideologia neoliberal predatória, cujo fim é a destruição dos valores do Estado Social. As disputas urbanas, entretanto, se situam mais no campo dos conflitos de direitos de primeira e segunda geração e menos no avanço da lógica neoliberal.[138]

---

[138] Para Marques, a tendência da literatura em considerar os padrões brasileiros de exploração como predominantemente neoliberais decorre dos estudos específicos elaborados por urbanistas que partiram da experiência de cidades norte-americanas, com padrões de distribuição de recursos orçamentários bem diversos do contexto político das cidades brasileiras: "Esses argumentos dialogam com o caso brasileiro, já que a recomposição de nosso federalismo tem sido uma das principais questões em torno das reformas de políticas (Arretche, 2012a). Embora a maioria das políticas urbanas seja uma atribuição formal dos governos locais, os legados de políticas prévias e aquelas gestadas em esferas superiores influenciam intensamente as políticas nas (e das) cidades. Além disso, os níveis locais de poder têm acesso a um conjunto significativo de recursos financeiros por repasses automáticos (via Fundo de Participação dos Municípios) ou por repasses específicos condicionados por políticas. Assim, o desenho do federalismo brasileiro diferencia a política do nosso urbano das máquinas de crescimento de Moloch (1976), e a relação das elites locais com os interesses econômicos não é marcada pelo mesmo tipo de

A legislação urbanística aprovada nas últimas décadas não segue a racionalidade liberal, e sua aplicação simultânea com a legislação liberal anterior a ela não é fácil, pois requer regras de solução para os conflitos que se apresentam ao intérprete, já que a nova racionalidade jurídica não varreu do mundo do Direito a ordem anterior. A criação de regras de prevalência de normas requer, por sua vez, um tempo de amadurecimento.

Do ponto de vista jurídico, o direito à moradia costuma ser classificado como um Direito Fundamental de segunda geração,[139] contudo, ele também está intrinsecamente associado aos direitos de terceira geração, ou seja, aos direitos de solidariedade e de fraternidade, que buscam a melhor qualidade de vida[140] para o planeta como um todo.

O não provimento de moradia adequada para os mais pobres intensifica os problemas de saneamento básico, impede a superação dos ciclos de pobreza e vai ao desencontro das metas ambientais estabelecidas pelo Planeta na Conferência das Nações Unidas sobre Desenvolvimento Sustentável – a Rio+20 – que culminaram na adoção dos chamados Objetivos de Desenvolvimento Sustentável (ODSs),[141] fundamentais à preservação da vida no Planeta.

---

dependência. [...] a associação entre esses atores parece ser mais política, mais mediada pelo acesso ao fundo público e mais ligada às eleições do que à promoção de certas políticas vinculadas à terra" (MARQUES, Eduardo. De volta aos capitais para melhor entender as políticas urbanas. *Novos Estudos CEBRAP*, São Paulo, v. 35, nº 2, p. 15-33, jul. 2016, p. 20. (Dossiê Capitais do Urbano)).

[139] Os direitos de solidariedade, nas palavras de André de Carvalho Ramos, "são frutos da descoberta do homem vinculado ao planeta Terra, com recursos finitos, divisão absolutamente desigual de riquezas em verdadeiros círculos viciosos de miséria e ameaças cada vez mais concretas à sobrevivência da espécie humana" (RAMOS, André de Carvalho. *Teoria geral dos direitos humanos na ordem internacional*. São Paulo: Saraiva, 2006, p. 86).

[140] Segundo Jeanne da Silva Machado, "fundada na evolução dos direitos humanos, que passou a reconhecer os direitos de liberdade, de igualdade e de solidariedade, conhecidos como direitos de terceira geração ou de terceira dimensão, a solidariedade assegura o direito ao desenvolvimento e ao patrimônio comum da humanidade" (MACHADO, Jeanne da Silva. *A solidariedade social na responsabilidade ambiental*. Rio de Janeiro: Lumen Júris, 2006, p. 116).

[141] "Na prática, os chamados ODSs serão responsáveis por orientar as políticas públicas e as atividades de cooperação internacional nos próximos 15 anos, sendo uma continuidade dos chamados Objetivos de Desenvolvimento do Milênio (ODMs) (veja matéria mais adiante). [...] Os objetivos e metas dos ODS envolvem áreas ou temas como erradicação da pobreza, segurança alimentar e agricultura, saúde, educação, igualdade de gênero, redução das desigualdades, energia, água e saneamento, padrões sustentáveis de produção e de consumo, clima, cidades sustentáveis, proteção e uso sustentável dos oceanos e dos ecossistemas terrestres, crescimento econômico inclusivo, infraestrutura e industrialização, governança e meios de implantação dessas políticas" (INSTITUTO DE PESQUISA ECONÔMICA APLICADA (IPEA). Objetivos de Desenvolvimento Sustentável: metas possíveis. *Ipea, Desafios do Desenvolvimento*, Brasília, ano 12, ed. 86, 28 mar. 2016. Disponível em: http://www.ipea.gov.br/desafios/index.php?option=com_content&view=article&id=3232&catid=30&Itemid=41. Acesso em: 15 nov. 2019).

Tudo isso comprova que os direitos sociais não podem ser vistos como estanques, petrificados,[142] mas, ao contrário, eles evoluem de acordo com as necessidades das sociedades humanas. Proteger uma moradia não é apenas garantir um teto a todos, mas proteger a própria vida humana.

Há diferenças significativas entre o contexto em que se dá a judicialização da saúde e a judicialização do meio urbano, daí não ser possível ao Poder Judiciário empregar a mesma racionalidade para a proteção do direito à moradia utilizada na concessão de medicamentos.

Na judicialização da saúde, o juiz não está próximo ao local político de "produção da verdade", e não se sente pressionado a enfrentar os conflitos entre normas de proteção de direito individual e de direito social. A distância física facilita a aplicação do Princípio da Solidariedade Ambiental, em decisões repetitivas e estimulada pela forma de controle baseada na métrica imposta pelo CNJ para a atividade dos magistrados.[143] Não há risco de a decisão judicial revelar a relação (política) de poder, parcial e opressiva, que limita o acesso à Justiça e a medicamentos de nova geração para a maior parte da população.

No que se refere ao direito à moradia, no restrito espaço do urbano, o juiz está inevitavelmente inserido no espaço político da aplicação da norma, e a preponderância do Princípio da Solidariedade Ambiental apresenta maiores dificuldades, pois a proximidade das relações urbanas torna mensuráveis o econômico e o político. É, portanto, impossível sustentar, dentro de uma lógica de direito individual, um discurso de neutralidade ou imparcialidade.

Novos jogos de linguagem,[144] entretanto, estão em elaboração, a fim de garantir a tutela do direito à moradia, em especial nos Tribunais Superiores.

---

[142] TAVARES, André Ramos. *Curso de Direito Constitucional*. 10. ed. São Paulo: Saraiva, 2012, p. 509.

[143] Avaliar o desempenho de juízes com base em indicadores associados à produtividade é um procedimento que tem se tornado usual no Judiciário brasileiro e nos judiciários de muitos outros países. O Provimento CNJ nº 15/2013 fixou indicadores para medição e análise da produtividade dos magistrados do 1º grau. Os critérios definidos no documento valem, inclusive, para a aferição em promoções e remoções por merecimento.

[144] A referência à expressão "jogos de linguagem" aparece no texto de Macedo Júnior, em que o autor acaba por concluir que o direito social, no Estado Providência, não é mais um ramo do direito e, sim, um jogo de linguagem, ou jogo jurídico, em que todo o conteúdo do Estado se torna jurídico, no sentido de universal, inclusive o direito subjetivo (MACEDO JÚNIOR, Ronaldo Porto. O conceito de direito social e racionalidades em conflito: Ewald contra Hayek. *In*: MACEDO JÚNIOR, Ronaldo Porto. *Ensaios de Teoria do Direito*. São Paulo: Saraiva, 2013b, p. 57-107, p. 105). No campo da Filosofia, por sua vez, a expressão tem origem em Wittgenstein, que adotou a concepção de linguagem como um jogo, inaugura o aspecto pragmático presente na linguagem. "A partir desse conceito, Foucault teria formulado o conceito de jogos de verdade. Parece-nos que, para ambos, afirmar

2.2 Os conflitos de racionalidades do direito à moradia nos Tribunais Superiores

No Poder Judiciário, desde o final da década de 2010, cada vez mais recursos envolvendo bens públicos vazios e sem destinação no meio urbano têm tido sucesso em superar a barreira do juízo de admissibilidade dos Recursos Especial e Extraordinário, o que é indício de nova dimensão político-institucional atribuída aos conflitos dessa natureza.

Os conflitos normativos entre direitos de diversas naturezas, com dificuldades interpretativas e de aplicação de mecanismos de ponderação, têm levado a tendências jurisprudenciais diversas entre si nos Tribunais Superiores, evidenciando que as racionalidades liberal e social do Direito estão em debate nos votos proferidos pelos ministros nas instâncias superiores.

O Superior Tribunal de Justiça (STJ), em 2018, editou a Súmula nº 619, com o seguinte Enunciado: "A ocupação indevida de bem público configura mera detenção de natureza precária insuscetível de retenção ou indenização por acessões e benfeitorias",[145] baseada na lógica liberal do Direito.

Essa Súmula foi redigida a partir de poucos recursos,[146] todos referentes a fatos anteriores à promulgação da Lei nº 13.465/2017 – Lei de

---

que se trata sempre de um jogo, seja da linguagem, seja da verdade, implica sublinhar a presença de uma regra que preside e que seria constitutiva do jogo enquanto tal. [...] A regra seria sempre compartilhada, sendo constituída pela convenção e pelo uso, ambos estabelecidos pelos homens no espaço social. A regra seria, então, uma produção social, que fundaria igualmente tanto os jogos de linguagem quanto os de verdade, inserindo-se no registro do artifício, e não da natureza" (BIRMAN, Joel. Jogando com a verdade. Uma Leitura de Foucault. *Physis*: Revista Saúde Coletiva, Rio de Janeiro, v. 12, nº 2, p. 301-324, 2002, p. 306-307. Disponível em: http://www.scielo.br/pdf/physis/v12n2/a07v12n2.pdf, 2002. Acesso em: 11 dez. 2020).

[145] SUPERIOR TRIBUNAL DE JUSTIÇA (STJ). Súmula 619. A ocupação indevida de bem público configura mera detenção, de natureza precária, insuscetível de retenção ou indenização por acessões e benfeitorias. Corte Especial, julgado em 24.10.2018, DJe 30.10.2018. *Revista de Súmulas do Superior Tribunal de Justiça*, Brasília, nº 48, 2021. Disponível em: https://www.stj.jus.br/publicacaoinstitucional/index.php/sumstj/article/view/5048/5175. Acesso em: 30 jul. 2022.

[146] AgRg no Ag 1160658 RJ, Rel. Min. Massami Uyeda, Terceira Turma, julgado em 27.04.2010, DJe 21.05.2010; AgRg no AREsp 762197 DF, Rel. Min. Antonio Carlos Ferreira, Quarta Turma, julgado em 01.09.2016, DJe 06.09.2016; AgRg no AREsp 824129 PE, Rel. Min. Mauro Campbell Marques, Segunda Turma, julgado em 23.02.2016, DJe 01/03/2016; AgRg no REsp 1319975 DF, Rel. Min. João Otavio de Noronha, Terceira Turma, julgado em 01.12.2015, DJe 09/12/2015; AgInt no AREsp 460180 ES, Rel. Min. Sérgio Kukina, Primeira Turma, julgado em 03.10.2017, DJe 18.10.2017; REsp 699374 DF, Rel. Min. Carlos Alberto Menezes Direito, Terceira Turma, julgado em 22.03.2007, DJe 18.06.2007; REsp 841905 DF, Rel. Min. Luiz Felipe Salomão, Quarta Turma, julgado em 17.05.2011, DJe 24.05.2011;

Regularização Fundiária (LRF) –, que regulamentou a matéria de nova forma e passou a autorizar a legitimação fundiária de terra pública.[147] Apenas um dos precedentes que originou a Súmula foi publicado após a vigência da lei.[148]

Não se levou em consideração, contudo, a existência de novos institutos no atual CC, os quais dão proteção jurídica a situações possessórias definidas no passado, em especial a Concessão de Uso Especial para Fins de Moradia (CUEM), introduzida pela Lei nº 11.481/2007,[149] que desde então é um direito real, inclusive previsto no artigo 1225, inc. XII do CC, sendo passível de registro no cartório competente. Não se considerou, tampouco, a existência do atual artigo 23 da LRF, que prevê a legitimação fundiária de área pública, com redação incompatível com o enunciado da Súmula.

REsp 850970 DF, Rel. Min. Teori Albino Zavascki, Primeira Turma, julgado em 01.03.2011, DJe 11.03.2011; REsp 1055403 RJ, Rel. Min. Sérgio Kukina, Primeira Turma, julgado em 07.06.2016, DJe 22.06.2016; REsp 1310458 DF, Rel. Min. Herman Benjamin, Segunda Turma, julgado em 11.04.2013, DJe 09.05.2013 (SUPERIOR TRIBUNAL DE JUSTIÇA (STJ). *Súmulas Anotadas*. Disponível em: https://scon.stj.jus.br/SCON/sumanot/toc.jsp?ordem=-@SUB#TIT18TEMA0. Acesso em: 15 nov. 2019).

[147] Lei nº 13.465/2017, artigo 23: "A legitimação fundiária constitui forma originária de aquisição do direito real de propriedade conferido por ato do poder público, exclusivamente no âmbito da Reurb, àquele que detiver em área pública ou possuir em área privada, como sua, unidade imobiliária com destinação urbana, integrante de núcleo urbano informal consolidado existente em 22 de dezembro de 2016" (BRASIL. Lei nº 13.465, de 11 de julho de 2017. Dispõe sobre a regularização fundiária rural e urbana, sobre a liquidação de créditos concedidos aos assentados da reforma agrária e sobre a regularização fundiária no âmbito da Amazônia Legal; institui mecanismos para aprimorar a eficiência dos procedimentos de alienação de imóveis da União. *Diário Oficial da União*, Brasília, DF, p. 1, 12 jul. 2017a. Disponível em: http://www.planalto.gov.br/ccivil_03/_Ato2015-2018/2017/Lei/L13465.htm. Acesso em: 2 abr. 2020).

[148] Nesse precedente, a alegação de cerceamento de defesa foi afastada com base na "Súmula 7/STJ, tendo em vista que, ao indeferir a produção de determinadas provas, a Corte *a quo* considerou as peculiaridades fáticas da lide", sem considerar a possibilidade de violação de direitos fundamentais pelo cerceamento de defesa. Decidiu-se, ainda, por negar provimento ao recurso, com base na Súmula 282/STF, por ausência de prequestionamento do artigo 547 do CC/1916, entendendo-se que "o acórdão recorrido está em consonância com o entendimento do STJ, segundo o qual, configurada a ocupação indevida de bem público, não há de se falar em posse, mas em mera detenção, de natureza precária, o que afasta o direito de retenção por benfeitorias e o almejado pleito indenizatório à luz da alegada boa-fé (SUPERIOR TRIBUNAL DE JUSTIÇA (STJ). *AgInt no Agravo em Recurso Especial 460180* – Espírito Santo. Relator: Min. Sérgio Kukina, Primeira Turma, julgado em 3.10.2017, DJe 18.10.2017. Disponível em: https://scon.stj.jus.br/SCON/pesquisar.jsp?i=1&b=ACOR&l ivre=((%27AINTARESP%27.clas.+e+@num=%27460180%27)+ou+(%27AgInt%20no%20 AREsp%27+adj+%27460180%27).suce.)&thesaurus=JURIDICO&fr=veja. Acesso em: 19 set. 2022).

[149] BRASIL. Lei nº 11.481, de 31 de maio de 2007. Prevê medidas voltadas à regularização fundiária de interesse social em imóveis da União; e dá outras providências. *Diário Oficial da União*, Brasília, DF, p. 1, 31 maio 2007. Disponível em: http://www.planalto.gov.br/ccivil_03/_ato2007-2010/2007/lei/l11481.htm. Acesso em: 20 dez. 2020.

Há indícios de que o STJ evita a subida de recursos que envolvem questões fundiárias, em particular aquelas que envolvem a CUEM. Em todos os casos em que esse instituto foi submetido à apreciação pelo STJ, impediu-se nas instâncias de origem a produção de prova quanto ao tempo de ocupação, com evidente cerceamento do direito de defesa e com a negação da existência do instituto no Direito. Em todos os casos analisados, contudo, disponíveis no *site* do referido Tribunal, o STJ, de forma contraditória, não reconheceu o cerceamento de defesa, o que implicaria em revolver na análise probatória,[150] a qual sequer foi produzida nas instâncias inferiores.

Já no Supremo Tribunal Federal (STF), em sentido inverso, as decisões caminham no sentido da legitimação dos novos institutos de direito urbanístico e das políticas públicas instituídas pelos Planos Diretores, daí resultando a edição do Tema 348, que fixou que "os municípios com mais de vinte mil habitantes e o Distrito Federal podem legislar sobre programas e projetos específicos de ordenamento do espaço urbano por meio de leis que sejam compatíveis com as diretrizes fixadas no Plano Diretor".[151]

Julgados do STF tendem a garantir o direito à moradia, mesmo quando não diretamente abordada na petição inicial e na contestação em instâncias inferiores.

Em decisão de 2019, o ministro Edson Fachin deu provimento ao Recurso Extraordinário (RE) com a finalidade de garantir o direito à moradia de pessoas, em caso em que o Distrito Federal havia emitido a intimação demolitória, de acordo com a legislação do Distrito Federal (Lei Distrital nº 2.105/1998). Entendeu o ministro que, "ao contrário do assentado pelo acórdão recorrido, no entanto, o exercício do poder de polícia de ordenação territorial pode, em tese, ser analisado a partir dos direitos fundamentais que constituem, a toda evidência, o fundamento e o fim da atividade estatal". Em sua fundamentação, o ministro reconheceu que

---

[150] Foram apenas sete decisões monocráticas localizadas dentre as proferidas sobre o tema na data da pesquisa: REsp 1485462, EDcl no AREsp 1246072, AREsp 1227056, REsp 1708207, REsp 1448600, AREsp 568485 e AREsp 363227 (SUPERIOR TRIBUNAL DE JUSTIÇA (STJ). *Decisões Monocráticas*. Disponível em: https://scon.stj.jus.br/SCON/decisoes/toc.jsp?livre=CUEM&b=DTXT&thesaurus=JURIDICO&p=true. Acesso em: 15 nov. 2019).

[151] SUPREMO TRIBUNAL FEDERAL (STF). *Tema 348* - Plano diretor como instrumento básico da política de desenvolvimento e de expansão urbana. Relator: Min. Teori Zavaski. Disponível em: https://portal.stf.jus.br/jurisprudenciaRepercussao/verAndamentoProcesso.asp?incidente=3823627&numeroProcesso=607940&classeProcesso=RE&numeroTema=348. Acesso em: 19 set. 2022.

assiste razão à recorrente quando aduz a relevância do tema sob o ponto de vista econômico e social. A discussão sobre o alcance do direito à moradia afeta, de um lado, um dos principais problemas nacionais, que é o déficit habitacional. De outro, o direito à moradia também constitui óbice à atividade relevante de ordenação territorial, o que atinge diretamente a reforma urbana e o direito à cidade. É preciso registrar, por fim, que o direito à moradia recebe especial proteção pelo Direito Internacional dos Direitos Humanos, como se depreende, v.g., do Comentário Geral 7 do Comitê de Direitos Econômicos e Sociais, a ensejar, eventualmente, responsabilização internacional do Estado brasileiro, em caso de descumprimento. Essa perspectiva empresta, por outra razão, repercussão geral à matéria. Quanto ao tema, é firme o entendimento deste Tribunal de que o Poder Judiciário pode, sem que fique configurada violação ao princípio da separação dos Poderes, determinar a implementação de políticas públicas nas questões relativas ao direito constitucional à segurança e à moradia.[152]

Em caso que envolve a remoção de população de área de risco decidiu-se que:

> o Poder Judiciário, em situações excepcionais, pode determinar que a Administração Pública adote medidas assecuratórias de direitos constitucionalmente reconhecidos como essenciais, como é o caso da segurança e moradia, sem que isso configure violação do princípio da separação de poderes, porquanto não se cuida de ingerência ilegítima de um Poder na esfera de outro.[153]

---

[152] O trecho citado é retirado de acórdão proferido (SUPERIOR TRIBUNAL DE JUSTIÇA (STJ). *Ag. Reg. no Recurso Extraordinário com Agravo 1.017.664* – Distrito Federal. Relator: Min. Edson Fachin, Segunda Turma, julgado em 25.10.2019, DJe-244, divulg. 07.11.2019, public. 08.11.2019b. Disponível em: http://www.stf.jus.br/portal/jurisprudencia/visualizarEmenta.asp?s1=000286643&base=baseAcordaos. Acesso em: 15 nov. 2019).

[153] O exemplo é retirado de acórdão com a seguinte ementa: "Ementa: AGRAVO REGIMENTAL EM RECURSO EXTRAORDINÁRIO COM AGRAVO. INTERPOSIÇÃO EM 12.04.2019. DIREITO FUNDAMENTAL À MORADIA. IMÓVEL PÚBLICO. OCUPAÇÃO IRREGULAR. INÉRCIA DO PODER PÚBLICO. DIRETRIZES E INSTRUMENTOS DA POLÍTICA URBANA. APLICABILIDADE. AFRONTA AO PRINCÍPIO DA SEPARAÇÃO DE PODERES. NÃO CONFIGURAÇÃO. PRECEDENTES. 1. É firme o entendimento deste Tribunal de que o Poder Judiciário pode, sem que fique configurada violação ao princípio da separação dos Poderes, determinar a implementação de políticas públicas em defesa de direitos fundamentais. 2. O exercício do poder de polícia de ordenação territorial pode ser analisado a partir dos direitos fundamentais, que constituem, a toda evidência, o fundamento e o fim da atividade estatal. 3. Agravo regimental a que se nega provimento, com previsão de aplicação da multa prevista no art. 1.021, § 4º, do CPC. Nos termos do artigo 85, § 11, CPC, majoro em ¼ (um quarto) a verba honorária fixada anteriormente, devendo ser observados os §§ 2º e 3º do mesmo dispositivo. (SUPREMO TRIBUNAL FEDERAL (STF). *Ag. Reg. no Recurso Extraordinário com Agravo 1.155.939* – Distrito Federal. Relator: Min. Edson Fachin, Segunda Turma, julgado em 25 out. 2019,

Em relação a ocupações em área de risco – um dos problemas mais frequentes no meio urbano a ensejar a reintegração de posse de área pública, a partir do entendimento do STF – há dois parâmetros de julgamento definidos. O primeiro diz respeito à *impossibilidade de presunção do risco* para fins de remoção de pessoas de suas moradias. Entende-se que, sendo necessária a remoção de áreas de risco, a Municipalidade possui o *dever de recolocação em local apropriado*, como se observa em decisão monocrática, confirmando decisão do TJSP:

> O Supremo Tribunal Federal, em decisão recente (RE nº 592.581, Rel. Min. Ricardo Lewandowski, j. 13/08/2015), com repercussão geral (tema 220) assentou entendimento no sentido de que é lícito ao Poder Judiciário impor à Administração Pública, em caso de omissão, a obrigação de fazer consistente na promoção de obras (ou ações) para solução de problemas emergenciais, daí porque fica afastada também a preliminar de impossibilidade jurídica do pedido, considerando que a pretensão do autor, no presente caso, ao contrário de orientar implantação de política pública própria ou de pretender impor à municipalidade uma diretriz administrativa (como tenta convencer a recorrente), visa apenas – diante de uma situação que entendeu como de alto risco – garantir efetividade ao princípio da dignidade da pessoa humana e assegurar aos moradores da área em questão o respeito à sua integridade física e moral.[154]

O segundo parâmetro determina que, quando há ocupação consolidada, *a solução jurídica adequada não é a remoção, e sim a contenção do risco.*[155]

Em acórdão proferido em agosto de 2019, ao analisar a constitucionalidade dos incisos I e IV do artigo 4º da Lei nº 12.651/2012,[156] o

---

Processo Eletrônico DJe-244, divulg. 7.11.2019, public. 8.11.2019c. Disponível em: http://www.stf.jus.br/portal/jurisprudencia/visualizarEmenta.asp?s1=000286643&base=baseAcordaos. Acesso em: 15 nov. 2019).

[154] SUPREMO TRIBUNAL FEDERAL (STF). *Recurso Extraordinário com Agravo (ARE) 1168305* – São Paulo. Relatora: Min. Cármen Lúcia, julgado em 13.06.2019, Processo Eletrônico DJe-134, divulg. 18.06.2019, public. 19.06.2019h. Disponível em: https://portal.stf.jus.br/processos/detalhe.asp?incidente=5565364. Acesso em: 30 jul. 2022.

[155] Em área consolidada manteve-se decisão do TJRJ, que entendeu se tratar de ocupação "de área urbana consolidada de moradia, cabendo à Administração Pública a contenção de eventuais riscos" (SUPREMO TRIBUNAL FEDERAL (STF). *Recurso Extraordinário (RE) 1198197* – Rio de Janeiro. Relator: Min. Edson Fachin, julgado em 10.04.2019, Processo Eletrônico DJe-076, divulg. 11.04.2019, public. 12.04.2019e. Disponível em: https://portal.stf.jus.br/processos/detalhe.asp?incidente=5659809. Acesso em: 30 jul. 2022).

[156] BRASIL. Lei nº 12.651, de 25 de maio de 2012. Dispõe sobre a proteção da vegetação nativa; altera as Leis nºs 6.938, de 31 de agosto de 1981, 9.393, de 19 de dezembro de 1996, e 11.428, de 22 de dezembro de 2006; revoga as Leis nºs 4.771, de 15 de setembro de 1965, e

ministro Luiz Fux destacou os elementos que fundamentam a constitucionalidade do dispositivo:

> Ao possibilitar a intervenção em restingas e manguezais para a execução de obras habitacionais e de urbanização em áreas urbanas consolidadas *ocupadas por população de baixa renda*, o legislador promoveu *louvável compatibilização entre a proteção ambiental e os vetores constitucionais de erradicação da pobreza e da marginalização, e redução das desigualdades sociais* (art. 3º, IV, da [Constituição da República Federativa do Brasil – CRFB]); de promoção do *direito à moradia* (art. 6º da CRFB); de promover a construção de moradias e a melhoria das condições habitacionais e de saneamento básico (art. 23, IX, da CRFB); de combater as causas da pobreza e os fatores de marginalização, promovendo a integração social dos setores desfavorecidos (art. 23, X, da CRFB); e de estabelecer política de desenvolvimento urbano para ordenar o pleno desenvolvimento das funções sociais da cidade e garantir o bem-estar de seus habitantes (art. 182 da CRFB). Ademais, os empreendimentos respectivos devem sempre vir acompanhados de estudos de impacto ambiental e medidas compensatórias, além das medidas de fiscalização administrativa, consoante à determinação constitucional. Ante a previsão legal desses requisitos estritos e plenamente razoáveis, considerados os interesses em jogo, exige-se do Judiciário uma postura de autocontenção, em homenagem à função constitucionalmente garantida ao Legislativo para resolver conflitos de valores na formulação de políticas públicas.[157]

Em relação à CUEM, são poucos os casos analisados, mas se reconhece a legalidade e a constitucionalidade do instituto. Segundo decisão de 2019:

> A Concessão de Uso Especial para Fins de Moradia constitui política pública com critérios predefinidos na Medida Provisória [MP] nº 2.220/2001, daí a possibilidade de critérios temporais, espaciais, entre outros. A autoridade administrativa está adstrita ao princípio da legalidade, ou seja, deve atuar dentro da esfera estabelecida pelo legislador.

7.754, de 14 de abril de 1989, e a Medida Provisória nº 2.166-67, de 24 de agosto de 2001; e dá outras providências. *Diário Oficial da União*, Brasília, DF, p. 1, 28 maio 2012. Disponível em: http://www.planalto.gov.br/ccivil_03/_ato2011-2014/2012/lei/l12651.htm. Acesso em: 6 ago. 2022.

[157] SUPREMO TRIBUNAL FEDERAL (STF). *Ação Direta de Constitucionalidade (ADC) 42 Distrito Federal*. Relator: Min. Luiz Fux, Tribunal Pleno, julgado em 28.02.2018, Processo Eletrônico DJe-175, divulg. 12.08.2019, public. 13.08.2019a. Disponível em: https://redir.stf.jus.br/paginadorpub/paginador.jsp?docTP=TP&docID=750504737. Acesso em: 30 jul. 2022. (grifos no original).

Assim, somente pode ser deferido o pleito se estritamente de acordo com as previsões legais e regulamentares.[158]

Nessa questão da moradia, o STF também tem observado o reconhecimento do Direito nos parâmetros regulamentados pela Lei e pelo Conselho Nacional do Meio Ambiente (CONAMA), determinando a observância da política pública estabelecida pelo Estado. O fato demonstra que, em relação à judicialização da saúde, o tratamento jurídico dado às políticas públicas de moradia pode estar desenvolvendo uma técnica mais avançada de tutela, já que procura superar os mecanismos clássicos de construção da decisão judicial baseada exclusivamente no direito individual.

Em setembro de 2020, em decisão monocrática, o ministro Edson Fachin reconheceu a repercussão geral do tema da moradia. Por se tratar de uma decisão monocrática, o uso da expressão pelo ministro não repercutiu de forma geral do ponto de vista da técnica de agregação de demandas prevista no CPC/2015. A decisão, porém, consigna que:

> A questão posta aos autos tem, portanto, nítida matriz constitucional, a autorizar, ante o preenchimento dos pressupostos processuais, o conhecimento do recurso extraordinário.
>
> Ademais, assiste razão à recorrente quando aduz a relevância do tema sob o ponto de vista econômico e social. A discussão sobre o alcance do direito à moradia afeta, de um lado, um dos principais problemas nacionais que é o déficit habitacional. De outro, o direito à moradia também constitui óbice à atividade relevante de ordenação territorial, o que atinge diretamente a reforma urbana e o direito à cidade.
>
> É preciso registrar, por fim, que o direito à moradia recebe especial proteção pelo Direito Internacional dos Direitos Humanos, como se depreende, v.g., do Comentário Geral 7 do Comitê de Direitos Econômicos e Sociais, a ensejar, eventualmente, responsabilização internacional do Estado brasileiro, em caso de descumprimento. Essa perspectiva empresta, por outra razão, *repercussão geral à matéria*.
>
> No caso, há pedido na inicial para o fim de impor a ora agravada obrigação de "que inscreva os ocupantes dos imóveis notificados [...] em programas de desenvolvimento urbano" (eDOC 1, p. 40). Na específica situação dos autos, considerando-se concreta e unicamente

---

[158] SUPREMO TRIBUNAL FEDERAL (STF). *Recurso Extraordinário com Agravo (ARE) 1131424* – São Paulo. Relator: Min. Edson Fachin, julgado em 6.11.2019, Processo Eletrônico DJe-245, divulg. 8.11.2019, public. 11.11.2019g. Disponível em: https://portal.stf.jus.br/processos/detalhe.asp?incidente=5456778. Acesso em: 30 jul. 2022.

as circunstâncias do caso com sua projeção de índole constitucional, o pedido inicial alternativo se impõe à luz da Constituição da República e da mitigação de danos pelo deslocamento em áreas de adensamento urbano mesmo não regularizadas.[159]

Embora se trate de decisão monocrática, há uma clara provocação para que a Corte Superior reconheça a repercussão geral da matéria, o que, por um lado, é um estímulo à abordagem do Direito numa lógica da proteção social e, por outro, um estímulo à judicialização dos conflitos fundiários num momento em que a política parece mais refratária à concretização de direitos sociais.

Já em janeiro de 2021, o ministro do STF, Alexandre de Moraes, concedeu, em contexto de pandemia, a suspensão de reintegração de posse em ação envolvendo área privada ocupada por 800 pessoas devido à ausência de planejamento por parte do poder público para recolocação dessas famílias:

> Na hipótese, estão presentes os requisitos necessários para a concessão da tutela de urgência pleiteada. Em primeiro lugar, a presente petição traz questões jurídicas relevantes, seja do ponto de vista processual (ofensa à reserva de Plenário e ao princípio do devido processo legal), seja no que concerne ao direito material (função social da propriedade e direito fundamental à moradia). Em segundo lugar, verifica-se risco iminente de dano irreparável, pois está prestes a ser efetivada a remoção de centenas de famílias, de área ocupada há cerca de três anos. A realização deste ato no presente momento, em que se verifica recrudescimento dos casos de infecções e mortes pelo vírus do COVID-19, certamente elevaria a exposição das pessoas à grave doença. Registre-se estar demonstrado o número exponencial de indivíduos em situação de risco (idosos e enfermos). Diante de todo o exposto, com base no parágrafo único do art. 995 do Código de Processo Civil, DEFIRO A TUTELA DE URGÊNCIA, para (I) suspender os efeitos do acórdão proferido pelo Tribunal de Justiça de São Paulo nos autos da Apelação nº 1009619-07.2018.8.26.0292; (II) suspender a ordem de reintegração de posse, até o trânsito em julgado da decisão do SUPREMO TRIBUNAL FEDERAL quanto ao Recurso Extraordinário.[160]

---

[159] SUPREMO TRIBUNAL FEDERAL (STF). *Recurso Extraordinário com Agravo (ARE) 1158201* – São Paulo. Relator: Min. Edson Fachin, decisão monocrática proferida em 28 out. 2020. Disponível em: https://portal.stf.jus.br/processos/detalhe.asp?incidente=5538209. Acesso em: 30 jul. 2022.

[160] SUPREMO TRIBUNAL FEDERAL (STF). *Medida Cautelar na Petição 9382* - São Paulo. Relator: Min. Alexandre de Moraes, decisão monocrática proferida em 15 jan. 2021. Disponível em: https://portal.stf.jus.br/processos/downloadPeca.asp?id=15349281204&ext=.pdf. Acesso em: 19 set. 2022.

As decisões do STF sobre o tema não são uniformes, tampouco o encaminhamento dos processos segue para decisões colegiadas. Dois casos envolvendo a CUEM, analisados pelo STF, também em decisões monocráticas,[161] foram impedidos, nas instâncias de origem, a produzirem provas quanto ao tempo de ocupação, não sendo reconhecido o cerceamento ao direito de produção de provas.

2.3 O CC e a propriedade dos bens públicos e privados

O primeiro marco normativo brasileiro relevante para a questão da moradia é o CC brasileiro. Embora em sua versão original ele não tenha tratado diretamente da questão da moradia, constitui um marco importante para o direito à moradia para pessoas de baixa renda na medida em que positivou pela primeira vez no Direito brasileiro, numa lógica liberal, os institutos da posse e da propriedade dos bens imóveis.

Seria anacrônico falar em direito à moradia quando da promulgação do CC/1916, considerando que os direitos de segunda geração ainda estavam em gestação. A ausência de um tratamento jurídico diferenciado à propriedade e ao patrimônio público e privado pelo Código no início do século XX, porém, ainda molda a concepção jurídica da função social da cidade e da propriedade, e repercute na forma como o Estado submete os conflitos que envolvem os bens públicos ao Poder Judiciário.

A dificuldade de superação do modelo inicialmente estabelecido pelo CC/1916 para a defesa da propriedade enquanto um direito fundamental foi apreendida por José Afonso da Silva:

> [...] o princípio da função social da propriedade tem sido mal definido na doutrina brasileira, obscurecido, não raro, pela confusão que dele se faz com sistemas de limitação da propriedade. Não se confundem, porém. Limitações dizem respeito ao exercício do direito, ao proprietário; enquanto a função social interfere com a estrutura do direito mesmo. [...] Enfim, a função social manifesta-se na própria configuração estrutural do direito de propriedade, pondo-se concretamente, como

---

[161] SUPREMO TRIBUNAL FEDERAL (STF). *Recurso Extraordinário com Agravo (ARE) 1131424* – São Paulo. Relator: Min. Edson Fachin, julgado em 6.11.2019, Processo Eletrônico DJe-245, divulg. 8.11.2019, public. 11.11.2019g. Disponível em: https://portal.stf.jus.br/processos/detalhe.asp?incidente=5456778. Acesso em: 30 jul. 2022; SUPREMO TRIBUNAL FEDERAL (STF). *Recurso Extraordinário (RE) 1186410 – Pernambuco*. Relatora: Min. Cármen Lúcia, decisão monocrática proferida em 6 mar. 2019d. Disponível em: https://portal.stf.jus.br/processos/detalhe.asp?incidente=5621685. Acesso em: 15 nov. 2019.

elemento qualificante na predeterminação dos modos de aquisição, gozo e utilização dos bens. Por isso é que se conclui que o direito de propriedade não pode mais ser tido como um direito individual. A inserção do princípio da função social, sem impedir a existência da instituição, modifica sua natureza.[162]

E, apesar de no ano da promulgação do CC/1916 já circular na Europa a ideia de função social da propriedade,[163] esse conceito não foi adotado no Brasil.[164] O Código não separou os conceitos de propriedade, bens e patrimônio, cuja diferença não é tão relevante para o Direito Privado, mas que repercute na relação jurídica do Estado com seus bens.

A noção de patrimônio público sempre foi um tanto tortuosa na CF e na legislação brasileira, sendo possível afirmar que, no âmbito do Direito Público brasileiro, há três dimensões distintas de patrimonialidade: patrimônio nacional, patrimônio público e bens públicos.[165]

---

[162] SILVA, José Afonso da. *Direito urbanístico brasileiro*. 5. ed. São Paulo: Malheiros, 2008, p. 75-77.

[163] León Duguit, na França, no início do século XX, já afirmara que "a propriedade é protegida pelo direito; mas ela é uma coisa, uma utilidade, uma riqueza. O que o proprietário tem é uma coisa, não é um direito, ou ele usa e goza da coisa, sem encontrar resistência e, então, a coação social não intervém; ou ele encontra resistência e, nesse caso, a coação intervém, a seu pedido, para remover o obstáculo. A propriedade, porém, é a coisa em si mesma. [...] Todo indivíduo tem a obrigação de cumprir na sociedade uma certa função na razão direta do lugar que nela ocupa. Ora, o detentor da riqueza, pelo próprio fato de deter a riqueza, pode cumprir uma certa missão que só ele pode cumprir. Somente ele pode aumentar a riqueza geral, assegurar a satisfação das necessidades gerais, fazendo valer o capital que detém. Está, em consequência, socialmente obrigado a cumprir esta missão e só será socialmente protegido se cumpri-la e na medida que o fizer. A propriedade não é mais um direito subjetivo do proprietário: é a função social" (DUGUIT, León. *Traité de droit constitucionel*. Paris, Fontemoing, 1911, p. 446-447 apud PIRES, Lilian Regina Gabriel Moreira. *Função social da propriedade urbana e o Plano Diretor*. Belo Horizonte: Fórum, 2007, p. 66). Ainda não existe, porém, no Brasil, um conteúdo jurídico mais específico para a função social da propriedade e da cidade.

[164] A CF/1934 já mencionava a expressão "função social da propriedade". Em tese de dissertação, Frederico Haddad, ao discutir a aplicação da função social da propriedade sobre a propriedade pública, remete à Constituição de 1824. O autor relata que: "[...] A Constituição de 1824, ainda que sem mencionar expressamente o princípio da função social da propriedade, é a primeira a conformar, de algum modo, esse direito, de forma a restringir seu exercício. O artigo 113, que igualmente abre o capítulo atinente à Declaração de Direitos e Garantias Individuais, previu em seu item 17: 'É garantido o direito de propriedade, que não poderá ser exercido contra o interesse social ou coletivo, na forma que a lei determinar'" (HADDAD, Frederico. *Função social das vias urbanas:* uma análise à luz da teoria jurídica das políticas públicas. Dissertação (Mestrado em Direito) – Faculdade de Direito da Universidade de São Paulo (USP), São Paulo, 2019, p. 228).

[165] MARQUES NETO, Floriano de Azevedo. *Bens públicos:* função social e exploração econômica. O regime jurídico das utilidades públicas. Belo Horizonte: Fórum, 2009, p. 59-60.

Floriano de Azevedo Marques Neto afirma que o "Estado brasileiro não correspondeu como, por exemplo, ocorreu na França, com uma preocupação central por delimitar o que constituiria o patrimônio público",[166] fator que estaria relacionado à própria função das cidades brasileiras:

> Como já dissemos acima, a importância dos bens de uso comum está diretamente ligada ao estágio de organização comunitária ou urbana de uma sociedade. Não é sem razão que, acima dissemos, o tratamento dos bens públicos cresce com o advento das cidades. Ocorre que a colonização brasileira se deu, regra geral, com baixa construção do espírito comunitário e, ao menos nos seus primórdios, com baixíssima preocupação com a construção do meio ambiente urbano.[167]

Por essa razão, a doutrina brasileira que sempre regulamentou os bens públicos foi marcada pela concepção dos civilistas, especialmente a partir das discussões que culminaram na aprovação do CC/1916.[168]

O artigo 65 do CC/1916 assim dispunha: "São públicos os bens do domínio nacional pertencentes à União, aos Estados ou aos Municípios. Todos os outros são particulares, seja qual for a pessoa a que pertencerem".[169]

Já o artigo 66 do CC/1916 dividia os bens públicos em três categorias: bens de uso comum do povo, de uso especial e bens dominicais.

O CC/2002 não inovou nessa classificação, que continua a moldar a doutrina administrativista. Hoje, os bens públicos, segundo artigo 98 do novo Código, são do domínio nacional, pertencentes à União, aos Estados, aos Municípios e às outras pessoas jurídicas de direito público interno (CC/2002, artigo 41, incisos I a V).[170]

---

[166] MARQUES NETO, Floriano de Azevedo. *Bens públicos:* função social e exploração econômica. O regime jurídico das utilidades públicas. Belo Horizonte: Fórum, 2009, p. 92.

[167] MARQUES NETO, Floriano de Azevedo. *Bens públicos:* função social e exploração econômica. O regime jurídico das utilidades públicas. Belo Horizonte: Fórum, 2009, p. 90.

[168] MARQUES NETO, Floriano de Azevedo. *Bens públicos:* função social e exploração econômica. O regime jurídico das utilidades públicas. Belo Horizonte: Fórum, 2009, p. 92.

[169] A lei nova aperfeiçoou a anterior, haja vista existirem pessoas jurídicas de direito público que não as pessoas jurídicas políticas (entes da Federação), como precisamente deixa assentado o artigo 41 do próprio CC.

[170] Ainda segundo Marques Neto, a nova classificação "acaba por ter duas consequências: (i) primeira, erradica entre nós a possibilidade de existência de *res nullius* porquanto estabelece que ou os bens pertencem (ousamos dizer, integram o patrimônio) a uma pessoa jurídica de direito público interno, ou são bens privados, apropriáveis, portanto, pelos particulares, pessoas físicas ou jurídicas; (ii) segunda, estabelece uma sujeição ao regime jurídico de direito privado (propriedade) para aqueles bens que estejam na pertença das

Em 1916, a redação adotada pelo CC tinha como finalidade, na qualidade de normas de direito civil, delimitar os contornos da propriedade pública, preservando a autonomia do domínio privado, e não definir e classificar os bens públicos.[171]

Essa classificação é meramente patrimonial, embora remeta à noção de propriedade pública e privada. Não se preocupa com a ideia de que a propriedade pública se justifica na medida em que tem utilidade para o Estado cumprir seus objetivos, tampouco com a função social da propriedade pública.

O artigo 99 do CC/2002 divide os bens públicos em bens de uso comum do povo, de uso especial e bens dominicais, assim como já fazia o CC/1916.

Apesar de não haver uma mudança explícita no texto, a repetição não pode excluir a função social da propriedade. José A. da Silva observa que essa função, definida no artigo 5º, inciso XXII da CF/1988, "bastava para que toda forma de propriedade fosse intrinsecamente permeada daquele princípio constitucional".[172]

Após praticamente um século de vida social e de intensa urbanização desde a promulgação do CC/1916 e sob a égide da CF/1988, pode-se afirmar que a manutenção da antiga classificação reflete uma continuidade que não existe. Isso demanda uma ressignificação à luz da função social da propriedade, o que se comprova com as dificuldades cotidianas do poder público em administrar os seus próprios bens de forma vantajosa para as cidades brasileiras.[173]

---

pessoas de direito público. É dizer, pelo Código Civil, para que os bens sejam caracterizados como públicos (e daí se submeterem aos regramentos de direito público previstos no próprio [Código Civil Brasileiro (CCB)] ou em outras normas), o pressuposto é que exista uma relação de domínio, de integração do bem ao patrimônio público" (MARQUES NETO, Floriano de Azevedo. Bens públicos: função social e exploração econômica. O regime jurídico das utilidades públicas. Belo Horizonte: Fórum, 2009, p. 105-106).

[171] Clóvis Beviláqua, quando do debate em torno do que viria a ser o CC/1916, asseverava que, por julgar "o Código Civil incompetente para discriminar os bens que pertencem à União, aos Estados e aos municípios, e para lhe conferir a administração dos mesmos, não transpôs as raias dos princípios gerais, articulando apenas o bastante para completar a teoria dos bens" (BEVILÁQUA, Clóvis. Em Defeza do Projeto de Código Civil Brazileiro. Rio de Janeiro, Francisco Alves, 1906, p. 83 apud MARQUES NETO, Floriano de Azevedo. Bens públicos: função social e exploração econômica. O regime jurídico das utilidades públicas. Belo Horizonte: Fórum, 2009, p. 105).

[172] SILVA, José Afonso da. Direito urbanístico brasileiro. 5. ed. São Paulo: Malheiros, 2008, p. 105.

[173] A questão dos bens públicos urbanos, não inventariados, abandonados ou mal utilizados, hoje é bastante sensível à Administração Pública. Apenas para ilustrar, o Instituto Nacional do Seguro Social (INSS) possui 60 imóveis vagos em São Paulo, e outros 36 ocupados por movimentos de moradia. Os bens públicos não necessariamente precisam ser alienados a fim de se contornar esse estado de coisas, mas uma solução é necessária para afastar o seu mau uso.

Uma leitura possível do atual CC foi realizada por Marques Neto, para quem

> O problema da abordagem dada pelo Direito Civil ao tema dos bens públicos não está apenas na desconformidade entre ela e os privilégios e princípios que recaem sobre esta espécie de bens. Está em que os objetivos e pressupostos do direito de propriedade dos bens privados não são os mesmos aplicáveis aos bens públicos.
> [...]
> Ficam patentes, pois, as insuficiências da concepção civilista dos bens públicos. Ocorre que estas normas influenciam grandemente a doutrina dos bens públicos no Direito brasileiro. O critério impede que se discutam os limites da inalienabilidade ou da classificação de usos [...].[174]

Para o autor, as utilidades do bem para o poder público deveriam ser consideradas, sendo possível construir um sistema de relevância que as considere a partir do instituto da afetação, já que é delas que se extrai a função social dos bens públicos. A seu ver, o critério civilista da titularidade,[175] se analisado de forma desvinculada das utilidades do bem e suas potencialidades para os fins do Estado, é incompatível com o princípio constitucional da função social da propriedade, pois trata da propriedade pública como se ela fosse privada.

É nesse critério que se fundamenta a Súmula nº 619,[176] que reafirma que a tutela da posse dos bens públicos se dá a partir da titularidade, com base no artigo 98 do CC/2002, interpretada à luz do CC anterior e dos princípios do Estado liberal, e não a partir das suas utilidades, ou da função social da propriedade pública.

Da transposição da classificação de bens públicos pelo CC para o Direito Administrativo resultam, também, as classificações funcionalistas dos bens públicos, formuladas no CC/1916, e repetidas, com algumas atualizações, no CC/2002.[177]

---

[174] MARQUES NETO, Floriano de Azevedo. *Bens públicos:* função social e exploração econômica. O regime jurídico das utilidades públicas. Belo Horizonte: Fórum, 2009, p. 115.

[175] O artigo 41 do CC/2002 estabelece que as pessoas jurídicas de direito público interno são a União, os Estados, o Distrito Federal e territórios, os Municípios, as Autarquias e as associações previstas na Lei nº 11.107, de 6 de abril de 2005 (consórcios privados).

[176] Conforme Súmula nº 619: "A ocupação indevida de bem público configura mera detenção de natureza precária insuscetível de retenção ou indenização por acessões e benfeitorias" (Ver nota 140 desta obra).

[177] Quanto à alteração sofrida, anotou Marques Neto: "O Código anterior (artigo 66, II) vinculava o uso especial ao fato de estarem os bens 'aplicados a serviço ou estabelecimento' da Administração, enquanto o Código atual (artigo 99, II) relaciona tal espécie de bem à

Ambas as concepções relativas aos bens públicos, subjetivas e funcionalistas, são insuficientes e limitam a própria forma à capacidade de o poder público apreender as possibilidades de exploração dos bens públicos,[178] desprezando o seu possível potencial de exploração econômica[179] e de garantir o cumprimento dos diversos direitos fundamentais, entre eles o direito à moradia digna para a população de baixa renda.

Uma nova perspectiva de classificação dos bens públicos decorre da classificação finalista, mas tem como vetor central a afetação dos bens públicos. Para essa corrente, o que daria o atributo de público aos bens públicos seria a sua utilidade,[180] seu emprego na vida real, e não a circunstância de o bem pertencer à pessoa jurídica de direito público. Esse é o critério realmente relevante, após a CF/1988, pois no que diz respeito ao Estado, não há outro sentido em possuir patrimônio, exceto se for utilizado para cumprir seus objetivos constitucionais.

---

circunstância de ser 'destinado a serviço ou estabelecimento da administração'. Segue daí que pela definição do CCB vigente, a afetação deixa de ser predominantemente material (situação fática de o bem estar aplicado, empregado, efetivamente, ao uso especial e, por analogia, a um uso comum), e passa a depender de uma circunstância mais genérica, de ter sido ele reservado, destinado a tal uso" (MARQUES NETO, Floriano de Azevedo. *Bens públicos:* função social e exploração econômica. O regime jurídico das utilidades públicas. Belo Horizonte: Fórum, 2009, p. 121).

[178] "Ocorre que, formulada a partir da lógica dos civilistas, esta concepção se revelou há tempos — e hoje se revela ainda mais — insuficiente. Isto porque, enquanto a preocupação do Direito Privado é saber quem é o sujeito do direito subjetivo de propriedade (e, portanto, quem está legitimado a estabelecer relação jurídica com a coisa), o direito público necessita estar atento para o regime de emprego destes bens, buscando disciplinar a relação não do bem em face de terceiros, mas em relação à coletividade como um todo" (MARQUES NETO, Floriano de Azevedo. *Bens públicos:* função social e exploração econômica. O regime jurídico das utilidades públicas. Belo Horizonte: Fórum, 2009, p. 103).

[179] Marques Neto introduz, em sua tese de livre docência, a noção de utilidade, para os bens afetados, para indicar a possibilidade de exploração econômica dos bens, e "ao fazê-lo, verificamos que há mais variações possíveis dessa classificação do que aquela tríade estabelecida na lei civil. Mais do que isso, neste ponto defendo a tese de que a afetação, malgrado implique a consagração do bem a um dado uso, está longe de interditar que este bem se preste a utilidades outras" (MARQUES NETO, Floriano de Azevedo. *Bens públicos:* função social e exploração econômica. O regime jurídico das utilidades públicas. Belo Horizonte: Fórum, 2009, p. 27).

[180] Nessa linha, Marques Neto pontua: "Não obstante ainda nos pareçam nítidas as diferenças entre os bens de uso comum e de uso especial, não se pode olvidar que quanto mais complexa se tornar a ordenação do uso dos bens públicos, mais se aproximarão os usos comum e especial. Daí uma das razões para postularmos que a classificação dos bens não se paute mais pela tricotomia posta na lei civil, e sim *que se passe a estruturar o regime jurídico dos bens públicos a partir dos diferentes tipos de utilidades a que são os bens prestantes e da sua hierarquização pelos critérios de prevalência e amplitude* [...]" (MARQUES NETO, Floriano de Azevedo. *Bens públicos:* função social e exploração econômica. O regime jurídico das utilidades públicas. Belo Horizonte: Fórum, 2009, p. 219, grifo meu).

Na perspectiva da utilidade, é incoerente utilizar o critério de domínio do artigo 98 do CC/2002 para reintegrar a posse de um bem público quando não há nenhuma destinação pública para este bem, a não ser prover moradia à população de baixa renda.

Considerada a função pública da propriedade, tal como prevê a CF, faz-se necessário separar a abordagem concedida aos bens imóveis públicos e privados. Ambos devem observar a função social da propriedade,[181] entretanto, para considerá-la cumprida, os parâmetros não podem ser idênticos no público e no privado.

2.4 O CC e as diversas teorias da posse

O CC/1916 trouxe ao mundo jurídico brasileiro um sistema liberal de proteção possessória, influenciado por duas teorias opostas: a teoria objetiva da posse, de Rudolf von Jhering,[182] e a teoria subjetiva da posse, de Friedrich Carl von Savigny.[183]

A noção da posse adotada pelo Projeto do CC,[184] era extraída da doutrina de Jhering, mas o projeto de Barradas, anterior ao de Beviláqua,[185] e não aprovado, era inspirado na teoria de Savigny. Embora

---

[181] Haddad discute em sua dissertação de mestrado a função social da propriedade pública, para afastar as teses da não incidência do princípio à propriedade pública (HADDAD, Frederico. *Função social das vias urbanas:* uma análise à luz da teoria jurídica das políticas públicas. Dissertação (Mestrado em Direito) – Faculdade de Direito da Universidade de São Paulo (USP), São Paulo, 2019, p. 229-236). Essa também é a posição de Silvio Luís Ferreira da Rocha, para quem "a finalidade cogente informadora do domínio público não resulta na imunização dos efeitos emanados do princípio da função social da propriedade, previsto no texto constitucional. Acreditamos que a função social da propriedade é princípio constitucional que incide sobre toda e qualquer relação jurídica de domínio, pública ou privada, não obstante reconheçamos ter havido um desenvolvimento maior dos efeitos do princípio da função social no âmbito da propriedade privada, justamente em razão do fato de o domínio público, desde a sua existência, e, agora, com maior intensidade estar, de um modo ou de outro, voltado ao cumprimento de fins sociais, pois, como visto, marcado pelo fim de permitir a coletividade o gozo de certas utilidades" (ROCHA, Sílvio Luís Ferreira da. *Função social da propriedade pública*. São Paulo: Malheiros, 2005, p. 127).

[182] Para Jhering, pode haver posse sem o *corpus* ou presença física da coisa, ou seja, posse à distância do objeto.

[183] Para Savigny, a posse implica no poder direto de alguém para dispor fisicamente de uma coisa com a intenção de tê-la como sua e para defendê-la da intervenção ou agressão de outrem. Para ele, tanto na posse como na detenção existe o *corpus* ou a presença física da coisa sob o poder do titular.

[184] ALVES, José Carlos Moreira. *A posse:* do antigo direito português ao Código Civil brasileiro. Coimbra: Gráfica de Coimbra, 1984, p. 34.

[185] Joaquim da Costa Barradas foi um dos integrantes de uma comissão para rever o Projeto de Código Civil, de Clóvis Beviláqua, e também possuía um projeto.

o projeto de Barradas não tenha sido aceito, alguns dispositivos da lei relativos à posse foram nele inspirados, o que explica as concessões à teoria subjetiva.[186]

No CC/1916, pode-se extrair a teoria objetiva da posse da redação dos artigos 485, 487 e 497. Já a teoria subjetiva manifesta-se nos artigos 493 e 520. Ou seja, no sistema anterior, a posse era predominantemente regulada pela teoria objetiva, mas a teoria subjetiva aparecia em alguns dispositivos legais, abrigando-se sob o manto do direito duas concepções diferentes da posse, simultaneamente, e sem que estivessem muito claros os contornos da incidência, ou se uma, ou de outra.

Thaís Aranda Barrozo resume as consequências da dubiedade da proteção possessória brasileira da seguinte forma:

> [...] a despeito da não rara afirmação de que o modelo de tutela possessória brasileiro adotou a teoria de Jhering, o que se observa, em verdade, é que, ainda sob a vigência do CC de 1916, o sistema brasileiro aproxima-se ora da teoria de Savigny, ora da de Jhering, constituindo-se como um direito possessório peculiar que deu ensejo a uma dogmática possessória própria, consentânea com a realidade brasileira.[187]

As duas concepções da posse no mesmo Código trouxeram "flexibilidade jurídica" aos institutos da posse e da propriedade, que atendia à contínua tensão relativa à posse da terra, cabendo ao julgador, de acordo com o caso concreto, optar por uma das duas teorias.

A insegurança na definição do conteúdo dos dois institutos, entretanto, intensificou-se durante o processo de urbanização. Com a promulgação da CF/1988, a inadequação da tutela possessória tornou-se ainda mais flagrante, na medida em que o Direito Civil sofreu uma verdadeira "constitucionalização".

Em certa medida, o CC/2002 buscou atender aos princípios da eticidade, socialidade e operabilidade, e incorporou a noção de função social da propriedade, introduzida pelo Texto Constitucional. Nessa linha, a tutela ao direito à moradia consta nos artigos 1.228, §§4º e 5º,[188]

---

[186] ALVES, José Carlos Moreira. *A posse:* do antigo direito português ao Código Civil brasileiro. Coimbra: Gráfica de Coimbra, 1984, p. 34.

[187] BARROZO, Thaís Aranda. *Ocupações coletivas e tutela jurisdicional possessória.* Análise à luz da garantia de defesa dos réus. Tese (Doutorado em Direito) – Faculdade de Direito da Universidade de São Paulo (USP), São Paulo, 2017, p. 76-77.

[188] Conforme o artigo 1.228, §§4º e 5º do CC: "§4º. O proprietário também pode ser privado da coisa se o imóvel reivindicado consistir em extensa área, na posse ininterrupta e de boa-fé, por mais de cinco anos, de considerável número de pessoas, e estas nela houverem

1.238[189] e 1.242.[190] O fato, porém, é que, apesar do esforço de adequação ao novo Texto Constitucional e da proteção de direitos fundamentais, a falta de definição jurídica da posse, levou a maior parte da doutrina a afirmar que o CC/2002, na redação do artigo 1.196,[191] adotou a teoria objetiva da posse, segundo a qual para ser possuidor basta que se comprove o *corpus*, pois o *animus* já decorre do comportamento do indivíduo como proprietário, e que ser proprietário é mais relevante do que agir como proprietário.

Nessa perspectiva, observam Guilherme Calmon Nogueira Gama e Diana Loureiro Paiva Castro:

> A doutrina contemporânea, a seu turno, defende que a posse por si mesma, independentemente do seu caráter de exteriorização da propriedade, é merecedora de tutela pelo ordenamento jurídico. Em termos de função social, a ação do proprietário se confunde com a do possuidor, cabendo, em caso de conflito, a prioridade do interesse daquele que realmente cumpre essa função. Desse modo, distinguem-se três situações

---

realizado, em conjunto ou separadamente, obras e serviços considerados pelo juiz de interesse social e econômico relevante" §5º. "No caso do parágrafo antecedente, o juiz fixará a justa indenização devida ao proprietário; pago o preço, valerá a sentença como título para o registro do imóvel em nome dos possuidores" (BRASIL. Lei nº 10.406, de 10 de janeiro de 2002. Institui o Código Civil. *Diário Oficial da União*, Brasília, DF, p. 1, 11 jan. 2002b. Disponível em: http://www.planalto.gov.br/ccivil_03/leis/2002/l10406.htm. Acesso em 10 fev. 2020).

[189] Conforme o artigo 1.238: "Aquele que, por quinze anos, sem interrupção, nem oposição, possuir como seu um imóvel, adquire-lhe a propriedade, independentemente de título e boa-fé; podendo requerer ao juiz que assim o declare por sentença, a qual servirá de título para o registro no Cartório de Registro de Imóveis. Parágrafo único. O prazo estabelecido neste artigo reduzir-se-á a dez anos se o possuidor houver estabelecido no imóvel a sua moradia habitual, ou nele realizado obras ou serviços de caráter produtivo" (BRASIL. Lei nº 10.406, de 10 de janeiro de 2002. Institui o Código Civil. *Diário Oficial da União*, Brasília, DF, p. 1, 11 jan. 2002b. Disponível em: http://www.planalto.gov.br/ccivil_03/leis/2002/l10406.htm. Acesso em 10 fev. 2020).

[190] Conforme o artigo 1.242: "Adquire, também, a propriedade do imóvel aquele que, contínua e incontestadamente, com justo título e boa-fé, o possuir por dez anos. Parágrafo único. Será de cinco anos o prazo previsto neste artigo se o imóvel houver sido adquirido, onerosamente, com base no registro constante do respectivo cartório, cancelada posteriormente, desde que os possuidores nele tiverem estabelecido a sua moradia, ou realizado investimentos de interesse social e econômico" (BRASIL. Lei nº 10.406, de 10 de janeiro de 2002. Institui o Código Civil. *Diário Oficial da União*, Brasília, DF, p. 1, 11 jan. 2002b. Disponível em: http://www.planalto.gov.br/ccivil_03/leis/2002/l10406.htm. Acesso em 10 fev. 2020).

[191] Conforme o artigo 1.196: "Considera-se possuidor todo aquele que tem de fato o exercício, pleno ou não, de algum dos poderes inerentes à propriedade" (BRASIL. Lei nº 10.406, de 10 de janeiro de 2002. Institui o Código Civil. *Diário Oficial da União*, Brasília, DF, p. 1, 11 jan. 2002b. Disponível em: http://www.planalto.gov.br/ccivil_03/leis/2002/l10406.htm. Acesso em 10 fev. 2020).

de posse: *a primeira com conteúdo de direitos, a segunda como requisito para aquisição de direitos reais, e a terceira como a posse por si mesma.*

Quanto à natureza jurídica, a posse seria, simultaneamente, um fato e um direito. No entender da teoria subjetiva, a posse de fato independeria de previsão legal, mas ao produzir efeitos, constituiria um direito. Já reunindo em si os elementos do direito subjetivo. Isso porque, embora surgisse como um fato, seria protegida pela sociedade para evitar a arbitrariedade – o exercício arbitrário das próprias razões.[192]

A interpretação dos autores está correta, pois a posse merece *proteção por si só*, mesmo quando ela não decorre do direito de proprietário, e tampouco tenha como finalidade a aquisição de direitos. Ademais, a posse não se confunde com o domínio, nem com a posse subjetiva para fins de usucapião e nem com a detenção.

Por esse motivo, o CC/1916 deixa claro no artigo 1.198 que é detentor aquele que conserva a posse em nome de outrem ou que cumpre instruções ou ordem daquele em cuja dependência se encontre; enquanto o artigo 1.208 considera detenção os atos de mera permissão ou tolerância e ainda os atos violentos ou clandestinos.

A posse pressupõe a autonomia e a possibilidade de destinação econômica e social da coisa, mas não a autorização da lei para que ocorra, ou seja:

> No ordenamento jurídico brasileiro, o possuidor é definido como aquele que detém os poderes inerentes à propriedade disciplinados no art. 1.228 CC. Contudo, a definição de possuidor presente no art. 1.196 do referido Código não apresenta explicitamente o conceito jurídico de posse, nem tampouco contribui claramente para resolver o dilema quanto à sua natureza jurídica.
>
> No momento em que o possuidor exerce ou é capaz de exercer qualquer um dos poderes inerentes ao uso, ao gozo ou à disposição da coisa, ele de fato a possui, sem que necessariamente comprove *a priori* o direito àquela posse. Contudo, em razão das situações jurídicas previstas na CF, referentes, sobretudo, aos direitos fundamentais (CF, arts. 5º, 6º e 7]), *deve-se considerar que a noção atual de posse inclui também aspectos relativos à moradia, ao trabalho, e a outras prerrogativas constitucionais, estendendo-se, em um sentido mais amplo, a tudo que concerne à dignidade da pessoa humana* (CF, art. 1º, III).

---

[192] GAMA, Guilherme Calmon Nogueira; CASTRO, Diana Loureiro Paiva. Proteção possessória no novo Código de Processo Civil: notas à luz da Lei 13.105/2015. *In*: ALVIM, Teresa Arruda; DIDIER JR., Fredie (org.). *Doutrinas essenciais:* Novo Processo Civil. 2. ed. São Paulo: Revista dos Tribunais, 2018, p. 1082-1132, v. VI, p. 1110, grifo meu.

Portanto, como regra, a posse pressupõe a autonomia e a possibilidade de destinação econômica e social da coisa, *mas não a autorização da lei para que ocorra*. Além disso, a coisa possuída deve ser passível de assenhoramento. Evidencia-se aqui a necessária distinção teórica entre o possuidor e o detentor. Para caracterizar a detenção, pressupõem-se doutrinariamente os seguintes requisitos: (I) que uma pessoa conserve a posse; (II) cuja titularidade caberia a outros; (III) que tenha para com o detentor uma relação de dependência; (IV) de modo que determina a coisa em nome do titular do direito e de acordo com as instruções que o tinham prescreveu.[193]

Desse modo, é possuidor aquele que exerce algum dos poderes inerentes à propriedade, mas também é possuidor aquele que "faticamente (portanto, independentemente de titulação dominial), usar, gozar ou dispor da coisa, em consonância com os seus fins econômicos e sociais".[194]

Deste ponto de vista, a Súmula nº 619[195] é coerente com o CC/2002 e a posse de bem público seria mera detenção,[196] cabendo a proteção possessória do Direito Civil em favor do Estado.

A Súmula nº 619 não considera, porém, a necessidade de *proteção da posse por si mesma*, e esta também é protegida pelo direito vigente.

Embora não esteja prevista expressamente no CC a função social da posse, ela pode ser deduzida da própria função social da propriedade, uma vez que a posse consiste exatamente no exercício dos direitos de dono. A função social da posse situa-se num plano distinto da propriedade. Como assinaram César Augusto de Castro Fiuza e Clarice Fernandes Santos:

> Primeiramente, porque a função social é muito mais evidente na posse do que na propriedade, uma vez que esta, mesmo inerte, mantém-se como tal. A função social da propriedade corresponde muito mais a

---

[193] GAMA, Guilherme Calmon Nogueira; CASTRO, Diana Loureiro Paiva. Proteção possessória no novo Código de Processo Civil: notas à luz da Lei 13.105/2015. *In*: ALVIM, Teresa Arruda; DIDIER JR., Fredie (org.). *Doutrinas essenciais:* Novo Processo Civil. 2. ed. São Paulo: Revista dos Tribunais, 2018, p. 1082-1132, v. VI, p. 1107, grifo meu.

[194] BARROZO, Thaís Aranda. *Ocupações coletivas e tutela jurisdicional possessória*. Análise à luz da garantia de defesa dos réus. Tese (Doutorado em Direito) – Faculdade de Direito da Universidade de São Paulo (USP), São Paulo, 2017, p. 80.

[195] Ver nota 140 desta obra.

[196] A detenção é um estado de fato, ao qual não corresponde nenhum direito. É definida como a situação em que alguém conserva a posse em nome de outro e em cumprimento às suas ordens e instruções.

limitações fixadas no interesse público e tem por finalidade instituir um conceito dinâmico de propriedade em substituição ao conceito estático, representando uma projeção da relação anti-individualista. "O fundamento da função social da propriedade é o de eliminar da propriedade privada o que há de eliminável. Já o fundamento da função social da posse revela o imprescindível, uma expressão natural de necessidade" (FACHIN, 1988, p. 19).[197]

Aquele que detém um bem público para fins de moradia, e não o utiliza por ordem do poder público, nem por permissão ou tolerância, mesmo assim pode exercer a função social da posse, ou seja, *a posse por si mesma*, e ser passível de obter proteção jurídica através de institutos urbanísticos distintos da propriedade, como a CUEM ou a Concessão de Direito Real de Uso (CDRU).[198]

Desde 1988 foram incorporados ao ordenamento aspectos de novas teorias sociais da posse, como as de Silvio Perozzi, Raymond Saleilles e Hernandez Gil,[199] que defendem que, quando a sociedade

---

[197] FIUZA, César Augusto de Castro; SANTOS, Clarice Fernandes. A função social da posse no ordenamento jurídico brasileiro. *In*: LOPES, Christian Sahb Batista, OLIVEIRA, José Sebastião de; DAL BOSCO, Maria Goretti (coord.). *Direito civil contemporâneo I* [Recurso eletrônico on-line]. Florianópolis: Conselho Nacional de Pesquisa e Pós-Graduação em Direito (CONPEDI), 2015, p. 280-295, p. 283. Disponível em: http://site.conpedi.org.br/publicacoes/66fsl345/852e718s/61Ke6ym3tuadOP4X.pdf. Acesso em: 6 mar. 2022.

[198] Ver item 2.5.3.3 desta obra – CDRU e CUEM.

[199] Desenvolvida, entre outros, por Silvio Perozzi, Raymond Saleilles e Hernandez Gil, a teoria sociológica defende que a posse existe quando a sociedade atribui ao sujeito o exercício da posse. Aquele que der a destinação social ao bem da vida será o possuidor. A teoria preconiza que a posse tem autonomia em face da propriedade. O CC/2002 não adota essa teoria, mas incorpora alguns de seus elementos. Visando adaptar o atual CC à Teoria Sociológica, bem como aos conceitos de função social da posse e da propriedade, presentes na CF e legislações esparsas, ainda em 2002, quando foi publicada a Lei nº 10.406/2002, apresentou-se na Câmara dos Deputados, por iniciativa do então Deputado Ricardo Fiuza, o PL nº 6.960/2002, que propõe esta redação ao artigo 1.196 do CC: "Artigo 1.196. *Considera-se possuidor todo aquele que tem poder fático de ingerência socioeconômica, absoluto ou relativo, direto ou indireto, sobre determinado bem da vida, que se manifesta através do exercício ou possibilidade de exercício inerente à propriedade ou outro direito real suscetível de posse*" (BRASIL. Câmara dos Deputados. *Projeto de Lei nº 6.960/2002*. Dá nova redação aos artigos 2º, 11, 12, 43, 66, 151, 224, 243, 244, 246, 262, 273, 281, 283, 286, 294, 299, 300, 302, 306, 309, 328, 338, 369, 421, 422, 423, 425, 429, 450, 456, 471, 472, 473, 474, 475, 478, 479, 480, 482, 496, 502, 506, 533, 549, 557, 558, 559, 563, 574, 576, 596, 599, 602, 603, 607, 623, 624, 625, 633, 637, 642, 655, 765, 788, 790, 872, 927, 928, 931, 944, 947, 949, 950, 953, 954, 966, 977, 999, 1053, 1060, 1086, 1094, 1099, 1158, 1160, 1163, 1165, 1166, 1168, 1196, 1197, 1204, 1210, 1228, 1273, 1274, 1276, 1316, 1341, 1347, 1352, 1354, 1361, 1362, 1365, 1369, 1371, 1374, 1378, 1379, 1434, 1436, 1456, 1457, 1473, 1479, 1481, 1512, 1515, 1516, 1521, 1526, 1561, 1563, 1573, 1574, 1575, 1576, 1581, 1583, 1586, 1589, 1597, 1601, 1605, 1606, 1609, 1614, 1615, 1618, 1623, 1625, 1626, 1628, 1629, 1641, 1642, 1660, 1665, 1668, 1694, 1700, 1701, 1707, 1709, 1717, 1719, 1721, 1722, 1723, 1725, 1726, 1727, 1729, 1731, 1736, 1768, 1788, 1790, 1800, 1801, 1815, 1829, 1831,

atribui ao sujeito o exercício da posse, aquele que der a destinação social ao bem da vida será o possuidor. Essas teorias preconizam que a posse tem autonomia em face da propriedade,[200] merecendo proteção autônoma, conforme interpretação dada por Gama e Castro[201] à posse no sistema brasileiro, tanto que existem instrumentos jurídicos para a tutela da *posse por si mesma*.

A teoria objetiva, entretanto, elaborada dentro de uma lógica de direitos fundamentais de primeira geração, prevalece nas decisões dos Tribunais, em que pese a dificuldade de sua compatibilização com os instrumentos previstos no Estatuto da Cidade e com a defesa da ordem urbanística,[202] direitos fundamentais de segunda e terceira geração, tutelados também por dispositivos do próprio CC, como se confere na redação dos artigos 1.228, §§4º e 5º do CC/2002, e pela Lei de Introdução às Normas do Direito Brasileiro (LINDB), em seu artigo 5º.[203]

Nos artigos mencionados do CC/2002, a lei estabelece a impossibilidade de reintegração de posse de área extensa, na posse ininterrupta e de boa-fé, por mais de cinco anos, de considerável número de pessoas, e se estas realizaram, em conjunto ou separadamente, obras e serviços considerados pelo juiz de interesse social e econômico relevante. Esse é um caso típico de proteção jurídica da posse por si mesma, com base na necessidade de proteção de direitos de segunda e terceira gerações previstos na Constituição.

1834, 1835, 1848, 1859, 1860, 1864, 1881, 1909, 1963, 1965, 2002, 2038 e 2045 da Lei nº 10.406 de 10 de janeiro de 2002, que "Institui o Código Civil", acrescenta dispositivos e dá outras providências. 2002a. p. 14. Disponível em: https://www.camara.leg.br/proposicoesWeb/prop_mostrarintegra?codteor=50233. Acesso em: 6 ago. 2022. (grifo meu).

[200] TARTUCE, Flávio. *Manual de Direito Civil*. São Paulo: Método, 2011, p. 715.

[201] Ver nota 184 desta obra.

[202] Essa situação será abordada em mais detalhes nos próximos itens, quando será analisada a legislação de características sociais incidentes sobre o território urbano. É relevante mencionar, aqui, a distinção das situações de fato, a demandar diversas tutelas por parte do Estado.

[203] Conforme o artigo 1.228: "§4º. O proprietário também pode ser privado da coisa se o imóvel reivindicado consistir em extensa área, na posse ininterrupta e de boa-fé, por mais de cinco anos, de considerável número de pessoas, e estas nela houverem realizado, em conjunto ou separadamente, obras e serviços considerados pelo juiz de interesse social e econômico relevante. §5º. No caso do parágrafo antecedente, o juiz fixará a justa indenização devida ao proprietário; pago o preço, valerá a sentença como título para o registro do imóvel em nome dos possuidores" (BRASIL. Lei nº 10.406, de 10 de janeiro de 2002. Institui o Código Civil. *Diário Oficial da União*, Brasília, DF, p. 1, 11 jul. 2002b. Disponível em: http://www.planalto.gov.br/ccivil_03/leis/2002/l10406.htm. Acesso em: 10 fev. 2020). Conforme o art. 5º da LINDB: "Art. 5º. Na aplicação da lei, o juiz atenderá aos fins sociais a que ela se dirige e às exigências do bem comum" (BRASIL. Decreto-Lei nº 4.657, de 4 de setembro de 1942. Lei de Introdução às normas do Direito Brasileiro. *Diário Oficial da União*, Rio de Janeiro, DF, p. 1, 9 set. 1942b. Disponível em: http://www.planalto.gov.br/ccivil_03/decreto-lei/del4657compilado.htm. Acesso em: 16 dez. 2020).

Nesse caso, ainda de acordo com a lei, o juiz fixará *a justa indenização* devida ao proprietário; pago o preço, valerá a sentença como título para o registro do imóvel em nome dos possuidores.

Surgiram, na doutrina, duas hipóteses de interpretação em relação ao dever de indenizar: Nelson Nery Júnior e Rosa Maria de Andrade Nery[204] entendem que a indenização deve ser paga pelo poder público; Carlos Alberto Dabus Maluf, Silvio de Salvo Venosa e Teori Albino Zawascki[205] interpretam-na como hipótese de usucapião especial coletivo *sui generis*,[206] com previsão do dever de indenizar em razão do disposto no artigo 1.228, §5º.

Nenhuma das duas correntes doutrinárias já estabelecidas, entretanto, esgotam o tema, até porque a proteção da *posse por si mesma* não necessariamente suprime o direito de propriedade, de forma automática. Daí, a necessidade de se considerar as políticas públicas em curso e os diversos institutos de regularização fundiária disponíveis no ordenamento jurídico.

A indenização pode ser fixada tendo em vista não a perda da propriedade, mas uma ocupação temporária, a depender do interesse público urbanístico naquela área. Contratos administrativos podem ser firmados para resguardar a posse por si mesma de áreas públicas e privadas, preservando tanto o proprietário, quanto os possuidores.

Caso inevitável a perda da propriedade, a *justa indenização*, instituto utilizado pelo CC, porém com raízes no direito público, deve ser estabelecida a partir de critérios de direito público. Assim, ao se estabelecer o valor a ser indenização, deve se levar em consideração as reais condições de mercado do bem.

Se o imóvel, na data da ocupação, estava abandonado há anos, era área de risco geológico, área contaminada, seu valor de mercado pode ser igual a zero. A justa indenização deve refletir o valor do bem no instante em que o proprietário se movimenta para reintegrar a sua posse.

Se a questão for judicializada, ao menos para o município de São Paulo, existem alguns critérios já padronizados para o cálculo do

---

[204] NERY JÚNIOR, Nelson; NERY, Rosa Maria Andrade. *Código Civil Comentado*. 3. ed. São Paulo: Revista dos Tribunais, 2005, p. 635 e seguintes.
[205] FIUZA, Ricardo (coord.). *Novo Código Civil Comentado*. São Paulo: Saraiva, 2002, p. 1099; VENOSA, Sílvio de Salvo. *Direito Civil*. São Paulo: Atlas, 2003, v. V, p. 205; ZAWASCKI, Teori Albino. *A tutela da posse na Constituição e no Projeto do Novo Código Civil*. A reconstrução do Direito Privado. São Paulo: Revista dos Tribunais, 2002, p. 843-861.
[206] Nesse sentido, Maluf, Venosa e Zawascki.

valor do bem, que são adotados nos casos em que o poder público for o responsável pelo pagamento da justa indenização, ou seja, no caso de desapropriação do bem ou sua transferência para o poder público por meio de qualquer outro instrumento urbanístico.

Um exemplo concreto da padronização para a apuração do *quantum* da justa indenização, de acordo com a realidade concreta da área a ser indenizada, está nas "Normas Cajufa"[207] – compêndio técnico de métodos, critérios, diretrizes e parâmetros consagrados na Engenharia de Avaliações, adotado nas Varas da Fazenda Pública de São Paulo – atualizadas em 2019. Lá se estabelece que, para terrenos localizados em favelas, nos termos do item 5.6.1.2, o valor de mercado do terreno "considerando-o sem a invasão, deverá ser depreciado em, no mínimo, 80% (oitenta por cento)".[208]

Na esfera administrativa do município de São Paulo também existem alternativas para fixação de indenização, como a prevista no Decreto Municipal nº 58.289/2018,[209] que trata da doação ou desapropriação de imóvel urbano.

A LINDB também é um instrumento que incentiva a solução menos danosa para o meio ambiente urbano, sendo um instrumento jurídico para a preservação da posse social, ao determinar em seu artigo 5º que, "na aplicação da lei, o juiz atenderá aos fins sociais a que ela se dirige e às exigências do bem comum",[210] criando um caminho para a aplicação do instituto da justa indenização, como compensação pela

---

[207] TRIBUNAL DE JUSTIÇA DO ESTADO DE SÃO PAULO (TJ/SP). Centro de Apoio aos Juízes das Varas da Fazenda Pública da Capital (CAJUFA). *Normas Cajufa para avaliações de imóveis nas varas da Fazenda Pública de São Paulo*. [2019a]. Disponível em: https://www.tjsp.jus.br/Download/SecaoDireitoPublico/Pdf/Cajufa/NormasCajufaAvaliacaoImoveis.pdf. Acesso em: 20 dez. 2020.

[208] TRIBUNAL DE JUSTIÇA DO ESTADO DE SÃO PAULO (TJ/SP). Centro de Apoio aos Juízes das Varas da Fazenda Pública da Capital (CAJUFA). *Normas Cajufa para avaliações de imóveis nas varas da Fazenda Pública de São Paulo*. [2019a]. p. 28. Disponível em: https://www.tjsp.jus.br/Download/SecaoDireitoPublico/Pdf/Cajufa/NormasCajufaAvaliacaoImoveis.pdf. Acesso em: 20 dez. 2020.

[209] SÃO PAULO (Cidade). Decreto Municipal nº 58.289, de 26 de junho de 2018. Confere nova regulamentação à Transferência do Direito de Construir com Doação de Imóvel, nos termos dos artigos 123, 126, 127, 128, 130 e 131 da Lei nº 16.050, de 31 de julho de 2014 – Plano Diretor Estratégico – PDE; revoga o Decreto nº 57.535, de 15 de dezembro de 2016. *Diário Oficial da Cidade*, São Paulo, p. 1, 27 jun. 2018. Disponível em: https://leismunicipais.com.br/a/sp/s/sao-paulo/decreto/2018/5828/58289/decreto-n-58289-2018-confere-nova-regulamentacao-a-transferencia-do-direito-de-construir-. Acesso em: 24 jun. 2020.

[210] BRASIL. Decreto-Lei nº 4.657, de 4 de setembro de 1942. Lei de Introdução às normas do Direito Brasileiro. *Diário Oficial da União*, Rio de Janeiro, DF, p. 1, 9 set. 1942b. Disponível em: http://www.planalto.gov.br/ccivil_03/decreto-lei/del4657compilado.htm. Acesso em: 16 dez. 2020.

perda da posse pelo proprietário, quando há necessidade de proteção da função social da posse urbana em face do direito de propriedade, dando-se prevalência à teoria social da posse.

O devedor da justa indenização é questão a ser debatida caso a caso, e deve depender das condições em que o proprietário tiver deixado de cumprir a função social da propriedade.[211]

A indenização do proprietário, portanto, deve ser objeto de debate sob os princípios do Direito Público, compatíveis com o CC e com Estatuto da Cidade, preservando-se as famílias vulneráveis em áreas ocupadas, com fundamento na proteção jurídica da posse por si mesma.

2.5 A moradia para baixa renda e o Estatuto da Cidade

Após a promulgação da CF/1988, que em seus arts. 182 e 183 trata da política urbana, foi proclamado o Estatuto da Cidade – a Lei nº 10.257/2001[212] – resultado do PL Federal de Desenvolvimento Urbano.

A principal diretriz do Estatuto da Cidade é a garantia do direito a cidades sustentáveis, entendido como o direito à terra urbana, à moradia, ao saneamento ambiental, à infraestrutura urbana, ao transporte e aos serviços públicos, ao trabalho e ao lazer.[213]

---

[211] Nessa direção, o município de São Paulo, por meio de instrumentos previstos no seu Plano Diretor, como a Declaração de Potencial Construtivo Passível de Transferência com doação, nos termos do Decreto Municipal nº 58.289/2018, prevê o pagamento ao proprietário privado pela posse do bem pelo poder público para o exercício do direito à moradia, sob determinadas circunstâncias previstas na norma municipal (SÃO PAULO (Cidade). Decreto Municipal nº 58.289, de 26 de junho de 2018. Confere nova regulamentação à Transferência do Direito de Construir com Doação de Imóvel, nos termos dos artigos 123, 126, 127, 128, 130 e 131 da Lei nº 16.050, de 31 de julho de 2014 – Plano Diretor Estratégico – PDE; revoga o Decreto nº 57.535, de 15 de dezembro de 2016. *Diário Oficial da Cidade*, São Paulo, p. 1, 27 jun. 2018. Disponível em: https://leismunicipais.com.br/a/sp/s/sao-paulo/decreto/2018/5828/58289/decreto-n-58289-2018-confere-nova-regulamentacao-a-transferencia-do-direito-de-construir-. Acesso em: 24 jun. 2020).

[212] BRASIL. Lei nº 10.257, de 10 de julho de 2001. Regulamenta os arts. 182 e 183 da Constituição Federal, estabelece diretrizes gerais da política urbana e dá outras providências. *Diário Oficial da União*, Brasília, DF, p. 1, 11 jul. 2001b. Disponível em: http://www.planalto.gov.br/ccivil_03/leis/leis_2001/l10257.htm. Acesso em: 5 abr. 2020.

[213] De acordo com Nelson Saule Júnior, "o Estatuto da Cidade é uma lei inovadora que abre possibilidades para o desenvolvimento de uma política urbana com a aplicação de instrumentos de reforma urbana voltados a promover a inclusão social e territorial nas cidades brasileiras, considerando os aspectos urbanos, sociais e políticos de nossas cidades. O fato de ter levado mais de uma década para ser instituída não significa que seja uma lei antiga ou desatualizada, pelo contrário, é uma lei madura, que contempla um conjunto de medidas legais e urbanísticas essenciais para a implementação da reforma urbana em nossas cidades. O Estatuto define quais são as ferramentas que o Poder Público, especialmente o Município, deve utilizar para enfrentar os problemas de desigualdade

A lei, voltada ao gestor público,

> não se limita a estabelecer regras orgânicas e procedimentais para a execução dos dispositivos constitucionais que regulamenta. Inova a ordem jurídica, estabelecendo obrigações e vedações a particulares e a agentes públicos, criando institutos e instrumentos jurídicos, sancionando violações às regras prescritas.[214]

Uma das inovações mais significativas do Estatuto da Cidade foi justamente a fixação de penalidades no caso de descumprimento do plantejamento urbanístico, num esforço para romper o paradigma de que não há sanção para o descumprimento de direitos de segunda e terceira gerações em razão de seu conteúdo eminentemente ético e principiológico.

Sobre o Estatuto, Carlos Ari Sundfeld reconhece que:

> O Estatuto afirmou com ênfase que a política urbana não pode ser um amontoado de intervenções sem rumo. Ela tem uma direção global nítida: "ordenar o pleno desenvolvimento das funções sociais da cidade e da propriedade urbana" (art. 2a, *caput*), de modo a garantir o "direito a cidades sustentáveis" (incisos I, V, VIII e X).
>
> [...].
>
> Por esse prisma é que se devem compreender os direito subjetivos assegurados pelo inciso I do art. 2º (direitos à terra urbana, à moradia, ao saneamento ambiental, à infraestrutura urbana, ao transporte e aos serviços públicos, ao trabalho e ao lazer). O dispositivo não pretendeu outorgar esses direitos individualmente e em concreto, mas garanti-los como reflexo da obtenção do equilíbrio (da cidade sustentável). Em outros termos: a população tem o direito coletivo a uma cidade sustentável, o que deve levar à fruição individual das vantagens dela decorrentes.
>
> E qual é a repercussão prática, no campo do Direito, dessas afirmações de princípio? *São três: por um lado, possibilitar a sanção jurídica da inércia do Poder Público (omissão em ordenar o emprego do solo e proteger o patrimônio coletivo); por outro, fornecer parâmetros normativos para o controle das*

---

social e territorial nas cidades, mediante a aplicação das seguintes diretrizes e instrumentos de política urbana: [...]" (SAULE JR., Nelson. Estatuto da Cidade: instrumento de reforma urbana. *In*: SAULE JR., Nelson; ROLNIK, Raquel. *Estatuto da Cidade*: novas perspectivas para a reforma urbana. São Paulo: Polis, 2001, p. 11).

[214] MALHEIROS, Rafael Taranto. *O procedimento administrativo da regularização fundiária urbana de interesse social como garantia do direito à moradia*. Dissertação (Mestrado em Direito) – Universidade Presbiteriana Mackenzie, São Paulo, 2019, p. 44.

orientações seguidas pela política urbana, com isso viabilizando a invalidação das normas e atos a eles contrários; ainda permitir o bloqueio dos comportamentos privados que agridam o equilíbrio urbano.[215]

O direito à moradia está assentado no próprio direito natural,[216] mas com ele não se confunde, já que, consideradas as repercussões práticas da existência do Estatuto da Cidade, destacadas por Sundfeld, o seu não provimento permite: a sanção do gestor que não cogitar a tutela desse direito no planejamento das obras públicas; a invalidação das normas e atos a ele contrário; o bloqueio dos comportamentos privados que agridem o equilíbrio urbano.

Os diversos dispositivos do Estatuto da Cidade podem ser um subsídio à construção de um sistema de proteção do direito à moradia, na medida em que os instrumentos jurídicos nele previstos podem vincular as obras de infraestrutura ao direito à moradia das populações envolvidas.

Na prática, existem desafios a serem superados. Embora alguns autores entendam que todos os entes federativos se submetem ao Estatuto da Cidade,[217] do ponto de vista do gestor público dos demais entes se submeter ao Município em suas escolhas urbanas e urbanísticas nem sempre é conveniente, como se verificou no caso da Quadra 36 da Cracolândia.[218]

---

[215] SUNDFELD, Carlos Ari. O Estatuto da Cidade e suas Diretrizes Gerais. *In*: DALLARI, Adilson de Abreu; FERRAZ, Sérgio (org.). *Estatuto da Cidade* – Comentários à Lei Federal 10.257/2001. São Paulo: Malheiros, 2001, p. 44-60, p. 54-55, grifo meu.

[216] Para Sérgio Iglesias Nunes Souza, o direito à moradia "[...] está assentado no próprio direito natural, pois sua origem é reflexo do seu reconhecimento no artigo 25 da Declaração Universal dos Direitos Humanos e no artigo 11 do Pacto Internacional dos Direitos Econômicos, Sociais e Culturais, que tratam o direito à moradia como direito básico e elementar de cada indivíduo, não obstante ser enquadrado no capítulo de direitos sociais" (SOUZA, Sérgio Iglesias Nunes. *Direito à moradia e de habitação*. São Paulo: Revista dos Tribunais, 2013, p. 114).

[217] Segundo Heleno Márcio Vieira Rangel e Jacilene Vieira Silva, "Esse diploma legal contém diretrizes gerais de obediência obrigatória a todos os entes públicos (União, Estados e Municípios) e sociedade civil. O Estatuto da Cidade comporta normas de interesse social, regulamentadoras da propriedade urbana em prol do bem coletivo, da segurança e do bem-estar dos cidadãos, bem como do equilíbrio ambiental. A teor do seu artigo 2º, o objetivo central da Política Urbana é o de "ordenar o pleno desenvolvimento das funções sociais da cidade e da propriedade urbana" (RANGEL, Heleno Márcio Vieira; SILVA, Jucilene Vieira. O direito fundamental à moradia como mínimo existencial, e a sua efetivação à luz do estatuto da cidade. *Veredas do Direito*. Belo Horizonte, v. 6, nº 12, p. 57-78, jul./dez. 2009).

[218] Ver item 1.4.1 desta obra.

Na ocasião, o Estado de São Paulo, apesar de instado pelo Ministério Público a respeitar o PDC e a não construir um hospital em área de ZEIS-3, ou ao menos não prosseguir com a imissão na posse enquanto não formado o Conselho Gestor da Quadra, negou-se a atender o pedido ministerial, por entender que o Estado não tinha o dever legal de se submeter ao PDC.

Com essa conduta, o Estado negou duas vezes a legitimidade do Plano Diretor, pois além de se recusar a cumprir o zoneamento urbano, também desprezou a exigência legal de formação do Conselho Gestor em caso de remoção.

Outro desafio consta no artigo 2º, inciso XIV do Estatuto da Cidade, que impõe como diretriz "o estabelecimento de normas especiais de urbanização, uso e ocupação do solo e edificação"[219] que levem em conta a situação socioeconômica da população[220]. Em consequência, a norma que não considerar essa diretriz, não poderá ser considerada de acordo com o princípio da juridicidade.

Assim, a Companhia de Habitação Popular (COHAB) e a antiga CDHU, ao construírem para prover o direito à habitação, como já visto no primeiro[221] e no terceiro caso narrados no primeiro capítulo[222] desta obra, deveriam levar em consideração a situação socioeconômica da população a ser removida dos terrenos por elas adquiridos para construção de moradias, ou a situação econômica das populações removidas no caso da realização de grandes obras.

Não é isso, entretanto, que ocorre, pois os imóveis construídos não são capazes de atender a maioria das populações removidas.[223] No caso da construção do Dique da Vila Itaim, no Jardim Pantanal, a população removida se dispersou de tal forma que não há qualquer registro administrativo da sua atual localização.

No artigo 4º do Estatuto da Cidade estão previstos instrumentos de planejamento (incs. I a III e VI), institutos tributários e financeiros

---

[219] BRASIL. Lei nº 10.257, de 10 de julho de 2001. Regulamenta os arts. 182 e 183 da Constituição Federal, estabelece diretrizes gerais da política urbana e dá outras providências. *Diário Oficial da União*, Brasília, DF, p. 1, 11 jul. 2001b. Disponível em: http://www.planalto.gov.br/ccivil_03/leis/leis_2001/l10257.htm. Acesso em: 5 abr. 2020.

[220] De acordo com Carlos Ari Sundfeld, "a especialidade dessas normas tem um objetivo definido: permitir a regularização fundiária e urbanização de áreas ocupadas por população de baixa renda" (SUNDFELD, Carlos Ari. O Estatuto da Cidade e suas Diretrizes Gerais. *In*: DALLARI, Adilson de Abreu; FERRAZ, Sérgio (org.). *Estatuto da Cidade* – Comentários à Lei Federal 10.257/2001. São Paulo: Malheiros, 2001, p. 44-60, p. 59).

[221] Ver item 1.4.1 desta obra.

[222] Ver item 1.4.3 desta obra.

[223] Ver os itens 1.4.1 a 1.4.3 desta obra.

(inc. IV), e institutos jurídicos e políticos (inc. V). Serão analisados neste estudo apenas os instrumentos de maior relevância ao direito à moradia.

2.5.1 Os instrumentos de planejamento urbanístico

O planejamento, em geral, "é um processo técnico instrumentado para transformar a realidade existente no sentido de objetivos previamente estabelecidos".[224] O Estatuto da Cidade prevê que, a partir do planejamento,[225] antigos instrumentos possam ser utilizados de uma nova forma, vinculando receitas a finalidades urbanísticas.

Em função, contudo, "do ordenamento brasileiro (onde os planos dependem de lei para surtir efeitos jurídicos), [...] o poder de planejar não é puramente administrativo".[226] Assim, é necessário compatibilizar o processo técnico com o processo político participativo da elaboração dos planos e, ainda, com instrumentos mais específicos de cada gestão, como o plano de ação do Prefeito.

O plano de ação do Prefeito não é, em si, "um plano tipicamente urbanístico na sistemática atual",[227] mas constitui um dos instrumentos do planejamento municipal. É por meio dele que cada Prefeito, ao ser eleito, define a sua ação governamental, sem quebra do processo de planejamento implantado",[228] ao menos assim deveria ser.[229]

---

[224] SILVA, José Afonso da. *Direito urbanístico brasileiro*. 5. ed. São Paulo: Malheiros, 2008, p. 89.

[225] Conforme o artigo 4º da Lei nº 10.257/2001: "Para os fins desta Lei, serão utilizados, entre outros instrumentos: I – planos nacionais, regionais e estaduais de ordenação do território e de desenvolvimento econômico e social; II – planejamento das regiões metropolitanas, aglomerações urbanas e microrregiões; III – planejamento municipal, em especial: a) Plano Diretor; b) disciplina do parcelamento, do uso e da ocupação do solo; c) zoneamento ambiental; d) plano plurianual; e) diretrizes orçamentárias e orçamento anual; f) gestão orçamentária participativa; g) planos, programas e projetos setoriais; h) planos de desenvolvimento econômico e social; [...]" (BRASIL. Lei nº 10.257, de 10 de julho de 2001. Regulamenta os arts. 182 e 183 da Constituição Federal, estabelece diretrizes gerais da política urbana e dá outras providências. *Diário Oficial da União*, Brasília, DF, p. 1, 11 jul. 2001b. Disponível em: http://www.planalto.gov.br/ccivil_03/leis/leis_2001/l10257.htm. Acesso em: 5 abr. 2020).

[226] SILVA, José Afonso da. *Direito urbanístico brasileiro*. 5. ed. São Paulo: Malheiros, 2008, p. 123.

[227] SILVA, José Afonso da. *Direito urbanístico brasileiro*. 5. ed. São Paulo: Malheiros, 2008, p. 461.

[228] SILVA, José Afonso da. *Direito urbanístico brasileiro*. 5. ed. São Paulo: Malheiros, 2008, p. 149.

[229] José A. da Silva relata os sucessivos fracassos dos planos urbanísticos no Brasil, havendo necessidade de se retomar as pesquisas e reelaborar propostas viáveis (SILVA, José Afonso da. *Direito urbanístico brasileiro*. 5. ed. São Paulo: Malheiros, 2008, p. 92-105).

No Plano de Gestão Municipal do governo Dória (2017-2020) não houve nenhuma preocupação com a população vulnerável por falta de moradia adequada. Em setembro de 2021, entretanto, foi aprovado por lei o Programa Pode Entrar, primeiro programa habitacional do município de São Paulo previsto por lei.[230] Até então, as alternativas habitacionais para as populações vulneráveis eram as previstas na Portaria SEHAB nº 131/2015, que estabelecia alternativas de atendimento habitacional provisório e definitivo.[231]

Uma questão que se coloca do ponto de vista do controle é: em caso de conflito, como compatibilizar os novos instrumentos que possuem mutabilidade no tempo e, também, de acordo com as características políticas de cada Município, com os dispositivos do CC, principal diploma legal aplicado quando se está diante de conflitos judicializados sob a chave jurídica do direito prviado e da disputa do domínio, da legislação edilícia municipal, e com a Lei nº 6.015/1973 – Lei de Registros Públicos (LRP)?

A doutrina já tem enfrentado essa questão ao abordar o possível conflito entre interesses locais, regionais e nacionais. No território municipal, os Tribunais Superiores[232] entenderam que, em que pese o interesse de um planejamento nacional, o Município tem competência local para fixar regras próprias em prejuízo das regras de planejamento nacional.

---

[230] Ver item 2.6 desta obra.
[231] A referida Portaria será analisada no item 2.6 desta obra.
[232] Em decisão do STF, no RE 422.349, também em repercussão geral e em caso de usucapião extraordinário, estabeleceu-se a inexistência de inconstitucionalidade na lei municipal que fixa o módulo urbano com área superior a 250 metros quadrados, *desde que isso não impeça ao particular a aquisição do direito de propriedade de área menor, no caso de o órgão de controle não questionar a aquisição no prazo legal* (SUPREMO TRIBUNAL FEDERAL (STF). *Recurso Extraordinário (RE) 422349* - Rio Grande do Sul. Relator: Min. Dias Toffoli, decisão monocrática proferida em 11 mar. 2019f. Disponível em: http://redir.stf.jus.br/paginadorpub/paginador.jsp?docTP=TP&docID=9046395. Acesso em: 16 dez. 2020). Já no STJ (Tema 985), o ministro Salomão destacou que o parcelamento do solo e as normas de edificação são providências relativas à função social da cidade. Por outro lado – explicou –, a usucapião tem por objetivo a regularização da posse e, uma vez reconhecida judicialmente, assegura o cumprimento da função social da propriedade. "A função social da cidade não se efetiva de maneira apartada da função social da propriedade. Aliás, certo é que ambos os institutos são membros de um mesmo corpo e que a realização coordenada de ambos sempre promoverá um bem maior", apontou o ministro (SUPERIOR TRIBUNAL DE JUSTIÇA (STJ). *Usucapião extraordinária pode ser reconhecida em área inferior ao módulo urbano fixado em lei municipal*. 7 dez. 2020. Disponível em: https://www.stj.jus.br/sites/portalp/Paginas/Comunicacao/Noticias/07122020-Usucapiao-extraordinaria-pode-ser-reconhecida-em-area-inferior-ao-modulo-urbano-fixado-em-lei-municipal.aspx. Acesso em: 16 dez. 2020).

Desse modo, se algum dispositivo do CC ou da LRP decorrer de um planejamento nacional do território, instituído em lei, ele pode ser afastado pela lei local desde que não afete o direito constitucional à usucapião constitucional urbana.[233]

O planejamento cede, portanto, diante da necessidade de tutela do direito à moradia. Dessa flexibilidade em benefício de direitos fundamentais, o gestor deve extrair a necessidade de planejar bem, sem esquecer da implementação desses direitos em seu planejamento, sem o qual não alcaçará a sustentabilidade urbana.

Os instrumentos de planejamento urbano estão em constante renovação, buscando maior eficiência no planejamento. Prova disso é o PDE de São Paulo – Lei Municipal nº 16.050/2014,[234] que introduziu o Projeto de Intervenção Urbana (PIU) – modalidade de planejamento, decorrente de estudos técnicos necessários à promoção do ordenamento e da reestruturação urbana em áreas subutilizadas e com potencial de transformação na cidade de São Paulo, elaborados pelo poder público e originados a partir de premissas do Plano.

Os PIUs são estudos técnicos que visam promover o ordenamento e a reestruturação urbana em áreas subutilizadas e com potencial de transformação na cidade de São Paulo. Elaborados pelo poder público e originados a partir de premissas do PDE, têm por finalidade sistematizar e criar mecanismos urbanísticos que melhor aproveitem a terra e a infraestrutura urbana, aumentando as densidades demográficas e construtivas. Visam, também, à criação de empregos, a produção de HIS e equipamentos públicos à população.[235]

---

[233] Em sentido contrário, Débora Sotto manifestou: "o interesse local caracteriza-se pela predominância do interesse do município em relação aos demais entes federativos. Havendo sobreposição do interesse local sobre o interesse regional ou nacional sobre o mesmo assunto, como pondera [Daniela Campos] Libório di Sarno, 'a sobreposição, na verdade, não ocorre, já que a repartição de interesses (geral, regional e local) faz com que cada um atue nos limites de suas atribuições'. Por outro lado, para assuntos diferentes, a mesma autora aponta que, 'havendo conflito de interesse, prevalecerá o interesse nacional sempre. Resguardado tal interesse, o interesse local deverá sempre ser respeitado, e a eventual divergência deverá ser composta dentro de uma expectativa de respeito à instância municipal'" (SOTTO, Débora. *A recuperação de mais-valias urbanísticas como meio de promoção do desenvolvimento sustentável das cidades brasileiras:* uma análise jurídica. Tese (Doutorado em Direito) – Pontifícia Universidade Católica de São Paulo (PUC-SP), São Paulo, 2015, p. 31).

[234] SÃO PAULO (Cidade). Lei nº 16.050, de 31 de julho de 2014. Aprova a Política de Desenvolvimento Urbano e o Plano Diretor Estratégico do Município de São Paulo e revoga a Lei nº 13.430/2002. *Diário Oficial da Cidade*, São Paulo, p. 1, 1º ago. 2014. Disponível em: https://leismunicipais.com.br/plano-diretor-sao-paulo-sp. Acesso em: 4 jul. 2019.

[235] O conceito adotado é extraído do *site Gestão Urbana SP*, da cidade de São Paulo (SÃO PAULO (Cidade). Projetos de Intervenção Urbana (PIU). *Gestão Urbana SP*. São Paulo,

Sua finalidade, portanto, é

> sistematizar e criar mecanismos urbanísticos que melhor aproveitem a terra e a infraestrutura urbana, aumentando as densidades demográficas e construtivas além de permitir o desenvolvimento de novas atividades econômicas, criação de empregos, produção de HIS e equipamentos públicos para a população.[236]

O PDE define que, após os estudos técnicos reunidos pelo PIU, a proposta poderá ser implantada mediante a utilização de quaisquer instrumentos de política urbana e de gestão ambiental (arts. 134 e 148 da Lei Municipal nº 16.050/2014). Esse requisito permite que os instrumentos urbanísticos necessários à viabilidade da proposta sejam desenvolvidos como resultado do Projeto ao invés de serem definidos de antemão.

O Decreto nº 56.901/2016,[237] que regulamentou o PIU, prevê no artigo 1º, §3º, inc. II, letra "b", que no planejamento do referido Projeto, em áreas com potencial de transformação, deve-se fomentar o atendimento às necessidades habitacionais. Em abril de 2020 eram 17 (dezessete) os PIUs em andamento, de acordo com o *site* municipal[238.]

No PIU Central,[239] que se relaciona com o primeiro caso narrado neste estudo,[240] a proposta inclui estímulo ao aumento populacional nos distritos do Anel Central, com correspondente incentivo à oferta de empregos e serviços na região – redução da vulnerabilidade social com aplicação da política voltada exclusivamente aos moradores de rua e qualificação da moradia.

[2022]. Disponível em: https://gestaourbana.prefeitura.sp.gov.br/estruturacao-territorial/piu/. Acesso em: 27 jul. 2022).

[236] SÃO PAULO (Cidade). Projetos de Intervenção Urbana (PIU). *Gestão Urbana SP*. São Paulo, [2022]. Disponível em: https://gestaourbana.prefeitura.sp.gov.br/estruturacao-territorial/piu/. Acesso em: 27 jul. 2022.

[237] BRASIL. Decreto-Lei nº 3.365, de 21 de junho de 1941. Dispõe sobre desapropriações por utilidade pública. *Diário Oficial da União*, Rio de Janeiro, DF, p. 14427, 18 jul. 1941. Disponível em: http://www.planalto.gov.br/ccivil_03/decreto-lei/del3365.htm. Acesso em: 12 set. 2022.

[238] SÃO PAULO (Cidade). Projetos de Intervenção Urbana (PIU). *Gestão Urbana SP*. São Paulo, [2022]. Disponível em: https://gestaourbana.prefeitura.sp.gov.br/estruturacao-territorial/piu/. Acesso em: 27 jul. 2022.

[239] SÃO PAULO (Cidade). Projetos de Intervenção Urbana (PIU). *Gestão Urbana SP*. São Paulo, [2022]. Disponível em: https://gestaourbana.prefeitura.sp.gov.br/estruturacao-territorial/piu/. Acesso em: 27 jul. 2022.

[240] Ver item 1.4.1 desta obra.

Mesmo com o projeto em andamento, em plena pandemia da covid-19, em julho de 2020, o poder público municipal, em conjunto com o governo estadual, mobilizou-se para proceder a imissão na posse das quadras 37 e 38 da Cracolândia.[241] Isso aumentou a vulnerabilidade dessas populações, já que as unidades da PPP Habitacional a serem construídas nas quadras 37 e 38 provavelmente seriam destinadas a terceiras pessoas que não as famílias cadastradas das quadras 36, 37 e 38.[242]

A imissão na posse não se concretizou porque no início da pandemia da covid-19 foi editada a Ordem de Serviço nº 02/2020[243] pela Central de Cumprimento de Mandados, que determinou a suspensão do cumprimento das ordens de imissão na posse na cidade, exceto para ocupações situadas em área de risco.

Destarte, apesar do avanço dos instrumentos de planejamento, ainda não existe uma interface eficiente entre o planejamento e os mecanismos de controle social, a exemplo da forma de judicialização das questões urbanas, comprometendo a efetividade dos princípios e direitos constitucionais fundamentais em jogo nos conflitos urbanos.

2.5.2 Institutos tributários e financeiros

A segunda categoria de instrumentos disponíveis no artigo 4º do Estatuto da Cidade, desenvolvidos nos artigos seguintes, são os institutos tributários e financeiros.[244] Sua relevância é central para o Direito Urbanístico, pois podem ser manobrados pelo poder público a fim de recuperar a "mais-valia urbanística em todas as suas implicações", e são "fonte significativa de recursos para financiamento das

---

[241] Inquérito civil nº 14.0749.0004371/2017, instaurado pelo MPSP contra o Estado de São Paulo, o município de São Paulo e a CDHU do Estado de São Paulo.

[242] Muitas dessas famílias, como já registrado no item 1.4.1 desta obra, por falta de alternativa, mudaram-se para as quadras vizinhas, ou seja, para as quadras 37 e 38.

[243] Documento não publicado.

[244] Conforme o artigo 4º da Lei nº 10.257/2001: "Para os fins desta Lei, serão utilizados, entre outros instrumentos [...] IV – institutos tributários e financeiros: a) imposto sobre a propriedade predial e territorial urbana – IPTU; b) contribuição de melhoria; c) incentivos e benefícios fiscais e financeiros; [...]" (BRASIL. Lei nº 10.257, de 10 de julho de 2001. Regulamenta os arts. 182 e 183 da Constituição Federal, estabelece diretrizes gerais da política urbana e dá outras providências. *Diário Oficial da União*, Brasília, DF, p. 1, 11 jul. 2001b. Disponível em: http://www.planalto.gov.br/ccivil_03/leis/leis_2001/l10257.htm. Acesso em: 5 abr. 2020).

atividades urbanísticas, servindo, consequentemente, de reforço à autonomia local".[245]

Recuperar as mais-valias urbanísticas é um poder-dever do poder público, e para cumprir os objetivos estabelecidos no Estatuto da Cidade, o gestor municipal tem à sua disposição instrumentos fiscais de natureza tributária e extrafiscal. Com a finalidade de buscar a justa distribuição dos benefícios e ônus decorrentes do processo de urbanização – princípio adotado no Estatuto da Cidade, em seu artigo 2º, inciso IX – pode-se, inclusive, admitir a utilização extrafiscal de tributos que não tenham originalmente esta natureza.

O IPTU, de competência privativa dos municípios e do Distrito Federal (CF, artigo 156, inciso I, c/c. artigo 147, *in fine*), pode ter finalidade urbanística, com fundamento nos arts. 182, §4º da CF/1988, e 7º do Estatuto da Cidade.

No caso de descumprimento da função social do imóvel, e não cumpridas as obrigações impostas pela notificação ao particular no prazo e nas condições determinadas pelo Poder Público, abre-se espaço para a utilização do mecanismo constitucional fixado para o adequado aproveitamento do imóvel urbano, ou seja, a progressividade do IPTU. Em São Paulo, essa progressividade já foi implementada, embora não existam dados dos seus resultados urbanísticos.[246]

A implementação de tributos antigos com nova finalidade passa por um processo de judicialização, num diálogo institucional que pode requerer alterações legislativas ou constitucionais, como ocorreu com o IPTU:

---

[245] SOTTO, Débora. *A recuperação de mais-valias urbanísticas como meio de promoção do desenvolvimento sustentável das cidades brasileiras:* uma análise jurídica. Tese (Doutorado em Direito) – Pontifícia Universidade Católica de São Paulo (PUC-SP), São Paulo, 2015, p. 110.

[246] Há estudo quanto aos resultados do Parcelamento, Edificação ou Utilização Compulsórios (PEUC) e IPTU progressivo no tempo para 11 municípios, incluindo São Paulo. A pesquisa aponta as dificuldades para a obtenção de um resultado com o instituto, em especial a falta de densidade normativa: "O primeiro desafio desta pesquisa foi identificar os municípios que aplicaram ou estão aplicando o instrumento e eleger os estudos de caso. Como mencionado, em que pese as possíveis distorções geradas pela metodologia de pesquisa empregada para identificar esse universo, constatou-se que um número muito reduzido de municípios experimentou a aplicação do PEUC, e um número menor ainda aplicou o IPTU progressivo no tempo. Esse resultado, decorridos quase 15 anos da promulgação do Estatuto da Cidade, reforça o entendimento de que a norma é fundamental, mas não suficiente" (DENALDI, Rosana (coord.). *Parcelamento, edificação ou utilização compulsórios e IPTU progressivo no tempo:* regulação e aplicação. Brasília: Ministério da Justiça, Secretaria de Assuntos Legislativos; Instituto de Pesquisa Econômica Aplicada (IPEA), 2015. p. 102. Disponível em: http://pensando.mj.gov.br/wp-content/uploads/2015/11/PoD_56_web1.pdf. Acesso em: 16 dez. 2020).

Apenas oito antos após a promulgação da Constituição de 1988, com base em voto do ministro Moreira Alves, o Supremo Tribunal Federal (STF) fixou o entendimento de que o IPTU, como imposto "real" – por ter como fato gerador a propriedade, o domínio útil ou a posse de imóvel em zona urbana – não leva em consideração a capacidade contributiva do sujeito passivo, de modo que, afora a progressividade "no tempo" fixada pelo artigo 182 da Constituição, não comportaria alíqutas progressivas, mas apenas alíquotas proporcionais ao valor do imóvel. Interpretou, assim, a Corte Suprema, a dicção da redação original do §1º do artigo 156 da Constituição Federal como simples remissão ao inciso II do §4º do artigo 182.

Anos mais tarde, com a alteração do Texto Constitucional pela emenda nº 29/2000, introduzindo expressamente no §1º do artigo 156 a possibilidade de instituição de alíqutas progressivas (inciso I) e seletivas (inciso II) para o IPTU, o Supremo Tribunal Federal acabou por reconhecer a constitucionalidade da cobrança deste imposto por aíquotas progressivas – variáveis confome a base de cálculo – e seletivas – variáveis conforme a destinação do imóvel – desde que fixadas por lei municipal editada posteriormente à Emenda.[247]

Da dinâmica dessa judicialização surge a dificuldade de se "repaginar" os tributos tradicionais sobre a terra urbana, e lhes acrescentar os novos valores sociais definidos no Estatuto da Cidade com vistas à sustentabilidade do espaço urbano.

A contribuição de melhoria, prevista no artigo 4º, inciso IV, "b" do Estatuto da Cidade, já existia no Código Tributário Nacional (CTN).[248] De acordo com estudo realizado,[249] a sua aplicabilidade ainda é reduzida

---

[247] SOTTO, Débora. *A recuperação de mais-valias urbanísticas como meio de promoção do desenvolvimento sustentável das cidades brasileiras:* uma análise jurídica. Tese (Doutorado em Direito) – Pontifícia Universidade Católica de São Paulo (PUC-SP), São Paulo, 2015, p. 166.

[248] "A falta de transparência nas contratações de obras públicas é comum na prática política brasileira, com frequentes superfaturamentos. Essa falta de transparência, vedada pelo artigo 37, *caput*, da Constituição brasileira de 1988, colide frontalmente com as exigências do Decreto-Lei 195/67 e com os arts. 81 e 82 do CTN que estabelecem como um dos requisitos para instituição da Contribuição de Melhoria a exposição dos custos da obra. Assim, instituir a Contribuição implica tornar transparentes os custos da obra e atingir interesses políticos, sendo a falta de interesse apontada como óbice à instituição desse tributo, como registram GOMIDE (2009), SABBAG (2012) e SILVA (2008)" (CARMO, Aendria de Souza do. *Contribuição de melhoria:* tributo justo e pouco aplicado, mas valioso aos fundamentos e objetivos constitucionais. [s.d.]. p. 1-27, p. 20. Disponível em: http://www.publicadireito.com.br/artigos/?cod=4ab209885a134d73. Acesso em: 20 fev. 2020).

[249] GOMIDE, Tainá Rodrigues. *A aplicabilidade da contribuição de melhoria pela Administração Pública Municipal.* 131 f. Dissertação (Mestrado em Administração) – Faculdade de Administração da Universidade Federal de Viçosa (UFV), Viçosa, 2009. Disponível em: https://www.locus.ufv.br/bitstream/123456789/1925/1/texto%20completo.pdf. Acesso em: 19 set. 2022.

no Brasil em função da dificuldade de se trazer a necessária publicidade a todo o processo administrativo envolvendo as obras públicas.

A Contribuição de Melhoria, todavia, já foi exigida[250] anteriormente, e com bons resultados. Admite-se, ao menos doutrinariamente, a sua utilização juntamente com as PPPs a fim de recuperar a mais-valia urbana de obras de infraestrutura.[251]

Além dos intrumentos fiscais propriamente ditos, o Estatuto da Cidade criou instrumentos extrafiscais, ou de "fiscalidade urbanística", que são o embrião de um subsistema tributário voltado especificamente ao financiamento do urbanismo:

> A fiscalidade urbanística constitui um elemento de financiamento do urbanismo. Não há entre nós uma fiscalidade com tal característica. Há uma tributação com incidência urbana cujos recursos são empregados também no financiamento de obras urbanísticas, assim como qualquer fonte tributária municipal. Seria, já, tempo de pensarmos em orientar a tributação no sentido de uma fiscalidade urbanística que tivesse por fim assegurar a arrecadação de recursos financeiros mais substanciais para a administração do urbanismo, mas que também, pelas modulações das alíquotas, da escolha do fato gerador, das modalidades de pagamento, procurasse orientar o comportamento do contribuinte no sentido de atender aos objetivos urbanísticos. Fernand Bouyssou, a propósito, diz que "a fiscalidade do urbanismo encontrou novos desenvolvimentos na medida em que passou a ter, também, por tarefa incitar os proprietários a construir em seus terrenos ou a cedê-los aos construtores. A fiscalidade do urbanismo tem, de fato, uma dupla finalidade: o financiamento dos equipamentos públicos urbanos e a regulação do mercado fundiário.[252]

Dentre os instrumentos dessa natureza destaca-se a Outorga Onerosa do Direito de Construir (OODC), prevista no artigo 4º, inciso V, letra "n" e artigo 28, *caput* do Estatuto da Cidade, que constitui prerrogativa de o proprietário de imóvel edificar acima do Coeficiente de Aproveitamento Básico (CAB), estabelecido pelo Plano Diretor em face da qualificação de cada imóvel dentro de determinada região.

---

[250] GOMIDE, Tainá Rodrigues. *A aplicabilidade da contribuição de melhoria pela Administração Pública Municipal*. 131 f. Dissertação (Mestrado em Administração) – Faculdade de Administração da Universidade Federal de Viçosa (UFV), Viçosa, 2009. Disponível em: https://www.locus.ufv.br/bitstream/123456789/1925/1/texto%20completo.pdf. Acesso em: 19 set. 2022.

[251] SOTTO, Débora. *A recuperação de mais-valias urbanísticas como meio de promoção do desenvolvimento sustentável das cidades brasileiras:* uma análise jurídica. Tese (Doutorado em Direito) – Pontifícia Universidade Católica de São Paulo (PUC-SP), São Paulo, 2015, p. 120-140.

[252] SILVA, José Afonso da. *Direito urbanístico brasileiro*. 5. ed. São Paulo: Malheiros, 2008, p. 461.

A cobrança pela alteração desses parâmetros serve para:

Captar, em favor da coletividade, partes das mais valias urbanísticas a serem experimentadas por um novo empreendimento. Opera, assim como meio de promoção da justa redistribuição dos benefícios e ônus da urbanização, funcinando, ainda, como instrumento para o controle dos preços dos imóveis beneficiados, pois, tal como os tributos imobiliários, retira parte dos rendimentos futuros esperados para o empreendimento.[253]

O instituto tem caráter meramente redistributivo. No município de São Paulo, a Secretaria Municipal de Desenvolvimento Urbano (SMDU) disponibilizou os dados quanto aos totais arrecadados com a OODC, embora a análise das informações seja complexa.

A partir da OODC, outros instrumentos foram criados pelo PDE de São Paulo, como as cotas sociais e as doações de imóvel ao poder público, cujo pagamento ocorreu mediante certificados de potencial construtivo, com fundamento no artigo 35 do Estatuto da Cidade, e com a finalidade de arrecadar imóveis privados ocupados sem cogitar a sua desapropriação.[254]

As Operações Urbanas Consorciadas (OUCs), previstas no artigo 4º, inc. V, letra "p" e artigo 32 do Estatuto da Cidade, são instrumentos de intervenção pública, reguladas pelo Plano Diretor e aprovadas mediante lei municipal. Visam estabelecer regras urbanísticas específicas e incentivos ao adensamento populacional e construtivo para uma determinada área da cidade, com perímetro previamente definido.[255]

Seu objetivo é alcançar metas de qualificação para os territórios por meio de um conjunto de diretrizes urbanísticas, como estabelece a Lei nº 10.257/2001. As áreas de interesse para OUCs em São Paulo são previstas no PDE, aprovado pela Lei Municipal nº 16.050/2014.

---

[253] SOTTO, Débora. *A recuperação de mais-valias urbanísticas como meio de promoção do desenvolvimento sustentável das cidades brasileiras:* uma análise jurídica. Tese (Doutorado em Direito) – Pontifícia Universidade Católica de São Paulo (PUC-SP), São Paulo, 2015, p. 189.

[254] Ver, adiante, item 2.5.3 desta obra.

[255] Conforme o artigo 4º da Lei nº 10.257/2001: "Os requisitos mínimos estão previstos no artigo 33 da Lei, e são: I – definição da área a ser atingida; II – programa básico de ocupação da área; III – programa de atendimento econômico e social para a população diretamente afetada pela operação; IV – finalidades da operação; V – estudo prévio de impacto de vizinhança; VI – contrapartida a ser exigida dos proprietários, usuários permanentes e

Na operação consorciada, a Lei de Zoneamento pode flexibilizar os limites construtivos. Os recursos das contrapartidas financeiras, nas OUCs, são antecipados pela venda dos Certificados de Potencial Adicional de Construção (CEPACs). Para participar da OUC, os empreendedores podem comprar os CEPACs e, assim, adquirem, também, o direito de construir área adicional de construção, podendo ser beneficiados pela alteração de outros limites da LUOS.

Débora Sotto chama a atenção para o fato de que "a Operação Urbana Consorciada não pode vigorar por tempo indeterminado: somente pelo prazo necessário à produção dos resultados urbanísticos esperados".[256] Ademais, deve prever contrapartidas não só em espécie, como também *in natura*, por meio de oferecimento de áreas à fruição pública, obras viárias ou moradias para baixa renda no entorno, atendendo ao previsto no artigo 46 do Estatuto da Cidade e na Lei Municipal nº 14.917/2009.[257]

Note-se que todos esses instrumentos permitem que "parte dos recursos arrecadados pelas contrapartidas financeiras" possam ser "legalmente destinados para a construção de Habitações de Interesse Social (HIS) e para a regularização de favelas localizadas no perímetro da Operação Urbana, segundo as diretrizes do programa de atendimento"[258] das populações efetadas pelas obras de infraestrutura.

---

investidores privados em função da utilização dos benefícios previstos nos incisos I, II e III do §2º do artigo 32 dessa Lei; VII – forma de controle da operação, obrigatoriamente compartilhado com representação da sociedade civil. VIII – natureza dos incentivos a serem concedidos aos proprietários, usuários permanentes e investidores privados, uma vez atendido o disposto no inciso III do §2º do artigo 32 desta Lei" (BRASIL. Lei nº 10.257, de 10 de julho de 2001. Regulamenta os arts. 182 e 183 da Constituição Federal, estabelece diretrizes gerais da política urbana e dá outras providências. *Diário Oficial da União*, Brasília, DF, p. 1, 11 jul. 2001b. Disponível em: http://www.planalto.gov.br/ccivil_03/leis/leis_2001/l10257.htm. Acesso em: 5 abr. 2020).

[256] SOTTO, Débora. *A recuperação de mais-valias urbanísticas como meio de promoção do desenvolvimento sustentável das cidades brasileiras:* uma análise jurídica. Tese (Doutorado em Direito) – Pontifícia Universidade Católica de São Paulo (PUC-SP), São Paulo, 2015, p. 213.

[257] SOTTO, Débora. *A recuperação de mais-valias urbanísticas como meio de promoção do desenvolvimento sustentável das cidades brasileiras:* uma análise jurídica. Tese (Doutorado em Direito) – Pontifícia Universidade Católica de São Paulo (PUC-SP), São Paulo, 2015, p. 240.

[258] SOTTO, Débora. *A recuperação de mais-valias urbanísticas como meio de promoção do desenvolvimento sustentável das cidades brasileiras:* uma análise jurídica. Tese (Doutorado em Direito) – Pontifícia Universidade Católica de São Paulo (PUC-SP), São Paulo, 2015, p. 216-217.

2.5.3 Instumentos de operacionalização das políticas públicas de desenvolvimento da infraestrutura urbana

A maioria dos instrumentos jurídicos e políticos previstos no Estatuto da Cidade e disponíveis para o gestor público cumprir as metas do planejamento urbano está voltada à formação e aperfeiçoamento da infraestrutura urbana, e requer disciplina jurídica própria. A gestão da infraestrutura pelo Poder Público é promovida por meio da regulação, cujo ambiente é de ordem pública. A infraestrutura urbana, portanto, deve decorrer das políticas públicas urbanas previstas no Plano Diretor e respeitar as normas nele estabelecidas.

O conteúdo legal mínimo do PDE está definido no artigo 42 do Estatuto da Cidade, ou seja, a delimitação das áreas urbanas onde poderá ser aplicado o parcelamento, edificação ou utilização compulsórios, considerando a existência de infraestrutura e demanda para utilização; disposições relativas ao direito de preempção, outorga onerosa, operações consorciadas urbanas e Transferência do Direito de Construir (TDC), além de um sistema de acompanhamento e controle, como analisado em estudo anterior:

> Para Carvalho Filho, a partir de 1988 o plano diretor passou a ser um documento político, mas sem relevância técnica já que não se exigem especificações técnicas e, também, sem relevância jurídica, na medida em que o plano diretor é lei despida de coercibilidade. Aponta, ainda, para sua inexequibilidade, na medida em que "não se sabe muito bem como controlar sua execução".
>
> Esta posição não tem coerência. Se o plano fosse apenas um documento político, sua elaboração e execução seriam meramente políticos, o que não é verdade, dado que o plano é aprovado por lei e dialoga com diversos diplomas legais.
>
> Segundo José A. da Silva, o plano diretor é um plano urbanístico geral, parte integrante do planejamento municipal e, por isso, o plano plurianual, as diretrizes orçamentárias e o orçamento anual devem incorporar as diretrizes e prioridades do plano. Segundo o autor, um plano diretor não pressupõe a existência de um planejamento de desenvolvimento econômico e social, mas, se o Município tiver diversos planejamentos, estes devem conversar e se relacionar com o plano diretor. É plano, porque estabelece os objetivos a serem atingidos e seus prazos. É diretor, porque fixa as diretrizes do desenvolvimento do Município.[259]

---

[259] ARAÚJO, Alexandra Fuchs de. *Participação democrática na administração:* o procedimento da reforma do plano diretor da cidade de São Paulo – fase do executivo – gestões Kassab (2006-2012) e Haddad (2013-2016). São Paulo: Quartier Latin, 2019, p. 64.

As prioridades do PDE, entretanto, são políticas aprovadas em um processo participativo político que elege os instrumentos jurídicos relevantes aos objetivos estabelecidos. Para garantir a sustentabilidade urbana, porém, os instrumentos jurídicos aprovados no processo político devem respeitar os princípios técnicos de urbanismo. Caso contrário, a cidade irá caminhar para o caos.

Destacam-se entre os instrumentos jurídicos e políticos de operacionalização das políticas públicas de desenvolvimento da infraestrutura urbana: a desapropriação; o parcelamento, edificação ou utilização compulsórios; a instituição de unidades de conservação; a regularização fundiária; a CDRU; e a CUEM.

2.5.3.1 Desapropriação e parcelamento, edificação ou utilização compulsórios

A desapropriação urbanística está prevista no artigo 182 da CF/1988, que no §3º trata do instituto para urbanização e no §4º cuida da desapropriação por descumprimento da função social da propriedade urbana.

O instrumento jurídico utilizado desde 1941 para a implementação de infraestrutura urbana é o Decreto de Desapropriação,[260] assim analisado por Anna Carolina Migueis Pereira:

> [...] o foco do DL 3.365/41 reside claramente nos proprietários que possuem registro formal, não apresentando (ao menos não em sua redação originária) nenhum dispositivo que regule as hipóteses de remoções de possuidores e pessoas que não tenham justo título de propriedade – frequentemente indivíduos de baixa renda e em situação de vulnerabilidade. Pelo contrário: seu art. 20 estabelece que a contestação em

---

[260] Conforme narrativa de Renato Cymbalista e Isadora Tami Lemos Tsukumo, a inadequação do instrumento da desapropriação, de forma desconectada do planejamento urbano, para a gestão do espaço urbano e para mitigação da questão da moradia de baixa renda se revela desde a década de 1980, quando foi construído o primeiro conjunto habitacional numa área consolidada da cidade, em gleba proveniente das desapropriações realizadas para a implantação do metrô, na década de 1970, na época propriedade do Município. Para a realização da obra, implantou-se um programa de recuperação de investimentos, que consistia na desapropriação de áreas maiores que as necessárias para revenda futura. Pretendia-se construir edifícios, conjuntos habitacionais e equipamentos. A construção não foi adiante, e na gestão Jânio Quadros, na década de 1980, o terreno foi transferido da EMURB para a COHAB, que construiu residências para a classe "média-superior", conforme classificação da própria COHAB (CYMBALISTA, Renato; TSUKUMO, Isadora Tami Lemos. Terra urbana para habitação social: alternativas à desapropriação na experiência brasileira. *In:* ALFONSIN, Betânia de Moraes; FERNANDES, Edésio (org.). *Revisitando o instituto da desapropriação*. Belo Horizonte: Fórum, 2009, p. 97-98).

ações de desapropriação somente pode versar sobre vícios processuais ou impugnação ao preço ofertado; qualquer outra questão – como, por exemplo, a titularidade do bem e a presença de possuidores e ocupantes – deve ser discutida em ação autônoma.[261]

As disposições do Decreto-Lei nº 3.365/1941, produto de um regime autoritário, violam o princípio da transparência,[262] já que não permitem o controle social das obras que estão em vias de ser iniciadas, seja por associações da sociedade civil, pelo Ministério Público ou pela Defensoria Pública, tampouco a sua adequação ao Estatuto da Cidade e ao Plano Diretor.

A falta de um mecanismo eficiente de controle foi demonstrada a partir da narrativa dos casos 1 e 2,[263] em que nem o Ministério Público e nem a Defensoria estavam cientes da relação entre as diversas desapropriações em curso para a realização das obras da Cracolândia e do Dique Itaim. Da mesma forma, ignoravam os riscos das desapropriações para o zoneamento urbano e para o direito à moradia até o momento em que o poder público requereu o cumprimento das diversas imissões na posse. Assim, sua intervenção foi tardia: ocorreu apenas na fase de Execução do Processo e, desse modo, não foi possível discutir os direitos em jogo no momento processual adequado.

O procedimento previsto também não garantiu a justa remuneração dos proprietários e nem dos contratados, sendo muito comum a judicialização do preço durante e após a obra, com pedidos judiciais de revisão do contrato, pois não há meios para mitigar os "riscos de super e subdimensionamento dos valores a serem despendidos com as indenizações devidas em processos de expropriação".[264]

---

[261] PEREIRA, Anna Carolina Migueis. Desapropriações e remoções na implantação de projetos de infraestrutura: entre avanços e oportunidades. *Revista Publicum*, Rio de Janeiro, v. 3, nº 2, p. 134-165, 2017, p. 136. Disponível em: http://www.e-publicacoes.uerj.br/index.php/publicum. Acesso em: 4 jul. 2020.

[262] Como comenta Betânia de Moraes Alfonsin: "De qualquer forma, em que pese o fato de que muitas administrações públicas evitam a desapropriação devido a seus altos custos financeiros; à defasagem e ao autoritarismo da legislação básica que regula o procedimento desapropriatório, contemporâneo da ditadura de Getúlio Vargas durante o Estado Novo e editada na vigência da Constituição outorgada de 1937; e aos obstáculos de todo tipo para sua utilização, a desapropriação continuará certamente sendo um instrumento importante para a viabilização de políticas públicas em área urbana" (ALFONSIN, Betânia de Moraes; FERNANDES, Edésio. Revisitando o instituto da desapropriação: uma agenda para reflexão. *In:* ALFONSIN, Betânia de Moraes; FERNANDES, Edésio (org.). *Revisitando o instituto da desapropriação*. Belo Horizonte: Fórum, 2009, p. 21–37, p. 24).

[263] Ver, adiante, os itens 1.4.1 e 1.4.2 desta obra.

[264] PEREIRA, Anna Carolina Migueis. Desapropriações e remoções na implantação de projetos de infraestrutura: entre avanços e oportunidades. *Revista Publicum*, Rio de

Já houve tentativas de modernização legislativa, como lembra Pereira:

> A MP 700 buscava minimizar essa lacuna ao acrescentar o art. 4º-A ao DL 3.365/1941, segundo o qual quando o imóvel a ser desapropriado estivesse ocupado coletivamente por assentamentos sujeitos à regularização fundiária de interesse social, o ente expropriante deveria prever medidas compensatórias no planejamento da ação de desapropriação. O §2º do dispositivo, por sua vez, trazia um rol exemplificativo das medidas compensatórias que poderiam ser adotadas, enumerando expressamente a realocação de famílias em outra unidade habitacional, a indenização de benfeitorias ou a compensação financeira suficiente para assegurar o restabelecimento da família em outro local, mediante prévio cadastramento dos ocupantes.[265]

Como forma de reduzir os riscos financeiros para o poder público com a realização de grandes obras de infraestrutura, desenvolveu-se em São Paulo (Estado e Município) a prática de iniciar as desapropriações muito antes da data da realização da obra, como ilustram os três casos narrados no primeiro capítulo deste livro.

A conduta, porém, além de não colaborar para a transparência dos processos de desapropriação e dos custos públicos, não atende à necessidade de se buscar a sustentabilidade urbana, pois se, por um lado, é uma estratégia conveniente para o poder público, por outro não garante a defesa de direitos fundamentais. As áreas desapropriadas servem de estoque de moradia precária para a população de baixíssima renda, enquanto o Estado não as utiliza com a finalidade prevista do decreto expropriatório, e com o início das obras de infraestrutura, as pessoas são removidas para áreas igualmente precárias.

A interpretação prática do Decreto-Lei nº 3.365/1941 pode ser compatibilizada com o Estatuto da Cidade e, para tanto, basta garantir a possibilidade de outras defesas ao expropriado que não o valor, para fins de imissão na posse: a lei, na verdade, permite alternativas para a ampliação das matérias de defesa por meio de procedimentos conexos.[266]

Janeiro, v. 3, nº 2, p. 134-165, 2017, p. 142. Disponível em: http://www.e-publicacoes.uerj.br/index.php/publicum. Acesso em: 4 jul. 2020.

[265] PEREIRA, Anna Carolina Migueis. Desapropriações e remoções na implantação de projetos de infraestrutura: entre avanços e oportunidades. *Revista Publicum*, Rio de Janeiro, v. 3, nº 2, p. 134-165, 2017, p. 147. Disponível em: http://www.e-publicacoes.uerj.br/index.php/publicum. Acesso em: 4 jul. 2020.

[266] A conexão entre duas ou mais ações é reconhecida quando têm em comum o pedido ou a causa de pedir, não se falando em identidade de partes. Conforme o artigo 55, *caput*, do

De acordo com o disposto no artigo 20 do referido Decreto-Lei, "a contestação só poderá versar sobre vício do processo judicial ou impugnação do preço; qualquer outra questão deverá ser decidida por ação direta".[267] Desse modo, nada veda a proposição de uma ação direta para a discussão dos temas conexos à imissão na posse, de forma a restringir o processo de desapropriação à questão da imissão na posse e ao preço.

O exercício de controle social por meio dessa estratégia foi bem-sucedido por ocasião das desapropriações na Avenida Santo Amaro para a construção do Metrô. Após o ajuizamento das ações de desapropriação com vistas à realização da obra, o processo de licitação da concessão foi paralisado por decisão do Tribunal de Contas do Estado de São Paulo (TCESP), o que levou à suspensão do leilão por parte do Governo do Estado, com a paralisação das ações de desapropriação.

Retomado ainda em dezembro de 2017, o leilão foi novamente suspenso em razão de ação proposta pelo Ministério Público de São Paulo (MPSP), e as obras permaneceram paralisadas enquanto a situação estava indefinida.[268]

A obra também passou por controle prévio na ação ajuizada na 1ª Vara Federal Cível de São Paulo pelo Ministério Público Federal (MPF) contra a Caixa Econômica Federal (CEF), a Companhia de Metropolitano de São Paulo (Metrô) e o Banco Nacional de Desenvolvimento Econômico Social (BNDES),[269] a fim de garantir a realocação das famílias em situação de vulnerabilidade decorrente das obras de expansão do Metrô.[270]

CPC: "Reputam-se conexas 2 (duas) ou mais ações quando lhes for comum o pedido ou a causa de pedir" (BRASIL. Lei nº 13.105, de 16 de março de 2015. Código de Processo Civil. *Diário Oficial da União*, Brasília, DF, p. 1, 17 mar. 2015. Disponível em: http://www.planalto.gov.br/ccivil03/ato2015-2018/2015/lei/l13105.htm. Acesso em: 7 dez. 2020).

[267] BRASIL. Decreto-Lei nº 3.365, de 21 de junho de 1941. Dispõe sobre desapropriações por utilidade pública. *Diário Oficial da União*, Rio de Janeiro, DF, p. 14427, 18 jul. 1941. Disponível em: http://www.planalto. gov.br/ccivil_03/decreto-lei/del3365.htm. Acesso em: 12 set. 2022.

[268] As informações estão disponíveis no *site* "Radar Brasil", mantido pela Federação das Indústrias do Estado de São Paulo (FIESP), que faz o monitoramento de grandes obras a partir dos interesses dos atores do capital (GRANDES obras: Linha 5-lilás do metrô: Relatório completo. *Radar Brasil*, São Paulo, [s.d.]. Disponível em: http://radarbrasil.fiesp.com.br/linha-5-lilas-do-metro-relatorio-completo. Acesso em: 16 dez. 2020).

[269] A petição inicial nessa ação baseou-se em elementos dos princípios do Equador para chamar para a discussão a responsabilidade dos agentes financiadores do empreendimento. A defesa das instituições financeiras, porém, foi eficiente na sua exclusão do polo passivo da ação. Sobre os princípios do Equador, ver adiante as notas 259 a 261 desta obra.

[270] JUSTIÇA FEDERAL DO ESTADO DE SÃO PAULO (JFESP). Desapropriação por obras do Metrô é de competência da Justiça Estadual. *Jusbrasil*, [s.l.], 8 nov. 2012. Disponível em:

Nesse caso, porém, não houve a suspensão das ações de desapropriação, e a ação, inicialmente distribuída para uma Vara Federal, foi redistribuída para uma Vara Cível, já que o Metrô era uma empresa pública. Apesar disso, as ações de desapropriação tramitam nas Varas da Fazenda Pública de São Paulo, distribuídas livremente.

A reunião das ações seria possível com fundamento no artigo 55, §3º do novo CPC, que permite o reconhecimento da conexão para julgamento conjunto dos processos que possam gerar risco de prolação de decisões conflitantes ou contraditórias, caso decididos separadamente, mesmo sem outros elementos de vinculação entre si.[271]

O caso da linha Lilás do Metrô é um indício de que os riscos urbanísticos das obras de infraestrutura são de todos, porém, o controle social relacionado aos atores do capital pode ser mais eficiente do que aquele voltado à proteção dos direitos fundamentais.

2.5.3.2 TDC com doação de imóvel e o direito à moradia

Em seu artigo 35, o Estatuto da Cidade trouxe o instituto da TDC, instituído por lei municipal, com base no Plano Diretor, que autoriza o proprietário de imóvel urbano, privado ou público, a exercer em outro local, ou alienar, mediante escritura pública, o direito de construir previsto no Plano Diretor ou em legislação urbanística dele decorrente. Isso é possível nos casos em que o referido imóvel for considerado necessário para fins de programas de regularização fundiária, urbanização de áreas ocupadas por população de baixa renda e HIS.

As áreas que podem receber o potencial construtivo são aquelas em que a densificação é desejável ou, ao menos, tolerável.

O mecanismo consiste numa forma de indenização alternativa ao proprietário de imóvel com potencial de utilização para fins de moradia, em substituição ao procedimento expropriatório tradicional do Decreto-Lei nº 3.365/1941.

O Estatuto da Cidade prevê dois tipos de TDC: a interlocativa e a intersubjetiva.[272] Na primeira, o proprietário de dois imóveis transfere o

---

 https://jf-sp.jusbrasil.com.br/noticias/100172806/desapropriacao-por-obras-do-metro-e-de-competencia-da-justica-estadual. Acesso em: 16 dez. 2020. O processo nº 0014766-52.2012.403.6100 foi distribuído para a 14ª Vara Cível da Capital.

[271] Ver, adiante, item 3.4.4 desta obra.

[272] MALHEIROS, Rafael Taranto. *O procedimento administrativo da regularização fundiária urbana de interesse social como garantia do direito à moradia*. Dissertação (Mestrado em Direito) – Universidade Presbiteriana Mackenzie, São Paulo, 2019, p. 271.

potencial construtivo de um por outro; e na segunda, um proprietário aliena o seu potencial construtivo para outrem. Ambas dependem de autorização de lei municipal, baseada no Plano Diretor, e pode ser a título oneroso ou gratuito, conforme os incs. I a III do artigo 35 do Estatuto da Cidade.

Após a promulgação da Lei Municipal nº 16.050/2014, que instituiu o PDE da cidade de São Paulo, regulamentando o instituto, nos seus arts. 123, 126, 127, 128, 130 e 131, foi editado o Decreto nº 57.535, em 15 de dezembro de 2016 que, por sua vez, já foi substituído pelo Decreto Municipal nº 58.289/2018. A densificação normativa gerou um comércio especializado em solo criado.

O Decreto nº 58.289/2018 prevê a iniciativa do proprietário para dar início ao procedimento de doação do imóvel. Somente será admitido o recebimento, em doação, de imóveis comprovadamente livres e desembaraçados de quaisquer ônus, encargos ou dívidas de natureza ambiental, real, tributária, pessoal ou outras, excetuada a hipótese de imóveis ocupados destinados a programas de provisão de HIS.

No caso de proposta de doação ou de desapropriação amigável de imóvel situado em áreas dotadas de infraestrutura, equipamentos e serviços públicos ocupadas por famílias de baixa renda, em situação de vulnerabilidade ou risco social, conforme o artigo 14 desse Decreto, a SEHAB, excepcionalmente, analisando os ônus, encargos e dívidas incidentes sobre o imóvel, poderá manifestar aceite no recebimento do bem. Poderá, assim, viabilizar programa de provisão de HIS, em consonância com a respectiva linha programática do Plano Municipal de Habitação Social - PMHS (que ainda não foi aprovado).

O aceite da proposta de doação eou desapropriação não elimina os encargos sobre o imóvel, os quais continuarão sendo responsabilidade do doador até a data oficial da sua transferência.

O instrumento da TDC visa claramente à disponibilização de áreas para instalação de HIS, sem necessidade prévia de aquisição por parte do poder público. Trata-se de uma solução jurídica à questão da "justa indenização", prevista no CC e sem resposta no sistema de tutela civil da propriedade.[273]

---

[273] Ver, adiante, item 2.4 desta obra.

2.5.3.3 CDRU e CUEM

A CDRU é um direito real, inicialmente criado e disciplinado pelo Decreto-Lei nº 271/1967.[274] Recentemente, o Estatuto da Cidade o transformou em instrumento jurídico e político da política pública urbana, sendo incluído no artigo 1.225, inciso XII, do CC.

O direito real de uso é definido por Hely Lopes Meirelles como

> o contrato pelo qual a Administração transfere o uso remunerado ou gratuito de terreno público a particular, como direito real resolúvel, para que dele se utilize em fins específicos de urbanização, industrialização, edificação, cultivo ou qualquer outra exploração de interesse social.[275]

O Decreto-Lei nº 271/1967 define a CDRU como a concessão do uso, direito real resolúvel, constituída por instrumento público, particular ou por simples termo administrativo (artigo 7º, §1º). A partir da inscrição da concessão, o concessionário passa a usufruir plenamente do terreno para os fins estabelecidos no contrato, e responde por qualquer encargo civil, administrativo ou tributário que incida sobre o imóvel e suas rendas (artigo 7º, §2º).

A CDRU depende de licitação, exceto nos casos de "bens imóveis residenciais construídos, destinados ou efetivamente utilizados no âmbito de programas habitacionais ou de regularização fundiária de interesse social desenvolvidos por órgãos ou entidades da administração pública", conforme disposto no artigo 17, "f", da Lei Federal nº 8.666/1993.[276] Faculta à Administração Pública, portanto, em sua política habitacional, realizar a regularização fundiária de assentamentos habitacionais de baixa renda já existentes, sem que, para tanto, seja necessário um processo licitatório e sem transferir o domínio do bem.

---

[274] José dos Santos Carvalho Filho afirma que: "A Concessão de Direito Real de Uso salvaguarda o patrimônio da administração e evita a alienação de bens públicos, autorizada, às vezes, sem qualquer vantagem para ela. Além do mais, o concessionário não fica livre para dar ao uso a destinação que lhe convier, mas, ao contrário, será obrigado a destiná-lo ao fim estabelecido em lei, o que mantém resguardado o interesse público que originou a concessão real de uso" (CARVALHO FILHO, José dos Santos. *Manual de Direito Administrativo*. 12. ed. Rio de Janeiro: Lumen Juris, 2005, p. 897).

[275] MEIRELLES, Hely Lopes. *Direito administrativo brasileiro*. 26. ed. São Paulo: Malheiros, 2001, p. 485.

[276] BRASIL. Lei nº 8.666, de 21 de junho de 1993. Regulamenta o art. 37, inciso XXI, da Constituição Federal, institui normas para licitações e contratos da Administração Pública e dá outras providências. *Diário Oficial da União*, Brasília, DF, p. 8269, 22 jun. 1993. Disponível em: http://www.planalto.gov.br/ccivil_03/LEIS/L8666cons.htm. Acesso em: 19 set. 2022.

No artigo 48, inciso I, da Lei nº 10.257/2001, em consonância com o disposto no artigo 1.225, XI e XII do CC/2002, incluído pela Lei nº 11.481/2007, criou-se o direito real de uso de imóveis públicos, mediante contratos de concessão em programas e projetos habitacionais de interesse social, atribuindo-se a esses contratos, para todos os fins de direito, caráter de escritura pública.

A CUEM, por sua vez, configura como uma das muitas espécies de outorga de uso de bens estatais, com expresso fundamento no artigo 183, §1º, da CF/1988: "o título de domínio e a concessão de uso serão conferidos ao homem ou à mulher [...]".[277] Ou seja, enquanto o *caput* do referido artigo criou a usucapião urbana especial, o parágrafo primeiro do mesmo artigo autorizou a concessão de uso, instituto típico de direito público, e que apenas pode se referir ao domínio público, já que os imóveis públicos não podem ser adquiridos por usucapião, conforme expõe o artigo 183, §3º da Carta Magna.[278]

Assim, a CUEM está prevista no referido artigo, que trata justamente das políticas públicas urbanas constitucionais.[279]

Em razão de veto presidencial, o Estatuto da Cidade não regulamentou a CUEM, e ela acabou sendo regulamentada mais tarde, com a edição da MP nº 2.220/2001, que estabeleceu um regime especial de concessão. Aponta Thiago Marrara que:

---

[277] BRASIL. [Constituição (1988)]. *Constituição da República Federativa do Brasil de 1988*. Brasília, DF: Presidência da República, [2020a]. Disponível em: http://www.planalto.gov.br/ccivil_03/constituicao/constituicao.htm. Acesso em: 7 dez. 2020.

[278] Nesse sentido, Thiago Marrara defende que: "Contudo, foi no §1º do artigo 183 da redação originária da Constituição que a concessão ganhou respaldo – muitos antes, aliás, de a Emenda Constitucional nº 26/2000 inserir o direito fundamental à moradia no rol de direitos sociais do artigo 6º. O referido parágrafo dispõe que 'o título de domínio e a concessão de uso serão conferidos ao homem ou à mulher [...]'" (MARRARA, Thiago. Concessão de Uso Especial para Fins de Moradia (CUEM): o que mudou em seu regime jurídico desde a Constituição de 1988 até a Lei nº 13.465, de 2017? *GENJURÍDICO.COM.BR*, São Paulo, 3 abr. 2019. Disponível em: http://genjuridico.com.br/2019/04/03/concessao-de-uso-especial-para-fins-de-moradia-cuem-o-que-mudou-em-seu-regime-juridico-desde-a-constituicao-de-1988-ate-a-lei-n-13465-de-2017/. Acesso em: 22 jun. 2020).

[279] Afirma Marrara que: "A CUEM é mecanismo de gestão patrimonial vinculado a políticas de desenvolvimento urbano. Por sua ligação com a 'gestão patrimonial', ele insere-se no âmbito de autonomia administrativa dos três níveis políticos da federação (artigos 1º e 18 da Constituição), que tem competência para detalhar sua aplicação. Já por sua relação com o desenvolvimento urbano, ele está enquadrado na competência legislativa concorrente do artigo 24, inciso I, combinada com o artigo 182, *caput* da Constituição" (MARRARA, Thiago. Concessão de Uso Especial para Fins de Moradia (CUEM): o que mudou em seu regime jurídico desde a Constituição de 1988 até a Lei nº 13.465, de 2017? *GENJURÍDICO.COM.BR*, São Paulo, 3 abr. 2019. Disponível em: http://genjuridico.com.br/2019/04/03/concessao-de-uso-especial-para-fins-de-moradia-cuem-o-que-mudou-em-seu-regime-juridico-desde-a-constituicao-de-1988-ate-a-lei-n-13465-de-2017/. Acesso em: 22 jun. 2020).

[...] as concessões de uso privativo empregadas no direito público costumam ser onerosas, ou seja, o concessionário paga um valor pelo uso privativo do bem público calculado, por exemplo, com base no seu potencial de exploração, em seu tamanho, localização e na duração do contrato, vedando-se concessões sem termo final. Além disso, a concessão de uso tradicional configura um contrato, cuja celebração depende da iniciativa do ente público proprietário e do usuário. Sem essa conjunção de vontades, não há concessão. Cabe ao Estado, como proprietário, decidir se celebrar ou não o contrato, por quanto tempo e por qual valor. E sempre que desejar conceder um bem, deverá a princípio realizar um procedimento licitatório para garantir igual possibilidade de competição aos interessados no seu uso privativo.

Basta comparar essas características com o regime da CUEM delineado pela MP nº 2.220 para se perceber a razão de seu regime especial. A concessão de uso para fins de moradia é especial por sua gratuidade (ou vedação de cobrança pelo uso), perpetuidade (não havendo possibilidade de se estipular termo final), vinculação (já a legislação confere um direito ao ocupante), unilateralidade (pois, em geral, não haverá contrato) e contratação direta, sem licitação.[280]

A MP nº 2.220/2001 também estabeleceu um procedimento legal de controle judicial do instituto:

> Art. 6º. O título de concessão de uso especial para fins de moradia será obtido pela via administrativa perante o órgão competente da Administração Pública ou, em caso de recusa ou omissão deste, pela via judicial.
>
> §1º. A Administração Pública terá o prazo máximo de doze meses para decidir o pedido, contado da data de seu protocolo.
>
> §2º. Na hipótese de bem imóvel da União ou dos Estados, o interessado deverá instruir o requerimento de concessão de uso especial para fins de moradia com certidão expedida pelo Poder Público municipal, que ateste a localização do imóvel em área urbana e a sua destinação para moradia do ocupante ou de sua família.
>
> §3º. Em caso de ação judicial, a concessão de uso especial para fins de moradia será declarada pelo juiz, mediante sentença.

---

[280] MARRARA, Thiago. Concessão de Uso Especial para Fins de Moradia (CUEM): o que mudou em seu regime jurídico desde a Constituição de 1988 até a Lei nº 13.465, de 2017? *GENJURÍDICO.COM.BR*, São Paulo, 3 abr. 2019. Disponível em: http://genjuridico.com.br/2019/04/03/concessao-de-uso-especial-para-fins-de-moradia-cuem-o-que-mudou-em-seu-regime-juridico-desde-a-constituicao-de-1988-ate-a-lei-n-13465-de-2017/. Acesso em: 22 jun. 2020.

§4º. O título conferido por via administrativa ou por sentença judicial servirá para efeito de registro no cartório de registro de imóveis.[281]

O regime da CUEM foi alterado pela Lei nº 11.481/2007, que: (i) ampliou a CUEM para imóvel público remanescente de desapropriação, cuja propriedade tenha sido transferida de empresa pública ou sociedade de economia mista (artigo 25) para áreas de propriedade da União, inclusive aos terrenos da Marinha e acrescidos (artigo 22-A, acrescentado à Lei nº 9.636/1998); (ii) criou regime de concessão próprio para os imóveis federais, inclusive com a definição do que se entende por população de baixa renda; (iii) transformou a CUEM em direito real, alterando a redação do artigo 1.225 e do artigo 1.473; (iv) transformou a CUEM, na esfera federal, num instrumento de gestão do patrimônio público federal (artigo 22-A, acrescentado à Lei nº 9.636/1998).[282]

A Lei nº 13.465/2017, que teve por objetivo reestruturar a política de regularização fundiária rural e urbana no Brasil,[283] trouxe novas mudanças no regime do instituto: (i) o prazo de aquisição do direito, que passou para o dia 22 de dezembro de 2016; (ii) a legislação se referia à ocupação de imóvel público situado em área urbana. A partir de então passou-se a falar em ocupação de área com características e finalidade

---

[281] BRASIL. Câmara dos Deputados. Medida Provisória nº 2.220, de 4 de setembro de 2001. Dispõe sobre a concessão de uso especial de que trata o §1º do artigo 183 da Constituição, cria o Conselho Nacional de Desenvolvimento Urbano (CNDU) e dá outras providências. *Diário Oficial da União*, Brasília, DF, p. 12, 5 set. 2001a. Disponível em: https://www2.camara.leg.br/legin/fed/medpro/2001/medidaprovisoria-2220-4-setembro-2001-396074-norma-pe.html. Acesso em: 20 dez. 2020.

[282] BRASIL. Lei nº 11.481, de 31 de maio de 2007. Prevê medidas voltadas à regularização fundiária de interesse social em imóveis da União; e dá outras providências. *Diário Oficial da União*, Brasília, DF, p. 1, 31 maio 2007. Disponível em: http://www.planalto.gov.br/ccivil_03/_ato2007-2010/2007/lei/l11481.htm. Acesso em: 20 dez. 2020.

[283] Rosane de Almeida Tierno sintetiza da seguinte forma as críticas à Lei Federal nº 13.465/2017: "A lei federal 13.465 é criticada por ter nascido como medida provisória, portanto sem debate público. Especialistas apontam que não houve boa técnica legislativa, e que a nova regra é inconstitucional, pois legaliza a grilagem, fere à autonomia dos municípios, e ignora o arcabouço normativo anterior. Também há críticas na alteração terminológica feita pelo novo marco legal, que substituiu conceitos caros à política urbana sem novos conteúdos técnicos. Exemplo disso é a substituição do conceito de 'assentamentos irregulares' por 'núcleos urbanos', ou nova denominação de regularização fundiária de interesse social que passa a ser Reurb-S, e a de interesse específico que passa a ser chamada de Reurb-E. A Lei 13.465 também já nasce velha: ao tratar dos aspectos do Licenciamento Ambiental, a legislação cita um artigo do antigo Código Florestal, que já foi revogado" (10 PERGUNTAS e respostas sobre a nova lei de regularização fundiária urbana. *Terra de Direitos*, [s.l.], 13 dez. 2017. Disponível em: https://terradedireitos.org.br/noticias/noticias/10-perguntas-e-respostas-sobre-a-nova-lei-de-regularizacao-fundiaria-urbana/22705. Acesso em: 16 dez. 2020).

urbanas; (iii) mitigação da importância da indivisibilidade para a CUEM coletiva, já que não mais fala da impossibilidade de identificação dos terrenos ocupados por possuidor.[284]

A nova lei foi duramente criticada quando da sua entrada em vigor, e de fato trouxe insegurança jurídica em relação a institutos já consolidados, pois o dispositivo anterior já estava em vigor há 7 (sete) anos.[285]

Em que pesem as críticas sofridas, a Lei nº 13.465/2017 trouxe dispositivos que permitem o controle social do direito à moradia em juízo, com fundamentos favoráveis a pessoas em situação de vulnerabilidade, cujo tema foi analisado em estudo anterior:

> Já no processo nº 2055833-42.2018.8.26.0000, em sede de Agravo de Instrumento, foi deferida a suspensão da medida liminar de reintegração de posse com fundamento na regra do art. 31, §8º da Lei nº 13.465/17, que trata de Regularização Fundiária. Entendeu-se que, pelo fato de existir pedido de regularização fundiária em curso, a regra do §8º do art. 31 da Lei nº 13.465/17 garante situação de fato existente no imóvel urbano público, sendo indeferida, portanto, a imissão na posse da área pelo Poder Público.
>
> Na mesma ocasião, o Poder Judiciário também definiu que "a natureza pública do bem imóvel ocupado e objeto do litígio não é óbice à aplicação do Reurb, pois a Lei nº 13.465/17 o admite expressamente, havendo tão somente que considerá-la para a eleição dos instrumentos de regularização fundiária previstos no seu art. 15 que sejam compatíveis". E, também, que "a situação do imóvel em área de preservação não constitui óbice à regularização fundiária, conforme se verifica das disposições do art. 11, §2º, da Lei nº 13.465/17 e dos arts. 64 e 65 da Lei nº 12.651/12".[286]

---

[284] BRASIL. Lei nº 13.465, de 11 de julho de 2017. Dispõe sobre a regularização fundiária rural e urbana, sobre a liquidação de créditos concedidos aos assentados da reforma agrária e sobre a regularização fundiária no âmbito da Amazônia Legal; institui mecanismos para aprimorar a eficiência dos procedimentos de alienação de imóveis da União. *Diário Oficial da União*, Brasília, DF, p. 1, 12 jul. 2017a. Disponível em: http://www.planalto.gov.br/ccivil_03/_Ato2015-2018/2017/Lei/L13465.htm. Acesso em: 2 abr. 2020.

[285] A alteração do marco legal exige alterações nos Provimentos dos Tribunais de Justiça e nas Legislações urbanísticas municipais: Planos Diretores, Leis de Uso e Ocupação de Solo (LUOSs). Tierno relaciona os principais pontos de insegurança jurídica decorrentes da alteração legislativa (TIERNO, Rosane de Almeida. A Lei nº 13.465/17 e suas PerverCidades. *In*: SEMINÁRIO NOVOS PARÂMETROS PARA A REGULARIZAÇÃO FUNDIÁRIA URBANA E RURAL: DESAFIOS NA APLICAÇÃO DA LEI 13.465/17, 10 out. 2017, São Paulo. *Anais* [...]. São Paulo: Centro Gaspar Garcia de Direitos Humanos, 10 out. 2017. Disponível em: http://gaspargarcia.org.br/wp-content/uploads/2017/10/GG-2017_RTierno.pdf. Acesso em: 16 dez. 2020).

[286] ARAÚJO, Alexandra Fuchs de; ARAÚJO, Paulo. A Lei nº 13.465/2017 e o direito à moradia: novos caminhos para a tutela de antigos direitos. *In*: CHIARELLO, Felipe; PIRES, Lilian

Apesar de a lei reconhecer a CUEM como direito público subjetivo, e da possibilidade de controle judicial, poucos foram os casos de reconhecimento judicial da CUEM ajuizados no município de São Paulo, mesmo em casos em que era possível a aplicação do instituto, apesar da intensidade dos conflitos urbanos.

Em casos de desapropriação para grandes obras de infraestrutura, seria possível arguir o direito subjetivo à CUEM como matéria de defesa à permanência na área, ou para se garantir outro local para o exercício da moradia adequada. Não há, contudo, o registro da menção do instituto pelos ocupantes.

Por outro lado, o poder público não se utiliza da CDRU para contornar os impasses de locação de moradores de baixa renda quando da realização de grandes obras de infraestrutura, comprometendo, assim, o projeto de urbanização em andamento.

2.5.3.4 Instrumentos de regularização fundiária

Quase todos os instrumentos político-jurídicos previstos no artigo 4º do Estatuto da Cidade podem ser associados à regularização fundiária, embora ela seja, em si mesma, outro instrumento urbanístico. Daí a relevância da compreensão dos institutos do Direito Urbanístico como integrantes de um sistema, com determinados mecanismos para garantir recursos e outros para evitar gastos desnecessários do Estado na busca pela sustentabilidade.[287]

Bedeschi observa nesse sentido que,

> Em relação ao período anterior à Constituição de 1988, o acúmulo normativo atual não se compara à inexistência normas de fomento à mediação em conflitos fundiários como se verificou, por ocasião da primeira edição da pesquisa "Conflito de direito de propriedade:

Regina Gabriel Moreira (org.). *Novos paradigmas da regularização fundiária urbana*. Estudos sobre a Lei nº 13.465/2017. São Paulo: Almedina, 2019, p. 21–42, p. 38-39.

[287] Aduz Sérgio I. N. Souza que: "[...] futuramente haverá um reconhecimento da lei (não só em decorrência da sua própria natureza) em relação à compatibilidade do direito de habitação com o direito de personalidade exercido (direito à moradia), já que este pertence ao indivíduo indistintamente de sua condição social ou do seu estado civil. Verifica-se que se trata, em outras palavras, de direito real de uso para fins de habitação, e uma vez concedido tal direito não haverá o mesmo benefício pela segunda vez (§2º, artigo 15), justamente porque, em virtude da proteção do direito à moradia envolvido, a causa da origem da criação daquele direito (direito à habitação) não teria mais razão de ser" (SOUZA, Sérgio Iglesias Nunes. *Direito à moradia e de habitação*. São Paulo: Revista dos Tribunais, 2013, p. 271).

invasões urbanas" (FALCÃO, 1984), em que os conflitos possessórios foram mediados em diálogos extranormativos entre os poderes.[288]

Para "fazer caber" a nova realidade fática – gerada nas periferias urbanas – dentro do Direito formal, desenvolveu-se o conceito jurídico de assentamento urbano informal.[289]

Construir via mercado não opera o comando mágico de transportar o que está fora do mundo jurídico-formal para dentro do mundo formal. Daí a relevância do novo instituto, como ressalta Naila de Rezende Khuri:

> A partir da titulação de propriedade ao ocupante de um assentamento, outrora informal, opera-se o efetivo ingresso de sua propriedade no mercado imobiliário formal, permitindo-se que o indivíduo obtenha financiamento junto ao sistema financeiro para melhorar as suas condições de vida e da sua família, investindo-se em educação, novos negócios, melhoria das condições de habitabilidade, enfim, novas oportunidades de crescimento pessoal e profissional.[290]

Apesar da antiga convicção da necessidade de regularização urbana e da existência, também de longa data, de programas locais de regularização da posse de áreas ocupadas, estes sempre dependeram, até 2001, exclusivamente de políticos específicos, que elegiam o que era regularizável, de acordo com sua agenda política.

A tutela jurídica provisória garantia ao ocupante uma posse muito precária, pois esta poderia ser subtraída a qualquer momento,

---

[288] BEDESCHI, Luciana. *Limites do sistema possessório:* conhecimento e prática do princípio constitucional da função social da propriedade urbana no Tribunal de Justiça de São Paulo. Tese (Doutorado em Direito) – Universidade Federal do ABC, São Paulo, 2018, p. 35.

[289] Um assentamento urbano informal apresenta ao menos uma das seguintes características: "(i) ocupação de terras públicas, comunais e privadas, seguida de autoconstrução; (ii) subdivisão não autorizada de terras públicas, comunais ou privadas, seguida pela venda dos lotes individuais e de autoconstrução; (iii) projetos habitacionais populares irregulares; (iv) urbanização e desenvolvimento de áreas definidas como rurais; (v) subdivisão não autorizada de lotes previamente existentes juridicamente, destinados à construção de edifícios adicionais; (vi) ocupação generalizada das margens dos rios; (vii) ocupação de espaços públicos como ruas, calçadas e viadutos" (ALFONSIN, Betânia de Moraes (coord.) *et al. Regularização da terra e da moradia:* o que é e como implementar. São Paulo: Instituto Polis, 2022, p. 50. Disponível em: https://www.mprs.mp.br/media/areas/urbanistico/arquivos/manual_regul_terra_moradia.pdf. Acesso em: 27 jul. 2022).

[290] KHURI, Naila de Rezende. A função social do registro de imóveis na regularização fundiária urbana. *In:* MENCIO, Mariana; CERQUEIRA LEITE, Luís Felipe Tegon. *Regularização fundiária urbana:* desafios e perspectivas para aplicação da Lei 13.465/2017. São Paulo: Letras Jurídicas, 2019, p. 270.

bastando que houvesse interesse público de outro ator político mais relevante naquele território.

O caso narrado no item 1.4.2 deste livro, que trata sobre a construção do Dique Itaim, Jardim Pantanal, evidencia a instabilidade da posse em regiões de extrema vulnerabilidade.

Embora essa tensão ainda esteja longe de ser superada, desde a promulgação do Estatuto da Cidade que a regularização fundiária de áreas ocupadas por populações de baixa renda passou a ser uma diretriz geral urbana[291] e, também, um instrumento da política urbana,[292] permitindo alguma defesa jurídica da posse. Marcelo Lopes de Souza apresenta as diversas dimensões da regularização fundiária urbana:

> [...] o que entender por regularização fundiária? Essa é uma questão menos trivial do que pode talvez parecer à primeira vista. Compreende-se, aqui, a regularização fundiária em um sentido bastante amplo. Ela diz respeito, direta e primariamente, é lógico, à segurança jurídica da posse, mas deve ser implementada considerando-se o emprego de "medidas flanqueadoras", sejam de cunho tributário (isenção total ou parcial de tributos, notadamente do IPTU), sejam referentes à oferta de moradias populares e à implantação de infraestrutura técnica e social, sejam atinentes à geração de emprego e renda, sejam, ainda de natureza sociopolítica (como estímulos à mobilização e auto-organização dos moradores) e político-cultural (por exemplo, iniciativas diversas visando ao fortalecimento da autoestima coletiva e à desestigmatização dos espaços favelados). O objetivo básico de algumas dessas medidas é evitar a "expulsão branca" (isenção total ou parcial de IPTU, programas e projetos de geração de emprego e renda, mas ademais, há uma meta ainda mais ambiciosa: também contribuir para desestigmatizar os espaços segregados e melhorar a qualidade de vida em geral [...].[293]

---

[291] Conforme o artigo 2º, inciso XIV da Lei nº 10.257/2001: "A política urbana tem por objetivo ordenar o pleno desenvolvimento das funções sociais da cidade e da propriedade urbana, mediante as seguintes diretrizes gerais: [...] XIV – regularização fundiária e urbanização de áreas ocupadas por população de baixa renda mediante o estabelecimento de normas especiais de urbanização, uso e ocupação do solo e edificação, consideradas a situação socioeconômica da população e as normas ambientais; [...]" (BRASIL. Lei nº 10.257, de 10 de julho de 2001. Regulamenta os arts. 182 e 183 da Constituição Federal, estabelece diretrizes gerais da política urbana e dá outras providências. *Diário Oficial da União*, Brasília, DF, p. 1, 11 jul. 2001b. Disponível em: http://www.planalto.gov.br/ccivil_03/leis/leis_2001/l10257.htm. Acesso em: 5 abr. 2020).

[292] Conforme o artigo 4º da Lei nº 10.257/2001: "Para os fins desta Lei, serão utilizados, entre outros instrumentos [...] V – institutos jurídicos e políticos: [...] q) regularização fundiária; [...]" (BRASIL. Lei nº 10.257, de 10 de julho de 2001. Regulamenta os arts. 182 e 183 da Constituição Federal, estabelece diretrizes gerais da política urbana e dá outras providências. *Diário Oficial da União*, Brasília, DF, p. 1, 11 jul. 2001b. Disponível em: http://www.planalto.gov.br/ccivil_03/leis/leis_2001/l10257.htm. Acesso em: 5 abr. 2020).

[293] SOUZA, Marcelo Lopes de. Problemas de regularização fundiária em favelas territorializadas por traficantes de drogas. *In*: ALFONSIN, Betânia de Moraes; FERNANDES, Edésio

Até a promulgação da Lei nº 11.977/2009 – que introduziu o PMCMV – a regularização fundiária não tinha definição legal. Com a entrada em vigor dessa lei, a regularização fundiária foi definida como

> conjunto de medidas jurídicas, urbanísticas, ambientais e sociais que visam à regularização de assentamentos irregulares e à titulação de seus ocupantes, de modo a garantir o *direito social à moradia*, o *pleno desenvolvimento das funções sociais da propriedade urbana* e o *direito ao meio ambiente ecologicamente equilibrado*.[294]

Em 2017, a Lei nº 13.465 passou a conceituar regularização fundiária urbana como um conjunto de "medidas jurídicas, urbanísticas, ambientais e sociais destinadas à *incorporação dos núcleos urbanos informais ao ordenamento territorial urbano* e à *titulação de seus ocupantes*".[295]

A expressão "ordenamento territorial" traz intrínsecos os significados relacionados a um "conjunto de intervenções do Estado destinados a prover os núcleos urbanos informais de saneamento ambiental, infraestrutura urbana, equipamentos comunitários e mobilidade".[296]

Essa lei menciona, também, o termo "medidas sociais" e, nesse ponto, remete aos objetivos do instrumento, tais como definidos no artigo 2º, inciso XIV do Estatuto da Cidade, que o associa diretamente a áreas ocupadas por população de baixa renda. Comporta, portanto,

---

(org.). *Direito à moradia e segurança da posse no Estatuto da Cidade*. Diretrizes, instrumentos e processos de gestão. Belo Horizonte: Fórum, 2004, p. 241-266, p. 242-243.

[294] BRASIL. Lei nº 11.977, de 7 de julho de 2009. Dispõe sobre o Programa Minha Casa, Minha Vida – PMCMV e a regularização fundiária de assentamentos localizados em áreas urbanas. *Diário Oficial da União*, Brasília, DF, p. 2, 8 jul. 2009b. Disponível em: http://www.planalto.gov.br/ccivil_03/_ato2007-2010/2009/lei/l11977.htm. Acesso em: 5 abr. 2020. Grifo meu.

[295] Conforme o artigo 9º: "Ficam instituídas no território nacional normas gerais e procedimentos aplicáveis à Regularização Fundiária Urbana (Reurb), a qual abrange medidas jurídicas, urbanísticas, ambientais e sociais destinadas à incorporação dos núcleos urbanos informais ao ordenamento territorial urbano e à titulação de seus ocupantes" (BRASIL. Lei nº 13.465, de 11 de julho de 2017. Dispõe sobre a regularização fundiária rural e urbana, sobre a liquidação de créditos concedidos aos assentados da reforma agrária e sobre a regularização fundiária no âmbito da Amazônia Legal; institui mecanismos para aprimorar a eficiência dos procedimentos de alienação de imóveis da União. *Diário Oficial da União*, Brasília, DF, p. 1, 12 jul. 2017a. Disponível em: http://www.planalto.gov.br/ccivil_03/_Ato2015-2018/2017/Lei/L13465.htm. Acesso em: 2 abr. 2020. Grifo meu).

[296] BRASIL. Lei nº 13.465, de 11 de julho de 2017. Dispõe sobre a regularização fundiária rural e urbana, sobre a liquidação de créditos concedidos aos assentados da reforma agrária e sobre a regularização fundiária no âmbito da Amazônia Legal; institui mecanismos para aprimorar a eficiência dos procedimentos de alienação de imóveis da União. *Diário Oficial da União*, Brasília, DF, p. 1, 12 jul. 2017a. Disponível em: http://www.planalto.gov.br/ccivil_03/_Ato2015-2018/2017/Lei/L13465.htm. Acesso em: 2 abr. 2020.

normas especiais destinadas a essa população em vulnerável situação socioeconômica.

Uma política de regularização fundiária deve estar acompanhada de outras "medidas de cunho social (programas assistenciais para aqueles que não têm condições de prover a própria subsistência e de sua família, [...], de habitação popular etc.), tendo por fim último a superação da desigualdade material e da segregação em relação aos ocupantes da cidade formal".[297]

A questão não se resume, portanto, a um instrumento que visa trazer aqueles que estão fora do mundo formal para serem incorporados pelo mercado e pelos institutos do CC.

A ideia da titulação da posse está contida no conceito de regularização fundiária, e também se relaciona à integração social inerente ao conceito de ordenação urbana do território. Essa titulação, como objetivo final do processo de regularização, apenas deve ocorrer quando todos os demais objetivos da ordenação territorial já foram alcançados, inclusive no que diz respeito aos programas assistenciais associados, já que o título deve refletir a plena capacitação do morador de arcar com os ônus da propriedade, num território dotado de toda a infraestrutura urbana necessária e serviços públicos essenciais.

Como assinalam Mariana Mencio e Luís Felipe Tegon Cerqueira Leite,[298] é o artigo 10[299] da Lei nº 13.465/2017, que define os princípios a

---

[297] MENCIO, Mariana; CERQUEIRA LEITE, Luís Felipe Tegon. *Regularização fundiária urbana*: desafios e perspectivas para aplicação da Lei 13.465/2017. São Paulo: Letras Jurídicas, 2019, p. 24.

[298] MENCIO, Mariana; CERQUEIRA LEITE, Luís Felipe Tegon. *Regularização fundiária urbana*: desafios e perspectivas para aplicação da Lei 13.465/2017. São Paulo: Letras Jurídicas, 2019, p. 25.

[299] Conforme o artigo 10: "Constituem objetivos da Reurb, a serem observados pela União, Estados, Distrito Federal e Municípios: I – identificar os núcleos urbanos informais que devam ser regularizados, organizá-los e assegurar a prestação de serviços públicos aos seus ocupantes, de modo a melhorar as condições urbanísticas e ambientais em relação à situação de ocupação informal anterior; II – criar unidades imobiliárias compatíveis com o ordenamento territorial urbano e constituir sobre elas direitos reais em favor dos seus ocupantes; III – ampliar o acesso à terra urbanizada pela população de baixa renda, de modo a priorizar a permanência dos ocupantes nos próprios núcleos urbanos informais regularizados; IV – promover a integração social e a geração de emprego e renda; V – estimular a resolução extrajudicial de conflitos, em reforço à consensualidade e à cooperação entre Estado e sociedade; VI – garantir o direito social à moradia digna e às condições de vida adequadas; VII – garantir a efetivação da função social da propriedade; VIII – ordenar o pleno desenvolvimento das funções sociais da cidade e garantir o bem-estar de seus habitantes; IX – concretizar o princípio constitucional da eficiência na ocupação e no uso do solo; X – prevenir e desestimular a formação de novos núcleos urbanos informais; XI – conceder direitos reais, preferencialmente em nome da mulher; XII – franquear participação dos interessados nas etapas do processo de regularização

serem observados, destacando-se o estímulo à integração social, o acesso à terra urbanizada pela população de baixa renda, e a priorização da permanência dos ocupantes nos próprios núcleos urbanos informais regularizados.

A regularização fundiária é um objetivo comum dos três entes: União, Estados, Distrito Federal e Municípios. O *caput* do artigo 10 afasta a possibilidade de interpretação preponderante das administrações públicas do Estado e da União de que a regularização fundiária é um dever exclusivo do Município.

Não é concebível, dentro do sistema previsto na lei, que o Estado e a União planejem uma obra em zona especial na modalidade de ZEIS-3, como ocorre na região da Cracolândia[300] sem promover uma solução concomitante para a questão da moradia. Nessa circunstância, a solução preferencial, nos próprios termos da lei, é a manutenção das populações no território e não a sua expulsão.

Assim, "a ocupação do solo será eficiente na medida em que otimizar a infraestrutura e os serviços urbanos existentes, empregando melhor os recursos públicos, gerando menos impactos ao meio ambiente"[301] e da forma menos conflituosa possível.

Em tese, existem, atualmente, instrumentos jurídicos suficientes para as diversas irregularidades, conforme sistematização de Rafael Taranto Malheiros.[302] Para os conjuntos habitacionais privados, com posse antiga, não contestada, emprega-se a usucapião e a legitimação de posse. Não sendo possível a usucapião, são viáveis a legitimação

---

fundiária" (BRASIL. Lei nº 13.465, de 11 de julho de 2017. Dispõe sobre a regularização fundiária rural e urbana, sobre a liquidação de créditos concedidos aos assentados da reforma agrária e sobre a regularização fundiária no âmbito da Amazônia Legal; institui mecanismos para aprimorar a eficiência dos procedimentos de alienação de imóveis da União. *Diário Oficial da União*, Brasília, DF, p. 1, 12 jul. 2017a. Disponível em: http://www.planalto.gov.br/ccivil_03/_Ato2015-2018/2017/Lei/L13465.htm. Acesso em: 2 abr. 2020).

[300] Ver item 1.4.1 desta obra.

[301] Lembram, também, Mencio e Leite que "conforme afirmou Erik Vidigal, subchefe adjunto de Assuntos Jurídicos da Casa Civil da Presidência da República, por ocasião da audiência pública na Câmara dos Deputados que discutiu em 06/04/2017 a conversão da Medida Provisória nº 759/2016 em Lei Federal: a melhor forma de resolver problemas periféricos é por meio da organização. O que não se consegue controlar, com a caneta do Estado tem que regular. Um exemplo, segundo ele, seriam condomínios habitacionais criados em área de reserva com cerca de 100 mil moradores. O mais eficiente é obrigar os ocupantes a fazer algum tipo de compensação ambiental e regularizar aquela ocupação" (MENCIO, Mariana; CERQUEIRA LEITE, Luís Felipe Tegon. *Regularização fundiária urbana*: desafios e perspectivas para aplicação da Lei 13.465/2017. São Paulo: Letras Jurídicas, 2019, p. 36-37).

[302] MALHEIROS, Rafael Taranto. *O procedimento administrativo da regularização fundiária urbana de interesse social como garantia do direito à moradia*. Dissertação (Mestrado em Direito) – Universidade Presbiteriana Mackenzie, São Paulo, 2019, p. 126.

fundiária, CDRU, direito de superfície, direito de preempção, doação com pagamento e com "declaração de potencial construtivo passível de transferência",[303] e direito de laje.

Os loteamentos clandestinos/irregulares podem ser solucionados por meio da usucapião e da legitimação de posse. Se não for possível a usucapião, a legitimação fundiária ou a CDRU são possibilidades viáveis.

As alternativas técnicas para favelas e ocupações são inúmeras e vão depender, em primeiro lugar, da titularidade da área. Para área pública com desapropriação em curso, a cessão de posse é uma opção; já área pública com propriedade consolidada pode contar com legitimação fundiária, CDRU, CUEM ou doação; se, porém, a área for privada, com posse antiga não contestada, as opções são usucapião e legitimação de posse; por fim, área privada sem possibilidade de usucapião pode ter a posse regularizada por legitimação fundiária, CDRU, direito de superfície, direito de laje ou doação.

No caso de cortiços e habitações coletivas com identificação da Administração, esses podem ser regularizados por CDRU, direito de superfície e locação social.

Todos os casos de posse irregular possuem diversas e específicas alternativas jurídicas de reintegração de posse e consequente regularização. A implementação das alternativas legais, contudo, depende do interesse público que, por sua vez, depende da superação de "obstáculos de natureza extrajurídica",[304] identificados por Malheiros.

O obstáculo extrajurídico mais relevante é a questão orçamentária, causado pela carência de recursos públicos. Por outro lado, os custos da

---

[303] O Decreto Municipal nº 58.289/2018 trata da possibilidade de TDC de imóvel doado ou objeto de desapropriação amigável. Assim, o imóvel urbano, dentro das condições previstas no decreto, pode ser doado ou desapropriado e, em troca, o proprietário recebe não valores, mas uma "declaração de potencial construtivo passível de transferência", título com valor no mercado imobiliário para livre negociação (SÃO PAULO (Cidade). Decreto Municipal nº 58.289, de 26 de junho de 2018. Confere nova regulamentação à Transferência do Direito de Construir com Doação de Imóvel, nos termos dos artigos 123, 126, 127, 128, 130 e 131 da Lei nº 16.050, de 31 de julho de 2014 – Plano Diretor Estratégico – PDE; revoga o Decreto nº 57.535, de 15 de dezembro de 2016. *Diário Oficial da Cidade*, São Paulo, p. 1, 27 jun. 2018. Disponível em: https://leismunicipais.com.br/a/sp/s/sao-paulo/decreto/2018/5828/58289/decreto-n-58289-2018-confere-nova-regulamentacao-a-transferencia-do-direito-de-construir-. Acesso em: 24 jun. 2020).

[304] A expressão foi utilizada por Malheiros, que divide os obstáculos para a efetividade da regularização fundiária em duas categorias: obstáculos de natureza extrajurídica e obstáculos de natureza jurídica (MALHEIROS, Rafael Taranto. *O procedimento administrativo da regularização fundiária urbana de interesse social como garantia do direito à moradia*. Dissertação (Mestrado em Direito) – Universidade Presbiteriana Mackenzie, São Paulo, 2019, p. 126 e seguintes).

não regularização de centenas de ações que tramitam nas mais diversas varas decorrentes da irregularidade do território, ou o próprio custo social dos ciclos de pobreza, esses não são registrados para o Estado, consistindo num obstáculo à sustentabilidade urbana.

A atual legislação fundiária oferece alternativas menos dispendiosos do que as ações judiciais para a superação dos obstáculos extrajudiciais e, ainda, com possibilidade de redução dos conflitos urbanos. Há, contudo, outros obstáculos a serem superados, como a "verticalização do processo decisório", já que os decisores estão muito distantes da realidade sobre a qual decidem, o que faz com que suas decisões não sejam úteis ou efetivas. Ademais, a centralidade dos atores do capital urbano[305] nos processos decisórios caminha em sentido contrário às necessidades da regularização fundiária.

Ao lado dos obstáculos extrajurídicos estão os impedimentos jurídicos. Destaca-se, aqui, o excesso de marcos legais não aplicados[306] e a difícil conciliação entre os interesses públicos e privados movidos pelo capital com os interesses reais da moradia urbana para baixa renda.

Malheiros assinala como uma das dificuldades para a implementação da nova legislação a ausência de sintonia entre Municípios e Registros Públicos. Essa ausência, por sua vez, decorre do conflito de interesses públicos na solução dos problemas registrários, o que alimenta os enfrentamentos urbanos.

A LRP e a LRF são normas nacionais, e sua regulação cabe às diversas corregedorias estaduais de cartórios por meio de provimentos editados pelo Poder Judiciário[307] sobre o território dos Municípios.

---

[305] O conceito de capitais do urbano é desenvolvido por Marques para compreender a forma como o capitalismo modela a cidade contemporânea. Para o autor, "[...] para os capitais que têm seus processos de acumulação e lucratividade oriundos diretamente da *produção da cidade*, as características e as políticas urbanas importam no detalhe. Isso inclui as empresas de transportes e serviços urbanos, as empresas construtoras, as incorporadoras etc., mas, também, empresas financeiras, *holdings* de vários tipos, e empresas de apoio à gestão do Estado e à execução de políticas. As relações e interações entre, de um lado, esses capitais, suas atividades e estratégias de valorização e, de outro, o espaço urbano e o Estado são fundamentais para a compreensão das economias políticas do urbano" (MARQUES, Eduardo. De volta aos capitais para melhor entender as políticas urbanas. *Novos Cadernos CEBRAP*, São Paulo, v. 35, nº 2, p. 15-33, jul. 2016, p. 17. (Dossiê Capitais do Urbano)).

[306] MALHEIROS, Rafael Taranto. *O procedimento administrativo da regularização fundiária urbana de interesse social como garantia do direito à moradia*. Dissertação (Mestrado em Direito) – Universidade Presbiteriana Mackenzie, São Paulo, 2019, p. 131.

[307] Nesse passo, os artigos 37 e 38 da Lei nº 8.935, de 1994, ratificam o alcance da atividade de fiscalização do Poder Judiciário sobre as serventias registrais, ao atribuir "[...] controle e regulação a órgão administrativo externo à atividade fiscalizada e regulada". Com

Prevalece no país a ideia de federalismo cooperativo,[308] mas não há um mecanismo jurídico que viabilize a composição de interesses, em caso de conflito na regulamentação, entre Município e Poder Judiciário, ou entre diversos tribunais, ou mesmo entre os conflitos no exercício da função reguladora da Corregedoria e da função jurisdicional dos diversos juízes ou do tribunal local.[309]

Embora o Poder Judiciário seja unitário e nacional, e a atividade regulatória seja fiscalizada pelo CNJ, as Corregedorias-Gerais estaduais também guardam autonomia sobre os territórios estaduais, não estando sujeitas à regulamentação do CNJ.[310]

Essa atividade não se confunde com a alçada do Poder Judiciário e, inclusive, pode ser submetida a controle jurisdicional. É exercida por gestores temporários do Poder Judiciário,[311] os quais editam normas

---

inspiração na teoria da regulação desenvolvida para as agências reguladoras, pode-se afirmar que o Judiciário maneja os seguintes poderes: (i) normativo, editando comandos gerais para os regulados, que mais de perto interessa a este estudo; (ii) de outorga das delegações; (iii) de fiscalização, *rectius*, monitoramento do exercício das atividades; (iv) sancionatório, aplicando penalidades legalmente previstas; (v) de conciliação, mediando interesses; e (vi) de recomendação no âmbito das políticas públicas" (MALHEIROS, Rafael Taranto. *O procedimento administrativo da regularização fundiária urbana de interesse social como garantia do direito à moradia*. Dissertação (Mestrado em Direito) – Universidade Presbiteriana Mackenzie, São Paulo, 2019, p. 143).

[308] A possibilidade de regulação fundiária por todos os entes federativos traz dificuldades práticas decorrentes das mais diversas interpretações legislativas. Recentemente, a União Federal editou a Instrução Normativa nº 4, de 2 de abril de 2020, que utiliza a desapropriação como instrumento de regularização fundiária, em evidente inobservância à Lei hoje vigente.

[309] Na esfera institucional, havendo decisão judicial de mérito, a CGJ adota como princípio a observância do *decisum*, mesmo que contrário a princípios de regularização fundiária e aos interesses da sustentabilidade urbana, fazendo prevalecer uma decisão tomada num conflito entre particulares em prejuízo do interesse público. A soberania do título não é em nenhum momento sujeita a algum instrumento de composição com o Poder Público, titular do interesse público em disputa.

[310] Conforme analogia de Malheiros, "a função normativa das Corregedorias-Gerais. De modo mais minudente, pode-se dizer, com substrato nos estudos de Di Pietro com relação à Anatel e à ANP, que, observando os comandos legais, são competentes para '[...] baixar atos normativos para decidir casos concretos, interpretar ou explicitar conceitos indeterminados', especialmente os de natureza técnica, com consenso e participação dos interessados, quando possível e recomendável, conferindo legitimidade às normas assim dispostas" (MALHEIROS, Rafael Taranto. *O procedimento administrativo da regularização fundiária urbana de interesse social como garantia do direito à moradia*. Dissertação (Mestrado em Direito) – Universidade Presbiteriana Mackenzie, São Paulo, 2019, p. 145).

[311] O papel das decisões das CGJs foi bem destacado por Malheiros, para quem "as condutas vistas se identificam com a atividade administrativa das Corregedorias-Gerais de Justiça. Não se confundem com a atividade jurisdicional, não tendo força de coisa julgada material. Todavia, é certo que a solução dos casos concretos tem potencial para estabelecer um paradigma para a solução genérica de conflitos, vindo a ser adotada com efeitos normativos, tanto mais que exaradas por órgão técnico e especializado, composto por

que prevaleçam pelo espaço de dois anos,[312] podendo, posteriormente, serem substituídas por outras. Como o Poder Judiciário preza pela segurança jurídica, há tendência à continuidade e estabilidade, ao menos no território estadual.

Considerando que a função regulatória é uma determinação político-administrativa, nem sempre há consenso entre a atividade regulatória na esfera federal (CNJ) e na estadual (Corregedorias-Gerais). O fato de os responsáveis pela função correicional terem mandato de 2 (dois) anos, enquanto que os prefeitos são eleitos a cada 4 (quatro) anos e os Planos Diretores renovados a cada 10 (dez) anos, não colabora para a superação dos problemas nacionais e regionais.

Como a "regularização fundiária é modalidade de política regulatória",[313] pode-se considerar que a busca pela efetividade das normas incidentes e soluções estratégicas, dentro de um ambiente tensionado por diversos interesses, e com respeito às legislações vigentes, para o controle das políticas públicas fundiárias urbanas, é tarefa do Poder Judiciário. Assiste razão a Malheiros ao defender que:

> [...] os distintos momentos em que se definem as políticas urbanas não são marcados, unicamente, pelo exercício de poder discricionário e pela realização de escolhas políticas. Muitas ações necessárias a referidas políticas públicas podem ser qualificadas como verdadeiras obrigações jurídicas, de meio, como a regulamentação do uso, da ocupação e do parcelamento do solo urbano e do emprego lícito dos instrumentos aptos a facilitar as intervenções nas regularizações fundiárias de interesse social.
>
> Ao Judiciário, estabelecido como efetivo garantidor dos direitos fundamentais, cabe, portanto, observar os princípios constitucionais, não mais somente a lei, vista sob um prisma formal. Contudo, o valor

---

um desembargador e uma equipe de juízes auxiliares" (MALHEIROS, Rafael Taranto. *O procedimento administrativo da regularização fundiária urbana de interesse social como garantia do direito à moradia*. Dissertação (Mestrado em Direito) – Universidade Presbiteriana Mackenzie, São Paulo, 2019, p. 145-146).

[312] Conforme artigo 102: "Os Tribunais, pela maioria dos seus membros efetivos, por votação secreta, elegerão dentre seus Juízes mais antigos, em número correspondente ao dos cargos de direção, os titulares destes, com mandato por dois anos, proibida a reeleição. Quem tiver exercido quaisquer cargos de direção por quatro anos, ou o de Presidente, não figurará mais entre os elegíveis, até que se esgotem todos os nomes, na ordem de antiguidade. É obrigatória a aceitação do cargo, salvo recusa manifestada e aceita antes da eleição" (BRASIL. Lei Complementar nº 35, de 14 de março de 1979. Dispõe sobre a Lei Orgânica da Magistratura Nacional. *Diário Oficial da União*, Brasília, DF, 14 mar. 1979b. Disponível em: http://www.planalto.gov.br/ccivil_03/leis/lcp/lcp35.htm. Acesso em: 6 abr. 2020).

[313] MALHEIROS, Rafael Taranto. *O procedimento administrativo da regularização fundiária urbana de interesse social como garantia do direito à moradia*. Dissertação (Mestrado em Direito) – Universidade Presbiteriana Mackenzie, São Paulo, 2019, p. 147.

desta deve ser visto sob outra perspectiva: a lei não se trata, somente, de instrumento de limitação do exercício do poder; é, sobretudo, "[...] garantia dos administrados de respeito a seus direitos e de realização de deveres juridicamente estabelecidos".

Como se infere do raciocínio elaborado até o presente momento, a atuação do Poder Judiciário não é ora abordada no sentido de ele participar propriamente da execução das políticas públicas, mas, sim, de controlar o respeito às bases regulatórias que as pautam, otimizando-as, de modo a se atingir o quanto pretendido pelo legislador. Para tanto, encampa-se a estratégia de que referido controle "[...] não seja apenas de legalidade, mas também de coerência entre normas, instrumentos e operações urbanas".[314]

As alterações legislativas frequentes trazem instabilidade a essa regulação na medida em que uma nova lei requer atualização na regulamentação, tanto nas esferas administrativas estadual e municipal, quanto nas correicionais.

Assim, com a nova Lei nº 13.465/2017, a CGJ paulista aprovou, em 19.12.2017, o Provimento CGJ nº 51/2017 após a formação de grupo de estudo composto por representantes do Estado, da Associação de Registradores Imobiliários do Estado de São Paulo (ARISP) e do Instituto de Registradores Imobiliários do Brasil (IRIB),[315] deixando de lado diversos outros atores sociais interessados na regulamentação.

Na mesma ocasião, o CNJ editou o Provimento CNJ nº 65/2017 que, de forma extremamente detalhada – em 27 (vinte e sete) artigos –, regulamentou todas as etapas que compõem o procedimento da usucapião extrajudicial, desde os requisitos de cada documento legalmente

---

[314] MALHEIROS, Rafael Taranto. *O procedimento administrativo da regularização fundiária urbana de interesse social como garantia do direito à moradia.* Dissertação (Mestrado em Direito) – Universidade Presbiteriana Mackenzie, São Paulo, 2019, p. 147.

[315] A participação "parcial" no procedimento de elaboração da norma foi registrada por Malheiros: "Nesse caminhar, como se disse, a Corregedoria-Geral da Justiça paulista aprovou, em 19/12/2017, seu Provimento CGJ nº 51/2017667, que vai anexo ao texto, 'considerando a entrada em vigor da Lei nº 13.465/2017'. Teve início no Processo nº 21919/2017 – São Paulo – Corregedoria-Geral da Justiça do Estado de São Paulo, que criou grupo de estudo composto por representantes do Estado, da Associação de Registradores Imobiliários do Estado de São Paulo (ARISP) e do Instituto de Registradores Imobiliários do Brasil (IRIB), que elaboraram uma minuta. Esta, apreciada, teve '[...] retirados dispositivos que não se adequavam aos padrões das Normas de Serviço ou que eram iguais a dispositivos já existentes', evidenciando sua inaptidão à experimentação nesta sede, que resultou no Parecer nº 424/2017-E668, aprovando a norma" (MALHEIROS, Rafael Taranto. *O procedimento administrativo da regularização fundiária urbana de interesse social como garantia do direito à moradia.* Dissertação (Mestrado em Direito) – Universidade Presbiteriana Mackenzie, São Paulo, 2019, p. 161).

exigido e as providências relativas à notificação dos confrontantes, até as práticas que devem ser adotadas quando do registro do reconhecimento da usucapião extrajudicial. A regulamentação passou a valer em todo o território nacional desde a data de sua publicação, e não está em conflito com as normas da CGJ de São Paulo, mas pode estar em choque com normas de outros Estados ou com normas municipais.[316]

Em 16 de dezembro de 2019, em nova gestão, foi publicado pela CGJ do TJSP o Provimento CGJ nº 56/2019, com a mesma finalidade de regulamentar a Lei nº 13.465/2017. Alterou, também, a Lei Federal, estabelecendo, por exemplo, em seu item 274, inc. VII, a exigência, para fins de registro, de Certidão de Regularização Fundiária (CRF) com listagem de nomes dos ocupantes, quando esta é uma faculdade do ente regularizador, nos termos do artigo 11, inciso V, da Lei nº 13.465/2017,[317] restringindo, desse modo, o exercício de direitos.

Alguns dispositivos do Provimento CGJ nº 56/2019, como o item 295 – que estabelece que a averbação das edificações poderá ser efetivada a partir de mera notícia, a requerimento do interessado, da qual constem a área construída e o número da unidade imobiliária, dispensada a apresentação de *habite-se* e de certidões negativas de tributos e contribuições previdenciárias – invadem a competência municipal para licenciar previamente as construções, e deixam de observar o disposto no artigo 247-A da LRP, Lei nº 6.015/1973, na medida em que estabelece critérios legais específicos para dispensa do *habite-se*.[318]

Considerando que as Corregedorias são órgãos de natureza administrativa que regulamentam novos institutos urbanísticos a fim de superar as limitações técnicas, essas deveriam realizar consultas

---

[316] Na nota 221 deste estudo há referência a acórdão de repercussão geral em que se discutiu, justamente, a possibilidade de registro de área em desacordo com norma municipal.

[317] Conforme pondera Tierno, "Imagine a hipótese de um Conjunto Habitacional há muitos anos ocupado, em que certamente ocorreram sucessivas vendas. Tanto a CDHU como a COHABSP alienam as unidades mediante contrato de venda e compra, portanto, pela Lei 13.465/17 não precisaria apresentar LISTAGEM DOS OCUPANTES, mas por esse dispositivo do Provimento sim. Além de não ter amparo legal tal exigência atrasaria mais ainda o procedimento de regularização fundiária, pois a Companhia teria de promover o recadastramento de todas as unidades, inclusive daqueles que adquiram dos adquirentes originais, independentemente de esse ter quitado ou não suas obrigações" (TIERNO, Rosane de Almeida. *Alguns comentários ao Provimento CGJ/TJSP nº 56/19* – itens 267 a 324 – Dispositivos sobre Registro de REURB. Artigo com data de 14 abr. 2020. No prelo. p. 2).

[318] TIERNO, Rosane de Almeida. *Alguns comentários ao Provimento CGJ/TJSP nº 56/19* – itens 267 a 324 – Dispositivos sobre Registro de REURB. Artigo com data de 14 abr. 2020. No prelo. p. 4.

públicas[319] abertas a todos os interessados antes da emissão de provimentos, evitando, assim, a edição de normas conflitantes com as políticas municipais em curso para regularização fundiária, e com os interesses dos próprios cidadãos atingidos. Essa consulta, de acordo com o Estatuto da Cidade, é obrigatória[320] e não há porque excluir dela as CGJs, na medida em que suas decisões afetam as políticas urbanas.

2.6 As políticas municipais de moradia para baixa renda e a instituição de ZEISs

No município de São Paulo até 2001 não havia uma política pública para atendimento à população de baixa renda[321] criada por lei.

Em 1989, uma equipe de gestores vinculada à agenda da Reforma Agrária assumiu a Secretaria de Habitação do Município de São Paulo, e deu origem a intervenções variadas de regularização fundiária, como urbanização de favelas e intervenção em cortiços, mediante a utilização de mecanismos de mutirão e autogestão.[322] As intervenções, contudo, não chegaram a um instrumento normativo regulamentador de política pública para baixa renda, predominando, apenas, o atendimento de demandas individuais.

No período compreendido entre 1993 e 2000 as políticas públicas da Prefeitura de São Paulo para a região central da cidade restringiram-se a ações que visavam à dinamização econômica da região, sem nenhuma proposta concreta de política habitacional, o que deu ensejo, a partir de 1997, ao início das ocupações organizadas no local.

---

[319] Como ressalta Malheiros, "Importante, ainda, que tal atividade regulatória do Poder Judiciário seja levada a cabo com permeabilidade à sociedade, de modo um pouco diverso daquele que é adotado pela maioria dos órgãos públicos, observando-se dois sentidos: (i) transparência do regulador para com os regulados e (ii) busca de participação de demais atores da sociedade (ex.: associação de registradores, associações de moradores)" (MALHEIROS, Rafael Taranto. *O procedimento administrativo da regularização fundiária urbana de interesse social como garantia do direito à moradia*. Dissertação (Mestrado em Direito) – Universidade Presbiteriana Mackenzie, São Paulo, 2019, p. 143-144).

[320] Cf. o art. 2º, inciso II, e os arts. 43 e 44 do Estatuto da Cidade (Lei nº 10.257/2001).

[321] Está em tramitação o PL nº 619/2016, que institui o PMH (SÃO PAULO (Cidade). Plano Municipal de Habitação de São Paulo: Projeto de Lei nº 619/16. *Gestão Urbana SP*. São Paulo, dez. 2016a. Disponível em: https://gestaourbana.prefeitura.sp.gov.br/wp-content/uploads/2014/08/20161221_PMH_PL_bxa.pdf. Acesso em: 1º ago. 2022).

[322] CYMBALISTA, Renato; TSUKUMO, Isadora Tami Lemos. Terra urbana para habitação social: alternativas à desapropriação na experiência brasileira. *In*: ALFONSIN, Betânia de Moraes; FERNANDES, Edésio (org.). *Revisitando o instituto da desapropriação*. Belo Horizonte: Fórum, 2009, p. 98.

Um passo significativo nesse período final da década de 1990 foi a inclusão de mapas e dados socioeconômicos nas análises da questão habitacional, sendo a questão da moradia urbana incorporada ao programa de governo da prefeita Marta Suplicy.

Nessa gestão foi formulado o programa *Morar no Centro*, com diversas alternativas de alocação de recursos: locação social, bolsa-aluguel, Perímetros de Reabilitação Integrada do Habitat (PRIHs) e programas de cortiços, além da viabilização de empreendimentos e organização de demanda para o PAR-Reforma.

Segundo os coordenadores do Programa, os maiores obstáculos decorriam da dificuldade de aquisição dos imóveis, já que os únicos instrumentos urbanísticos disponíveis eram a desapropriação, o repasse de imóveis de outros entes, e a compra e venda, com predomínio da desapropriação em 55% dos casos,[323] cujos recursos sempre eram empregados na arrecadação de imóveis para a CDHU. A transferência era utilizada na locação social, e a compra e venda para o PAR-Locação.[324]

Com base no Estatuto da Cidade, em 2002 foi aprovado o primeiro Plano Diretor na gestão Marta Suplicy e, desde então, iniciou-se um embate urbano pela demarcação das ZEISs,[325] finalizado, oficialmente, com a aprovação do novo Plano Diretor. Os conflitos, entretanto, permanecem, pois as ZEISs demarcadas encontram-se, com frequência, em

---

[323] CYMBALISTA, Renato; TSUKUMO, Isadora Tami Lemos. Terra urbana para habitação social: alternativas à desapropriação na experiência brasileira. *In*: ALFONSIN, Betânia de Moraes; FERNANDES, Edésio (org.). *Revisitando o instituto da desapropriação*. Belo Horizonte: Fórum, 2009, p. 103.

[324] PAR-Reforma e PAR-Locação são institutos jurídicos do Programa Social Morar no Centro. O Programa de Arrendamento Residencial (PAR) foi introduzido no Brasil pela lei Federal nº 10.188, de 12 de fevereiro de 2001, e foi uma política pública promovida pelo Ministério das Cidades, tendo a Caixa Econômica Federal como agente executor e o Fundo de Arrendamento Residencial (FAR) como financiador. Foi criado para ajudar Municípios e Estados a atenderem à necessidade de moradia da população que recebe até R$ 1.800,00 e que vive em centros urbanos. A Lei não foi revogada, mas o programa está inativo.

[325] Segundo o *site Gestão Urbana SP*, "as Zonas Especiais de Interesse Social são porções do território destinadas, predominantemente, à moradia digna para a população da baixa renda por intermédio de melhorias urbanísticas, recuperação ambiental e regularização fundiária de assentamentos precários e irregulares, bem como à provisão de novas Habitações de Interesse Social (HIS) e Habitações de Mercado Popular (HMP) a serem dotadas de equipamentos sociais, infraestruturas, áreas verdes e comércios e serviços locais, situadas na zona urbana. O PDE definiu cinco tipos de ZEIS e demarcou seus perímetros no território, deixando muito pouco a ser tratado no zoneamento em relação às ZEIS" (ZONA Especial de Interesse Social – ZEIS. *Gestão Urbana SP*, São Paulo, [2020]. Disponível em: https://gestaourbana.prefeitura.sp.gov.br/zona-especial-de-interesse-social-zeis/. Acesso em: 2 jul. 2020).

territórios urbanos em disputa por atores relevantes do urbano, como demonstrado no caso da Cracolândia.[326]

As diversas ZEISs para fins de moradia social instituídas foram mantidas no Plano Diretor aprovado em 2014, que as classificou em 5 (cinco) categorias.

As ZEISs-1 são áreas ocupadas por população de baixa renda, e incluem favelas e loteamentos irregulares, além de alguns conjuntos habitacionais e construções irregulares, predominantemente.

As ZEISs-2 são áreas vazias e destinadas à produção de HIS para atender a população com renda de três a seis salários mínimos.

As ZEISs-3 são regiões com imóveis ociosos, deteriorados ou cortiços, em regiões com infraestrutura urbana consolidada, cujo objetivo é recuperar as moradias e fixar a população no local, aproveitando a estrutura urbanizada pré-existente na região.

As ZEISs-4 são áreas vazias, geralmente localizadas em mananciais, onde é permitido construir, mas exclusivamente para reassentamento de famílias que já habitam tais localidades.

As ZEISs-5 se destinam ao mercado popular de construção civil pela iniciativa privada. Nas ZEISs 1, 2, 3 e 4, pelo menos 60% da área construída deve ser destinada à HIS1 – famílias com renda de até três salários mínimos. Já na ZEIS-5, no mínimo 40% da área construída deve ser destinada à Habitação de Interesse Social 2 (HIS2) – famílias com renda de três a seis salários mínimos.

A delimitação desses territórios na cidade foi um passo relevante no reconhecimento de áreas destinadas à moradia para populações de baixa renda, mas não garantiram a implementação de políticas públicas de habitação, tampouco a segurança jurídica da posse ou a qualidade das residências dos moradores da cidade.

Ainda na gestão Marta Suplicy teve início o *Programa Bolsa-Aluguel* como forma de atendimento provisório às famílias removidas do Edifício São Vito, localizado no centro da cidade, e que retornariam ao mesmo local quando a sua reforma terminasse (o que não aconteceu, sendo o prédio demolido na gestão Gilberto Kassab). Esse benefício transformou-se no *Programa Parceria Social*, firmado por Resolução do Conselho Municipal de Habitação (CMH) nº 31/2007.

Posteriormente, o aluguel social foi regulamentado pelo Decreto Municipal nº 51.653/2010,[327] e permaneceu até 2020 como política

---

[326] Ver item 1.4.1 desta obra.
[327] SÃO PAULO (Cidade). Decreto nº 51.653, de 22 de julho de 2010. Regulamenta a forma

pública de moradia para pessoas em situação de vulnerabilidade. O benefício é regulamentado desde 2015 pela Portaria SEHAB nº 131, e prevê tanto o atendimento habitacional provisório quanto o habitacional definitivo.

De acordo com essa Portaria, "entende-se por atendimento habitacional provisório a concessão de benefício financeiro complementar à renda familiar, com a finalidade de auxiliar à família na cobertura de despesas com moradia".[328]

Podem ser beneficiadas pelo atendimento habitacional provisório, de acordo com o referido Decreto, famílias que se enquadrem nas seguintes situações: (i) remoção em decorrência de obras públicas estratégicas de infraestrutura e de saneamento básico; (ii) remoção em áreas objeto de intervenção dos programas de urbanização de favelas, recuperação de empreendimentos habitacionais ou de regularização fundiária; e (iii) atendimento emergencial em área de risco.

Esse Decreto também estabeleceu em seu artigo 1º, §4º, os parâmetros para o atendimento habitacional definitivo, que ocorre "desde que a remoção da família tenha ocorrido mediante a vinculação a reassentamento em empreendimento ou empreendimentos específicos que integram os projetos ou programas de intervenção na área".[329] "Definitivo", nesse caso, significa que um benefício pecuniário será pago até que a pessoa seja contemplada com uma moradia definitiva, ou seja, com prazo indeterminado.

Ao menos até 2021, a judicialização do direito à moradia para vulneráveis em São Paulo envolvia, com frequência razoável, a transformação de um atendimento habitacional provisório em definitivo, nos

---

de pagamento da verba de atendimento habitacional no âmbito do Programa "Ações de Habitação". *Diário Oficial da Cidade*, São Paulo, [jul. 2010]. Disponível em: https://leismunicipais.com.br/a/sp/s/sao-paulo/decreto/2010/5166/51653/decreto-n-51653-2010-regulamenta-a-forma-de-pagamento-da-verba-de-atendimento-habitacional-no-ambito-do-programa-acoes-de-habitacao. Acesso em: 11 set. 2022.

[328] SÃO PAULO (Cidade). Secretaria Municipal de Habitação (SEHAB). Portaria SEHAB nº 131, de 8 de julho de 2015. Estabelece alternativas de atendimento habitacional provisório, fixa os valores limites e regulamenta as condições e os procedimentos para a sua concessão e manutenção. *Diário Oficial da Cidade*, São Paulo, p. 27, 9 jul. 2015b. Disponível em: http://legislacao.prefeitura.sp.gov.br/leis/portaria-secretaria-municipal-de-habitacao-131-de-9-de-julho-de-2015.

[329] SÃO PAULO (Cidade). Secretaria Municipal de Habitação (SEHAB). Portaria SEHAB nº 131, de 8 de julho de 2015. Estabelece alternativas de atendimento habitacional provisório, fixa os valores limites e regulamenta as condições e os procedimentos para a sua concessão e manutenção. *Diário Oficial da Cidade*, São Paulo, p. 27, 9 jul. 2015b. Disponível em: http://legislacao.prefeitura.sp.gov.br/leis/portaria-secretaria-municipal-de-habitacao-131-de-9-de-julho-de-2015.

termos da Portaria SEHAB nº 131. Esse dado não é quantitativo, mas decorre da prática judiciária das Varas da Fazenda Pública de São Paulo. Em razão da falta de alternativas programáticas, esses benefícios tornaram-se a política habitacional de fato para populações vulneráveis do município de São Paulo[330] até então. Ao garantir uma renda mínima, a situação de vulnerabilidade é mitigada, mas não existe o efeito transformador desejado, pois não é possível assegurar a estabilidade da posse, e a solução não é suficiente para quebrar o ciclo de pobreza em que essas populações estão inseridas.

Existem, também, na cidade de São Paulo, outros programas habitacionais, como o *Programa Regularização Fundiária*, com base nos instrumentos jurídicos e urbanísticos da política urbana, presentes no PDE; o PMCMV, para famílias com renda familiar até R$ 1.800,00 (Faixa 1); o *Programa Casa da Família*, que estimula a construção de moradias em lotes regularizados por meio de ações conjuntas entre a Prefeitura de São Paulo e o Governo Federal; e o *Programa Urbanização de Favelas*, que visa à regularização fundiária de áreas degradadas, ocupadas desordenadamente e sem infraestrutura.[331]

O Decreto nº 58.289/2018 atualmente está em vigor, e a Prefeitura divulga dados no *site Gestão Urbana SP* quanto aos imóveis recebidos em TDC.[332] Essa modalidade, entretanto, não pode ser considerada política habitacional.

O próprio Decreto faz referência a um futuro PMHS, contudo, o PL nº 619/2016 foi encaminhado para debate público apenas em 2020.

No PDE, o cumprimento do dever público de desenvolver políticas de moradia desenvolve-se em três linhas de atuação, chamadas "linhas programáticas".

A primeira linha proposta – o *Serviço de Moradia Social* – tem como finalidade o atendimento à demanda por moradia transitória, oriunda de frentes de obras públicas e situações emergenciais e de

---

[330] De acordo com a própria Prefeitura, em 2016, o modelo de atendimento era denominado "Auxílio-Aluguel", e atendia cerca de 30 mil famílias na cidade (dados de abril de 2016), a um custo anual de cerca de R$ 140 milhões (SÃO PAULO (Cidade). Plano Municipal de Habitação de São Paulo: Projeto de Lei nº 619/16. *Gestão Urbana SP*. São Paulo, dez. 2016a, p. 6. Disponível em: https://gestaourbana.prefeitura.sp.gov.br/wp-content/uploads/2014/08/20161221_PMH_PL_bxa.pdf. Acesso em: 1º ago. 2022).

[331] Os quatro programas indicados estão elencados no *site* oficial da Prefeitura como disponíveis para a população do município (SÃO PAULO (Cidade). Secretaria Municipal de Habitação (SEHAB). *Urbanização de Favelas*. 12 jan. 2021b. Disponível em: https://www.prefeitura.sp.gov.br/cidade/secretarias/habitacao/programas/index.php?p=237777. Acesso em: 7 ago. 2022).

[332] Ver item 2.5.3.2 desta obra.

vulnerabilidade. A proposta abrange quatro modalidades: i) Acolhimento Institucional Intensivo; ii) Abrigamento Transitório em Imóveis Alugados; iii) Abrigamento Transitório em Imóveis Públicos; e iv) Bolsa-Aluguel.

Nessas modalidades, destinadas à população mais vulnerável, o atual auxílio aluguel deverá ser substituído por uma oferta de alternativas de moradia adequada à sua situação, ora temporária, ora mais perene, mas em todos os casos vinculada à possibilidade de acesso ao atendimento habitacional definitivo. É nessa linha que se insere uma parte considerável das pessoas em situação de vulnerabilidade.

O atendimento definitivo deve se dar por meio de provisão de moradia via mercado. É nessa frente de atuação que se insere o programa federal *Minha Casa Minha Vida*, ou seu sucessor, bem como os condomínios da Cohab e da antiga CDHU, sucedida diretamente por órgãos do Estado.

A segunda linha proposta – o *Programa Provisão de Moradia para Aquisição* – subdivide-se em modalidades com vistas a diversificar os agentes promotores envolvidos, as fontes de recursos mobilizados, bem como a forma de viabilização dos imóveis, quais sejam: Promoção Pública de Moradia, Promoção Pública de Moradia em Assentamentos Precários, Promoção de Moradia por Autogestão, Promoção Privada de Moradia e Aquisição de Moradia Pronta. Essas pessoas, em que pese serem classificadas como de baixa renda para fins de aquisição de uma moradia, não são efetivamente pessoas de baixa renda, já que têm capacidade econômica de integrar um programa de financiamento que exige certa estabilidade de rendimentos como requisito de ingresso.

Finalmente, existe a linha programática de *Intervenção Integrada em Assentamentos Precários*, com a finalidade de regularização fundiária.

A essas três linhas programáticas soma-se um conjunto de ações denominadas "coordenadorias de ações transversais", que dão apoio a todos os programas supracitados.

Assim, territórios municipais particularmente sensíveis terão um tratamento especial, de modo a reduzir os conflitos urbanos e urbanísticos. Existe, ainda, a previsão de conexão com programas federais, como o Programa de Assistência Técnica, Jurídica e Social, com base na Lei Federal nº 11.888/2008, e o diálogo com outros instrumentos urbanísticos.[333]

---

[333] SÃO PAULO (Cidade). Plano Municipal de Habitação de São Paulo: Projeto de Lei nº 619/16. *Gestão Urbana SP*. São Paulo, dez. 2016a. Disponível em: https://gestaourbana.

Sem debate público, e antes do referido PL, foi aprovada em setembro de 2021 a Lei nº 17.638/2021, que disciplina o *Programa Pode Entrar*. O Programa não substitui o Plano, pois seu objetivo é muito mais restrito, voltando-se principalmente para o atendimento da carência de moradia via mercado.

O *Programa Pode Entrar*, de acordo com o parágrafo segundo da lei,[334] tem por objetivo criar mecanismos de incentivo à produção de empreendimentos habitacionais de interesse social, a requalificação de imóveis urbanos ou aquisição de unidades habitacionais, destinadas às famílias de baixa renda, estabelecendo uma política habitacional de financiamento e locação subsidiados.

O *Programa Pode Entrar* destina-se ao atendimento de beneficiários em dois grupos de renda: Grupo 1, com renda familiar bruta de até 3 (três) salários mínimos; Grupo 2, com renda familiar bruta entre 3 (três) e 6 (seis) salários mínimos, como se confere na redação do seu artigo 5º. Mas não garante o atendimento para aqueles sem nenhuma renda, e deste modo, pode vir a intensificar a carência habitacional no Município, ao invés de atenuá-la.

Embora o Programa não substitua a necessidade de um PDE para atendimento habitacional para as populações vulneráveis sem renda, ou sem renda comprovável, representa um avanço em relação à Portaria SEHAB nº 131, na medida em que, ao menos, é um instrumento aprovado pelo Poder Legislativo Municipal.

2.7 O direito à moradia, a Política Nacional de HIS e as Políticas Municipais de Moradia

Do ponto de vista das políticas públicas federais, a Lei Federal nº 11.124/2005 instituiu o Sistema Nacional de Habitação de Interesse Social (SNHIS), que tem como objetivo principal implementar políticas

---

prefeitura.sp.gov.br/wp-content/uploads/2014/08/20161221_PMH_PL_bxa.pdf. Acesso em: 1º ago. 2022.

[334] Conforme o artigo 2º: "O Programa Pode Entrar tem por objetivo criar mecanismos de incentivo à produção de empreendimentos habitacionais de interesse social, a requalificação de imóveis urbanos ou aquisição de unidades habitacionais, destinadas às famílias de baixa renda, estabelecendo uma política habitacional de financiamento e locação subsidiados" (SÃO PAULO (Cidade). Lei nº 17.638, de 9 de setembro de 2021. Disciplina o Programa Pode Entrar, estabelecendo regras, mecanismos e instrumentos para sua operacionalização. *Diário Oficial da Cidade*, São Paulo, p. 1, 10 set. 2021a. Disponível em: https://legislacao.prefeitura.sp.gov.br/leis/lei-17638-de-9-de-setembro-de-2021. Acesso em: 7 ago. 2022).

e programas que promovam o acesso à moradia digna para a população de baixa renda.

A Lei nº 11.124/2005 também criou o Fundo Nacional de Habitação de Interesse Social (FNHIS), que desde 2006 centraliza os recursos orçamentários dos programas de Urbanização de Assentamentos Precários e de HIS, inseridos no SNHIS.

O Plano Local de Habitação de Interesse Social (PLHIS) é um conjunto articulado de diretrizes, objetivos, metas, ações e indicadores que caracterizam os instrumentos de planejamento e gestão habitacionais. É a partir de sua elaboração que municípios e estados consolidam, em nível local, a Política Nacional de Habitação, de forma participativa e compatível com outros instrumentos de planejamento local, como os Planos Diretores, quando existentes, e os Planos Plurianuais Locais.

Esse plano ainda não existe para o município de São Paulo, ao menos não da forma preconizada pelo Plano Diretor, embora a Lei nº 11.634/1994 que regulamenta a COHAB, é uma lei municipal que dispõe sobre uma política integrada de habitação para baixa renda.[335]

São quatro as políticas públicas oficiais de moradia para baixa renda no *site* do Município.[336]

Para o PMCMV estão previstos recursos do Fundo de Arrendamento Residencial (FAR) que recebe recursos do Orçamento Geral da União (OGU).

O *Programa Casa da Família* também recebe recursos do FAR, destinado às famílias com renda familiar de até 1.800 reais, e do Fundo de Desenvolvimento Social (FDS), destinado às entidades organizadoras de moradia habilitadas pelo Ministério das Cidades.

Para os demais programas, quais sejam, *Programa de Regularização Fundiária* e *Urbanização de Favelas*, não está clara a origem dos recursos, e nem a ordem de prioridade da alocação de recursos.

Mas existem três fundos associados às políticas públicas propostas: (i) o Fundo Municipal de Saneamento Ambiental e Infraestrutura

---

[335] SÃO PAULO (Cidade). Lei nº 11.632, de 22 de julho de 1994. Dispõe sobre o estabelecimento de uma política integrada de habitação, voltada à população de baixa renda; autoriza a instituição, junto à Companhia Metropolitana de Habitação de São Paulo – COHAB/SP, do Fundo Municipal de Habitação; cria o Conselho do Fundo Municipal de Habitação, e dá outras providências. *Diário Oficial da Cidade*, São Paulo, p. 1, 26 jul. 1994. Disponível em: https://legislacao.prefeitura.sp.gov.br/leis/lei-11632-de-22-de-julho-de-1994. Acesso em: 8 ago. 2022.

[336] PROGRAMA Habitacional em São Paulo. *Programas Habitacionais do Brasil*, [s.l.], [2022]. Disponível em: https://programashabitacionais.com.br/programa-habitacional-em-sao-paulo/. Acesso em: 8 ago. 2022.

(FMSAI), instituído pela Lei Municipal nº 14.934/2009 e destinado a apoiar e suportar ações de saneamento básico e ambiental e de infraestrutura no Município; (ii) o Fundo de Desenvolvimento Urbano (FUNDURB), que recebe recursos provenientes da arrecadação da Outorga Onerosa; (iii) o Fundo Municipal de Habitação (FMH), criado pela Lei nº 11.632/1994, e vinculado à Companhia Metropolitana de Habitação de São Paulo (COHAB/SP), e que pode ser composto por recursos originados da União e do Estado, destinados a programas habitacionais, entre outras origens.

Ainda no início de 2022 o Governo Federal editou a Instrução Normativa nº 1,[337] que regulamenta o Programa de Atendimento Habitacional através do Poder Público (Pró-Moradia), integrante do Casa Verde e Amarela, que tem como objetivo oferecer acesso à moradia adequada à população em situação de vulnerabilidade social e com rendimento familiar mensal de até 3 (três) salários mínimos.

Todos os programas desenvolvidos, entretanto, têm como foco o financiamento da aquisição pelo poder público de unidades habitacionais, e formas de financiamento para aquisição de unidades habitacionais via mercado, por populações vulneráveis, ou de acesso a crédito por essas mesmas populações para a requalificação de moradias, não havendo nenhum mecanismo previsto nos programas analisados que viabilize o acesso à moradia de forma estável, o que permitiria a essas populações a superação da situação de vulnerabilidade.

2.8 A moradia para baixa renda e o Princípio da Solidariedade Ambiental

As leis que hoje impactam o território urbano levam a diferentes leituras jurídicas sobre os conflitos urbanos. São legislações de diversas naturezas, em consonância com o texto constitucional,[338] e trazem explícita ou implicitamente o Princípio da Solidariedade Ambiental.

---

[337] BRASIL. Ministério do Desenvolvimento Regional. *PRÓ-MORADIA*. 10 ago. 2020b. Disponível em: https://www.gov.br/mdr/pt-br/assuntos/habitacao/pro-moradia-2013-programa-de-atendimento-habitacional-atraves-do-poder-publico-selecao-2020. Acesso em: 8 ago. 2022.

[338] Conforme artigo 3º: "Constituem objetivos fundamentais da República Federativa do Brasil: I – construir uma sociedade livre, justa e solidária" (BRASIL. [Constituição (1988)]. *Constituição da República Federativa do Brasil de 1988*. Brasília, DF: Presidência da República, [2020a]. Disponível em: http://www.planalto.gov.br/ccivil_03/constituicao/constituicao.htm. Acesso em: 7 dez. 2020).

O artigo 3º da Carta Magna expressa como objetivo fundamental da República Federativa do Brasil a construção de uma sociedade livre, justa e solidária. A solidariedade compreende a responsabilidade recíproca entre as pessoas e a prontidão para ajudar os menos favorecidos.

A legislação gestada para garantir o cumprimento do direito à moradia é formada por normas com caráter predominantemente ético, que têm como característica principal a ausência de uma sanção em razão de sua violação, já que protegem a coletividade,[339] ao contrário das demais normas incidentes sobre a posse e a propriedade dos bens, que são voltadas à proteção de direitos individuais.

A jurisprudência, entretanto, tem elaborado construções jurídicas com o objetivo de trazer maior eficácia normativa a direitos difusos, como, por exemplo, no caso do dano ambiental. O STJ reconhece, desde 2007, de forma ampla em caso de dano ambiental, a partir da aplicação da Lei nº 6.938/1981, artigo 14, §1º, e do CC, artigo 927, parágrafo único, o nexo causal e a consequente solidariedade.

Assim, entende o STJ que, "para o fim de apuração do nexo de causalidade no dano ambiental, equiparam-se quem faz, quem não faz quando deveria fazer, quem deixa fazer, quem não se importa que façam, quem financia para que façam, e quem se beneficia quando outros fazem".[340]

---

[339] Afirma Miguel Reale que "toda norma ética expressa um juízo de valor, ao qual se liga uma sanção, isto é, uma forma de garantir-se a conduta que, em função daquele juízo, é declarada permitida, determinada ou proibida" (REALE, Miguel. *Lições preliminares de direito*. 25. ed. São Paulo: Saraiva, 2001, p. 33). Há, portanto, sanção, ou deveria haver sanção, na simples desaprovação das pessoas, em diferentes graus e formas de exteriorização.

[340] "Processual civil e ambiental. Natureza jurídica dos manguezais e marismas. Terrenos de marinha. Área de Preservação Permanente. Aterro ilegal de lixo. Dano ambiental. Responsabilidade civil objetiva. Obrigação *propter rem*. Nexo de causalidade. Ausência de prequestionamento. Papel do juiz na implementação da legislação ambiental. Ativismo judicial. Mudanças climáticas. Desafetação ou desclassificação jurídica tácita. Súmula 282/STF. Violação do artigo 397 do CPC não configurada. Artigo 14, §1º, da Lei 6.938/1981. [...]. 7. No Brasil, ao contrário de outros países, o juiz não cria obrigações de proteção do meio ambiente. Elas jorram da lei, após terem passado pelo crivo do Poder Legislativo. Daí não precisarmos de juízes ativistas, pois o ativismo é da lei e do texto constitucional. Felizmente, nosso Judiciário não é assombrado por um oceano de lacunas ou um festival de meias-palavras legislativas. Se lacuna existe, não é por falta de lei, nem mesmo por defeito na lei; é por ausência ou deficiência de implementação administrativa e judicial dos inequívocos deveres ambientais estabelecidos pelo legislador. 8. A legislação brasileira atual reflete a transformação científica, ética, política e jurídica que reposicionou os manguezais, levando-os da condição de risco à saúde pública ao patamar de ecossistema criticamente ameaçado. Objetivando resguardar suas funções ecológicas, econômicas e sociais, o legislador atribuiu-lhes o regime jurídico de Área de Preservação Permanente. 9. É dever de todos, proprietários ou não, zelar pela preservação dos manguezais, necessidade cada vez maior, sobretudo em época de mudanças climáticas e aumento do

A solidariedade permeia os diversos ramos do Direito. Ela é a essência do Direito do Trabalho, onde o empregado frequentemente é a parte mais fraca. Mas, também, é reconhecida, por exemplo, no Direito Empresarial, onde impõe a responsabilidade do sucessor e do grupo econômico pelos danos causados por empresas de um mesmo grupo que, apesar de terem personalidade jurídica própria, estão sob o controle de outras organizações.

No Direito Urbanístico prepondera a regra da solidariedade, princípio intrínseco à função social da cidade. Nesse sentido manifestam Daniela Campos Libório e Nelson Saule Júnior:

> A incorporação da função social das cidades como preceito que deve balizar a política urbana à luz do desenvolvimento sustentável aponta para a construção de uma nova ética urbana, em que os valores da paz, da justiça social, da solidariedade, da cidadania, dos direitos humanos predominem no desempenho das atividades e funções da cidade, de modo que estas sejam destinadas à construção de uma cidade mais justa e humana.[341]

O pleno desenvolvimento das funções sociais da cidade, "por ser do interesse de todos os habitantes da cidade, se enquadra na categoria dos interesses difusos, pois todos os habitantes são afetados pelas atividades e funções desempenhadas nas cidades".[342]

---

nível do mar. [...] 13. Para o fim de apuração do nexo de causalidade no dano ambiental, equiparam-se quem faz, quem não faz, quando deveria fazer, quem deixa fazer, quem não se importa que façam, quem financia para que façam, e quem se beneficia quando outros fazem. 14. Constatado o nexo causal entre a ação e a omissão das recorrentes com o dano ambiental em questão, surge, objetivamente, o dever de promover a recuperação da área afetada e indenizar eventuais danos remanescentes, na forma do artigo 14, §1º, da Lei 6.938/81. 15. Descabe ao STJ rever o entendimento do Tribunal de origem, lastreado na prova dos autos, de que a responsabilidade dos recorrentes ficou configurada, tanto na forma comissiva (aterro), quanto na omissiva (deixar de impedir depósito de lixo na área). Óbice da Súmula 7/STJ. 16. Recurso Especial parcialmente conhecido e, nessa parte, não provido" (SUPERIOR TRIBUNAL DE JUSTIÇA (STJ). *Recurso Especial (REsp) 650728* – Santa Catarina. Relator: Min. Herman Benjamin, Segunda Turma, julgado em 23.10.2007, DJe 02.12.2009. Disponível em: https://scon.stj.jus.br/SCON/GetInteiroTeorDoAcordao?num_registro=200302217860&dt_publicacao=02/12/2009. Acesso em: 25 abr. 2020).

[341] LIBÓRIO, Daniela Campos; SAULE JÚNIOR, Nelson. Princípios e instrumentos de política urbana. *In*: CAMPILONGO, Celso Fernandes; GONZAGA, Álvaro de Azevedo; FREIRE, André Luiz (coord.). *Enciclopédia Jurídica da PUC-SP*. Tomo: Direito Administrativo e Constitucional, coord. por Vidal Serrano Nunes Jr., Maurício Zockun, Carolina Zancaner Zockun, André Luiz Freire. São Paulo: Pontifícia Universidade Católica de São Paulo (PUC-SP), 2017, p. 1-19 Disponível em: https://enciclopediajuridica.pucsp.br/verbete/76/edicao-1/principios-e-instrumentos-de-politica-urbana. Acesso em: 15 abr. 2020.

[342] LIBÓRIO, Daniela Campos; SAULE JÚNIOR, Nelson. Princípios e instrumentos de política urbana. *In*: CAMPILONGO, Celso Fernandes; GONZAGA, Álvaro de Azevedo; FREIRE,

Além disso, envolve, também, o interesse de grupos sociais vulneráveis e a preservação do meio ambiente, motivo pelo qual não há porque diferenciar a tutela do meio ambiente rural da tutela do meio ambiente urbano que, por sua vez, exige um tratamento adequado à preservação da moradia da população de baixa renda.

A partir da noção de função social da cidade, e da possibilidade de extensão da responsabilização pelo descumprimento de normas de Direito Ambiental a todos os envolvidos, é possível refletir sobre a possibilidade jurídica de aplicação do Princípio da Solidariedade Ambiental a todos os que, na qualidade de grandes decisores urbanos – seja gestor público ou empreendedor privado – colaboram para a deterioração da moradia urbana de vulneráveis e, deste modo, assumem o risco de causar danos ao meio ambiente urbano, nos termos do artigo 14, §1º, da Lei nº 6.938/1981.

Nessas condições, para todos os envolvidos – seja o particular ou o gestor público – cabe o dever de respeitar o disposto no PDE, garantindo que não haja prejuízo à sustentabilidade urbana, o que inclui a preservação do direito à moradia na execução dos grandes empreendimentos de infraestrutura.

André Luiz (coord.). *Enciclopédia Jurídica da PUC-SP*. Tomo: Direito Administrativo e Constitucional, coord. por Vidal Serrano Nunes Jr., Maurício Zockun, Carolina Zancaner Zockun, André Luiz Freire. São Paulo: Pontifícia Universidade Católica de São Paulo (PUC-SP), 2017. Disponível em: https://enciclopediajuridica.pucsp.br/verbete/76/edicao-1/principios-e-instrumentos-de-politica-urbana. Acesso em: 15 abr. 2020.

CAPÍTULO 3

DIREITO À MORADIA PARA PESSOAS DE BAIXA RENDA: PERSPECTIVAS DO DIREITO PROCESSUAL CIVIL

A dificuldade de o Poder Judiciário decidir sobre conflitos coletivos que envolvem políticas públicas tem raiz na lógica do Processo Civil Individual (PCI), inadequado à tutela de direitos de natureza diversa, conforme esclarece Virgílio A. da Silva:

> No âmbito jurídico, a comunhão de alguns fatores faz com que a situação fique ainda mais complexa, sobretudo após a promulgação da Constituição de 1988. Essa complexidade é decorrência das seguintes variáveis: de um lado as políticas públicas implementadas pelos governos nunca foi suficiente [sic] para satisfazer a imensa demanda de uma população carente de serviços em quantidade qualidade aceitáveis; de outro lado, a atual Constituição ampliou ainda mais o processo de constitucionalização de temas que já foram vistos como reservados ao campo da política, como a regulação do salário mínimo, a fixação de taxas de juros e a garantia de direitos à saúde, à educação, ao trabalho e à moradia.
>
> A partir desse pano de fundo, o papel do Direito é constantemente colocado à prova, visto que, na tradição liberal, a implementação de políticas públicas nunca foi matéria afeita aos profissionais do Direito. A consequência dessa constatação pode ser percebida quando se analisam decisões judiciais e trabalhos acadêmico-doutrinários. O que geralmente ocorre é a simples transposição de uma racionalidade da tradição liberal, baseada quase que exclusivamente em relações bilaterais – normalmente entre um credor e um devedor – para a área dos direitos sociais. Como será demonstrado adiante, um grande número de operadores do Direito assim encara os desafios suscitados pelos direitos sociais a partir dessa transposição: visto que a Constituição garante, por exemplo, o direito à saúde, se uma pessoa não tem acesso a determinado tratamento médico

ou a um determinado medicamento; então é tarefa do Judiciário garantir que essa pessoa receba o tratamento e o medicamento necessários.[343]

No capítulo anterior foram considerados os limites cognitivos das normas do Direito Material que afetam o direito à moradia e sugeridas novas abordagens a respeito.

Já neste capítulo são analisadas as principais ferramentas do CPC/2015 à disposição do sistema jurídico com potencial para garantir efetiva tutela judicial ao direito à moradia. Casos em que esse direito está subjacente ao litígio também merecem a proteção do Estado, pois o mesmo garante a sustentabilidade urbana.

3.1 A tutela processual de políticas públicas e o CPC/2015

Antes, porém, é necessário fazer uma observação sobre a explosão dos conflitos de massa relacionados às políticas públicas no Brasil, às mudanças no Processo Civil desde 1988 e sua relação com a efetividade da tutela jurisdicional.

O processo de redemocratização introduziu a questão da judicialização das políticas públicas ao Poder Judiciário, trazendo questões de interesse público ao crivo decisório desse Poder. A definição de interesse público implica em uma decisão estatal a dirigir a ação governamental que, por sua vez, contém certo grau de discricionariedade.[344] Isso, porém, não implica o consenso dos cidadãos individualmente, já que a elaboração e a execução de políticas públicas dizem respeito, primordialmente, ao Poder Executivo, uma vez que são decorrentes do cargo exercido e legitimadas pelo processo eleitoral.

Com a judicialização das políticas públicas e com a ausência de instrumentos processuais adequados à tutela pretendida, a atividade judicial desenvolveu diferentes formas de proceder, de acordo com a categoria do direito em jogo, seja individual ou coletivo. A prestação jurisdicional individual decorrente de uma política pública mal implementada é tratada como uma ação que envolve interesse individual. Já as ações coletivas recebem uma abordagem de interesse público.

---

[343] SILVA, Virgílio Afonso da. O Judiciário e as políticas públicas: entre transformação social e obstáculo à realização dos direitos sociais. *In*: GRINOVER, Ada Pelegrini; WATANABE, Kazuo; COSTA, Susana Henriques da. (org.). *O processo para solução de conflitos de interesse público*. Salvador: Juspodivm, 2017, p. 383-396, p. 384.

[344] SALLES, Carlos Alberto de. Processo civil de interesse público. *In*: GRINOVER, Ada Pelegrini; WATANABE, Kazuo; COSTA, Susana Henriques. *O processo para solução de conflitos de interesse público*. Salvador: Juspodivm, 2017, p. 193-227, p. 211.

Essa diferenciação decorre da prática, em que existe um *processo civil de interesse público* em contraposição a um direito processual voltado exclusivamente à solução de controvérsias privadas entre indivíduos singulares. Carlos Alberto de Salles explica:

> A expressão utilizada (processo civil de interesse público), no entanto, tem por finalidade chamar a atenção para uma característica que não é do processo em si, mas do tipo de interesse que passou a ser objeto de adjudicação a partir da introdução em nosso sistema processual das chamadas ações coletivas. Pretende-se, com essa designação, distinguir aquelas lides nas quais a prestação jurisdicional recai sobre interesses individuais de outras, nas quais o objeto do processo é uma decisão sobre um interesse público. Observe-se que a oposição aqui estabelecida não é simétrica entre direito privado e direito público, cuja base está, sobretudo, na definição de um campo de atuação do Estado. O público, no sentido pretendido nesse trabalho, é definido não em contraposição ao privado, mas ao individual, indicando aqueles interesses pertencentes à generalidade das pessoas.[345]

A interdependência entre direito e processo não é um fenômeno observado há pouco tempo, assim como não é recente a constatação dos limites das normas tradicionais de Direito Processual Individual para lidar com conflitos sociais ou coletivos.

Ainda na década de 1980, a partir de estudos empíricos, chegou-se à conclusão que, para conflitos de natureza social, o Direito não poderia se resumir à identificação da norma incidente ao fato, com o emprego de procedimentos destinados à solução de conflitos individuais, como ocorre na fase de conhecimento dos processos que envolvem políticas públicas.[346]

---

[345] SALLES, Carlos Alberto de. Processo civil de interesse público. *In*: GRINOVER, Ada Pelegrini; WATANABE, Kazuo; COSTA, Susana Henriques. *O processo para solução de conflitos de interesse público*. Salvador: Juspodivm, 2017, p. 193-227, p. 194.

[346] "*Revisions of the classical understanding had a subtle impact on thought regarding the nature and importance of procedure. To Realists, procedure seemed even more important than it did to classical theorists because it was inextricably linked to substance. Realism made it clearer that adjudication involved lawmaking, even if that was seen to be interstitial. Due to the Realists' view of the indeterminacy of rights and the contextual nature of legal judgment, this sort of micro-lawmaking seemed to be desirable and not anomalous or improper. In this context, transparency could no longer be the sole goal of procedure. If every lawsuit was a micro-lawmaking process in which rules were defined and redefined in light of a rich understanding of social context, if concepts of fact and law were not objective categories but were to be defined relative to each other, and if in any situation there were multiple and possibly conflicting rules the court might draw on, then the clear line between substance and procedure which classical thought had drawn*

Reconhece Salles nesse sentido que:

> O desenvolvimento mais recente do direito processual reflete a preocupação metodológica de um redimensionamento do objeto de estudo dessa área jurídica, reconhecendo a instrumentalidade dos mecanismos processuais em relação ao direito material. Esse redirecionamento metodológico introduz, como preocupação prioritária, a capacidade do processo de produzir resultados consistentes com as necessidades do direito material. A avaliação desses resultados, por seu turno, somente é possível levando-se em conta os escopos do processo, indicativos das funções a serem por ele exercidas e das finalidades que deve atingir no sistema jurídico e na sociedade.[347]

O elemento político, portanto, é inafastável nesse interesse público, como resume o mesmo autor:

> Em suma, talvez nós não devêssemos pensar o interesse público como algo que o processo político apenas identifica. Melhor colocado, o interesse público, em algum sentido, cristaliza a maneira como o processo político opera no processamento das preferências existentes. Com efeito, como a questão do interesse público está presente em toda a decisão estatal, mesmo naquelas constituintes, sua definição pode ser substancialmente buscada nos fundamentos do próprio sistema político. Afinal, 'entre o interesse de uma comunidade em ter uma fábrica gerando empregos e outra interessada em fechar a mesma fábrica por ser altamente poluidora, a única possibilidade de racionalizar a decisão é escapar da análise dos interesses e tentar descobrir um bem comum', ou seja, um mínimo denominador comum que permita distinguir o interesse privado daquele indivisivelmente pertencente a toda a coletividade.[348]

---

would have to be reconsidered. Once that was done, procedure began to seem both more important and more complex than it had in classical thought. It was no longer just a question of setting up machinery to get the true facts and the correct rule, since these did not exist, at least in the classical sense" (TRUBECK, David M. The handmaiden's revenge: on reading and using the newer sociology of civil procedure. *Law and contemporary problems*, Durham, v. 51, nº 4, p. 111-114, 1988. Disponível em: https://scholarship.law.duke.edu/cgi/viewcontent.cgi?article=3973&context=lcp. Acesso em: 10 fev. 2020).

[347] SALLES, Carlos Alberto de. Processo civil de interesse público. *In*: GRINOVER, Ada Pelegrini; WATANABE, Kazuo; COSTA, Susana Henriques. *O processo para solução de conflitos de interesse público*. Salvador: Juspodivm, 2017, p. 193-227, p. 199.

[348] SALLES, Carlos Alberto de. Processo civil de interesse público. *In*: GRINOVER, Ada Pelegrini; WATANABE, Kazuo; COSTA, Susana Henriques. *O processo para solução de conflitos de interesse público*. Salvador: Juspodivm, 2017, p. 193-227, p. 215.

Além da questão relativa à formulação de pedidos e delimitação do âmbito de cognição do juiz nos processos de interesse público na fase de conhecimento, existe a problemática da execução dos títulos executivos formados dentro dessa lógica pouco favorável à efetivação de direitos sociais.

A diferença entre as fases de conhecimento e de cumprimento de sentença, em que ocorre a execução do título formado em um processo está no sistema processual brasileiro desde os seus primórdios.[349] Na fase de conhecimento assegura-se às partes "as mais amplas garantias processuais, proporcionando cognição *exauriente* no plano horizontal [...] e *exauriente* no plano vertical, com vistas a debelar a situação de crise jurídica que ensejou o litígio, mediante o acertamento da relação jurídica de direito material controvertida".[350]

Já a fase de cumprimento de sentença que segue após o trânsito em julgado "é o meio colocado à disposição do jurisdicionado para o exercício da pretensão executiva, isto é, para obrigar o devedor a satisfazer, forçadamente, o direito previamente declarado",[351] o que requer, portanto, "força coativa".

Quando se está diante de um título executivo criado na lógica do Direito Processual Privado existem instrumentos coercitivos previstos no CPC, mas esses mecanismos não comportam uma transposição automática para o título executivo coletivo, o que colabora para a baixa

---

[349] "O CPC/2015 reserva a expressão processo de execução para designar, exclusivamente, a execução de título extrajudicial, isto é, a fundada nos títulos previstos no art. 784 do CPC/2015 [...]. A opção legislativa em não se empregar a expressão processo de execução aos títulos judiciais se deveu ao fato de que, ordinariamente, as medidas executivas tendentes à satisfação da obrigação decorrente de título judicial se dão nos próprios autos do processo de conhecimento, sem intervalo (processo sincrético). Daí, a preferência pela terminologia cumprimento de sentença. Todavia, ontologicamente, não há absolutamente nada a distinguir a atividade estatal executiva no cumprimento de sentença (título judicial) ou no processo de execução (título extrajudicial), ambas são direcionadas à prática coativa de atos materiais que visam a proporcionar a satisfação forçada de uma prestação devida e inadimplida, a conformar o mundo externo à determinação constante no título executivo. Consequentemente, não se pode negar correção ao designativo execução de título judicial, inclusive como sinônimo da expressão cumprimento de sentença. O cumprimento de sentença é, portanto, uma modalidade de execução" (GAJARDONI, Fernando da Fonseca *et al. Execuções e Recursos*: comentários ao CPC de 2015. 2. ed. Rio de Janeiro: Forense; São Paulo: MÉTODO, 2018a, v. 3, p. 2-3).

[350] GAJARDONI, Fernando da Fonseca *et al. Processo de conhecimento e cumprimento de sentença*: comentários ao CPC de 2015. 2. ed. Rio de Janeiro: Forense; São Paulo: MÉTODO, 2018b, v. 2, p. 2.

[351] GAJARDONI, Fernando da Fonseca *et al. Processo de conhecimento e cumprimento de sentença*: comentários ao CPC de 2015. 2. ed. Rio de Janeiro: Forense; São Paulo: MÉTODO, 2018b, v. 2, p. 2.

eficiência das ações coletivas, que é o meio processual utilizado para a tutela de políticas públicas em base não individual.

Toda a crítica da doutrina ao controle judicial de políticas públicas é baseada na tutela concedida na fase de conhecimento do processo e de forma individualizada, e nada se discute quanto à fase de execução e da força executiva das sentenças que envolvem políticas públicas. Virgílio A. da Silva diagnosticou de forma quase precisa que:

> [...] é possível defender uma forma de ativismo judicial – ou seja, defender que os juízes são legítimos para discutir políticas públicas – e, mesmo assim, sustentar que esse ativismo é limitado por uma série de razões estruturais. Isso significa que, embora o ativismo judicial seja uma possibilidade, ele depende de diversas mudanças estruturais na educação jurídica, na organização dos tribunais e, sobretudo, nos procedimentos judiciais, para que passe a ser possível tratar os direitos sociais e sobre eles decidir de forma coletiva.[352]

Faltou ao autor considerar que, mesmo nas ações coletivas, não há instrumentos que obriguem o gestor público a cumprir a decisão judicial, o que torna o título uma mera declaração de direitos.

Estudos empíricos demonstram que, quando as mesmas regras de Processo Civil Privado são adotadas nos processos de interesse público, multiplicam-se as vantagens para o litigante habitual. O mais grave é que quando se está diante de direitos fundamentais, manipula-se a construção da subjetividade, restringindo-se ou ampliando-se, por meio de artifícios processuais, os efeitos subjetivos da coisa julgada, em razão da "natureza contextual do sujeito".[353]

Isso explica os problemas encontrados por Valle e Dias no que se refere ao controle judicial de políticas públicas para fins de moradia para pessoas de baixa renda. As pesquisadoras identificaram o declínio do uso de ações coletivas, ineficientes porque não existem regras processuais adequadas para a tutela do direito.[354]

---

[352] SILVA, Virgílio Afonso da. O Judiciário e as políticas públicas: entre transformação social e obstáculo à realização dos direitos sociais. *In*: GRINOVER, Ada Pelegrini; WATANABE, Kazuo; COSTA, Susana Henriques da. (org.). *O processo para solução de conflitos de interesse público*. Salvador: Juspodivm, 2017, p. 383-396, p. 393.

[353] Sobre a natureza contextual do sujeito, ver: UNGER, Roberto Mangabeira. *Passion*: an essay on personality. New York/London: The Free Press, 1984. Disponível em: http://www.robertounger.com/en/wp-content/uploads/2017/10/passion-an-essay-on-personality.pdf. Acesso em: 10 fev. 2020.

[354] VALLE, Vanice Regina Lírio; DIAS, Paula do Espírito Santo Oliveira. A litigiosidade na proteção ao direito fundamental à moradia: o caso do Município do Rio de Janeiro.

Entendem as autoras que esse declínio "sugere ou a percepção de inadequação dessa via judicial ou a adoção de litígio estratégico na escolha da via judicial a ser usada",[355] ou seja, elas diagnosticaram uma substituição das ações coletivas por "demandas individuais – com todos os riscos de incongruência entre as decisões que o cenário permite antecipar".[356]

O fenômeno da individualização dos processos que envolvem direitos coletivos e difusos provoca, por sua vez, o agigantamento da estrutura do Poder Judiciário, e dilui a coletividade do direito em jogo. A demanda individual mais eficiente na medida em que garante ao juiz um mecanismo de coerção, "incrementa o risco de respostas jurisdicionais não isonômicas, justamente em um segmento de atuação do Estado destinado à restauração da igualdade",[357] e mantém a implementação de direitos coletivos em compasso de espera.

A doutrina, todavia, esboça soluções para superar os obstáculos à tutela do interesse público. Nesse rumo, Salles propõe, para além do desenvolvimento de mecanismos específicos para a tutela de direitos, o desenvolvimento de critérios para analisar quais processos, dentre os peculiares às diversas instituições, são mais adequados para produzir os resultados esperados pela sociedade.[358]

Essa alternativa é relevante à eleição de processos que devem servir de base para técnicas de agregação de demanda, mas é insuficiente para combater a entrada de diversas ações muito semelhantes no Poder Judiciário, e que devem ser executadas individualmente, retirando, pelo volume a ser apreciado, a força coerciva do Poder Judiciário.

In: PENALVA, Angela *et al* (org.). *Rio de Janeiro:* uma abordagem dialógica sobre o território fluminense. Rio de Janeiro: EDUERJ, 2018a. p. 233-253.

[355] VALLE, Vanice Regina Lírio; DIAS, Paula do Espírito Santo Oliveira. A litigiosidade na proteção ao direito fundamental à moradia: o caso do Município do Rio de Janeiro. *In*: PENALVA, Angela *et al* (org.). *Rio de Janeiro:* uma abordagem dialógica sobre o território fluminense. Rio de Janeiro: EDUERJ, 2018a, p. 233-253, p. 242.

[356] VALLE, Vanice Regina Lírio; DIAS, Paula do Espírito Santo Oliveira. A litigiosidade na proteção ao direito fundamental à moradia: o caso do Município do Rio de Janeiro. *In*: PENALVA, Angela *et al* (org.). *Rio de Janeiro:* uma abordagem dialógica sobre o território fluminense. Rio de Janeiro: EDUERJ, 2018a, p. 233-253, p. 243.

[357] VALLE, Vanice Regina Lírio; DIAS, Paula do Espírito Santo Oliveira. A litigiosidade na proteção ao direito fundamental à moradia: o caso do Município do Rio de Janeiro. *In*: PENALVA, Angela *et al* (org.). *Rio de Janeiro:* uma abordagem dialógica sobre o território fluminense. Rio de Janeiro: EDUERJ, 2018a, p. 233-253, p. 251.

[358] SALLES, Carlos Alberto de. Processo civil de interesse público. *In*: GRINOVER, Ada Pelegrini; WATANABE, Kazuo; COSTA, Susana Henriques. *O processo para solução de conflitos de interesse público*. Salvador: Juspodivm, 2017, p. 193-227, p. 220.

Susana Henriques da Costa sugere a adoção de técnicas de democratização do processo, como as audiências públicas e o *amicus curiae*, pois permitem a oitiva de grupos de interessados, trazendo maior legitimidade às decisões.[359] A proposta pode representar um mecanismo de superação da manipulação da subjetividade, apontada pelo pesquisador. A dificuldade, quando se trata de direitos sociais como a moradia para pessoas de baixa renda, é a operacionalização desses instrumentos, já que os mais afetados pela não observância dos direitos não são considerados parte processual, e não se mobilizam para a utilização dos instrumentos disponíveis.[360]

Para Virgílio A. da Silva, o Judiciário "deveria ser capaz de canalizar as demandas individuais e, em uma espécie de diálogo constitucional, exigir explicações objetivas e transparentes sobre a alocação de recursos públicos por meio de políticas governamentais".[361] A proposta de controle judicial de políticas públicas a partir do controle orçamentário esbarra, na prática, na ausência de quadros técnicos no Poder Judiciário, capazes de acompanhar a execução orçamentária.

As propostas formuladas dão ênfase à fase de conhecimento dos processos de interesse público, mas são insuficientes para garantir a execução do título judicial. O não cumprimento dos direitos fundamentais pelo Poder Judiciário, permite constatar que esse Poder não tem instrumentos de coação para obrigar o gestor público a cumprir o orçamento em favor desse direito, por exemplo.

3.1.1 A tutela de direitos de interesse público e a RPJ

O Poder Judiciário está constantemente sujeito ao controle social, e como resultado desse procedimento sofreu algumas reformas legislativas, como a Emenda Constitucional nº 45/2004.[362] Um dos

---

[359] COSTA, Susana Henriques da. A imediata judicialização dos direitos fundamentais sociais e o mínimo existencial: relação direito e processo. *In*: GRINOVER, Ada Pelegrini; WATANABE, Kazuo; COSTA, Susana Henriques da. *O processo para solução de conflitos de interesse público*. Salvador: JusPodivm, 2017, p. 397-422, p. 419.

[360] Ver itens 1.4.1, 1.4.2 e 1.4.3 desta obra.

[361] SILVA, Virgílio Afonso da. O Judiciário e as políticas públicas: entre transformação social e obstáculo à realização dos direitos sociais. *In*: GRINOVER, Ada Pelegrini; WATANABE, Kazuo; COSTA, Susana Henriques da. (org.). *O processo para solução de conflitos de interesse público*. Salvador: Juspodivm, 2017, p. 383-396, p. 395.

[362] BRASIL. Emenda Constitucional nº 45, de 30 de dezembro de 2004. Altera dispositivos dos arts. 5º, 36, 52, 92, 93, 95, 98, 99, 102, 103, 104, 105, 107, 109, 111, 112, 114, 115, 125, 126, 127, 128, 129, 134 e 168 da Constituição Federal, e acrescenta os arts. 103-A, 103B, 111-A

resultados perseguidos pela alteração constitucional foi a garantia do direito de acesso à Justiça com as seguintes características: (i) inclusiva; (ii) imparcial; (iii) célere; (iv) eficiente; e (v) segura.³⁶³ Esses parâmetros nortearam as escolhas políticas dos deputados e senadores ao elaborar o Projeto de Emenda Constitucional (PEC), todos direcionados à fase de conhecimento do PCI.

Na ocasião, não se enfrentou a questão da tutela de direitos de interesse público, como as políticas públicas, abandonando-se as soluções propostas para maior efetividade da ação coletiva.³⁶⁴

O conceito de processo célere foi construído tendo como referência a fase de conhecimento do processo individual. Para os processos de execução envolvendo outro tipo de direito, todavia, ainda não existe a necessária "força coativa" que viabilizaria uma rápida solução dos litígios nessa fase.

Existem dois grupos de indicadores para a avaliação da qualidade do Poder Judiciário: um tem como foco a produção com ênfase no custo e na duração do processo, e outro a qualidade e "a questão dos benefícios gerados por um dado mecanismo processual, tendo em vista uma situação concreta".³⁶⁵

Para a segunda corrente, a satisfação das partes com o resultado tem importância e a efetividade da tutela jurisdicional passaria a levar em consideração, também, "a capacidade do órgão jurisdicional em conhecer corretamente os fatos apresentados, de mediar e conciliar posições conflitantes, de perceber a verdadeira necessidade das partes e responder às suas expectativas pessoais".³⁶⁶ Tudo isso imporia ao juiz "um juízo de adequação do procedimento e do provimento jurisdicional

---

e 130-A, e dá outras providências. *Diário Oficial da União*, Brasília, DF, p. 9, 31 dez. 2004. Disponível em: http://www.planalto.gov.br/ccivil_03/constituicao/emendas/emc/emc45.htm. Acesso em: 10 ago. 2022.

³⁶³ REFOSCO, Helena Campos. *Ação coletiva e democratização do acesso à Justiça*. São Paulo: Quartier Latin, 2018, p. 75.

³⁶⁴ Helena Campos Refosco descreve toda a trajetória política das emendas constitucionais e projetos de lei, visando uma melhor tutela da ação coletiva, todas frustradas (REFOSCO, Helena Campos. *Ação coletiva e democratização do acesso à Justiça*. São Paulo: Quartier Latin, 2018, p. 72-78).

³⁶⁵ SALLES, Carlos Alberto de. Processo civil de interesse público. In: GRINOVER, Ada Pelegrini; WATANABE, Kazuo; COSTA, Susana Henriques. *O processo para solução de conflitos de interesse público*. Salvador: Juspodivm, 2017, p. 193-227, p. 203.

³⁶⁶ SALLES, Carlos Alberto de. Processo civil de interesse público. In: GRINOVER, Ada Pelegrini; WATANABE, Kazuo; COSTA, Susana Henriques. *O processo para solução de conflitos de interesse público*. Salvador: Juspodivm, 2017, p. 193-227, p. 204.

a uma determinada situação de fato, tomando em consideração não só seus objetivos imediatos [...], mas, também, aqueles mediatos".[367]

O controle social exercido pelo CNJ utiliza o primeiro grupo de indicadores. Atualmente, o controle da eficiência do Poder Judiciário é baseado na métrica quantitativa, medida a partir do resultado do processo individual na fase de conhecimento.

Os parâmetros de controle adotados, porém, aprofundaram a incapacidade institucional de o Poder Judiciário lidar processualmente com direitos coletivos, e de eventualmente "canalizar as demandas individuais"[368] para a sua dimensão coletiva, trazendo para o Poder Judiciário um crônico déficit de eficiência, apesar da elevada produtividade de decisões.

A partir da premissa de que o controle métrico da efetividade, baseada no valor da celeridade, não é suficiente para a prestação jurisdicional exauriente, e que o Processo Civil deve conter mecanismos suficientes para garantir os direitos fundamentais, como é o direito à moradia, e voltada à sua implementação, este capítulo trata dos dispositivos processuais hoje disponíveis para lidar com a tutela dos institutos de Direito Civil relacionados ao direito à moradia para pessoas de baixa renda em situação de vulnerabilidade, para o qual não há adequadas políticas públicas.

3.1.2 O novo CPC e os novos princípios da prestação jurisdicional

Inicialmente é necessário destacar as alterações introduzidas no Direito Processual com a promulgação da Lei nº 13.105/2015 – CPC/2015 –, construída de forma participativa e democrática. A lei agregou, como expresso no seu artigo 1º, novos pontos de vista e possibilidades a partir dos valores e normas fundamentais estabelecidos na Constituição da

---

[367] SALLES, Carlos Alberto de. Processo civil de interesse público. *In*: GRINOVER, Ada Pelegrini; WATANABE, Kazuo; COSTA, Susana Henriques. *O processo para solução de conflitos de interesse público*. Salvador: Juspodivm, 2017, p. 193-227, p. 204.

[368] SILVA, Virgílio Afonso da. O Judiciário e as políticas públicas: entre transformação social e obstáculo à realização dos direitos sociais. *In*: GRINOVER, Ada Pelegrini; WATANABE, Kazuo; COSTA, Susana Henriques da. (org.). *O processo para solução de conflitos de interesse público*. Salvador: Juspodivm, 2017, p. 383-396, p. 395.

República,[369] inaugurando uma nova etapa de diálogo entre o Direito Processual Civil e outros ramos das ciências jurídicas.

Destaca-se no novo CPC o princípio da cooperação, expresso no artigo 6º, segundo o qual "todos os sujeitos do processo devem cooperar entre si para que se obtenha, em tempo razoável, decisão de mérito justa e efetiva".[370] O novo princípio, importado do Direito europeu,[371] é um instrumento apto a permitir uma decisão judicial dialógica, colaborativa, consensual, não necessariamente punitiva.

De acordo com Jessé Torres Pereira Júnior e Thaís Marçal:

> Do art. 6º da Lei nº 13.105/2015 infere-se que o NCPC é um código de sujeitos processuais coparticipativos/cooperativos, afastada a centralidade do juiz ou das partes, daí Marinoni, Arenhart e Mitidiero sublinharem que o novo modelo processual outorga nova dimensão ao papel do magistrado na condução do processo, isonômico na sua condução e assimétrico quando decide, ou seja, (i) é paritário no diálogo e (ii) assimétrico na decisão. Tanto que, segundo Guilherme Rizzo Amaral, o modelo cooperativo pressupõe a efetiva participação das partes na solução do caso, assim como os deveres judiciais: (i) de diálogo; (ii) de auxílio; (iii) e de prevenção.[372]

O princípio da cooperação induz à colaboração entre as partes, "além de gerar o direito de as partes participarem efetivamente do processo, em diálogo como órgão jurisdicional para a construção da solução mais justa para o caso concreto",[373] no âmbito do processo judicial.

---

[369] Conforme o artigo 1º: "O processo civil será ordenado, disciplinado e interpretado conforme os valores e as normas fundamentais estabelecidos na Constituição da República Federativa do Brasil, observando-se as disposições deste Código" (BRASIL. Lei nº 13.105, de 16 de março de 2015. Código de Processo Civil. *Diário Oficial da União*, Brasília, DF, p. 1, 17 mar. 2015. Disponível em: http://www.planalto.gov.br/ccivil03/ato2015-2018/2015/lei/l13105.htm. Acesso em: 7 dez. 2020).

[370] BRASIL. Lei nº 13.105, de 16 de março de 2015. Código de Processo Civil. *Diário Oficial da União*, Brasília, DF, p. 1, 17 mar. 2015. Disponível em: http://www.planalto.gov.br/ccivil03/ato2015-2018/2015/lei/l13105.htm. Acesso em: 7 dez. 2020.

[371] KOCHEM, Ronaldo. Introdução às raízes históricas do princípio da cooperação (kooperationsmaxime). *Revista de Processo*, São Paulo, ano 41, v. 251, p. 75-111, jan. 2016. Disponível em: http://www.mpsp.mp.br/portal/page/portal/documentacao_e_divulgacao/doc_biblioteca/bibli_servicos_produtos/bibli_boletim/bibli_bol_2006/RPro_n.251.04.PDF. Acesso em: 27 jan. 2021.

[372] PEREIRA JÚNIOR, Jessé Torres; MARÇAL, Thaís. A convergência entre cooperação processual e consensualidade administrativa, na gestão do Estado Democrático de Direito. *In*: OLIVEIRA, Rafael Carvalho Rezende; MARÇAL, Thaís. *Temas relevantes de Processo Administrativo*. 20 anos da Lei 9.784/1999. Belo Horizonte, JusPodivm, 2019, p. 102.

[373] PEREIRA JÚNIOR, Jessé Torres; MARÇAL, Thaís. A convergência entre cooperação processual e consensualidade administrativa, na gestão do Estado Democrático de Direito.

Vigente desde 2015, o princípio da cooperação traz reflexos concretos em diversos dispositivos legais, conforme se pode depreender da leitura dos artigos 99, 373, §1º, 378, 493 e 983 da Lei nº 13.105/2015. Ainda estão em desenvolvimento mecanismos mais eficientes para a sua aplicação, os quais não são imunes a críticas. De acordo com Elpídio Donizetti:

> O dever de cooperação, entretanto, encontra limites na natureza da atuação de cada uma das partes. O juiz atua com a marca da equidistância e da imparcialidade, a qual não pode ser comprometida por qualquer promiscuidade com as partes. Por outro lado, o dever do advogado é a defesa do seu constituinte. A rigor, não tem ele compromisso com a realização da justiça. Ele deverá empregar toda a técnica para que as postulações do seu cliente sejam aceitas pelo julgador. Essa é a baliza que deve conduzir o seu agir cooperativo. Em sendo assim, meu caro leitor, retire da cabeça aquela imagem – falsamente assimilada por alguns com o advento do novo CPC – de juiz, autor e réu andando de mãos dadas pelas ruas e advogado solicitando orientação ao juiz para redigir as peças processuais. Não obstante a apregoada cooperação, no fundo, será cada um por si, o que não impede que a lealdade e a boa-fé imperem nas relações processuais.[374]

A opção por um Processo Civil mais dialógico, entretanto, não implica no comprometimento da posição equidistante do juiz em relação às partes, como imaginam alguns críticos. A imparcialidade não pode ser confundida com neutralidade: o juiz é imparcial no julgamento, mas não é neutro diante do desenrolar dos atos processuais.[375]

In: OLIVEIRA, Rafael Carvalho Rezende; MARÇAL, Thaís. *Temas relevantes de Processo Administrativo*. 20 anos da Lei 9.784/1999. Belo Horizonte, JusPodivm, 2019, p. 102.

[374] DONIZETTI, Elpídio. *Curso didático de Direito Processual Civil*. 19. ed. São Paulo: Atlas, 2016, p. 42-43.

[375] De acordo com Elias Marques de Medeiros Neto e colaboradores, "Miguel Teixeira de Sousa ensina que o magistrado tem os seguintes deveres decorrentes da cooperação: (i) dever de esclarecimento (o juiz deve solicitar às partes explicações sobre o alcance de suas postulações e manifestações); (ii) dever de prevenção (as partes devem ser alertadas do uso inadequado do processo e da inviabilidade do julgamento do mérito); (iii) dever de consulta (o juiz deve colher manifestação das partes preparatória de sua própria manifestação ou decisão); (iv) dever de auxílio (incentivar as partes no sentido de superar dificuldades relativas ao cumprimento adequado de seus direito, ônus, faculdades ou deveres processuais)" (SOUSA, Miguel Teixeira de. Aspectos do novo processo civil português. *Revista de Processo*, São Paulo, nº 86, p. 174-184, 1997 apud MEDEIROS NETO, Elias Marques de et al. "Decisão-surpresa" e a sua vedação no Processo Civil brasileiro. *Migalhas*, [s.l.], 27 abr. 2017. Disponível em: https://migalhas.uol.com.br/coluna/cpc-na-pratica/257894/decisao-surpresa--e-a-sua-vedacao-no-processo-civil-brasileiro. Acesso em: 4 jan. 2021).

A primeira contribuição relevante da positivação do princípio no CPC, portanto, é o comando para que o juiz abandone uma posição passiva diante dos atos processuais, usualmente admitida em decorrência da sua neutralidade (ou imparcialidade, para quem confunde ou dois conceitos), e adote uma posição estratégica, com foco na solução do conflito, e não do processo.

A necessidade de um *juiz estratégico* já foi identificada por Susana H. da Costa nos processos que envolvem conflitos de interesse público:

> A definição judicial sobre políticas públicas implica mudança de rumos na gestão da administração e realocação de recursos públicos que podem vir a prejudicar outros direitos sociais. Tudo isso deve ser levado em conta pelo juiz quando da decisão, de forma a equilibrar os valores em jogo e buscar um equacionamento mais adequado do conflito.
>
> A função judicial deve, também, nesse novo contexto, ser estratégica. Essa característica se refere, em especial, à postura adotada pelo magistrado na execução de decisões envolvendo a implementação de políticas públicas, em especial em demandas coletivas. O cumprimento desta espécie de decisão é complexo e desloca para a fase satisfativa do processo um alto grau de atividade cognitiva.[376]

A postura estratégica, hoje, é uma necessidade para que o processo atinja o seu fim maior, qual seja, a solução do conflito subjacente à relação processual. Este é um caminho a ser perseguido pelo magistrado, com fundamento no artigo 6º do CPC/2015, ou seja, no princípio da cooperação.

O dever de cooperação permeia todos os processos judiciais, mas adquire matizes específicos nos processos de interesse público,[377] os quais exigem do juiz um olhar mais aprofundado no emaranhado de questões de Direito Público subjacente ao pedido formulado pelas partes, já que a solução do processo de alguma forma se conecta com uma ação do Poder Executivo. A depender da forma como a decisão judicial for proferida, o processo poderá chegar ao fim do ponto de vista formal sem mesmo solucionar ou comprometer a qualidade da ação administrativa envolvida ou atingida por aquela decisão.

---

[376] COSTA, Susana Henriques da. A imediata judicialização dos direitos fundamentais sociais e o mínimo existencial: relação direito e processo. *In*: GRINOVER, Ada Pelegrini; WATANABE, Kazuo; COSTA, Susana Henriques da. *O processo para solução de conflitos de interesse público*. Salvador: JusPodivm, 2017, p. 397-422, p. 404.

[377] Ver item 3.1 desta obra.

A cooperação serve como uma luva no Processo Civil de interesse público, já que dialoga perfeitamente com o conceito de Administração Dialógica. Nesse rumo, é preciso considerar que, ao menos no campo doutrinário, o modelo de "estado-dirigente, comprometido com a gestão de resultados que efetivem políticas públicas vinculantes traçadas pela Constituição, substitui a imperatividade da clássica teoria da tripartição de poderes que se desenvolveu entre os séculos XVII e XX",[378] esteja superado, já que a democracia pressupõe um diálogo constante entre os diversos atores sociais.

Conforme entendimento da pesquisadora do presente estudo:

> Esta necessidade de participação, no Estado moderno, "põe em relevo uma nova configuração da função administrativa, propondo readequações na estrutura e gestão administrativas, notadamente voltadas à valorização do processo de diálogo", e se refere a quatro diferentes elementos mudanças de atitude desta função: 1) identificação do interesse público de modo compartilhado com a população; 2) ao decréscimo da discricionariedade; 3) atenuação da unilateralidade na formação dos atos administrativos; e 4) às práticas contratuais baseadas no consenso, negociação e conciliação de interesses.[379]

Ao se referir à possibilidade de alteração da forma tradicional de agir da ação administrativa, ou seja, de transformá-la de unilateral em dialógica/consensual, a partir da intervenção judicial, constata-se que o princípio da cooperação é o principal instrumento à disposição do juiz a motivar a realização de negócios jurídicos consensuais, acordos parciais no curso do processo e sentenças parciais que visam reduzir a litigiosidade social e a tutela de direitos fundamentais.

Do princípio da cooperação decorrem, ainda, outros princípios e institutos, como o princípio da vedação da decisão-surpresa, prevista no artigo 10 do CPC/2015.[380]

---

[378] PEREIRA JÚNIOR, Jessé Torres; MARÇAL, Thaís. A convergência entre cooperação processual e consensualidade administrativa, na gestão do Estado Democrático de Direito. *In*: OLIVEIRA, Rafael Carvalho Rezende; MARÇAL, Thaís. *Temas relevantes de Processo Administrativo*. 20 anos da Lei 9.784/1999. Belo Horizonte, JusPodivm, 2019, p. 104.

[379] ARAÚJO, Alexandra Fuchs de. *Participação democrática na administração*: o procedimento da reforma do Plano Diretor da cidade de São Paulo – fase do executivo – gestões Kassab (2006-2012) e Haddad (2013-2016). São Paulo: Quartier Latin, 2019, p. 22.

[380] Conforme o artigo 10: "O juiz não pode decidir, em grau algum de jurisdição, com base em fundamento a respeito do qual não se tenha dado às partes oportunidade de se manifestar,

De acordo com o novo princípio, o juiz, ao vislumbrar a possibilidade de aplicar à sentença o fundamento jurídico não alvitrado por qualquer das partes no processo, deve conceder às partes prazo para que os litigantes se manifestem sobre a matéria inovadora, não sendo possível, do contrário, empregar tal fundamento na motivação do *decisium* sob pena de invalidade do ato.

Os novos princípios renovaram o conceito de contraditório. Originariamente, o contraditório se resumia ao binômio "informação-reação". Com o desenvolvimento dos temas relacionados ao interesse público, contudo, percebeu-se que não era suficiente assegurar apenas o direito à informação relativa à prática de atos envolvendo o Estado no exercício da jurisdição e garantir formalmente o direito à defesa, sendo necessário, também, que o juiz, destinatário da prova, também pudesse participar efetivamente do processo judicial.

Concluiu-se, assim, que a melhor forma de garantir a participação das partes e do juiz no processo, concretizando o princípio do contraditório, seria mediante o diálogo. Nessa medida, o juiz pode solicitar esclarecimentos quando tiver dúvidas, bem como esclarecer as questões e os pontos que entender importantes à resolução do litígio que lhe foi apresentado, não apenas para a fase de conhecimento do processo, mas, também, para a fase de execução.

Desse modo, o próprio CPC/2015 é claro ao afirmar que todos os princípios válidos para a fase de conhecimento do processo também o são para a fase de execução.[381]

Decorrem, também, do princípio da cooperação: o novo conteúdo dado ao instituto da citação pelo CPC;[382] o juízo cooperante;[383] a possibilidade de realização da conciliação em diversos momentos processuais;[384] os negócios jurídicos processuais;[385] as decisões

---

ainda que se trate de matéria sobre a qual deva decidir de ofício" (BRASIL. Lei nº 13.105, de 16 de março de 2015. Código de Processo Civil. *Diário Oficial da União*, Brasília, DF, p. 1, 17 mar. 2015. Disponível em: http://www.planalto.gov.br/ccivil03/ato2015-2018/2015/lei/l13105.htm. Acesso em: 7 dez. 2020).

[381] Conforme esclarecem Fernando da Fonseca Gajardoni e colaboradores, "a parte geral do CPC/2015, como enuncia o próprio título, é aplicável a todos os demais livros da parte especial, inclusive o livro II atinente à execução" (GAJARDONI, Fernando da Fonseca *et al. Processo de conhecimento e cumprimento de sentença*: comentários ao CPC de 2015. 2. ed. Rio de Janeiro: Forense; São Paulo: MÉTODO, 2018b, v. 2, p. 6).

[382] Ver, adiante, item 3.2 desta obra.

[383] Ver, adiante, item 3.4.5 desta obra.

[384] Ver, adiante, item 3.4 desta obra.

[385] Ver, adiante, item 3.4.3 desta obra.

estruturais;[386] as sentenças parciais de mérito;[387] e as novas possibilidades legais de reunião de processos.[388]

3.2 A moradia para a população de baixa renda e a tutela possessória do CPC

O CPC/2015 é explícito ao afirmar que o processo civil será ordenado, disciplinado e interpretado conforme os valores e as normas fundamentais estabelecidos na CF/1988. Em seu artigo 8º, o CPC impõe claramente ao juiz que, ao aplicar o ordenamento jurídico, deve atender aos fins sociais e às exigências do bem comum a fim de resguardar e promover a dignidade humana. Eduardo Cambi e Eduardo de Lima Galduróz expressam, a respeito, que

> A Constituição Federal de 1988 assegura tanto o direito à propriedade (art. 5º, XXII) quanto afirma que a propriedade atenderá a sua função social (art. 5º, XXIII). Também garante a cidadania (art. 1º, I), a dignidade humana (art. 1º, II), a erradicação da pobreza (art. 3º, III), a prevalência dos direitos humanos (art. 4º, II), e o direito fundamental à moradia (art. 6º).
>
> O caráter compromissório da Constituição Federal exige uma interpretação sistemática e impõe uma releitura do direito infraconstitucional. A eficácia irradiante (dimensão objetiva) dos direitos fundamentais vincula o Poder Judiciário, que deve levar a sério os direitos constitucionais.[389]

Essas são, portanto, as bases do Estado brasileiro, as quais apresentam ao intérprete o desafio de buscar a conciliação do direito ao desenvolvimento com os princípios do Estado Liberal e com a lógica do Estado Social. Não são vertentes excludentes: o que se exclui no modelo brasileiro é justamente a possiblidade de o Poder Judiciário referendar políticas (ou a ausência de políticas) que tendam a acentuar as desigualdades sociais.

---

[386] Ver, adiante, item 3.4.4 desta obra.
[387] Ver, adiante, itens 3.4.3 e 3.4.4 desta obra.
[388] Ver, adiante, item 3.4.5 desta obra.
[389] CAMBI, Eduardo; GALDURÓZ, Eduardo de Lima. Função social da posse e ações possessórias (releitura do artigo 927, I, do CPC/73 e perspectiva de interpretação para o artigo 561, I, do NCPC). *In*: ALVIM, Teresa Arruda.; DIDIER JR., Fredie (org.). *Doutrinas essenciais*: novo Processo Civil. 2. ed. São Paulo: Revista dos Tribunais, 2018, v. VI, p. 1082-1132, p. 1083.

É nessa linha que surge o fenômeno que vem sendo chamado pela doutrina de "publicização do direito privado". Para a sua efetivação, é necessário ler o CPC/2015 não com o olhar do intérprete do CPC/1973, mas, sim, a partir da perspectiva dos objetivos constitucionais do Estado brasileiro.

O artigo 8º do CPC/2015,[390] portanto, deve orientar a tutela do direito à moradia, mesmo quando a repercussão do processo sobre esse direito não for explícita, e nortear a proteção da função social da propriedade.

As demandas de maior repercussão no direito à moradia são as ações de desapropriação e de reintegração de posse, movidas por particulares ou pelo poder público.[391]

A tutela possessória que interessa a este estudo está regulamentada nos artigos 554 a 556 do CPC/2015.[392]

Dos dispositivos do CPC atual é possível extrair um sistema de proteção da posse coletiva em área pública e privada e, por consequência, os fundamentos para uma tutela processual da função social da posse e da propriedade.

Algumas características antigas das ações possessórias permanecem, e podem ser bastante adequadas à proteção da função social da posse e da moradia a pessoas vulneráveis. Entre elas destaca-se a fungibilidade, descrita no artigo 554 do CPC/2015 (antigo artigo

---

[390] Conforme artigo 8º: "Ao aplicar o ordenamento jurídico, o juiz atenderá aos fins sociais e às exigências do bem comum, resguardando e promovendo a dignidade da pessoa humana e observando a proporcionalidade, a razoabilidade, a legalidade, a publicidade e a eficiência" (BRASIL. Lei nº 13.105, de 16 de março de 2015. Código de Processo Civil. *Diário Oficial da União*, Brasília, DF, p. 1, 17 mar. 2015. Disponível em: http://www.planalto.gov.br/ccivil03/ato2015-2018/2015/lei/l13105.htm. Acesso em: 7 dez. 2020).

[391] Ver capítulo 1 desta obra.

[392] Como esclarecem Gama e Castro, o antigo CPC/1973 foi redigido tendo como parâmetro o direito possessório positivado no antigo CC e na sua interpretação jurisprudencial, que trazia limitações à tutela possessória, permitindo em seu artigo 923, inclusive, a alegação de domínio no bojo da ação possessória. Ensinam ainda que: "Contudo, de acordo com os ensinamentos de Simão Isaac Benjó, a súmula 487 do STF foi baseada em um equívoco interpretativo do artigo 505, 2ª parte, do CC/1916. Quando o autor promove uma ação arguindo domínio, não há que se falar em ação possessória. Independentemente do nome *iuris* atribuído à ação, a discussão se fundamenta na propriedade e não na posse. Portanto, a correta interpretação do dispositivo seria que, havendo dúvida na prova quanto ao direito de propriedade, não se concederia a posse a quem não tivesse efetivamente o domínio. Em razão desses argumentos, foi editada a Lei 6.820/1980 – Lei Benjó – que deu nova redação ao artigo 923 CPC/1973, não mais se admitindo a exceção de domínio nas ações possessórias" (GAMA, Guilherme Calmon Nogueira; CASTRO, Diana Loureiro Paiva. Proteção possessória no novo Código de Processo Civil: notas à luz da Lei 13.105/2015. *In*: ALVIM, Teresa Arruda; DIDIER JR., Fredie (org.). *Doutrinas essenciais*: Novo Processo Civil. 2. ed. São Paulo: Revista dos Tribunais, 2018, p. 1082-1132, v. VI, p. 1121-1123).

920 do CPC/1973): "consectário da ideia de se atentar para a realidade fática de modo cada vez mais intenso".[393] Isso quer dizer que o Poder Judiciário tem amparo jurídico para conceder a proteção possessória em favor do ocupante quando o pedido é de reintegração de posse, pois é evidente que o proprietário tabular não tem a posse do bem, e os ocupantes podem pleitear a regularização fundiária, através dos diversos instrumentos de urbanização disponíveis no sistema jurídico.[394]

Outra característica útil é o caráter dúplice da ação, que permite ao juiz, a partir das mesmas provas, julgar o mesmo pedido a favor do autor ou do réu. Destaca-se, ainda, a distinção do juízo possessório do petitório e a impossibilidade de exceção de domínio.

No artigo 554, §1º,[395] a lei regulamenta a citação dos ocupantes, determinando a citação pessoal dos ocupantes que forem encontrados no local e a citação por edital dos demais.

Interessante destacar que, na redação do CPC/2015, a citação é conceituada como ato pelo qual são convocados o réu, o executado ou o interessado para integrar a relação processual. Desse modo, o ato não é mais um chamamento para o réu se defender, como era na redação do antigo artigo 219 do CPC/1973.[396]

Esse ato formal não afasta, contudo, a necessidade de o juiz utilizar outros recursos para garantir a ampla publicidade do processo,

---

[393] GAMA, Guilherme Calmon Nogueira; CASTRO, Diana Loureiro Paiva. Proteção possessória no novo Código de Processo Civil: notas à luz da Lei 13.105/2015. *In*: ALVIM, Teresa Arruda; DIDIER JR., Fredie (org.). *Doutrinas essenciais*: Novo Processo Civil. 2. ed. São Paulo: Revista dos Tribunais, 2018, p. 1082-1132, v. VI, p. 1117.

[394] Ver item 2.5.3.4 desta obra.

[395] Conforme artigo 554: "A propositura de uma ação possessória em vez de outra não obstará a que o juiz conheça do pedido e outorgue a proteção legal correspondente àquela cujos pressupostos estejam provados. §1º. No caso de ação possessória em que figure no polo passivo grande número de pessoas, serão feitas a citação pessoal dos ocupantes que forem encontrados no local e a citação por edital dos demais, determinando-se, ainda, a intimação do Ministério Público e, se envolver pessoas em situação de hipossuficiência econômica, da Defensoria Pública. §2º. Para fim da citação pessoal prevista no §1º, o oficial de justiça procurará os ocupantes no local por uma vez, citando-se por edital os que não forem encontrados. §3º. O juiz deverá determinar que se dê ampla publicidade da existência da ação prevista no §1º e dos respectivos prazos processuais, podendo, para tanto, valer-se de anúncios em jornal ou rádio locais, da publicação de cartazes na região do conflito e de outros meios" (BRASIL. Lei nº 13.105, de 16 de março de 2015. Código de Processo Civil. *Diário Oficial da União*, Brasília, DF, p. 1, 17 mar. 2015. Disponível em: http://www.planalto.gov.br/ccivil03/ato2015-2018/2015/lei/l13105.htm. Acesso em: 7 dez. 2020).

[396] SOUZA, Fernando Garcia. *Judicialização de direitos sociais*: o Judiciário como articulador interinstitucional no cumprimento de sentenças coletivas. Dissertação (Mestrado em Direito) – Universidade de São Paulo (USP), São Paulo, 2016, p. 127.

e assim poderá, conforme artigo 554, §3º do CPC/2015, "valer-se de anúncios em jornal ou rádio locais, da publicação de cartazes na região do conflito e de outros meios".[397] Caso não se comprove o esgotamento dos possíveis meios para a ciência real de todos da existência do processo, há risco de nulidade processual.

De nada adianta a citação formal se o ato não for suficiente para comunicar. Por outro lado, é difícil que, em territórios conflituosos, os ocupantes forneçam seus dados para uma citação pessoal. A solução dada é suficiente para garantir a efetiva comunicação da existência da judicialização do conflito.

Nas ocupações coletivas, nos termos do artigo 554, §1º do CPC/2015, o juiz também deverá intimar o Ministério Público e a Defensoria Pública para participarem do contraditório, conforme determina o artigo 565, §2º do CPC/2015[398] em relação à eventual audiência de mediação.

Dos dispositivos apontados, conclui-se que a tutela possessória coletiva é questão de interesse público e, por este motivo, é necessária a atuação do Ministério Público na posição de *custos legis* do direito social em jogo. Evidenciada a dimensão social do direito, a Defensoria também deverá ser convidada a participar do processo.

Com essas alterações, o CPC/2015 instrumentaliza o processo para superar a ausência de correspondência, nas ações possessórias, entre as partes reais e processuais, e cria o papel de um *amicus curiae* legal, a ser exercido pelo Ministério Público e pela Defensoria Pública em defesa dos interesses sociais em jogo.

Esse foi um passo importante na regulamentação do procedimento das ações possessórias coletivas, pois permite uma defesa técnica mais qualificada aos ocupantes e ao direito à moradia. Ademais, é um caminho para se entender o fenômeno das ocupações coletivas urbanas, não mais como uma posse precária a ameaçar o direito de propriedade, pública ou privada, mas como legítima, decorrente de um fenômeno

---

[397] BRASIL. Lei nº 13.105, de 16 de março de 2015. Código de Processo Civil. *Diário Oficial da União*, Brasília, DF, p. 1, 17 mar. 2015. Disponível em: http://www.planalto.gov.br/ccivil03/ato2015-2018/2015/lei/l13105.htm. Acesso em: 7 dez. 2020.

[398] Conforme artigo 565, §2º: "O Ministério Público será intimado para comparecer à audiência, e a Defensoria Pública será intimada sempre que houver parte beneficiária de gratuidade da justiça" (BRASIL. Lei nº 13.105, de 16 de março de 2015. Código de Processo Civil. *Diário Oficial da União*, Brasília, DF, p. 1, 17 mar. 2015. Disponível em: http://www.planalto.gov.br/ccivil03/ato2015-2018/2015/lei/l13105.htm. Acesso em: 7 dez. 2020).

urbano, realizada por uma coletividade, sem outras consequências além da posse por si mesma.[399]

Nesses casos, é uma tese defensável que, em se tratando de área ocupada para fins de moradia, compatível com a política urbana em desenvolvimento pela Administração, há interesse público indisponível na ação, e o poder público não pode abrir mão do dever de manifestar o seu interesse na lide,[400] o que desloca a competência dessas ações para as Varas da Fazenda Pública de São Paulo, mesmo quando as áreas em conflito são privadas.

A atual redação do artigo 557 do CPC/2015[401] veda a alegação de domínio durante a ação possessória, e afirma que mesmo quando há alegação de domínio, isso não implica na manutenção ou reintegração de posse.[402]

Há, para os litígios coletivos, uma exceção a esta regra, já que o §5º do artigo 565 estabelece que as regras para os conflitos possessórios coletivos também se aplicam aos litígios sobre a propriedade coletiva de imóvel.[403] Por serem litígios coletivos, o campo de sua aplicação é, de forma bastante clara, o da função social da posse e da propriedade.

Desse modo, na posse coletiva, existe a possibilidade de redução dos conflitos mediante a aplicação de institutos de regularização

---

[399] Ver item 2.4 desta obra, em que se discutem a teoria objetiva da posse e as três situações de posse: a primeira com conteúdo de direitos; a segunda como requisito para aquisição de direitos reais; e a terceira como posse por si mesma.

[400] Conforme artigo 565, §4º: "Os órgãos responsáveis pela política agrária e pela política urbana da União, de Estado ou do Distrito Federal e de Município onde se situe a área objeto do litígio, poderão ser intimados para a audiência, a fim de se manifestarem sobre seu interesse no processo e sobre a existência de possibilidade de solução para o conflito possessório" (BRASIL. Lei nº 13.105, de 16 de março de 2015. Código de Processo Civil. *Diário Oficial da União*, Brasília, DF, p. 1, 17 mar. 2015. Disponível em: http://www.planalto.gov.br/ccivil03/ato2015-2018/2015/lei/l13105.htm. Acesso em: 7 dez. 2020).

[401] Conforme artigo 557: "Na pendência de ação possessória é vedado, tanto ao autor quanto ao réu, propor ação de reconhecimento do domínio, exceto se a pretensão for deduzida em face de terceira pessoa. Parágrafo único. Não obsta à manutenção ou à reintegração de posse a alegação de propriedade ou de outro direito sobre a coisa" (BRASIL. Lei nº 13.105, de 16 de março de 2015. Código de Processo Civil. *Diário Oficial da União*, Brasília, DF, p. 1, 17 mar. 2015. Disponível em: http://www.planalto.gov.br/ccivil03/ato2015-2018/2015/lei/l13105.htm. Acesso em: 7 dez. 2020).

[402] Ainda é uma prática comum o ajuizamento da ARP fundamentada apenas no domínio. Nesse caso, a solução deve ser a emenda da petição inicial, com a exclusão do fundamento do domínio e descrição pormenorizada dos fundamentos de fato nos quais se baseia o pedido possessório.

[403] Conforme artigo 565, §5º: "Aplica-se o disposto neste artigo ao litígio sobre propriedade de imóvel" (BRASIL. Lei nº 13.105, de 16 de março de 2015. Código de Processo Civil. *Diário Oficial da União*, Brasília, DF, p. 1, 17 mar. 2015. Disponível em: http://www.planalto.gov.br/ccivil03/ato2015-2018/2015/lei/l13105.htm. Acesso em: 7 dez. 2020).

fundiária e da TDC como mecanismos de diluição do conflito urbano inerente às ações possessórias dessa natureza.[404]

Cabe ao autor da ação possessória comprovar a posse da área a ser reintegrada, a turbação ou esbulho e a data dos fatos (artigo 561, incisos I a IV do CPC/2015).

De acordo com o CC, o título não é prova absoluta da propriedade.[405] Esta é condicionada ao efetivo cumprimento da função social, conforme explicitam os artigos 184 e 186 da Carta Magna. Assim, a perquirição sobre o aproveitamento do solo é, ou deveria ser, indissociável tanto para a verificação da posse, quanto da propriedade, nos termos do artigo 561, inciso I, do CPC/2015.

Desse modo, nos litígios possessórios coletivos, a prova do domínio não é suficiente para a tutela protetiva, sendo necessária a discussão da prova do cumprimento da função social da propriedade,[406] compatibilizando-se a lei ao Texto Constitucional. A compreensão da "melhor posse" não deve se fundar apenas no justo título, mas, também, no efetivo exercício da função social da propriedade.[407]

---

[404] Ver itens 2.5.3.2 e 2.5.3.4 desta obra.

[405] Conforme verifica-se da redação dos artigos 1245 a 1247 do CC/2002, o registro é prova *relativa* da propriedade, já que aponta para o proprietário aparente, tanto que, em determinadas circunstâncias, algumas das quais relacionadas ao referido artigo, a presunção pode ser afastada: "Artigo. 1.245. Transfere-se entre vivos a propriedade mediante o registro do título translativo no Registro de Imóveis. §1º. Enquanto não se registrar o título translativo, o alienante continua a ser havido como dono do imóvel. §2º. Enquanto não se promover, por meio de ação própria, a decretação de invalidade do registro, e o respectivo cancelamento, o adquirente continua a ser havido como dono do imóvel. Artigo 1.246. O registro é eficaz desde o momento em que se apresentar o título ao oficial do registro, e este o prenotar no protocolo. Artigo 1.247. Se o teor do registro não exprimir a verdade, poderá o interessado reclamar que se retifique ou anule" (BRASIL. Lei nº 10.406, de 10 de janeiro de 2002. Institui o Código Civil. *Diário Oficial da União*, Brasília, DF, p. 1, 11 jul. 2002b. Disponível em: http://www.planalto.gov.br/ccivil_03/leis/2002/l10406.htm. Acesso em: 10 fev. 2020).

[406] CAMBI, Eduardo; GALDURÓZ, Eduardo de Lima. Função social da posse e ações possessórias (releitura do artigo 927, I, do CPC/73 e perspectiva de interpretação para o artigo 561, I, do NCPC). *In*: ALVIM, Teresa Arruda.; DIDIER JR., Fredie (org.). *Doutrinas essenciais*: novo Processo Civil. 2. ed. São Paulo: Revista dos Tribunais, 2018, v. VI, p. 1082-1132, p. 1097.

[407] "Em outras palavras, a compreensão da 'melhor posse' não deve mais se fundar apenas no 'justo título', mas sim se a posse está cumprindo adequadamente a sua função social. A posse, na dimensão constitucional, é extensão dos bens da personalidade, devendo ser considerada à luz do valor da dignidade humana, voltada à tutela da moradia, do trabalho, do aproveitamento do solo e da potencialização do mínimo existencial" (CAMBI, Eduardo; GALDURÓZ, Eduardo de Lima. Função social da posse e ações possessórias (releitura do artigo 927, I, do CPC/73 e perspectiva de interpretação para o artigo 561, I, do NCPC). *In*: ALVIM, Teresa Arruda.; DIDIER JR., Fredie (org.). *Doutrinas essenciais*: novo Processo Civil. 2. ed. São Paulo: Revista dos Tribunais, 2018, v. VI, p. 1082-1132, p. 1100-1101).

O STJ já entendeu que nem o justo título, nem a função social da posse e da propriedade têm caráter absoluto, e devem ser analisados no contexto fático específico:

> É preciso compreender justo título segundo os princípios da socialidade, da eticidade e da operabilidade, diretrizes estabelecidas pelo Novo Código Civil. Assim, perfilhando-se entendimento da doutrina contemporânea, justo título não pode ser considerado, preponderantemente, sinônimo de instrumento, mas de causa hábil para constituição da posse.
>
> Na concepção acerca da 'melhor posse', a análise do parâmetro alusivo à função social do uso da terra há de ser conjugado a outros critérios hermenêuticos, tendo como norte o justo título, o teor do parágrafo único, do art. 1.201, do Código Civil, sem olvidar as balizas traçadas pela alusão às circunstâncias referidas no art. 1202 do Código Civil.
>
> A função social da posse deve complementar o exame da 'melhor posse' para fins de utilização dos interditos possessórios. Quer dizer, alia-se a outros elementos, tais como a antiguidade e a qualidade do título, não podendo ser analisada dissociada de tais critérios, estabelecidos pelo legislador de 2002, a teor do art. 1.201, parágrafo único, do Código Civil, conferindo-se, inclusive, ao portador do justo título a presunção de boa-fé.
>
> É importante deixar assente que a própria função social da posse, como valor e critério jurídico-normativo, não tem caráter absoluto, sob pena deste Tribunal, caso coteje de modo preponderante apenas um dos fatores ou requisitos integrados no instituto jurídico, gerar insegurança jurídica no trato de tema por demais relevante, em que o legislador ordinário e o próprio constituinte não pretenderam regrar com cláusulas amplamente abertas.[408]

No artigo 562, parágrafo único do atual CPC/2015, assim como no anterior, há garantia de que "contra as pessoas jurídicas de direito público não será deferida a manutenção ou a reintegração liminar sem prévia audiência dos respectivos representantes judiciais".[409]

---

[408] SUPERIOR TRIBUNAL DE JUSTIÇA (STJ). *REsp 1148631/DF*. Rel. Ministro LUIS FELIPE SALOMÃO, Rel. p/ Acórdão Ministro MARCO BUZZI, QUARTA TURMA, julgado em 15/08/2013, DJe 04/04/2014. Disponível em: https://scon.stj.jus.br/SCON/jurisprudencia/toc.jsp?processo=1148631&b=ACOR&thesaurus=JURIDICO& p=true. Acesso em: 14 abr. 2021.

[409] BRASIL. Lei nº 13.105, de 16 de março de 2015. Código de Processo Civil. *Diário Oficial da União*, Brasília, DF, p. 1, 17 mar. 2015. Disponível em: http://www.planalto.gov.br/ccivil03/ato2015-2018/2015/lei/l13105.htm. Acesso em: 7 dez. 2020.

A restrição não impede a concessão da manutenção ou reintegração de posse contra o Estado, apenas veda que a decisão seja proferida em desfavor do poder público sem a sua oitiva, vedação que não existe para a posse de particular.

O CPC/2015, porém, aprofundou as diferenças de tratamento processual entre a posse pública e privada. E, no caso de litígio coletivo, conforme o artigo 565, §4º do CPC/2015,

> os órgãos responsáveis pela política agrária e pela política urbana da União, de Estado ou do Distrito Federal e de Município onde se situe a área objeto do litígio, poderão ser intimados para a audiência, a fim de se manifestarem sobre seu interesse no processo e sobre a existência de possibilidade de solução para o conflito possessório.[410]

No que se refere às ocupações urbanas, esse é um poder-dever do juiz, já que cabe ao poder público zelar pelo direito à moradia e pela sustentabilidade urbana. O não comparecimento em audiência, em caso de litígio coletivo, pode ser interpretado como falta de interesse na reintegração de posse.

Com a finalidade de entender a situação real do território em litígio, o CPC/2015 também prevê o comparecimento pessoal do juiz na área em litígio coletivo,[411] para que a partir da experiência concreta ele possa discernir sobre o direito a ser protegido e as possíveis soluções.

Por outro lado, o CPC/2015, em seu artigo 565, *caput*, permite a concessão de liminar em favor do proprietário mesmo quando a área em litígio estiver ocupada "há mais de ano e dia", desde que antecedida de audiência de mediação,[412] sempre com a participação do Ministério Público e da Defensoria Pública. Isso porque existem ocasiões em que a reintegração de posse é urgente, em que pese a posse estar sendo exercida para fins de moradia, em área pública, e sem nenhuma outra

---

[410] BRASIL. Lei nº 13.105, de 16 de março de 2015. Código de Processo Civil. *Diário Oficial da União*, Brasília, DF, p. 1, 17 mar. 2015. Disponível em: http://www.planalto.gov.br/ccivil03/ato2015-2018/2015/lei/l13105.htm. Acesso em: 7 dez. 2020.

[411] Conforme artigo 565, §3º: "O juiz poderá comparecer à área objeto do litígio quando sua presença se fizer necessária à efetivação da tutela jurisdicional" (BRASIL. Lei nº 13.105, de 16 de março de 2015. Código de Processo Civil. *Diário Oficial da União*, Brasília, DF, p. 1, 17 mar. 2015. Disponível em: http://www.planalto.gov.br/ccivil03/ato2015-2018/2015/lei/l13105.htm. Acesso em: 7 dez. 2020).

[412] Conforme artigo 565: "No litígio coletivo pela posse de imóvel, quando o esbulho ou a turbação afirmada na petição inicial houver ocorrido há mais de ano e dia, o juiz, antes de apreciar o pedido de concessão da medida liminar, deverá designar audiência de

destinação imediata de interesse público, como ocorre no caso de áreas de risco.[413]

O artigo 559 do CPC/1915 inova ao possibilitar que o possuidor permaneça na posse mediante caução, mas esta pode ser dispensada nos casos de hipossuficiência econômica, como se confere nos artigos 300, §1º, e 678 do mesmo instituto. Tais instrumentos podem ser utilizados pelo Poder Judiciário para garantir a proteção possessória em favor de vulneráveis, nas mesmas situações do artigo 565, quando a liminar não é deferida em favor do autor da ação e não há risco efetivo de vida com a permanência dos ocupantes na área.

Os novos institutos, portanto, permitem a leitura de que a melhor posse não é baseada apenas no título. Ao apreciar um pedido de reintegração ou manutenção de posse, o juiz deverá ponderar a sustentabilidade urbana em sua decisão e, a partir dos dispositivos mencionados, fazer emergir o interesse público preponderante.

Transportado o ponto controverso ao âmbito do Direito Público, podem ser aplicados ao caso concreto, os instrumentos de operacionalização das políticas públicas de desenvolvimento urbano, os quais permitem a tutela coletiva da *posse por si mesma*.

Há, sem dúvida, uma evolução dos instrumentos possessórios processuais em favor da tutela coletiva de direitos possessórios, embora sejam mudanças sutis e que requerem uma interpretação conjunta com outros institutos processuais introduzidos na lei processual. Tais ações colaboram para a garantia do direito à moradia das populações vulneráveis, enquanto as políticas públicas de moradia na cidade de São Paulo não possuem densidade normativa suficiente para garantir a redução dos conflitos urbanos sem intervenção do Poder Judiciário.

---

mediação, a realizar-se em até 30 (trinta) dias, que observará o disposto nos §§2º e 4º" (BRASIL. Lei nº 13.105, de 16 de março de 2015. Código de Processo Civil. *Diário Oficial da União*, Brasília, DF, p. 1, 17 mar. 2015. Disponível em: http://www.planalto.gov.br/ccivil03/ato2015-2018/2015/lei/l13105.htm. Acesso em: 7 dez. 2020).

[413] Essas ações, nos dias atuais, deveriam ser renomeadas, pois na prática se referem a situações que demandam a administração de riscos pelo poder público, com a participação do Poder Judiciário. Evento dessa natureza ocorre em ação envolvendo o Parque Juliana, Processo nº 1056966-40.2019.8.26.0053. O Município ajuizou ação envolvendo áreas de risco R1, R2, R3 e R4, pretendendo a reintegração de posse em razão do risco de desabamento. Foi realizada perícia prévia e concedida liminar parcial para os territórios em R3 e R4 (risco mais elevado e sem condições de superação). Enquanto não removidas as populações para outro local seguro, foi formada uma brigada para o gerenciamento do risco pela comunidade.

3.3 Conflitos legislativos no Poder Judiciário: os complexos processos de mudança institucional

A promulgação dos novos CC e CPC, ocorrida já no século XXI, teve entre suas finalidades a instrumentalização do Poder Judiciário em lidar com os novos conflitos que lhe são submetidos, de acordo com a evolução da sociedade. Uma mudança legislativa, entretanto, não opera, necessariamente, transformações no mesmo momento em que a nova lei entra em vigor.[414]

A tendência na prática jurídica é a permanência na forma de interpretar o Direito. Essa situação leva alguns pesquisadores a entenderem que o Poder Judiciário realiza um pré-julgamento em processos em que estão em jogo a posse e a propriedade. Isso ocorre a partir de dois argumentos básicos: em primeiro lugar, a utilização de termos utilizados para qualificar os ocupantes, quase sempre denominados "invasores".[415]

Em segundo lugar, a fundamentação mais frequentemente empregada

> [...] privilegia o título de propriedade da terra como prova irrefutável; não invoca direitos humanos e direitos fundamentais como fundamentos da decisão; e não crê na responsabilidade de o próprio Poder Judiciário garantir a não violação e promover a não violação [...] do direito à moradia adequada.[416]

---

[414] Conforme explica Flávio da Cunha Rezende: "Thelen (2003) enfatiza que um dos problemas decisivos para o avanço da teorização sobre a mudança institucional reside na habilidade dos analistas em identificar mais precisamente os fatores e as condições que promovem (ou inibem) a emergência de tipos específicos de mudança nas instituições. [...]. Os modelos tradicionais enfrentam severas limitações em dar vazão ao papel de fatores considerados estruturais, que se configuram ao longo de lentos processos de erosão das formas preexistentes, e focalizar prioritariamente os processos mais agudos e descontínuos de mudança. Este fato é especialmente problemático em vista da importância crucial dos efeitos de retroalimentação positiva (*positive feedback*) que essas teorias usualmente assumem. Se os agentes se adaptam e se alinham com as instituições existentes, o equilíbrio irá se reforçar no tempo, deixando pequenas margens para a promoção de mudanças. Diante dessa tendência, as análises das reformas terminam por incorrer no equívoco típico de desconsiderar as lentas erosões, conferindo mais importância aos estágios finais ou mais agudos da mudança. Ao focalizar na noção da mudança como 'ruptura com a estabilidade', as teorias tradicionais tendem a não dar relevância à suposição de que as mudanças ocorrem de forma contínua e gradual" (REZENDE, Flávio da Cunha. Da exogeneidade ao gradualismo: inovações na teoria da mudança institucional. *Revista Brasileira de Ciências Sociais*, São Paulo, v. 27, nº 78, p. 113-194, fev. 2012, p. 118).

[415] MILANO, Giovanna Bonilha. *Conflitos fundiários urbanos e Poder Judiciário*. Curitiba: Ithala, 2017, p. 245.

[416] MILANO, Giovanna Bonilha. *Conflitos fundiários urbanos e Poder Judiciário*. Curitiba: Ithala, 2017, p. 245.

A dificuldade de transformação do Poder Judiciário, entretanto, não é uma característica exclusiva desta instituição. As teorias da mudança institucional ainda são um dos principais desafios para o neoinstitucionalismo,[417] em especial porque o processo de transformação institucional tende a ser paulatina.

Entre os modelos possíveis para compreender os processos de transformação institucional, o modelo do conflito distributivo e mudança gradual se adequa à análise da forma como o Poder Judiciário decide em relação a conflitos fundiários urbanos.

Nesse modelo há uma interligação entre mudança e estabilidade que, de acordo com James Mahoney e Kathleen Thelen, pode ser assim compreendida:

> [...] a ambiguidade típica das instituições gera espaços de interpretação, debate e contestação por parte dos agentes, introduzindo possibilidades para a mudança endógena. Não é o grau de formalização institucional que está associado à ambiguidade e ao problema de implantação das regras. Mesmo quando se trata de executar regras altamente formais, os agentes criam "espaços políticos" de interpretação, abrindo considerá-veis lacunas para a ocorrência de conflitos em torno do significado, da aplicação e das formas específicas de alocação dos recursos; lacunas que permitem a emergência de novos modelos institucionais.[418]

As transformações operadas pela nova legislação civil e processual civil são sutis e vêm sendo introduzidas de forma progressiva desde 1988, já que são provocadoras de mudanças de valores bastante enraizados na sociedade e nas instituições jurídicas. Os conflitos de significados, na medida em que são evidenciados, podem permitir a emergência de novos modelos institucionais.

Como exemplo de alterações dessa natureza ocorridas no início do século XXI, pode-se citar o caso da França. Após intensos conflitos urbanos pela falta de políticas adequadas de moradia,[419] foi aprovada,

---

[417] REZENDE, Flávio da Cunha. Da exogeneidade ao gradualismo: inovações na teoria da mudança institucional. *Revista Brasileira de Ciências Sociais*, São Paulo, v. 27, nº 78, p. 113-194, fev. 2012, p. 114.

[418] MAHONEY, James; THELEN, Kathleen. *Explaining institutional change*: ambiguity, agency and power. Nova York: Cambridge University Press, 2010 apud REZENDE, Flávio da Cunha. Da exogeneidade ao gradualismo: inovações na teoria da mudança institucional. *Revista Brasileira de Ciências Sociais*, São Paulo, v. 27, nº 78, p. 113-194, fev. 2012, p. 121.

[419] Na França, havia três leis relativas à moradia, todas muito mal implementadas. A evolução legislativa se deu a partir de dois eventos catalisadores: o incêndio de um edifício de moradia temporária, em agosto de 2005, e a retirada violenta de pessoas de um edifício

em 2007, uma reforma legislativa que resultou da publicação do *droit au logement opposable* (DALO)[420] – lei que garantiu o direito à moradia judicialmente exigível.

No procedimento estabelecido pelo DALO, o indivíduo que necessita de uma moradia preenche uma petição, a qual é encaminhada a um Comitê de Negociação local, numa fase administrativa pré-processual. Durante o tempo de mediação, que pode levar até seis meses, a Prefeitura deve providenciar uma moradia provisória adequada, caso seu pedido seja considerado emergencial.

Desde a sua entrada em vigor, o DALO enfrenta diversas críticas, já atravessou uma revisão legislativa em 2018[421] e, apesar de não ter apresentado os resultados esperados, trouxe alguns avanços. O primeiro e mais significativo foi provocar a mudança institucional, que referendou o controle judicial sobre a política pública de moradia, estabelecendo critérios para o controle, financiamento garantido e metas de moradia para populações de baixa renda fixadas para cada região da cidade. Em contrapartida, há obrigação de resultado ao gestor público, que pode sofrer pena pecuniária em caso de descumprimento.

Com o estabelecimento dos parâmetros mínimos da política pública nacional também se garantiu o atendimento do direito à moradia individual: a "fila" da moradia não pode mais ficar parada. Caso o gestor público não apresente uma alternativa, num prazo razoável, terá que arcar com o custo de uma alternativa judicial.

O DALO não resolve as questões de moradia na França (missão impossível diante dos constantes desafios políticos a que estão sujeitos os direitos sociais fundamentais), mas certamente trouxe um caminho a ser seguido pelo cidadão e pela sociedade civil na judicialização das questões da moradia.

A lei também trouxe possibilidades de transformação institucional ao Poder Judiciário francês, disponibilizando aos magistrados instrumentos para lidar com as questões de moradia fora do instituto

---

abandonado e ocupado desde 2003, em agosto de 2006 (LEVY-VROELANT, Claire. The right to housing in France: still a long way to go from intention to implementation. *Journal of Law and Social Policy*, Ontario, v. 24, p. 88-108, 2015, préc., note 3).

[420] FRANÇA. LOI n° 2007-290 du 5 mars 2007 instituant le droit au logement opposable et portant diverses mesures en faveur de la cohésion sociale. *Journal officiel de la République française (JORF)*, Paris, n° 55, texte 4, sur 119, 6 mar. 2007. Disponível em: https://www.legifrance.gouv.fr/download/pdf?id=sCdd6eoWIJfIOJ9DaCEgxN2zup93I6QTVIOrDQLksWk=. Acesso em: 27 jul. 2022.

[421] LEVY-VROELANT, Claire. The right to housing in France: still a long way to go from intention to implementation. *Journal of Law and Social Policy*, Ontario, v. 24, p. 88-108, 2015.

tradicional da reintegração de posse e com observância da necessidade de função social da cidade.

O DALO é um exemplo de avanço da política pública e do controle judicial dessa política a partir da lei, já que a sua aprovação possibilitou não apenas o desenvolvimento de instrumentos para conhecer as necessidades a serem supridas pelo Estado como, também, sistematizou a judicialização e o diálogo a ser travado entre Executivo e Judiciário no aperfeiçoamento da política pública.

A experiência do DALO, na França, trouxe os seguintes pontos positivos a serem incorporados na experiência brasileira: (i) explicitou a demanda por moradia para pessoas de baixa renda; (ii) estabeleceu uma vinculação entre as políticas públicas de moradia, de assistência social e a judicialização do Direito; (iii) criou um procedimento específico para a tutela individual do Direito, com a possibilidade de conciliação entre o poder público e o cidadão, garantindo, portanto, a tutela individual do Direito; (iv) estabeleceu parâmetros para o controle da tutela coletiva do Direito e da Política.

No Brasil, as vantagens de uma legislação como o DALO podem ser incorporadas pelo Poder Judiciário ao menos no que diz respeito ao procedimento judicial estabelecido, pois existem métodos integrativos de solução de conflitos[422] à disposição do Poder Judiciário, que se desenvolveram a partir da convicção das limitações do método judicial tradicional de solução de conflitos.[423]

3.4 Uma nova abordagem da fase de Execução do Processo

As alterações sofridas pelo CPC abriram caminho para uma mudança institucional. Talvez seja possível, a partir dessas alternativas,

---

[422] Como afirma Fernando G. Souza: "Fora ou dentro do contexto judiciário, o discurso em prol da adoção de técnicas de negociação, mediação e conciliação, com suas diversas nuanças diferenciadoras, vem ganhando corpo como mecanismos de resolução adequada de disputas (RAD), dentro de um sistema multiportas de solução de conflitos" (SOUZA, Fernando Garcia. *Judicialização de direitos sociais:* o Judiciário como articulador interinstitucional no cumprimento de sentenças coletivas. Dissertação (Mestrado em Direito) – Universidade de São Paulo (USP), São Paulo, 2016, p. 139).

[423] José Eduardo Faria (2004) e Alexandre Amaral Gavronski (2010) destacam a ineficácia dos mecanismos processuais utilizados para dirimir os novos conflitos de escala que caracterizam a sociedade pós-moderna (FARIA, José Eduardo. *O Direito na economia globalizada.* São Paulo: Malheiros, 2004; GAVRONSKI, Alexandre Amaral. *Técnicas extraprocessuais de tutela coletiva:* a efetividade da tutela coletiva fora do processo judicial. São Paulo: Revista dos Tribunais, 2010).

construir novas abordagens de judicialização do direito à moradia, que possam colaborar com o desenvolvimento de suas políticas públicas.

Além das alterações sofridas pela tutela possessória, o CPC estimula métodos integrativos de solução de demandas que, ao lado do princípio da cooperação,[424] estimulam novos desfechos para ações que envolvem políticas públicas.

Existe uma forte discussão na esfera judicial sobre a possibilidade de realização de acordos por parte do poder público. A questão é bem solucionada por Fernando Garcia Souza:

> Com vistas na necessidade de flexibilizar o procedimento a fim conferir maior efetividade ao processo, o Novo CPC prevê expressamente a possibilidade de as partes estipularem mudanças no procedimento para ajustá-lo às especificidades da causa, nos termos dos artigos 190 e 191. Conforme mencionado anteriormente, trata-se da previsão legal de estabelecimento de negócios jurídicos processuais, em que a autonomia da vontade modela a estrutura procedimental.
>
> [...] embora o art. 190, *caput*, preveja a possibilidade de realização do acordo processual apenas nos casos em que seja possível a autocomposição sobre o direito material, ressalta-se que, no processo civil de interesse público há indisponibilidade do interesse público, mas não a impossibilidade de autocomposição – a exemplo da previsão legal de celebração de Termos de Ajustamento de Conduta , o que permite a celebração de negócios jurídicos processuais.[425]

Existe uma tendência a se aguardar o trânsito em julgado da ação para dar início à aplicação de qualquer método integrativo de solução de controvérsia em processos que envolvem políticas públicas. Esse comportamento das partes e dos juízes é assim justificado por Fernando G. Souza:

---

[424] O artigo 5º do projeto do CPC estabelece que "as partes têm direito de participar ativamente do processo, cooperando com o juiz e fornecendo-lhe subsídios para que profira decisões, realize atos executivos ou determine a prática de medidas de urgência". Com base nesse artigo, a doutrina estabeleceu que "o juiz tem deveres de esclarecimento, de diálogo, de prevenção e de auxílio para com os litigantes. Esses deveres consubstanciam as regras que estão sendo enunciadas quando se fala em colaboração no processo" (MARINONI, Luiz Guilherme; ARENHART, Sérgio Cruz; MITIDIERO, Daniel. *Novo curso de processo civil*: tutela dos direitos mediante procedimento comum. 3. ed. São Paulo: Revista dos Tribunais, 2017, v. 2, p. 171).

[425] SOUZA, Fernando Garcia. *Judicialização de direitos sociais*: o Judiciário como articulador interinstitucional no cumprimento de sentenças coletivas. Dissertação (Mestrado em Direito) – Universidade de São Paulo (USP), São Paulo, 2016, p. 130.

[...] há a necessidade de perpassar a fase de cognição do processo, com amplos debates acerca do mérito do caso, e com toda a sorte de argumentos pertinentes trazidos pelas partes em juízo – e também pela comunidade afetada. Em razão disso, não será esse o momento específico para realização do acordo. Este será elaborado de forma negociada entre as partes e articulada pelo Poder Judiciário, depois da decisão de mérito, na fase do cumprimento de sentença.

Isso porque eventuais decisões de procedência, nos diversos níveis hierárquicos dos tribunais, alteram o equilíbrio de poder entre os interessados e os agentes políticos e administrativos com incumbência para realizar as políticas públicas almejadas. Trata-se, de plano, da tomada de posição de um dos ramos do poder, que constata uma situação de violação legal ou constitucional, em razão da omissão do Poder Público, e que servirá como marco judicial para superar os entraves burocráticos existentes.[426]

Nas ações que envolvem políticas públicas existe a tendência (com base na tradição jurídica) de a negociação iniciar apenas com o trânsito em julgado. Quando, porém, a questão processual diz respeito à moradia, o CPC/2015 expressamente recomenda que a negociação inicie antes, conforme se confere na redação do artigo 565, *caput*, do CPC/2015:

> No litígio coletivo pela posse de imóvel, quando o esbulho ou a turbação afirmada na petição inicial houver ocorrido há mais de ano e dia, o juiz, *antes de apreciar o pedido de concessão da medida liminar, deverá designar audiência de mediação*, a realizar-se em até 30 (trinta) dias, que observará o disposto nos §§2º e 4º.[427]

A partir desse comando, presume-se que o juiz deverá, ao menos, tentar a negociação antes de conceder a liminar, que poderá ser tentada nos diversos momentos do processo, sempre que o juiz sentir que há possibilidade de sucesso.

Assim, como a utilização do Poder Judiciário é um recurso de barganha[428] às partes, os instrumentos processuais também são meios à disposição do juiz com vistas à pacificação social.

---

[426] SOUZA, Fernando Garcia. *Judicialização de direitos sociais:* o Judiciário como articulador interinstitucional no cumprimento de sentenças coletivas. Dissertação (Mestrado em Direito) – Universidade de São Paulo (USP), São Paulo, 2016, p. 117.

[427] BRASIL. Lei nº 13.105, de 16 de março de 2015. Código de Processo Civil. *Diário Oficial da União*, Brasília, DF, p. 1, 17 mar. 2015. Disponível em: http://www.planalto.gov.br/ccivil03/ato2015-2018/2015/lei/l13105.htm. Acesso em: 7 dez. 2020.

[428] Recursos de barganha são "táticas e estratégias utilizadas por protagonistas e antagonistas para influenciar os decisores a tomar ou não tomar determinada decisão (como recursos financeiros, capacidade de mobilização da opinião pública, capacidade de construção de coalizões" (FISHER, Stacy. *Strategic influence in legislative lobbying*: context, targets, and

3.4.1 Os instrumentos de execução forçada na ação coletiva e o experimentalismo jurídico

O experimentalismo jurídico baseia-se na ideia de que "o possível não está predeterminado e que há uma relação íntima entre o entendimento do real e a imaginação desse possível. O possível que conta é o que está adjacente e, nesse sentido, a escolha das instituições será decisiva para permitir o processo coletivo de descobri-lo e construí-lo".[429]

Não se trata de um programa, mas, sim, de uma dinâmica, cuja prática se orienta por interesses que partiram de experiências individuais e coletivas compartilhadas.

A utilização de instrumentos de conciliação para a solução de demandas que envolvem o Direito Público, em especial em questões procedimentais e na garantia de uma execução mais célere e menos onerosa, é uma das propostas do experimentalismo jurídico, ou seja, é uma prática coletiva de descoberta e de aprendizagem.[430]

As decisões em ações que envolvem políticas públicas são simples, entretanto, complexas. Conforme diagnóstico de Eduardo José da Fonseca Costa, "em boa processualística, trata-se de sentenças condenatórias de cumprimento de obrigações de fazer. Mais: trata-se de sentenças eminentemente normativas, dotadas de força geral e impessoal, que são menos jurisdicionais que regulamentares".[431]

A natureza das sentenças condenatórias não combina com a das políticas públicas e o processo político a elas subjacente. A ponderação de Susana H. da Costa sobre a função judicial em ações que envolvem políticas públicas é, portanto, pertinente, ou seja, uma função eminentemente estratégica:

---

tactics. New York: Palgrave Macmillan, 2015 *apud* RUIZ, Isabela; BUCCI, Maria Paula Dallari. Quadro de problemas de políticas públicas: uma ferramenta para análise jurídico-institucional. *Revista de Estudos Institucionais*, Rio de Janeiro, v. 5, nº 3, p. 1142-1167, 2019, p. 1155. Disponível em: https://estudosinstitucionais.com/REI/issue/view/10. Acesso em: 15 jun. 2020). Ver, adiante, item 4.1 desta obra.

[429] TEIXEIRA, Carlos Sávio. Experimentalismo e democracia em Unger. *Lua Nova*, São Paulo, v. 80, p. 45-69, 2010, p. 46. Disponível em: https://www.scielo.br/j/ln/a/NP84XnLSyrDMmJHkKtq9KFh/?format=pdf&lang=pt. Acesso em: 5 maio 2020.

[430] As possibilidades nesse campo são infinitas. Numa ação coletiva dessa natureza, o credor pode se comprometer a organizar a documentação e digitalizá-la diante da falta de recursos do ente público; pode, também, se comprometer em treinar e ampliar a rede de fornecedores de um bem escasso etc. (nota desta autora).

[431] COSTA, Eduardo José da Fonseca. A "Execução Negociada" de políticas públicas em juízo. *Revista do Ministério Público do Rio de Janeiro*, Rio de Janeiro, nº 59, p. 109-136, jan./mar. 2016, p. 114. Disponível em: http://www.mprj.mp.br/documents/20184/1275172/Eduardo_Jose_da_Fonseca_Costa.pdf. Acesso em: 2 maio 2020.

Essa característica se refere, em especial, à postura adotada pelo magistrado na execução de decisões envolvendo a implementação de políticas públicas, em especial em demandas coletivas. O cumprimento desta espécie de decisão é complexo e desloca para a fase satisfativa do processo um alto grau de atividade cognitiva. O objetivo é a concretização da política pública determinada pela sentença, mas até lá haverá muito a se decidir. Para que se chegue ao objetivo, deve o juiz traçar uma estratégia, um plano de atuação, incluindo a mediação entre as partes envolvidas, do que já advém a também necessidade de que o magistrado exerça uma função mediadora.

Exigir que o executado simplesmente cumpra o teor da decisão em determinado prazo (postura negativamente formalista), sem acompanhar esse cumprimento, seja diretamente, seja via um técnico nomeado para esta finalidade, torna as chances de êxito da execução pequenas. A execução precisa, nesses casos, da elaboração de um plano específico, porém flexível e sujeito a eventuais adaptações que se façam necessárias. Deve, também, ter o acompanhamento detido pelo juiz do cumprimento do plano e dos prazos. Esse é o juiz estrategista.[432]

Ao ser proferida uma sentença condenatória coletiva envolvendo políticas públicas em processo de regularização fundiária ou de remoção de populações de áreas de risco, o meio de coerção disponível para o juiz é, exclusivamente, a multa processual pelo não cumprimento da decisão no prazo assinalado.

A multa fixada na sentença, entretanto, ficará para ser adimplida por meio de ofício requisitório, com pagamento mediante precatório, com prazo indeterminado.

Uma situação inusitada que pode acontecer é a ARP movida pelo Município para remoção de populações de área de risco. Julgada procedente a ação, o Município pode não ter interesse no cumprimento da decisão, pois não tem verba para o auxílio-aluguel[433] ou, então, não tem para onde remover as pessoas, que sequer são individualizadas no processo. Pode o juiz aplicar uma multa contra o próprio autor porque não cumpriu a decisão judicial proferida conforme o seu pedido? Qual a utilidade dessa multa?

Por essas razões, os instrumentos tradicionais de execução forçada não atingem o resultado almejado nas ações que envolvem

---

[432] COSTA, Susana Henriques da. A imediata judicialização dos direitos fundamentais sociais e o mínimo existencial: relação direito e processo. *In*: GRINOVER, Ada Pelegrini; WATANABE, Kazuo; COSTA, Susana Henriques da. *O processo para solução de conflitos de interesse público*. Salvador: JusPodivm, 2017, p. 397-422, p. 404.

[433] Ver item 2.6 desta obra.

políticas públicas, ao menos não da forma como são utilizados numa ação que envolve o Direito Privado.

Existe, é verdade, a possibilidade de responsabilização por improbidade administrativa, a intervenção do Estado e Município e a responsabilização criminal dos gestores.[434] Essas, porém, não são medidas eficientes na fase de execução e não há registro de casos em que a sua aplicação, de forma exclusiva, tenha resultado na implantação judicial de uma política pública.[435]

Os motivos da inadequação dos instrumentos de execução decorrem da própria relação de Direito Público subjacente aos processos que envolvem políticas públicas. Primeiramente, a dinâmica que marca as políticas públicas ainda não foi propriamente absorvida pelo Direito;[436] ainda, o próprio objeto da política pública é volátil, com necessidade de revisões e novos planejamentos; finalmente, políticas públicas são sujeitas a um policentrismo[437] difícil de ser apreendido no processo. Ademais, não se pode negligenciar o aspecto orçamentário, que é desconsiderado pelo título judicial.

As penalidades legais para a execução individual são inúteis à tutela coletiva e, *se empregadas da mesma forma como no PCI*, elas ainda podem consistir num obstáculo ao desenvolvimento da política

---

[434] Conforme o artigo 77, inciso IV do CPC, "é um dos deveres da parte cumprir com exatidão as decisões jurisdicionais, de natureza provisória ou final, e não criar embaraços à sua efetivação". De acordo com o mesmo artigo: "§1º. Nas hipóteses dos incisos IV e VI, o juiz advertirá qualquer das pessoas mencionadas no caput de que sua conduta poderá ser punida como ato atentatório à dignidade da justiça. §2º. A violação ao disposto nos incisos IV e VI constitui ato atentatório à dignidade da justiça, devendo o juiz, sem prejuízo das sanções criminais, civis e processuais cabíveis, aplicar ao responsável multa de até vinte por cento do valor da causa, de acordo com a gravidade da conduta" (BRASIL. Lei nº 13.105, de 16 de março de 2015. Código de Processo Civil. *Diário Oficial da União*, Brasília, DF, p. 1, 17 mar. 2015. Disponível em: http://www.planalto.gov.br/ccivil03/ato2015-2018/2015/lei/l13105.htm. Acesso em: 7 dez. 2020).

[435] Apenas a título de ilustração, em matéria de área de risco, o MPSP, na década de 1990, ajuizou diversas ações civis públicas com a finalidade de remoção das populações atingidas, e no título foi fixado o dever de fornecimento de moradia adequada em favor das populações a serem removidas. Apesar das altas multas estipuladas, nenhum desses títulos foi efetivamente executado.

[436] VALLE, Vanice Regina Lírio. Desafios à jurisdição em políticas públicas: o que se pode aprender com a experiência da Colômbia. *In*: GRINOVER, Ada Pelegrini; WATANABE, Kazuo; COSTA, Susana Henriques. *O processo para solução de conflitos de interesse público*. Salvador: Juspodivm, 2017, p. 493-526, p. 502.

[437] "Registre-se que o termo *questão policêntrica* foi utilizado por Lon Fuller para designar situações em que uma ação ou decisão encontra diversos centros repercussão, sendo que ações ou decisões posteriores em sentido contrário não restabelecem o *status quo* anterior, utilizando da metáfora do toque em uma das pontas de uma teia de aranha para ilustrar tal situação" (SOUZA, Fernando Garcia. *Judicialização de direitos sociais*: o Judiciário como articulador interinstitucional no cumprimento de sentenças coletivas. Dissertação (Mestrado em Direito) – Universidade de São Paulo (USP), São Paulo, 2016, p. 23).

pública. Isso pode ser ilustrado em dois exemplos reais que, embora não se relacionem com a moradia para pessoas de baixa renda, são emblemáticos do fracasso desses institutos para esse tipo de processo.

No caso da ACP nº 0027139-65.2000.8.26.0053, proposta no ano de 2000 pelo Ministério Público contra o Estado de São Paulo, a Fazenda do Estado de São Paulo foi condenada a providenciar um local adequado para tratamento de todos os autistas do Estado, que fosse próximo de suas residências e diverso daquele destinado aos doentes mentais comuns, ou alternativamente, a custear o seu tratamento[438] – sob pena de o particular providenciar a conversão ao equivalente.

Em seguida, vários autistas habilitaram-se ao processo a fim de executar a decisão judicial com a demanda individual dos mais diversos tratamentos – internação com prazo indeterminado; custeio privado dos estabelecimentos por eles já frequentados, inclusive alguns sem licença de funcionamento; custeio de estabelecimentos que empregavam métodos experimentais de tratamento – tudo de acordo com o que os pais entendiam, individualmente, ser o melhor tratamento para o seu filho.[439]

---

[438] Por oportuno, citem-se alguns trechos da sentença: "[...] até que, se o quiser, providencie unidades especializadas próprias e gratuitas, nunca as existentes para o tratamento de doentes mentais 'comuns', para o tratamento de saúde, educacional e assistencial aos autistas, em regime integral ou parcial especializado para todos os residentes no Estado de São Paulo, a: I- Arcar com as custas integrais do tratamento (internação especializada ou em regime integral ou não), da assistência, da educação e da saúde específicos, ou seja, custear tratamento especializado em entidade adequada não estatal para o cuidado e assistência aos autistas residentes no Estado de São Paulo; II- Por requerimento dos representantes legais ou responsáveis, acompanhado de atestado médico que comprove a situação de autista, endereçado ao Exmo. Secretário de Estado da Saúde e protocolado na sede da Secretaria de Estado da Saúde ou encaminhado por carta com aviso de recebimento, terá o Estado o prazo (30) de trinta dias, a partir da data do protocolo ou do recebimento da carta registrada, conforme o caso, para providenciar, às suas expensas, instituição adequada para o tratamento do autista requerente; III- a instituição indicada ao autista solicitante pelo Estado deverá ser a mais próxima possível de sua residência e de seus familiares, sendo que, porém, no corpo do requerimento poderá constar a instituição de preferência dos responsáveis ou representantes dos autistas, cabendo ao Estado fundamentar inviabilidade da indicação, se for o caso, e eleger outra entidade adequada; IV- O regime de tratamento e atenção em período integral ou parcial, sempre especializado, deverá ser especificado por prescrição médica no próprio atestado médico antes mencionado, devendo o Estado providenciar entidade com tais características; e V- Após o Estado providenciar a indicação da instituição deverá notificar o responsável pelo autista, fornecendo os dados necessários para o início do tratamento" (TRIBUNAL DE JUSTIÇA DO ESTADO DE SÃO PAULO (TJSP). 3ª Câmara de Direito Público. *Ação Civil Pública nº 0027139-65.2000.8.26.0053*. Relator: Magalhães Coelho. São Paulo, 26 abr. 2005).

[439] Até 2019, não havia disponibilidade da informação quanto ao comprometimento do orçamento público com liminares para o custeio privado do tratamento de autistas, conforme demandas individuais, contudo, extraoficialmente, comenta-se o custo de 60 milhões de reais/ano para o Estado de São Paulo. O custo de implementação de uma política pública estruturada implicaria, por outro lado, no custo de um milhão de reais/ano.

Após algum tempo da propositura da ação, foi promulgada a Lei nº 10.216/2001, que proibiu uma política segregacionista de atendimento aos autistas, motivo suficiente para que o título formado, com o instrumento de sanção processual previsto, se tornasse inadequado para o cumprimento da nova lei.

Em 2008, por meio de Decreto, o Brasil internalizou a Convenção Internacional dos Direitos da Pessoa com Deficiência (CIDPD), passando a considerar a inclusão social das pessoas com deficiência como um direito fundamental. A partir de então não era mais possível interpretar a criação de estabelecimentos exclusivos para autistas como uma adequada opção de tratamento.

Novamente, a alteração da política pública não repercutiu na execução do processo, privilegiando-se, com base no dispositivo da sentença, a execução do título tal como formado no período anterior à alteração constitucional. Garantiu-se, assim, a existência de duas obrigações paralelas por parte do Estado: a de providenciar uma política pública inclusiva de atendimento aos autistas, conforme a lei, e a de cumprir o título judicial, tal como formado, o que garantiu a segregação.

Em determinado momento da fase de Execução do Processo foi realizada uma audiência pública que fundamentou uma decisão estrutural para a mudança do objeto da ação e da forma de execução. A partir de então, o Estado passou a fornecer um estabelecimento inclusivo para o autista, com apoio no contraturno escolar, nos termos da política pública em implantação.

Já na ACP nº 0407437-05.1999.8.26.0053 foi determinado o fornecimento, pelo município de São Paulo e pela SPTrans, serviço de transporte público com pelo menos um veículo em cada linha de ônibus da cidade devidamente adaptado a pessoas com deficiência. Após o descumprimento da decisão pelas empresas rés, a multa foi acumulando por praticamente duas décadas. Em determinado momento alcançou a cifra de dois bilhões de reais e, finalmente, foi realizado um acordo entre o Ministério Público e o Poder Executivo, garantindo o cumprimento do título executivo.

Pesquisa empírica desenvolvida pela autora deste livro, em 2019, na Faculdade de Direito da USP,[440] concluiu que, nessa ação, a multa imposta foi um fator favorável à realização de um acordo, contudo, não foi fator exclusivo de sucesso, mesmo após 20 anos do trânsito do título em julgado.

---

[440] ARAÚJO, Alexandra Fuchs de et al. *Judicialização de Políticas Públicas e o Caso das Próteses*: fatores intervenientes para uma solução consensual na Fase da Execução. São Paulo, 2019. No prelo.

Nesse caso, também foram importantes os seguintes fatores: (i) o atendimento de pessoas com deficiência estava ingressando na agenda política da esfera nacional; (ii) a ação da promotora atuante no processo no momento do acordo, pois buscou o apoio do Conselho Nacional do Ministério Público (CNMP) para transigir quanto ao valor e destinação da multa; (iii) o envolvimento dos procuradores do Município na conscientização dos gestores quanto à relevância do cumprimento da decisão, do ponto de vista político; (iv) o engajamento da equipe técnica da Prefeitura na discussão do acordo, o que colaborou com a busca dos meios para viabilizar tecnicamente a implementação do acordo, tendo a procuradoria do Município e o Ministério Público atuado no engajamento e convencimento dos técnicos; (v) a alteração do objeto da execução, que deixou de ser a multa e passou a ser outra política pública mal executada, qual seja, o fornecimento de próteses e cadeiras de rodas para pessoas com deficiência.

Os meios de execução forçada atualmente existentes, portanto, estão à disposição do experimentalismo, e podem ser vistos como um *recurso de barganha*[441] à utilização dos meios alternativos de resolução de conflitos por parte do Poder Público.

3.4.2 Articulação interinstitucional judiciária e experimentalismo jurídico

No Processo Civil de Direito Público, apesar da dificuldade de execução do título, ele é o ponto de partida para o poder público se sentar à mesa e negociar. Sem condenação, dificilmente há negociação,[442] exceto nas questões fundiárias.[443]

---

[441] Ver item 3.4 desta obra.
[442] O "caso das creches" guarda algumas peculiaridades em relação a esta observação. Como resumem Gotti, Araújo e Marcelino: "Estudo elaborado por MARINHO envolvendo 36 ações civis públicas sobre educação infantil propostas pelo Ministério Público do Estado de São Paulo – que tiveram decisões com trânsito em julgado entre os anos de 1996-2005 – evidencia o padrão decisório do Poder Judiciário, em grande medida mantido até os dias de hoje. Isto é: são acolhidas as pretensões de caráter individual ou as coletivas que envolvem direitos individuais homogêneos, mas as ações coletivas relativas a políticas públicas, para a tutela de direitos difusos, são rejeitadas." Ou seja, embora a ação específica submetida à conciliação ainda não tivesse transitado em julgado, havia um fenômeno de litigância repetitiva em volume significativo, o que motivava os atores sociais envolvidos a uma composição (GOTTI, Alessandra; ARAÚJO, Alexandra Fuchs de; MARCELINO, Jéssica Fernanda Luís. O controle judicial na implementação e gestão de políticas públicas: novas perspectivas. *Revista Eletrônica do CNJ*, Brasília, v. 3, nº 2, p. 8-18, jul./dez. 2019, p. 15. Disponível em: https://www.cnj.jus.br/ojs/index.php/revista-cnj/article/view/53. Acesso em: 16 dez. 2020).
[443] Ver item 3.4 desta obra.

A *articulação interinstitucional judiciária* é um dos instrumentos mais úteis à execução de títulos que envolvem políticas públicas. Ela decorre do instituto da mediação, mas com ele não se identifica. Sua utilização tem se estabelecido com modalidades particulares a fim de atender aos conflitos fundiários urbanos e pode ser estendido a todas as demandas que tratam da questão da moradia.

O termo "articulação judiciária interinstitucional" foi empregado por Fernando G. Souza para distinguir a atividade de mediação convencional da prática judiciária de promoção do diálogo interinstitucional no cumprimento de sentenças envolvendo direitos sociais, com aplicação diferenciada de princípios comuns:

> Essa atividade consiste na coordenação dos agentes e burocracias públicas no cumprimento de sentenças proferidas em processos coletivos sociais, nas quais o Judiciário participa, não apenas com função próxima a de um mediador ou conciliador, ou ainda de adjudicador (em último caso, em uma escala progressiva de participação), para a definição do planejamento a ser adotado, mas também no acompanhamento da implementação da política pública proposta.
>
> Com efeito, as partes têm a oportunidade de criar, juntamente com o Judiciário, os procedimentos e planejamentos a serem observados, considerando um critério de devido processo legal mínimo – a fim de criar maior adesão ao plano – e conta com a ajuda de auxiliares na fiscalização do cumprimento das propostas elaboradas. Assim, a atividade de fiscalização contínua do cumprimento do plano elaborado é igualmente importante e deve oportunizar momentos de reavaliação das estratégias e objetivos alcançados.[444]

Nessa linha, no Direito norte-americano, em ações judiciais de interesse público ajuizadas com o objetivo de desestruturar e reconstruir organizações burocráticas consideradas ineficientes, foram idealizadas, a partir de um modelo já existente de cumprimento de sentença em bases flexíveis e provisionais, propostas de implementação de mudanças, como observa Fernando G. Souza:

> Nesse regime de implementação, tanto as declarações de objetivos quanto as normas de avaliação são tratadas como provisionais (alteráveis), e estão sujeitas à revisão com a participação dos interessados. Com efeito, a solução (*remedy*) institucionaliza um processo de aprendizado e reconstrução contínuos.

---

[444] SOUZA, Fernando Garcia. *Judicialização de direitos sociais*: o Judiciário como articulador interinstitucional no cumprimento de sentenças coletivas. Dissertação (Mestrado em Direito) – Universidade de São Paulo (USP), São Paulo, 2016, p. 149-150.

A regulamentação experimentalista é característica de um modelo de governança em rede e multinível, que prolifera nos EUA e na União Europeia – um processo de tomada de decisões que não é nem hierárquico nem fechado, que permite que pessoas de diferentes níveis, unidades e organizações possam colaborar de acordo com a demanda da situação.

Assim, depreende-se que as três características fundamentais dessa atividade se firmam sobre: a) aspectos autocompositivos de estabelecimento de planos comuns, sob a estrutura do Poder Judiciário; b) regras provisionais e flexíveis para contemporizar interesses, expectativas e contingências inesperadas; c) necessidade de transparência a fim de facilitar reavaliações de efetividade.

Em síntese, a articulação judiciária interinstitucional é a forma pela qual se observa a adequação do direito processual na fase de cumprimento de sentença para a promoção de políticas públicas, que inevitavelmente terá um viés experimentalista (naturalmente compartilhado entre as partes e o Judiciário), já que esta atividade serve para equacionar conflitos policêntricos (complexos e imprevisíveis).[445]

Em matéria de moradia para pessoas de baixa renda, um pré-requisito para um acordo é a superação da divisão de competências por matéria, num mesmo território, sem o que a audiência prevista no artigo 565, *caput,* do CPC/2015, pode não provocar os resultados desejados.

Na esfera da articulação judiciária interinstitucional destacam-se duas experiências do início do século XX, tanto pelo sucesso quanto pelas limitações apresentadas: o Grupo de Apoio às Ordens Judiciais de Reintegração de Posse (GAORP), de São Paulo (SP), e o Centro Judiciário de Solução de Conflitos e Cidadania (CEJUSC), de Porto Alegre (RS).

O GAORP, criado pela Portaria nº 9.102, de 11.11.2014, e depois alterado pela Portaria nº 9.138, de 24.03.2015, tem atuação estadual e está vinculado à Presidência do TJSP.

Seu objetivo institucional é auxiliar o juiz do processo em conflitos fundiários, urbanos e rurais de "alta complexidade",[446] quer pela grande área ocupada, pela expressiva quantidade de ocupantes ou pela característica da área ou de seus ocupantes etc. O objetivo principal é a tentativa de conciliação entre as partes e, subsidiariamente, a adoção de medidas que amenizem as consequências da desocupação.

---

[445] SOUZA, Fernando Garcia. *Judicialização de direitos sociais:* o Judiciário como articulador interinstitucional no cumprimento de sentenças coletivas. Dissertação (Mestrado em Direito) – Universidade de São Paulo (USP), São Paulo, 2016, p. 153.

[446] ARAÚJO, Alexandra Fuchs de; DI PIETRO, Mariana de Araújo. *The social role of property in*

Integram o GAORP representantes do Governo Federal, Estadual e Municipal. Além desses, são convidados a participar das reuniões, um representante do Ministério Público da Coordenadoria de Habitação e Urbanismo, as partes, seus advogados, o juiz da causa e 10 (dez) representantes dos ocupantes.

O principal objetivo do GAORP é o cumprimento da ordem judicial já transitada em julgado e, assim, evitar despejos violentos. Nesse contexto, o poder público é instado a oferecer aos ocupantes alternativas habitacionais em troca de uma desocupação pacífica.[447]

Esse instrumento, entretanto, apresenta diversas limitações decorrentes do próprio modelo de instrumento de articulação interinstitucional. No fluxo processual desenhado pelo ato administrativo instituidor, o processo é encaminhado ao GAORP pelo próprio juiz do processo, que deve demonstrar interesse na mediação.

Em hipótese alguma o GAORP afasta a coisa julgada, tampouco viola o princípio do juiz natural. A remessa do processo ao GAORP não altera a competência das decisões a serem tomadas na solução da lide. Assim, se existem outros processos relativos àquele território que não lhe foram enviados, o órgão não pode atuar e nem incluir de ofício o processo no acordo a ser entabulado.

A proposta do GAORP é resolver o processo e não o conflito social a ele subjacente. Assim, a questão de moradia para pessoas de

---

Brazil: the long path from the legislative amendment to the modification of social reality (Congress, at the delta: belonging, place and visions of law and social change). New Orleans: Law and Society Association, 2016.

[447] Para exemplificar, pode-se citar o caso de uma área conhecida como "Estrada do Porto de Areia" como modelo de acordo de sucesso firmado pelo GAORP, em que, "na primeira reunião, realizada aos 03/08/2015, sobre área ocupada em Carapicuíba, localizada na antiga estrada do Porto de Areia, com quase 65 mil m², e 55 famílias instaladas, o Juiz Coordenador do GAORP, após os debates, sugeriu à Juíza do processo que a Prefeitura apresentasse o cadastro contendo dados das 60 famílias, bem como a data da invasão da área a ser desocupada, o que foi deferido pela Juíza e aceito também pelos presentes; na reunião seguinte, realizada no dia 17/08/2015, representantes dos moradores e demais partes do processo firmaram acordo no encontro. Pela proposta da Prefeitura, ficou estabelecido atendimento no programa 'Minha Casa Minha Vida' para os ocupantes que se enquadram nos requisitos. As demais famílias com renda acima da permitida pelo programa seriam atendidas com bolsa-aluguel, até conclusão de empreendimento habitacional na região do Pequiá. Para os demais casos que não se enquadram nos referidos benefícios, seria concedido seis meses de bolsa-aluguel. Em contrapartida, os ocupantes da área (restrita à faixa identificada como necessária para a construção de um viaduto) deveriam desocupar o local em até 60 dias, de forma voluntária, nos próximos 45 dias, ou coercitivamente, nos 15 dias seguintes" (TRIBUNAL DE JUSTIÇA DO ESTADO DE SÃO PAULO (TJSP). *Relatório e pesquisa de opinião* – Grupo de Apoio às Ordens Judiciais de Reintegração de Posse – GAORP. São Paulo: Secretaria de Planejamento Estratégico, dez. 2015, p. 4).

baixa renda e a falta de políticas públicas para o atendimento dos conflitos decorrentes da ausência de políticas públicas não é enfrentada.

A experiência do CEJUSC desenvolveu-se com outro perfil. Segundo pesquisa coordenada por Maria Eugênia Trombini:

> Em março de 2015, surge o Grupo de Trabalho e Estudos de Conflitos Fundiários (GT) com vistas a estudar a criação de uma vara especializada em conflitos fundiários urbanos ou agrários na justiça gaúcha. O GT foi composto inicialmente por representante do Tribunal de Justiça, Ministério Público e Defensoria Pública do Estado, conforme aponta a Portaria 02/2015 da Corregedoria do Tribunal de Justiça, normativa responsável pela instauração do GT.
>
> A portaria considera, ainda, para a criação do espaço a "necessidade de ampliar a discussão a respeito das soluções possíveis, com a identificação daquela mais adequada à realidade local".
>
> Em 15 de junho de 2015, o projeto de mediação avança, com a seleção de processos de reintegração de posse tramitando em Porto Alegre para serem levados à mediação. Essa medida é regulamentada pelo Edital nº 044/2015, no qual se distinguem 13 processos, "todos em fase de cumprimento de ordem de reintegração de posse e relacionados com situações identificadas como de litígios coletivos, próprios de conflitos fundiários urbanos", para o regime de exceção do projeto piloto.[448]

Os processos encaminhados para o primeiro projeto do CEJUSC envolviam dois bairros específicos, ou seja, os bairros Nova Petrópolis e Santana.

O projeto contou com a participação da Defensoria Pública e do Ministério Público, além de órgãos e instituições relacionadas ao tema, como a Prefeitura de Porto Alegre e a Secretaria de Habitação do Estado do Rio Grande do Sul.

O resultado final foi positivo do ponto de vista da solução processual na medida em que todos os processos encaminhados foram finalizados.[449] A magistrada à frente do projeto do Tribunal de Justiça do Estado do Rio Grande do Sul (TJRS), responsável pela condução

---

[448] TROMBINI, Maria Eugênia (org.). *Diálogos sobre justiça e conflitos fundiários urbanos:* caminhando da medição para a efetivação dos direitos humanos. Curitiba: Terra de Direitos, 2017, p. 30.

[449] ARAÚJO, Alexandra Fuchs de; DI PIETRO, Mariana de Araújo. *The social role of property in Brazil:* the long path from the legislative amendment to the modification of social reality (Congress, at the delta: belonging, place and visions of law and social change). New Orleans: Law and Society Association, 2016.

de todos os acordos, de forma bastante ponderada observou que "a complexidade da questão impõe o avanço por etapas, sendo que em cada novo encontro é uma nova oportunidade e as partes agregam ao tema mais elementos que contribuem para o esclarecimento de cada situação".[450]

Após uma primeira etapa do projeto, o TJRS formulou a seguinte orientação:

> O Grupo de Trabalho irá apresentar um relatório final em 30 dias, onde deverá constar a transformação do regime de exceção em projeto, pelo prazo de um ano, para atendimento de processos de Porto Alegre, relacionados com situações identificadas como de litígios coletivos próprios de conflitos fundiários urbanos. O GT também vai propor a criação de um Comitê Interinstitucional, com composição mais ampla que a atual, para ampliar a discussão do tema e acompanhar os resultados do projeto que será instaurado. Além do TJRS, do Ministério Público e da Defensoria Pública, que já integram o GT, serão convidados a fazer parte deste Comitê a Procuradoria-Geral do Estado, a Procuradoria-Geral do Município, a Ordem dos Advogados do Brasil/RS, a Brigada Militar, o Departamento Municipal de Habitação, a Secretaria Municipal do Meio Ambiente e a Secretaria de Obras, Saneamento e Habitação do Estado.[451]

No momento da instituição do CEJUSC,[452] a unidade de atuação era bem diversa daquela fixada pelo GAORP. Seu objetivo era solucionar as questões fundiárias e de moradia no território, e não apenas o processo.

Com essa finalidade, o ato que instituiu o CEJUSC alterou a competência relativa aos processos envolvidos para que pudessem ser decididos por um único juiz[453] e, desse modo, a juíza coordenadora do

---

[450] CONSELHO NACIONAL DE JUSTIÇA (CNJ). TJ/RS utiliza conciliação para resolver conflitos de reintegração de posse. *Jusbrasil*, [s.l.], 31 jul. 2015. Disponível em: https://cnj.jusbrasil.com.br/noticias/214639818/tjrs-utiliza-conciliacao-para-resolver-conflitos-de-reintegracao-de-posse. Acesso em: 27 jul. 2022.

[451] CAVALHEIRO, Patrícia da Cruz. Grupo de Trabalho sobre conflitos fundiários permanecerá por mais um ano e deve ter Comitê em 2016. *Tribunal de Justiça do Estado do Rio Grande do Sul*, Porto Alegre, 16 dez. 2015. Disponível em: https://www.tjrs.jus.br/novo/noticia/grupo-de-trabalho-sobre-conflitos-fundiarios-permanecera-por-mais-um-ano-e-deve-ter-comite-em-2016/. Acesso em: 2 maio 2016.

[452] TROMBINI, Maria Eugênia (org.). *Diálogos sobre justiça e conflitos fundiários urbanos: caminhando da mediação para a efetivação dos direitos humanos*. Curitiba: Terra de Direitos, 2017, p. 29-38.

[453] Essa alteração poderia ser realizada com fundamento no princípio da cooperação e no artigo 55, §3º do CPC/2015. Como, porém, as questões fundiárias em territórios conflituosos

CEJUSC pôde receber todos os processos referentes àquela unidade territorial. O resultado foi a solução para todos os processos judiciais incidentes sobre aquele território, sem a expulsão dos ocupantes.

As soluções encontradas foram as mais diversas, a depender da natureza dos domínios existentes, pois o território era formado por áreas públicas e privadas; da situação jurídica em que se encontrava cada fragmento desse território (se a área possuía dívidas tributárias ou não, por exemplo); e da flexibilidade de cada proprietário formular um acordo. Assim, áreas privadas foram adquiridas pela comunidade, áreas públicas foram objeto de CUEM, e assim por diante.

Do ponto de vista da efetividade, embora o CEJUSC, de Porto Alegre, tenha trazido mais resultados do que o GAORP, de São Paulo, ambos os modelos foram criticados pela falta de jurisdição do juiz que comanda a articulação interinstitucional. No caso do CEJUSC, de Porto Alegre, reclamou-se que a juíza responsável não estava presente em todas as reuniões,[454] conclusão que partiu da premissa não comprovada de que o juiz é parte fundamental para se atingir uma solução mediada.

As críticas aos modelos adotados revelam um desconhecimento do papel do juiz na solução de conflitos, do princípio do juiz natural e do instituto processual da coisa julgada, protegido constitucionalmente, e da sua relevância para a segurança jurídica da função jurisdicional.

A relativização da coisa julgada requer um cuidado extremo, pois esse princípio constitui uma garantia fundamental (artigo 5º, inciso XXXVI, da CF/1988), protegida na qualidade de cláusula pétrea (artigo 60, §4º, inciso IV, da CF/1988), sendo elemento estrutural do princípio de acesso ao Judiciário para efetivação do direito (artigo 5º, inciso XXXV, da CF/1988) e é inerente ao Estado Democrático de Direito, nos termos proclamados no artigo 1º da Carta Magna.

Embora em determinados momentos pareça injusta a sua preservação, por outro lado ela é a garantia de que o ponto controvertido teve uma solução definitiva. Assim, seu afastamento só poderá ocorrer

---

são muito tensas, do ponto de vista político, o reconhecimento da conexão nesses casos enfrenta resistência entre os juízes, pois implica no deslocamento de competências em razão da matéria e do território (nota desta autora).

[454] A crítica à falta de jurisdição que aparece nas demais sessões se deu em relação à não participação de integrante do Judiciário. Ou seja, a completa ausência desse poder nas sessões de mediação teria, por si só, potencial de comprometer os trabalhos e a reflexão sobre alternativas habitacionais aos moradores (TROMBINI, Maria Eugênia (org.). *Diálogos sobre justiça e conflitos fundiários urbanos:* caminhando da medição para a efetivação dos direitos humanos. Curitiba: Terra de Direitos, 2017, p. 89).

por vontade expressa das partes envolvidas, e nunca por vontade de terceiros, entre eles o Estado.

Na mesma linha, a proteção ao juiz natural se refere à existência de juízo adequado para o julgamento de determinada demanda, conforme as regras de fixação de competência e à proibição de juízos extraordinários ou tribunais de exceção constituídos após os fatos. Para a proteção desse princípio, "os juízes da causa resistiriam ao envio do caso à mediação caso não se respeitasse a independência funcional e o princípio do juiz natural".[455]

O risco de violação do juiz natural ao se proceder à articulação institucional para lidar com conflitos fundiários é um obstáculo que pode ser superado. Para tanto, porém, há necessidade de reforma legislativa, afastando-se a competência funcional (em razão da matéria) em favor da competência territorial para decidir sobre processos em área de conflito fundiário urbano.

Em sua pesquisa sobre os meios de articulação institucional estudados, Trombini conclui que "o fracasso em se chegar a soluções alternativas seria explicado pelo baixo comprometimento dos integrantes da mediação representando o Estado: seja na falta de articulação entre eles ou na resistência de alguns sujeitos em particular".[456]

A dificuldade apontada demonstra que não é a existência dos mecanismos de integração, ou de resoluções do CNJ, que conduzem à pacificação entre as partes de forma espontânea e, sim, o efetivo interesse dentro de cada uma das instituições envolvidas para o sucesso da mediação.

Uma das funções da articulação interinstitucional, portanto, no seu atual estágio de desenvolvimento, é a promoção de um espaço de reflexão conjunta sobre a interface entre a ação judicial e as políticas públicas envolvidas, mesmo que as soluções efetivas ainda não sejam viáveis por meio desses instrumentos.

---

[455] TROMBINI, Maria Eugênia (org.). *Diálogos sobre justiça e conflitos fundiários urbanos:* caminhando da medição para a efetivação dos direitos humanos. Curitiba: Terra de Direitos, 2017, p. 90.

[456] TROMBINI, Maria Eugênia (org.). *Diálogos sobre justiça e conflitos fundiários urbanos:* caminhando da medição para a efetivação dos direitos humanos. Curitiba: Terra de Direitos, 2017, p. 94.

3.4.3 O negócio jurídico processual no processo de interesse público

Um instrumento viável de utilização pelo juiz, já na fase de Execução do Processo, e que também pode ser empregado na superação de limites de jurisdição, é o negócio jurídico processual de que tratam os artigos 190 e 191 do CPC/2015.[457]

Com base nesses artigos, podem ser negociados prazos para o cumprimento de decisões pelo Poder Público e os integrantes da sociedade civil, bem como estabelecidos procedimentos de execução extrajudicial do título, com o controle do juiz.

Diferentemente do que se passa no Processo Civil Privado, em que o negócio jurídico processual é utilizado ainda na fase de conhecimento, nos processos que envolvem Direito Público, o instrumento é útil na fase de execução,[458] pois permite a autocomposição e evita, por sua ineficácia, a utilização dos instrumentos clássicos de execução forçada. Nesse passo, o negócio jurídico processual pode colaborar para a redução do conflito entre o Estado-juiz e o Estado-executor de políticas públicas.

Com fundamento nesses artigos, as partes podem formar Comitês de acompanhamento da implementação de políticas públicas, como relatam Alessandra Gotti, Alexandra Fuchs de Araújo e Jéssica Fernanda L. Marcelino:

> Ainda com fundamento neste artigo, as partes podem formar comitês de acompanhamento da implementação de políticas públicas como ocorreu no caso das creches em São Paulo, antes mesmo da promulgação do novo CPC. Após a audiência pública, os atores sociais envolvidos se comprometeram com a formação e participação em um Comitê

---

[457] Conforme artigo 190: "Versando o processo sobre direitos que admitam autocomposição, é lícito às partes plenamente capazes estipular mudanças no procedimento para ajustá-lo às especificidades da causa e convencionar sobre os seus ônus, poderes, faculdades e deveres processuais, antes ou durante o processo. Parágrafo único. De ofício ou a requerimento, o juiz controlará a validade das convenções previstas neste artigo, recusando-lhes aplicação somente nos casos de nulidade ou de inserção abusiva em contrato de adesão ou em que alguma parte se encontre em manifesta situação de vulnerabilidade. Artigo 191. De comum acordo, o juiz e as partes podem fixar calendário para a prática dos atos processuais, quando for o caso. §1º. O calendário vincula as partes e o juiz, e os prazos nele previstos somente serão modificados em casos excepcionais, devidamente justificados. §2º. Dispensa-se a intimação das partes para a prática de ato processual ou a realização de audiência cujas datas tiverem sido designadas no calendário" (BRASIL. Lei nº 13.105, de 16 de março de 2015. Código de Processo Civil. *Diário Oficial da União*, Brasília, DF, p. 1, 17 mar. 2015. Disponível em: http://www.planalto.gov.br/ccivil03/ato2015-2018/2015/lei/l13105.htm. Acesso em: 7 dez. 2020).

[458] Ver item 3.4 desta obra.

de Assessoramento à Coordenadoria da Infância e da Juventude do Tribunal de Justiça de São Paulo, que realiza reuniões a cada seis meses com a Secretaria Municipal de Educação para avaliar os avanços e obstáculos ao cumprimento da decisão. Os comitês são um instrumento apropriado e que apresentam vantagens estratégicas para a execução de processos complexos, já que permitem a utilização de recursos disponíveis na sociedade civil, mas não no Poder Judiciário para o monitoramento de informações.

Os Comitês são um instrumento apropriado e que apresentam vantagens estratégicas para a execução de processos complexos, já que permitem a utilização de recursos disponíveis na sociedade civil para o monitoramento de informações e, desse modo, auxiliam no avanço da política, superando as decisões judiciais a ela contraditórias.[459]

O negócio jurídico processual tem potencial para substituir a execução forçada, criando, com o avanço da política pública, o comprometimento político-jurídico das partes. O papel do Poder Judiciário, nesse contexto, é criar um ambiente de diálogo que viabilize a redução dos conflitos inerentes às políticas públicas de disputa de agendas, aumentando as possibilidades de pacificação social.

Em matéria de moradia para populações de baixa renda, a forma como ocorre a judicialização não tem colaborado para que se alcance soluções adequadas de forma coletiva, entretanto, é inegável que na linha histórica houve avanço na forma de lidar com a questão.

Os diversos Estados e Municípios instituíram na década de 2010, órgãos institucionais que mediam conflitos fundiários, já que a moradia está intimamente relacionada a confrontos dessa natureza. No Poder Judiciário, como o STF pacificou o entendimento de que um pré-requisito para a remoção de moradores de área de risco seja o fornecimento de alternativas de moradia definitiva[460] pelo ente federativo, essa posição pode ser trazida, pelo juiz, à mesa de negociação, com base no princípio da cooperação,[461] em qualquer processo que envolva equivalente situação.

Nesses processos, as audiências ocorridas em fase de execução, frequentemente envolvem negócios jurídicos processuais em que se transige os prazos, as formas de remoção, o envolvimento de outros

---

[459] GOTTI, Alessandra; ARAÚJO, Alexandra Fuchs de; MARCELINO, Jéssica Fernanda Luís. O controle judicial na implementação e gestão de políticas públicas: novas perspectivas. *Revista Eletrônica do CNJ*, Brasília, v. 3, nº 2, p. 8-18, jul./dez. 2019. Disponível em: https://www.cnj.jus.br/ojs/index.php/revista-cnj/article/view/53. Acesso em: 16 dez. 2020, p. 12.

[460] Ver item 2.1 desta obra.

[461] Ver item 3.4 desta obra.

atores sociais no cumprimento da sentença, e demais elementos necessários para viabilizar, dentro de um processo em que não se discutiu a moradia, formas de tutela do Direito.

Na fase de conhecimento, quando se trata de conflito fundiário urbano, alguns mecanismos podem ser utilizados para viabilização de uma solução negociada. No Estado de São Paulo, em 2020, a realização de uma *perícia propositiva* nessa fase ocorreu ao menos em dois processos, dando espaço à mediação parcial nos processos em que a diligência foi aventada.

No Processo nº 1009667-15.2014.8.26.0127,[462] da Comarca de Carapicuíba, a pedido do desembargador que conduz o julgamento em segundo grau de jurisdição, foi determinada perícia para a análise do risco, mas, também, de relatório técnico-social para analisar as condições da população e possíveis soluções para o núcleo habitacional envolvido.

Já no Processo nº 1056966-40.2019.8.26.0053,[463] envolvendo áreas de risco do Parque Juliana, na cidade de São Paulo,[464] foi determinada perícia para avaliação do risco. O Processo visou, também, estabelecer um plano junto à comunidade e à Defesa Civil a fim de garantir vidas enquanto não cumprida a liminar para remoção das pessoas das áreas de alto risco e para eliminação do próprio perigo, já que as casas eram muito instáveis por terem sido construídas sobre entulhos.

3.4.4 Decisões estruturais na fase de execução e políticas públicas

Tendo em vista a complexidade do controle judicial e da busca pela efetividade da prestação jurisdicional em processos envolvendo políticas públicas, a doutrina vem estabelecendo novos paradigmas, sendo as decisões estruturais em litígios dessa natureza uma alternativa de viabilidade para essas ações.[465]

---

[462] TRIBUNAL DE JUSTIÇA DO ESTADO DE SÃO PAULO (TJSP). *Processo nº 1009667-15.2014.8.26.0127*. Disponível em: https://esaj.tjsp.jus.br/cpopg/show.do?processo.codigo=3J0001E280000&processo.foro=127&processo.numero=1009667-15.2014.8.26.0127&uuidCaptcha=sajcaptcha_4bfa9aa193c6470db3d0f01a36dad286. Acesso em: 17 jul. 2019.

[463] TRIBUNAL DE JUSTIÇA DO ESTADO DE SÃO PAULO (TJSP). *Processo nº 1056966-40.2019.8.26.0053*. Disponível em: https://esaj.tjsp.jus.br/cpopg/show.do?processo.codigo=1H000G96L0000&processo.foro=53&processo.numero=1056966-40.2019.8.26.0053&uuidCaptcha=sajcaptcha_eccd85934ca442e49e3839eba021cf1e. Acesso em: 17 jul. 2019.

[464] Ver item 3.3 desta obra.

[465] Pontua Carlos Sávio Teixeira que "O experimentalismo é, entre outras coisas, uma prática coletiva de descoberta e de aprendizagem. No pensamento de Unger, essa ideia

Edilson Vitorelli descreve o litígio estrutural da seguinte forma:

> A caracterização de um litígio estrutural envolve a superposição de algumas características. Primeiro, trata-se de um conflito de elevada complexidade, que envolve múltiplos polos de interesse, os quais se apresentam em oposições e alianças parciais. Essa característica não é exclusiva dos litígios estruturais. Tanto que na esfera pública, quanto no âmbito do Direito Privado, a ideia tradicional de bipolaridade dos conflitos (autor-réu) é insuficiente para explicar diversas situações. Segundo o litígio estrutural implica a implementação, pela via jurisdicional, de valores públicos reputados juridicamente relevantes, mas que não foram bem-sucedidos espontaneamente na sociedade. Nos EUA, o esforço para se impor judicialmente a realização de valores públicos, talvez o mais ambicioso exercício de poder jurisdicional, ficou conhecido como *public law litigation*, ou ações de interesse público. Esse movimento surge em meados da década de 1950, com os esforços para o combate à segregação escolar, sendo rapidamente expandido para o racismo e a discriminação em outros setores, a reforma de prisões, hospitais, combate a comportamentos ambientalmente lesivos, dentro outras formas de realização de direitos fundamentais (*civil rights*).
>
> [...]
>
> Em terceiro lugar, o litígio estrutural se diferencia pela necessidade de reforma de uma instituição, pública ou privada, para permitir a promoção do valor público visado. Essa instituição pode ser a protagonista da violação do direito material litigioso ou pode obstaculizar a sua promoção. De todo modo, no contexto de um litígio estrutural, a tutela jurisdicional efetiva e duradoura é condicionada à alteração do

---

é, primeiro, ancorada na visão de que o possível não está predeterminado e que há uma relação íntima entre o entendimento do real e a imaginação desse possível. O possível que conta é o que está adjacente e, nesse sentido, a escolha das instituições será decisiva para permitir o processo coletivo de descobri-lo e construí-lo. Este é o significado mais profundo da definição ungeriana da democracia como organização institucional do experimentalismo coletivo" (TEIXEIRA, Carlos Sávio. Experimentalismo e democracia em Unger. *Lua Nova*, São Paulo, v. 80, p. 45-69, 2010. Disponível em: https://www.scielo.br/j/ln/a/NP84XnLSyrDMmJHkKtq9KFh/?format=pdf&lang=pt. Acesso em: 5 maio 2020). Ainda a esse respeito, esclarecem Charles Frederick Sabel e William H. Simon que: "A abordagem experimentalista é também sensível às preocupações sobre a legitimidade da intervenção judicial em casos de direito público. A intervenção experimental é mais consistente com a prática judicial em casos de direito da *common law* e mais compatível com mecanismos eleitorais de responsabilidade democrática do que a maioria dos relatos de litígios de direito público reconhecem. Instrumentos experimentais expõem as instituições públicas a pressões de comparação disciplinada que lembram as pressões de mercado impostas pelas normas da *common law*. Ao mesmo tempo, a transparência que induzem facilita formas relatadas de intervenção democrática, incluindo as eleitorais" (SABEL, Charles Frederick; SIMON, William H. *Destabilization rights*: how public law litigation succeeds. *Harvard Law Review*, Cambridge, v. 117, p. 1016-1101, 2004, p. 1110, tradução livre. Disponível em: https://scholarship.law.columbia.edu/cgi/viewcontent.cgi?article=1824&context=faculty_scholarship. Acesso em: 30 jul. 2022).

comportamento institucional. Sem ele, eventuais efeitos das decisões serão minorados ou transitórios. A violação pode ser remediada por um período, mas será pouco efetiva e demandará constante supervisão judicial, o que é inviável. A reestruturação da instituição é que permite a autossustentabilidade do valor promovido pela demanda. Há, portanto, litígios complexos e multipolares que não são de interesse público, bem como há litígios de interesse público que não são estruturais.[466]

Tais técnicas decisórias valorizam o papel da sociedade civil no controle social de decisões que afetam a coletividade e permitem que as partes envolvidas e a Administração Pública participem desse processo, com base no princípio da cooperação,[467] reforçando, assim, a legitimidade democrática da intervenção judicial ao acionar o Executivo.

O litígio estrutural busca compatibilizar o controle judicial de políticas públicas com os princípios democráticos, garantindo a *accountability* e conseguindo, desse modo, o necessário "efeito desestabilizador" da forma tradicional de se elaborar uma política pública. De acordo com Marcella Pereira Ferraro:

> [...] nos casos estruturais, os direitos invocados funcionam como "direitos desestabilizadores" que inserem uma perturbação na instituição que não está satisfazendo os padrões mínimos de desempenho. O processo desestabiliza as expectativas iniciais das partes por meio de efeitos de diferentes naturezas (políticos, cognitivos e até psicológicos), abrindo espaço para uma "colaboração experimentalista".
>
> Assim, tendo encontrado uma violação de direitos, é determinado que seja corrigida de algum modo, vale dizer, opera-se a desestabilização, por meio dos direitos reivindicados, da instituição de desempenho insatisfatório. Nem sempre esse será o caminho mais apropriado, como reconhecem os próprios autores, mas é promissor. A desestabilização gera diferentes efeitos que enfraquecem o *status quo*, efeitos estes que incidem em várias dimensões – individual, institucional, interinstitucional e social.[468]

---

[466] VITORELLI, Edilson. Litígios estruturais: decisão e implementação de mudanças socialmente relevantes pela via do processo. *In*: ARENHART, Sérgio Cruz; JOBIM, Marco Félix. *Processos estruturais*. Salvador: Juspodivm, 2017, p. 369-422, p. 369.

[467] Ver item 3.4 desta obra.

[468] FERRARO, Marcella Pereira. *Do processo bipolar a um processo coletivo-estrutural*. Dissertação (Mestrado em Direito) – Setor de Ciências Jurídicas da Universidade Federal do Paraná (UFPR), Curitiba, 2015, p. 113.

Tal efeito desestabilizador dá-se em duas etapas: (1) a determinação de responsabilidade ou violação de um direito; e (2) a definição de remédios, cujas características se desdobram em três fases: (a) negociação das partes envolvidas – *stakeholders;* (b) caráter continuado, provisional e fluído da intervenção remedial; e (c) transparência.[469]

O primeiro passo indicado é a sentença, e o próximo é o cumprimento da decisão. Essa é a hora de o juiz trazer as partes envolvidas para negociação e conferir ao processo a sua natureza estrutural, proferindo decisões que, sem afastar o trânsito em julgado, moldem o direito em jogo por meio de sucessivas decisões que, por sua vez, são o resultado de um processo de cooperação, em que há juntada de documentos, realização de audiências, perícias, vistorias, negócios jurídicos processuais e o que for necessário, de forma fluida, continuada, sem que se tenha como finalidade última o fim do processo, mas a garantia do avanço da implementação da política pública.

O litígio estrutural é adequado às ações que envolvem educação, saúde mental, prisões, segurança e habitação.[470] Em outras palavras, sempre que se busca implementar, a partir da decisão judicial, valores públicos relevantes, amparados constitucionalmente, mas com processos complexos de negociação em razão das disputas de interesse de jogo, da existência de diversos atores sociais, em oposições ou com alianças parciais e, ainda, do envolvimento de instituições com resistência à implementação de direitos fundamentais e pouco abertas ao controle judicial.

As decisões estruturais permitem ao magistrado: (1) adequar a decisão ao maior adensamento normativo decorrente da primeira intervenção judicial; (2) direcionar a intervenção judicial à prevalência da tutela coletiva ao invés da individual; (3) não substitui a função democrática do Poder Legislativo de legislar, mas age como um agente estimulador do adensamento legislativo da política pública; (4) limitar a utilização do Poder Judiciário como recurso de barganha e colocar o juiz no papel de estrategista processual; (5) permitir a alteração dos

---

[469] SABEL, Charles Frederick; SIMON, William H. *Destabilization rights:* how public law litigation succeeds. *Harvard Law Review*, Cambridge, v. 117, p. 1016-1101, 2004, p. 1066. Disponível em: https://scholarship.law.columbia.edu/cgi/viewcontent.cgi?article=1824&context=faculty_scholarship. Acesso em: 30 jul. 2022.

[470] SABEL, Charles Frederick; SIMON, William H. *Destabilization rights:* how public law litigation succeeds. *Harvard Law Review*, Cambridge, v. 117, p. 1016-1101, 2004. Disponível em: https://scholarship.law.columbia.edu/cgi/viewcontent.cgi?article=1824&context=faculty_scholarship. Acesso em: 30 jul. 2022.

objetivos da execução, conforme a evolução do processo político em disputa.

A negociação entre as partes e outros atores interessados, definidos liberalmente por intermédio do princípio da cooperação, é um aspecto central desse novo modelo. A negociação pode incluir a participação de atores extrajudiciais e mediadores designados pelo juiz para coordenar a deliberação mediante o estabelecimento de uma agenda e regras de diálogos entre as partes.[471]

As audiências públicas, fundamentais em processos estruturais, se fundamentam nos artigos 357, parágrafos 3º e 139, inciso V do CPC/2015 e, também, no princípio da cooperação processual. A deliberação das partes acerca da política pública discutida em juízo tem por finalidade chegar a um consenso que resulte em benefícios a todos os envolvidos.

O novo procedimento que envolve a elaboração de uma decisão estrutural altera, no mínimo, os padrões de diálogo estabelecidos, enquanto as informações trazidas ao processo por quem dele não participa na qualidade de parte permitem que se alcance a melhor solução para a questão.

Outra ferramenta que pode ser empregada num litígio estrutural é prevista no artigo 69, parágrafos 2º e 3º do CPC/2015,[472] que trata da cooperação nacional entre juízes de diversas competências.

Esse dispositivo, combinado com o disposto no artigo 55, §3º do CPC/2015,[473] permite a aglutinação de demandas individuais a

---

[471] No sistema norte-americano, na execução do processo envolvendo políticas públicas, o juiz pode contar com o auxílio (SABEL, Charles Frederick; SIMON, William H. *Destabilization rights:* how public law litigation succeeds. *Harvard Law Review*, Cambridge, v. 117, p. 1016-1101, 2004, p. 1066. Disponível em: https://scholarship.law.columbia.edu/cgi/viewcontent.cgi?article=1824&context=faculty_scholarship. Acesso em: 30 jul. 2022).

[472] Conforme artigo 69: "O pedido de cooperação jurisdicional deve ser prontamente atendido, prescinde de forma específica e pode ser executado como: [...] §2º. Os atos concertados entre os juízes cooperantes poderão consistir, além de outros, no estabelecimento de procedimento para: [...] VI – a centralização de processos repetitivos; VII – a execução de decisão jurisdicional. §3º. O pedido de cooperação judiciária pode ser realizado entre órgãos jurisdicionais de diferentes ramos do Poder Judiciário" (BRASIL. Lei nº 13.105, de 16 de março de 2015. Código de Processo Civil. *Diário Oficial da União*, Brasília, DF, p. 1, 17 mar. 2015. Disponível em: http://www.planalto.gov.br/ccivil03/ato2015-2018/2015/lei/l13105.htm. Acesso em: 7 dez. 2020).

[473] Conforme artigo 55: "Reputam-se conexas 2 (duas) ou mais ações quando lhes for comum o pedido ou a causa de pedir. [...] §3º. Serão reunidos para julgamento conjunto os processos que possam gerar risco de prolação de decisões conflitantes ou contraditórias caso decididos separadamente, mesmo sem conexão entre eles" (BRASIL. Lei nº 13.105, de 16 de março de 2015. Código de Processo Civil. *Diário Oficial da União*, Brasília, DF, p. 1, 17 mar. 2015. Disponível em: http://www.planalto.gov.br/ccivil03/ato2015-2018/2015/lei/l13105.htm. Acesso em: 7 dez. 2020).

fim de que sejam tratados de forma coletiva e concentrada pelo Poder Judiciário, permitindo o exame das deficiências da política pública.

Interessante apontar que o parágrafo 3º do artigo 69 prevê que o pedido de cooperação judiciária poderá ser realizado entre órgãos jurisdicionais de diferentes ramos do Poder Judiciário, o que poderá contribuir para a criação de novas técnicas de solução de conflitos. Essas técnicas poderão envolver, por exemplo, grandes obras de infraestrutura, com a realização de uma prova única, e que sirva não apenas para indenizar o proprietário tabular, mas, também, os ocupantes, com avaliação individualizada dos seus bens para instrução dos processos de usucapião em curso.[474]

Reunidos os processos, ou realizada uma prova única para todos os processos, e com a oitiva e participação de todos os atores sociais interessados naquele território, podem ser encontradas soluções que garantam a sustentabilidade urbana, com garantia de moradia para moradores de baixa renda da região.

3.4.5 O sistema de padronização das decisões

O sistema judiciário brasileiro, em observância ao princípio da inafastabilidade da tutela jurisdicional, permite amplo acesso à justiça do ponto de vista da *forma* de acesso. Em diversas situações de conflito, envolvendo políticas públicas, é possível judicializar a questão como um direito coletivo ou como um direito individual.[475]

---

[474] Apesar da autorização legislativa, em matéria fundiária, a existência de diversas competências funcionais e territoriais dificulta a reunião, sendo recomendável autorização legislativa a fim de que não haja risco de violação ao princípio do juiz natural. A regulamentação do instituto pelo CNJ, através da Resolução nº 350/2020, que estabelece diretrizes e procedimentos sobre a cooperação judiciária nacional entre os órgãos do Poder Judiciário e outras instituições e entidades, e dá outras providências, não há menção à sua utilização em processos que envolvem conflitos fundiários, embora permita a utilização do instituto para a produção de provas (CONSELHO NACIONAL DE JUSTIÇA (CNJ). Resolução nº 350 de 27/10/2020. Estabelece diretrizes e procedimentos sobre a cooperação judiciária nacional entre os órgãos do Poder Judiciário e outras instituições e entidades, e dá outras providências. *Diário de Justiça Eletrônico Nacional* (DJEN), Brasília, nº 349, p. 8-15, 29 out. 2020. Disponível em: https://atos.cnj.jus.br/atos/detalhar/3556. Acesso em: 19 jul. 2019).

[475] Susana H. da Costa ressalta as consequências trágicas para os direitos sociais do tratamento atomizado de demandas: "Em primeiro lugar, para o administrador, as múltiplas decisões concessivas de direitos sociais, próprias de uma sociedade de massa, podem vir a interferir no planejamento e execução de uma política pública em curso, na medida em que obrigam a sua adaptação e revisão para o cumprimento das ordens judiciais. Além disso, o tratamento processual individualizado do tema, em regra, não permite a discussão da política pública como um todo, mas somente da particular situação do autor. Isso pode significar a prolação de decisões distantes da realidade do Poder Público, não passíveis

Ao considerar a liberdade de forma de acesso do sistema, constata-se que as demandas repetitivas são um problema do Poder Judiciário contemporâneo, as quais impactaram na discussão política da qual resultou a promulgação da Emenda Constitucional nº 45/2004.[476] Nesse sentido, Fernanda Mercier Querido Farina classifica as técnicas de agregação de demandas em duas grandes modalidades: os mecanismos de uniformização de jurisprudência e os de coletivização de processos individuais.[477] O dilema apresentado pela doutrina está na "busca pelo ponto ótimo entre justiça e celeridade".[478]

Nessa linha, o CPC/2015 manteve e desenvolveu os mecanismos já introduzidos no Direito Processual ainda sob a égide do CPC/1973.[479]

---

de universalização" (COSTA, Susana Henriques da. A imediata judicialização dos direitos fundamentais sociais e o mínimo existencial: relação direito e processo. *In*: GRINOVER, Ada Pelegrini; WATANABE, Kazuo; COSTA, Susana Henriques da. *O processo para solução de conflitos de interesse público*. Salvador: JusPodivm, 2017, p. 397-422, p. 406).

[476] Refosco analisou a influência do Banco Mundial no processo de reforma. Shibata, um dos mentores do Banco Mundial no período que antecedeu a reforma, "enfatizou a importância de o Judiciário ser eficiente, previsível, economicamente acessível e célere, como parte de um sistema legal funcional e defendeu, ser útil, no bojo de reformas jurídicas, valer-se da utilização da experiência comparada [...]". A introdução de direito à razoável duração do processo na Constituição esteve ligada à ampliação do acesso à Justiça na vertente da celeridade. Nessa linha, foi aprovada a Lei nº 11.277/2006 e a Lei nº 11.672/2008, que estabelecem o procedimento para o julgamento dos processos repetitivos (REFOSCO, Helena Campos. *Ação coletiva e democratização do acesso à Justiça*. São Paulo: Quartier Latin, 2018, p. 63).

[477] FARINA, Fernanda Mercier Querido. *Técnicas de agregação de demandas repetitivas*: uma análise comparativa da experiência norte-americana em busca da eficiência processual. Dissertação (Mestrado em Direito) – Faculdade de Direito da Universidade de São Paulo (USP), São Paulo, jan. 2014, p. 169-171.

[478] REFOSCO, Helena Campos. *Ação coletiva e democratização do acesso à Justiça*. São Paulo: Quartier Latin, 2018, p. 63.

[479] Além do Incidente de Resolução de Demandas Repetitivas (IRDR), outros incidentes processuais podem assumir o papel de agregar demandas repetitivas, como: "(b) a possibilidade de suspensão de segurança em liminares (Leis 8.437/1992 e 12.016/2009); (c) a uniformização de jurisprudência em âmbito dos Juizados Especiais Federais (Lei 10.259/2001) e nos Juizados Especiais da Fazenda Pública (Lei 12.153/2009); (d) o julgamento imediato de improcedência em casos idênticos (artigo 285-A do CPC/1973); (e) as súmulas vinculantes (artigo 103-A da CF/1988); (f) o julgamento de recursos repetitivos por amostragem (arts. 543-B e 543-C do CPC/1973), também expressamente aplicáveis aos recursos de revista, no âmbito da Justiça do Trabalho, por força da Lei nº 13.015/2014" (COSTA, Susana Henriques da. A imediata judicialização dos direitos fundamentais sociais e o mínimo existencial: relação direito e processo. *In*: GRINOVER, Ada Pelegrini; WATANABE, Kazuo; COSTA, Susana Henriques da. *O processo para solução de conflitos de interesse público*. Salvador: JusPodivm, 2017, p. 397-422, p. 407; MENDES, Alluisio Gonçalves Castro; TEMER, Sofia. Técnicas adequadas à litigiosidade coletiva e repetitiva. *Revista de Processo*, São Paulo, v. 40, nº 243, maio 2015, p. 4. Disponível em: http://www.mpsp.mp.br/portal/page/portal/documentacao_e_divulgacao/doc_biblioteca/bibli_servicos_produtos/bibli_boletim/bibli_bol_2006/RPro_n.243.12.PDF. Acesso em: 27 maio 2020).

Não há, entretanto, no CPC/2015, um mecanismo explícito de coletivização dos processos individuais. Os poucos artigos do Código que fazem menção ao processo coletivo, como o artigo 139, inciso X,[480] e o artigo 985, inciso I,[481] destinam-se, em princípio,[482] apenas às demandas de massa.

Susana H. da Costa leciona que:

> As técnicas de coletivização das pretensões individuais criam mecanismos de transformação de um pedido (pretensão) individual em um pedido coletivo. Trata-se de técnica conhecida pelo direito norte-americano, que possibilita que, a requerimento de uma das partes, demandas originariamente propostas individualmente, sejam certificadas como *class actions*. Esse mecanismo permite ao juiz reconhecer que determinado conflito subjetivo e atomizado, na verdade, representa pequena parcela de um conflito massificado, de natureza coletiva. Diante desse reconhecimento, o direito empodera o magistrado a chamar para o processo o conflito inteiro, molecularizando a discussão.[483]

---

[480] Conforme artigo 139: "O juiz dirigirá o processo conforme as disposições deste Código, incumbindo-lhe: [...] X – quando se deparar com diversas demandas individuais repetitivas, oficiar o Ministério Público, a Defensoria Pública e, na medida do possível, outros legitimados a que se referem o artigo 5º da Lei nº 7.347, de 24 de julho de 1985, e o artigo 82 da Lei nº 8.078, de 11 de setembro de 1990 para, se for o caso, promover a propositura da ação coletiva respectiva" (BRASIL. Lei nº 13.105, de 16 de março de 2015. Código de Processo Civil. *Diário Oficial da União*, Brasília, DF, p. 1, 17 mar. 2015. Disponível em: http://www.planalto.gov.br/ccivil03/ato2015-2018/2015/lei/l13105.htm. Acesso em: 7 dez. 2020).

[481] Conforme artigo 985: "Julgado o incidente, a tese jurídica será aplicada: I – a todos os processos individuais ou coletivos que versem sobre idêntica questão de direito e que tramitem na área de jurisdição do respectivo tribunal, inclusive àqueles que tramitem nos juizados especiais do respectivo Estado ou região" (BRASIL. Lei nº 13.105, de 16 de março de 2015. Código de Processo Civil. *Diário Oficial da União*, Brasília, DF, p. 1, 17 mar. 2015. Disponível em: http://www.planalto.gov.br/ccivil03/ato2015-2018/2015/lei/l13105.htm. Acesso em: 7 dez. 2020).

[482] Segundo Susana H. da Costa, "Para o tratamento dos direitos sociais, o processo deve se adaptar. As especificidades desta espécie de direito material exigem a mudança da técnica processual e a redefinição de alguns aspectos da própria função judicial. Algumas dessas adaptações podem e devem ser imediatamente incorporadas ao processo, pois já há margem política e jurídica para tanto. Outras mudanças dependerão de alteração do método empregado e são, portanto, *de lege ferenda*. O que se tenta a seguir será uma tentativa de sistematização de aspectos processuais que devem ser ajustados para o adequado tratamento processual dos conflitos envolvendo a judicialização dos direitos sociais" (COSTA, Susana Henriques da. A imediata judicialização dos direitos fundamentais sociais e o mínimo existencial: relação direito e processo. *In*: GRINOVER, Ada Pelegrini; WATANABE, Kazuo; COSTA, Susana Henriques da. *O processo para solução de conflitos de interesse público*. Salvador: JusPodivm, 2017, p. 397-422., p. 402-403). A solução proposta, portanto, é de *lege ferenda*, já que em nenhum momento o CPC/2015 buscou a coletivização de demandas de forma explícita.

[483] COSTA, Susana Henriques da. A imediata judicialização dos direitos fundamentais sociais e o mínimo existencial: relação direito e processo. *In*: GRINOVER, Ada Pelegrini;

As demandas repetitivas caracterizam-se por serem vinculadas entre si pela "identidade em tese, e não em concreto, da causa de pedir e do pedido, associada à repetição em larga escala".[484] Ademais, relacionam-se à tutela dos direitos coletivos, como o direito à moradia, já que possuem sempre uma dimensão individual.

O estudo de caso realizado por Valle e Dias revelou a possibilidade do reducionismo da monetização do direito à moradia,[485] e apesar da tentativa de avanço em uma pauta política, ao final a resposta judicial não foi satisfatória, com um número significativo de demandas improcedentes,[486] cujo caminho sempre pode ser trilhado e, em outro contexto, ser bem sucedido.

O tema é bastante complexo. Apesar de não parecer razoável, a coletivização e a reunião dos processos assustam os principais atores sociais envolvidos com a litigância de massa.[487] O PL nº 5.139/2009,[488] também já arquivado, sofreu sérias críticas por parte da representante da Confederação Nacional da Indústria (CNI), com repercussão entre os parlamentares.[489]

WATANABE, Kazuo; COSTA, Susana Henriques da. *O processo para solução de conflitos de interesse público*. Salvador: JusPodivm, 2017, p. 397-422, p. 404.

[484] BASTOS, Antonio Adonias Aguiar. Situações jurídicas homogêneas: um conceito necessário para o processamento das demandas de massa. *Revista de Processo*, Brasília, v. 35, nº 186, p. 87-107, ago. 2010.

[485] VALLE, Vanice Regina Lírio; DIAS, Paula do Espírito Santo de Oliveira. Indeterminação dos direitos sociais e os desafios à efetividade: uma visão empírica. *Revista Brasileira de Direito Administrativo e Constitucional*, Belo Horizonte, v. 18, nº 73, p. 207-228, jul./set. 2018b, p. 225.

[486] VALLE, Vanice Regina Lírio; DIAS, Paula do Espírito Santo Oliveira. A litigiosidade na proteção ao direito fundamental à moradia: o caso do Município do Rio de Janeiro. In: PENALVA, Angela *et al* (org.). *Rio de Janeiro*: uma abordagem dialógica sobre o território fluminense. Rio de Janeiro: EDUERJ, 2018a, p. 233-253, p. 249-250.

[487] Segundo Helena Campos Refosco: "A Emenda Aglutinativa 16 (Fusão das Emendas 8-CE e 36-CE de 1999) foi rejeitada na Câmara dos Deputados, também não havendo consenso para a aprovação da Emenda 44 CE/1999. A relatora, Deputada Zulaiê Cobra mencionou um acordo feito entre os partidos para rejeitar a Emenda Aglutinativa 16 e acrescentou não ser possível 'permitir esse dispositivo na Constituição. Portanto, o voto é 'não', é o voto do acordo'. Não foi possível apurar, com base nos anais, o fundamento da rejeição da emenda. Infelizmente, essa falta de justificativa prejudica a análise acadêmica e dificulta a apuração democrática da responsabilidade dos parlamentares" (REFOSCO, Helena Campos. *Ação coletiva e democratização do acesso à Justiça*. São Paulo: Quartier Latin, 2018, p. 73).

[488] BRASIL. Câmara dos Deputados. *Projeto de Lei nº 5.139, de 2009*. Disciplina a ação civil pública para a tutela de interesses difusos, coletivos ou individuais homogêneos, e dá outras providências. 2009a. Disponível em: https://www.camara.leg.br/proposicoesWeb/prop_mostrarintegra;jsessionid=6035F632AD4B9F6A7E187E0B3B733F23.proposicoesWebExterno2?codteor=761353&filename=Avulso+-PL+5139/2009. Acesso em: 15 ago. 2022.

[489] Segundo Christina Aires Correa Lima, representante da CNI cuja transcrição de fala em relatório do Congresso é analisada por Refosco, "as garantias constitucionais do processo

O PL de Controle Judicial de Políticas Públicas (PL nº 8.058/ 2014)[490] buscou introduzir um instrumento de coletivização no nosso direito,[491] mas também sofreu resistência política por parte de alguns atores sociais no país.

Em 2020, o próprio CNJ propôs um novo PL, conhecido como "Projeto CNJ", com foco na eficiência métrica, ou seja, garantindo que essas ações tenham o mínimo de habitados e acabem da forma mais rápida possível, limitando o acesso à justiça e reduzindo prazos prescricionais.[492]

Farina observa que muitos instrumentos processuais empregados no Brasil como instrumentos do processo individual são analisados, nos EUA, em conjunto com as técnicas de agregação de demandas, e que os instrumentos de intervenção de terceiros poderiam ser utilizados no Brasil também como meios de agregação de demanda:

> Como não poderia deixar de ser, são várias as técnicas de resolução de demandas repetitivas utilizadas nos EUA – interessante, inclusive, que várias delas, amplamente conhecidas no Brasil, são analisadas pela doutrina de forma conjunta, exatamente pelo fato de configurarem técnicas de agregação, como a intervenção de terceiros, chamamento ao processo, prevenção e litisconsórcio.[493]

---

deveriam ser melhor [sic] repensadas no Projeto. Para ela, os principais pontos que gerariam uma desigualdade de forças em prol do autor seriam a 'possibilidade de dedução de novo pedido e modificação de causa de pedir até a prolação da sentença', a 'omissão do projeto em colocar a questão da responsabilidade passiva coletiva', a ausência de critérios para a representatividade adequada ('a representatividade adequada, como colocada e como já está na lei, não existe') e a necessidade de maior especificação quanto ao tratamento dos diferentes tipos de direitos (transindividuais *versus* individuais homogêneos)" (REFOSCO, Helena Campos. *Ação coletiva e democratização do acesso à Justiça*. São Paulo: Quartier Latin, 2018, p. 74).

[490] BRASIL. Câmara dos Deputados. *Projeto de Lei nº 8.058/2014*. Institui processo especial para o controle e intervenção em políticas públicas pelo Poder Judiciário e dá outras providências. 2014. Disponível em: https://www.camara.leg.br/propostas-legislativas/687758. Acesso em: 15 ago. 2022.

[491] REFOSCO, Helena Campos. *Ação coletiva e democratização do acesso à Justiça*. São Paulo: Quartier Latin, 2018, p. 408.

[492] GIDI, Antonio. O Projeto CNJ de Lei de Ação Civil Pública. Avanços, inutilidades, imprecisões e retrocessos: a decadência das ações coletivas no Brasil. *Civil Procedure Review* (Special Edition), [s.l.], v. 12, nº 1, p. 25-75, 2021. Disponível em: https://civilprocedurereview.com/revista/article/view/223. Acesso em: 27 jul. 2022.

[493] FARINA, Fernanda Mercier Querido. *Técnicas de agregação de demandas repetitivas*: uma análise comparativa da experiência norte-americana em busca da eficiência processual. Dissertação (Mestrado em Direito) – Faculdade de Direito da Universidade de São Paulo (USP), São Paulo, jan. 2014, p. 67.

Ao se reunirem os instrumentos de intervenção de terceiros, o princípio da cooperação e o instituto dos juízes cooperantes sob as regras de conexão do artigo 55, §3º do CPC/2015, vislumbra-se a possibilidade de coletivização de ações, apesar de não haver, expresso no CPC/2015, um dispositivo específico com esse objetivo.

Essa mesma estratégia pode ser utilizada na reunião de ações de desapropriação vinculadas a uma obra de infraestrutura e outras ações a elas conexas.

A estratégia pode superar as limitações previstas no Decreto-Lei nº 3.365/1941, pois não prevê a participação de outros interessados além do proprietário tabular.[494] Com esse mecanismo, um só juiz poderia apreciar ao menos os conflitos no território vinculados àquela desapropriação e à futura imissão na posse, sem que haja risco de violação ao princípio do juiz natural.

É importante ressaltar que, nesta hipótese, nem todas as ações relativas ao território seriam reunidas: apenas se reconheceria a conexão entre as ações que envolvem a imissão na posse e a obra de infraestrutura.

A reunião permitiria o controle judicial sobre o território em litígio, sem comprometer o papel fundamental do juiz no Estado brasileiro, que consiste na proteção do mínimo existencial. Susana H. da Costa assim se manifesta a respeito:

> É preciso, para a resolução dos conflitos, estabelecer um patamar mínimo, um conteúdo essencial dos direitos fundamentais sociais, até porque, em regra, é somente esse mínimo que poderá ser exigido do sujeito passivo Estado. Esse conteúdo, quando voltado para a definição daquilo que é justiciável, ou seja, do direito com densidade normativa

---

[494] Essa é a conclusão da leitura conjunta dos artigos 20, 21, 26 e 34 do Decreto-Lei nº 3.365: "Artigo 20. A contestação só poderá versar sobre vício do processo judicial ou impugnação do preço; qualquer outra questão deverá ser decidida por ação direta. Artigo 21. A instância não se interrompe. No caso de falecimento do réu, ou perda de sua capacidade civil, o juiz, logo que disso tenha conhecimento, nomeará curador à lide, até que se lhe habilite o interessado. [...] Artigo 26. No valor da indenização, que será contemporâneo da avaliação, não se incluirão os direitos de terceiros contra o expropriado. [...] Artigo 34. O levantamento do preço será deferido mediante prova de propriedade, de quitação de dívidas fiscais que recaiam sobre o bem expropriado, e publicação de editais, com o prazo de 10 dias, para conhecimento de terceiros. Parágrafo único. Se o juiz verificar que há dúvida fundada sobre o domínio, o preço ficará em depósito, ressalvada aos interessados a ação própria para disputá-lo" (BRASIL. Decreto-Lei nº 3.365, de 21 de junho de 1941. Dispõe sobre desapropriações por utilidade pública. *Diário Oficial da União*, Rio de Janeiro, DF, p. 14427, 18 jul. 1941. Disponível em: http://www.planalto.gov.br/ccivil_03/decreto-lei/del3365.htm. Acesso em: 12 set. 2022).

suficiente para garantir tutela pelo Poder Judiciário, é normalmente chamado de mínimo existencial. Para os fins deste estudo, portanto, mínimo existencial é o conteúdo mínimo dos direitos sociais, constitucionalmente garantido, que permite justiciabilidade imediata.[495]

O emprego do procedimento da forma prevista no artigo 55, §3º do CPC/2015, para as áreas desapropriadas, poderia trazer significativa economia processual com a realização de perícia única – todas subsidiadas pelo poder expropriante, resolvendo num único juízo todas as questões relativas a um mesmo território, e trazendo, de fato, segurança jurídica aos interessados.

---

[495] COSTA, Susana Henriques da. A imediata judicialização dos direitos fundamentais sociais e o mínimo existencial: relação direito e processo. *In*: GRINOVER, Ada Pelegrini; WATANABE, Kazuo; COSTA, Susana Henriques da. *O processo para solução de conflitos de interesse público*. Salvador: JusPodivm, 2017, p. 397-422, p. 400.

CAPÍTULO 4

PROCESSOS JUDICIAIS DE MORADIA PARA BAIXA RENDA: POSSIBILIDADES DE ABORDAGEM A PARTIR DA METODOLOGIA DPP

4.1 As mudanças institucionais e o lugar do Poder Judiciário nas políticas públicas de moradia para baixa renda

O Poder Judiciário tem dificuldades práticas na execução de decisões proferidas em ações que envolvem políticas públicas, e que podem ser enfrentadas por meio das mais diversas estratégias, seja a partir de novas ferramentas construídas com o experimentalismo jurídico ou dos instrumentos disponibilizados no novo CPC (de 2015). As instituições são dinâmicas: ordem e mudança estão interligadas,[496] contudo, esse não é um processo evidente.

Após a década de 1990, as instituições democráticas passaram por uma reconfiguração em seus desenhos institucionais. A garantia de direitos de diversas gerações no Texto Constitucional e o amplo acesso

---

[496] De acordo com Rezende: "O tratamento analítico nesse sentido está em grande medida acoplado à inclusão da agência e de elementos subjetivos. Longe de assumir que as mudanças se estruturam preponderantemente a partir de momentos críticos, os modelos recentes incorporam, na medida do possível, concepções que permitem entender dimensões associadas a elementos informais e subjetivos, o que é decisivo quando se quer entender o funcionamento das reformas institucionais por via das interações existentes entre agentes e instituições" (REZENDE, Flávio da Cunha. Da exogeneidade ao gradualismo: inovações na teoria da mudança institucional. *Revista Brasileira de Ciências Sociais*, São Paulo, v. 27, nº 78, p. 113-194, fev. 2012, p. 125).

à Justiça resultaram numa intensa judicialização de direitos sociais, os quais transformaram o Poder Judiciário.

Clarisse Inês de Oliveira assim resume esse processo:

> E o recrudescimento de grupos que acionam o Judiciário para contestar decisões políticas é estatisticamente relevante, a ponto de já se pensar em soluções para desafogar o Judiciário. Grupos que, por motivos diversos, restaram apartados do processo de tomada de decisões legislativa ou executiva, recorrem ao Judiciário como instância onde suas vozes podem ser ouvidas. Não necessariamente atendidas, mas ouvidas.
>
> Via de consequência, os grupos que detêm legitimidade para acionar e instar um pronunciamento do Judiciário, em especial através do manejo de ações que visam ao questionamento da constitucionalidade das leis diretamente junto ao STF, como é o caso das ações declaratórias de constitucionalidade e ações indiretas de inconstitucionalidade, gozam de certo poder de barganha junto ao Legislativo, na medida em que são legalmente autorizados a invocar uma decisão capaz de rever a decisão política tomada.[497]

Desde a promulgação da CF/1988, os principais institutos vinculados ao direito à moradia, como a posse e a propriedade, foram reformulados. Foi aprovado o Estatuto da Cidade e a regularização fundiária tornou-se um instituto previsto em lei. Essas mudanças foram profundas, e causaram um impacto no processo de cognição do juiz em relação aos conflitos que envolvem o direito urbanístico.

Entretanto, ainda não existem instrumentos que permitam ao juiz transpor os limites do pedido, que é um recorte, uma fotografia instantânea de um conflito, e inseri-lo em um outro processo, que é a dinâmica de uma política pública.

Uma nova abordagem, portanto, faz-se necessária para um melhor enfrentamento das questões apresentadas. O primeiro passo para esse processo ser exitoso é a compreensão do lugar do Poder Judiciário na ação governamental.

---

[497] OLIVEIRA, Clarisse Inês de. O judiciário na arena política: da redemocratização ao intimismo no ato de julgar. *In*: BELLINETTI, Luiz Fernando; DAL BOSCO, Maria Goretti; REBOUÇAS, Maia (coord.). *Acesso à justiça III* [Recurso eletrônico on-line]. Florianópolis: CONPEDI, 2014, p. 54-69, p. 56. Disponível em: http://www.publicadireito.com.br/artigos/?cod=4c75be1151d04f3c. Acesso em: 17 out. 2019.

4.2 Os diversos níveis da ação governamental e o lugar do Poder Judiciário

O Poder Judiciário não tem um lugar na ação governamental. As políticas públicas implicam não apenas no envolvimento de vários atores, mas, também, de diferentes níveis de decisão que ocorrem nos diversos planos da ação governamental: planos macro, meso e microinstitucional. A categoria "instituição" é adequada para o estudo dessa ação, pois:

> [...] presta-se à conexão entre vários campos do conhecimento que se ocupam das políticas públicas. As instituições são objetos reconhecidos tanto pela ciência política como pela economia e pela sociologia e, a partir delas, também pela ciência da gestão pública, o que lhes confere relevo para a composição de totalidades articuladas, aglutinações de elementos que no conjunto adquirem um sentido social específico. Várias teorias utilizam-se dessa figura para o diálogo interdisciplinar, entre elas o neoinstitucionalismo histórico (ciência política, história e sociologia), o neoinstitucionalismo organizacional (gestão pública, sociologia das organizações e ciência política) e a escolha pública (ciência política e economia). Entretanto, o trabalho com instituições passa por dificuldades que, em certo sentido, o aproxima dos percalços na análise de políticas públicas; a abrangência de cada uma das noções é muito vasta e suas aplicações, excessivamente heterogêneas, além de ambas carecerem de uma metodologia estruturada.[498]

No plano macroinstitucional encontram-se as decisões políticas fundamentais, a "grande política", bem como os rumos do planejamento de longo prazo.[499] Nesse nível estão as ações de governo e das pessoas que exercem o poder político propriamente dito, por intermédio do voto.

Do ponto de vista das políticas públicas urbanas, a diversidade de interesses dos atores políticos no nível macroinstitucional acaba por influenciar o nível mesoinstitucional,[500] onde se encontram "os arranjos

---

[498] BUCCI, Maria Paula Dallari. Fundamentos para uma teoria jurídica das políticas públicas. São Paulo: Saraiva, 2013, p. 206.

[499] BUCCI, Maria Paula Dallari. *Fundamentos para uma teoria jurídica das políticas públicas*. São Paulo: Saraiva, 2013.

[500] No plano mesoinstitucional, Maria Paula Dallari Bucci parte da teoria institucional para qualificar o "arranjo institucional" como a expressão formalizada da política pública, organizando, de maneira objetiva e impessoal, as finalidades do programa, os meios disponíveis e a cadeia de responsabilidades (*policy design*) com o objetivo de desenhar a

institucionais, políticas públicas em sua forma exterior, conjunto de elementos, iniciativas e normas que compõem o programa de ação governamental estruturado".[501]

Os obstáculos para a tomada de decisões levam os atores políticos[502] a atuarem no nível mesoinstitucional por meio de dinâmicas, ações e estratégias políticas variadas. Nas políticas públicas urbanas, campo em que se situam os conflitos de moradia para baixa renda, a quantidade de atores do capital, envolvidos com interesses distintos, afasta a explicação de que tudo se reduz a processos de acumulação, e "sua influência na produção de políticas se deve ao uso de recursos de poder e à adoção de estratégias políticas em conexão com vários atores (e não apenas capitais) cercados pelas instituições que produzem as políticas urbanas".[503] Eduardo Marques complementa nesse sentido que:

> Entretanto, o artigo afastou explicitamente dimensões de captura estrutural do Estado, assim como a ação política desses atores enquanto classe, elementos sustentados classicamente, mas presentes na literatura urbana até hoje. As investigações sobre políticas do urbano só têm a ganhar com a incorporação das dinâmicas, ações e estratégias políticas concretas dos capitais do urbano sem apriorismos, mas incluindo-os em relação com outros atores na formação de coalizões cercadas de instituições e construídas historicamente. Nesse sentido, ganham destacado interesse as formas (organizativas, institucionais e relacionais) pelas quais as estratégias são construídas e implementadas. Além disso, o artigo destacou e diferenciou quatro tipos de capitais do urbano considerando suas características — incorporação, serviços urbanos, construção civil e gerenciamento e apoio ao Estado. A presença e as estratégias desses capitais nas políticas são enquadradas pelas especificidades dos seus processos de valorização (originárias da

---

ação governamental racionalizada. Nesse contexto, os arranjos institucionais garantem a construção processual de políticas públicas mediante a fixação das "regras do jogo", pressupondo a definição normativa das competências e dos procedimentos (ARAÚJO, Alexandra Fuchs de; BALDO, Rafael Antonio. Federalismo e políticas públicas em tempos de pandemia. *In*: CUNHA FILHO, Alexandre Jorge Carneiro da (coord.) *et al*. *Direito em tempos de crise*: covid-19: volume II: constitucional, ambiental e econômico. São Paulo: Quartier Latin, 2020, p. 95–110, p. 101).

[501] BUCCI, Maria Paula Dallari. *Fundamentos para uma teoria jurídica das políticas públicas*. São Paulo: Saraiva, 2013, p. 205.

[502] Essa falta de coordenação ocorreu no caso da promulgação da nova LRF, Lei nº 13.465/2017, com a recusa dos Municípios em regulamentá-la em nível local e, também, implica na ignorância, por parte dos Estados, dos dispositivos referentes ao plano diretor local.

[503] MARQUES, Eduardo. De volta aos capitais para melhor entender as políticas urbanas. *Novos Cadernos CEBRAP*, São Paulo, v. 35, nº 2, p. 15-33, jul. 2016, p. 31. (Dossiê Capitais do Urbano).

valorização da terra ou do acesso ao fundo público), de suas relações com o Estado (como comprador único, comprador entre outros ou meramente regulador das atividades privadas no mercado) e com o espaço (através de fluxos ou com localizações singulares, influenciado ou não as remunerações).[504]

Há que se considerar, porém, o impacto da não tomada de decisão no plano microinstitucional onde se encontra a ação governamental (*policies*), compreendida como o "movimento dado à máquina estatal por meio de processos jurídicos que conjugam competências, objetivos e meios, exigindo mecanismos de coordenação, como as reuniões intergovernamentais e as audiências públicas".[505]

Os atores que atuam no nível microinstitucional da política deveriam inserir-se no processo de formação e implementação das políticas públicas por meio de regras e procedimentos institucionais aplicados.[506] A ausência de arranjos governamentais eficientes e o baixo grau de universalização das políticas públicas urbanas no

---

[504] MARQUES, Eduardo. De volta aos capitais para melhor entender as políticas urbanas. *Novos Cadernos CEBRAP*, São Paulo, v. 35, nº 2, p. 15-33, 2017, p. 33. (Dossiê Capitais do Urbano).

[505] ARAÚJO, Alexandra Fuchs de; BALDO, Rafael Antônio. Federalismo e políticas públicas em tempos de pandemia. *In*: CUNHA FILHO, Alexandre Jorge Carneiro da (coord.) *et al*. *Direito em tempos de crise*: covid-19: volume II: constitucional, ambiental e econômico. São Paulo: Quartier Latin, 2020, p. 95–110, p. 101.

[506] "Mehta (1998) define a governança urbana a partir de um conjunto de atributos. Ele introduz o atributo da *accountability* que, a seu ver, é uma decorrência de como as cidades administram suas finanças, comunicam o uso de fundos e metas aos cidadãos, e aderem às determinações legais e administrativas. Decorrente desse conceito de *accountability* está a questão da responsividade, a qual inclui a habilidade de um ente descentralizado perceber e responder às necessidades de seus integrantes. Assim, os administradores da cidade devem criar processos de participação dos cidadãos e um sistema de monitoramento e avaliação, assim como meios de medir os resultados alcançados. Estas três medidas são críticas, porque eles indicam a *performance* da cidade em relação a questões locais e competência em lidar com as consequências da globalização localmente" (No original: "*Mehta (1998) looks at urban governance through a set of attributes. He introduces the attribute of accountability, which he suggests is derived from how cities manage their finances, communicate on use of funds and achievements to their citizens, and adhere to legal requirements and administrative policies. Embedded in Mehta's concept of accountability is the question of responsiveness, which includes the ability of a decentralized entity to determine and respond to the needs of its constituents. In doing so, city officials need to have processes of citizen participation and a system for monitoring and evaluation, as well as a means of reporting on results achieved. These three measures are critical if one is using the definition of a city as a place, because they indicate a city's performance with respect to local issues and skill in managing the consequences of globalization locally*" (KAUFMANN, Daniel; LÉAUTIER, Frannie; MATRUZZI, Massimo. Globalization and Urban performance. *In*: LEAUTIER, Frannie. *Cities in a Globalizing World*. Governance, Performance, and Sustainability. Washington: The World Bank, 2006, p. 27-68, p. 31, tradução livre).

contexto urbano paulistano, entretanto, permitem a ação fragmentada e pouco coordenada dos diversos atores sociais que atuam no nível microinstitucional.

É nesse nível da ação governamental que são proferidas as decisões judiciais,[507] nas hipóteses de conflito. As questões de moradia para a população de baixa renda, os conflitos políticos e de geração legislativa, em conjunto com a fragmentação social em relação ao tema, também dividem os tribunais e os juízes das diversas competências, gerando entendimentos contraditórios e insegurança jurídica.

Com atuação na esfera microinstitucional, o juiz de Primeira Instância busca as soluções que possam pôr fim à lide (vista como pretensão resistida ou conflito) ou que possam resolver o processo (do ponto de vista formal), o que ocorre quando não há uma resposta jurídica adequada para os conflitos subjacentes ao processo.

Os temas e atores sociais que envolvem as questões de moradia discutidas em juízo, conforme se concluiu a partir dos casos narrados[508] no primeiro capítulo, são muito fragmentados,[509] pois as partes processuais não refletem o fenômeno urbano.

No município de São Paulo, o conflito em um território com repercussão na moradia para baixa renda pode envolver, ao mesmo tempo, exemplificativamente, no Poder Judiciário: i) diversas ações de usucapião em uma vara sem que o juiz saiba que é o mesmo território; ii) uma ação de regularização fundiária em outra; iii) uma ou mais ações possessórias em outra; iv) uma ação de execução fiscal em outra; v) algumas ações civis públicas propostas pelo Ministério Público para a realização de obras emergenciais ou para remoção de moradores de

---

[507] BUCCI, Maria Paula Dallari. *Fundamentos para uma teoria jurídica das políticas públicas*. São Paulo: Saraiva, 2013, p. 43.

[508] Ver itens 1.4.1 a 1.4.3 desta obra.

[509] "[...] que após a promulgação da Constituição de 1988 (BRASIL, 1988) e o Estatuto da Cidade (BRASIL, 2002) não se efetivou como previram operadores populares do direito, urbanistas e lideranças comunitárias. Consequentemente, assistiu-se ao agravamento das disputas possessórias caracterizado por espoliações urbanas, na forma das reintegrações de posse sem defesa, remoções, precariedades habitacionais, insegurança na posse e especulação imobiliária. [...] o tratamento individualizado e fragmentado dos conflitos urbanos não foi capaz de enfrentar o problema fundiário difuso, nem mesmo colocá-lo em posição de destaque como uma questão inerente à política urbana. [...] o pluralismo excludente normativo, observado em grande parte das sentenças analisadas, onde direitos foram confrontados, pode indicar porque não se constitucionaliza, no Poder Judiciário, um novo sistema possessório com contornos da nova ordem urbanística" (BEDESCHI, Luciana. *Limites do sistema possessório*: conhecimento e prática do princípio constitucional da função social da propriedade urbana no Tribunal de Justiça de São Paulo. Tese (Doutorado em Direito) – Universidade Federal do ABC, São Paulo, 2018, p. 165-169).

área de risco em outras; vi) uma ação de demolição em outra; vii) uma ação de desapropriação para uma obra de infraestrutura em diversas varas; viii) uma ação de falência, em que aquele imóvel está arrecadado, em outra; ix) uma ação indenizatória proposta pela Defensoria Pública em outra.[510]

Apesar da fragmentação das competências, os três níveis da ação governamental sobre o território em disputa podem ser influenciados pelos resultados alcançados nos processos judiciais. As diversas políticas estabelecidas, por sua vez, podem produzir decisões judiciais contraditórias ao serem judicializadas.

Para além da atuação dos juízes no nível microinstitucional, devem ser destacadas as decisões do STF e do STJ,[511] proferidas nos sistemas de precedentes vinculantes, bem como a atuação dos tribunais estaduais e tribunais superiores por meio dos mecanismos do IRDR

---

[510] Um exemplo emblemático da judicialização contraditória em um mesmo território é o caso do complexo Açucará, em Osasco: para a mesma área são ao menos cinco ações: ACP 0001950-13.2011.8.26.0405, 1ª. VFP, proposta pelo Ministério Público em face da Prefeitura do Município de Osasco para que a Municipalidade seja obrigada a retirar todos os moradores até 100 metros da divisa com a empresa Remac e providencie obras de contenção a fim de evitar desmoronamentos e recompor a estrutura do local; Ação Ordinária nº 0036257-56.2012.8.26.0405, 2ª. VFP, movida pela 0036257-56.2012.8.26.0405 2ª. VFP – Osasco, contra os ocupantes de área pública do Sistema de Recreio do Loteamento do Jardim Três Montanhas; ACP 0033699-48.2011.8.26.04052, 2ª. VFP, movida por Alex Marques Santos e outros contra a Prefeitura do Município de Osasco, com vistas à manutenção em área remanescente de desapropriação para aterro sanitário; ACP 0023802 – 06.2005.8.26.0405, proposta pelo Ministério Público em face da Prefeitura do Município de Osasco, com vistas à desocupação da área verde e remoção dos ocupantes para regiões dignas, recuperação ambiental da área. No curso da ação foi firmado um acordo judicial, rompido, e no local, hoje, moram mais de 1.000 famílias; ACP 0052951-08.2009.8.26.0405 1ª. VFP, proposta pelo Ministério Público em face de Antenor Batista de Souza, com vistas à regularização fundiária da área (TIERNO, Rosane de Almeida. *Controle judicial de políticas públicas urbanas e sua efetividade*: o caso do Complexo Açucará, em Osasco. São Paulo: Escola Paulista de Magistratura – 5º Núcleo de Estudos em Direito Urbanístico, 10 out. 2019. Disponível em: https://www.academia.edu/41302032/Controle_judicial_de_pol%C3%ADticas_p%C3%BAblicas_urbanas_e_sua_efetividade_O_caso_do_Complexo_A%C3%A7ucar%C3%A1_em_Osasco_Rosane_Tierno. Acesso em: 21 jun. 2020).

[511] "Os Tribunais passaram de coadjuvantes a protagonistas da arena política, intervindo decisivamente em importantes processos políticos de privatização de empresas estatais, seja na forma de concessão de liminares a obstar leilões iminentes, seja retardando ou alterando redações primitivas de textos legislativos, como a Reforma da Previdência levada a efeito pelo Governo de Fernando Henrique Cardoso" (OLIVEIRA, Clarisse Inês de. O judiciário na arena política: da redemocratização ao intimismo no ato de julgar. *In*: BELLINETTI, Luiz Fernando; DAL BOSCO, Maria Goretti; REBOUÇAS, Maia (coord.). *Acesso à justiça III* [Recurso eletrônico on-line]. Florianópolis: CONPEDI, 2014, p. 54-69, p. 62. Disponível em: http://www.publicadireito.com.br/artigos/?cod=4c75be1151d04f3c. Acesso em: 17 out. 2019).

e da suspensão de liminares.[512] Essa atuação ainda se encontra no nível microinstitucional, porém, repercute de forma direta no nível macroinstitucional, afetando a estruturação da política pública no nível mesoinstitucional.

A atuação dos integrantes dos Tribunais Superiores, juízes não concursados, com perfil muitas vezes político, alcança as políticas urbanas,[513] como ocorreu no julgamento do Agravo Regimental (AgRg)

---

[512] De acordo com Alluisio Gonçalves Castro Mendes e Sofia Temer: "No cenário brasileiro, diversos mecanismos processuais foram estruturados e inseridos por meio de reformas pontuais em leis extravagantes e no CPC/1973, visando racionalizar e aperfeiçoar o julgamento das causas repetitivas, como, por exemplo, (a) o incidente de uniformização de jurisprudência (artigo 476 do CPC/1973); (b) a possibilidade de suspensão de segurança em liminares (Leis 8.437/1992 e 12.016/2009); (c) a uniformização de jurisprudência em âmbito dos Juizados Especiais Federais (Lei 10.259/2001) e nos Juizados Especiais da Fazenda Pública (Lei 12.153/2009); (d) o julgamento imediato de improcedência em casos idênticos (artigo 285-A do CPC/1973); (e) as súmulas vinculantes (artigo 103-A da CF/1988); (f) o julgamento de recursos repetitivos por amostragem (arts. 543-B e 543-C do CPC/1973), também expressamente aplicáveis aos recursos de revista, no âmbito da Justiça do Trabalho, por força da Lei 13.015/2014" (MENDES, Alluisio Gonçalves Castro; TEMER, Sofia. Técnicas adequadas à litigiosidade coletiva e repetitiva. *Revista de Processo*, São Paulo, v. 40, nº 243, maio 2015. Disponível em: http://www.mpsp.mp.br/portal/page/portal/documentacao_e_divulgacao/doc_biblioteca/bibli_servicos_produtos/bibli_boletim/bibli_bol_2006/RPro_n.243.12.PDF. Acesso em: 27 maio 2020).

[513] Apesar de ser muito difícil um recurso em ação possessória alcançar o Superior Tribunal de Justiça, por vezes o fato acontece, como ocorreu no REsp 1.302.736/MG. Esse caso, apesar de ser isolado, pode vir a ser um marco institucional na medida em que o Superior Tribunal de Justiça deu nova interpretação aos limites dos efeitos a serem dados ao artigo 927 do antigo CPC, e afirma que o juiz não pode se furtar à análise da realidade ao aplicar referido dispositivo. Segundo parte da ementa: "[...] 2. O artigo 927 do CPC/1973, reproduzido no artigo 561 do novo diploma, previa competir ao autor da ação possessória de reintegração a comprovação dos seguintes requisitos: a posse; a turbação ou esbulho pela parte ré; a data da turbação ou do esbulho e a perda da posse. 3. Ainda que verificados os requisitos dispostos no item antecedente, o julgador, diante do caso concreto, não poderá se furtar da análise de todas as implicações a que estará sujeita a realidade, na subsunção insensível da norma. É que a evolução do direito não permite mais conceber a proteção do direito à propriedade e posse no interesse exclusivo do particular, uma vez que os princípios da dignidade humana e da função social esperam proteção mais efetiva. 4. O Supremo Tribunal Federal orienta que, tendo em vista a impossibilidade de haver antinomia entre normas constitucionais, sem a exclusão de quaisquer dos direitos em causa, deve prevalecer, no caso concreto, o valor que se apresenta consentâneo com uma solução razoável e prudente, expandindo-se o raio de ação do direito prevalente, mantendo-se, contudo, o núcleo essencial do outro. Para esse desiderato, recomenda-se a aplicação de três máximas norteadoras da proporcionalidade: a adequação, a necessidade e a proporcionalidade em sentido estrito. 5. No caso dos autos, o imóvel originalmente reivindicado, na verdade, não existe mais. O bairro hoje, no lugar do terreno antes objeto de comodato, tem vida própria, dotado de infraestrutura urbana, onde serviços são prestados, levando à conclusão de que o cumprimento da ordem judicial de reintegração na posse, com satisfação do interesse da empresa de empreendimentos imobiliários, será à custa de graves danos à esfera privada de muitas famílias que há anos construíram suas vidas naquela localidade, fazendo dela uma comunidade irmanada por idêntica herança cultural e histórica, razão pela qual não é adequada a ordem de reintegração. 6. Recurso

no RE com Agravo 1.017.664,⁵¹⁴ em que foi mencionada a existência de repercussão geral quando, na verdade, não há nenhuma repercussão geral institucional, nos termos do artigo 1035 do CPC/2015 relativa ao tema.

Já os tribunais estaduais atuam diretamente nas questões de conflitos urbanos, sendo a utilização da suspensão de liminares pelo Presidente do Tribunal de Justiça dos diversos Estados um ato eminentemente político,⁵¹⁵ com potencial de influenciar nas políticas públicas urbanas de forma imprevisível.

Retornando ao quadro sintético dos elementos envolvidos na realização da função social da cidade de Bernardi,⁵¹⁶ é fato que um mesmo território na cidade de São Paulo pode ser atingido por decisões judiciais de conteúdo diverso e até mesmo contraditório. Isso evidencia que o Poder Judiciário, ao decidir de forma pontual sobre qualquer questão urbanística, pode vir a comprometer, ao mesmo tempo, a função social da cidade nas suas três perspectivas – urbanística, cidadania e gestão.

A relação entre as categorias *instituição* (ação governamental) e *processo* (como conjunto de processos juridicamente regulados) já foi apontada por Maria Paula Dallari Bucci, que destacou a dificuldade de se definir o conteúdo e os limites da decisão judicial envolvendo políticas públicas.⁵¹⁷

Como já analisado no capítulo anterior desta obra, a forma de se proceder nos processos que envolvem as questões urbanísticas e os conflitos essencialmente policêntricos⁵¹⁸ demanda uma mudança institucional que permita ao Poder Judiciário compreender, em toda a

---

especial a que se nega provimento" (SUPERIOR TRIBUNAL DE JUSTIÇA (STJ). *Recurso Especial (REsp) 1302736* – Minas Gerais. Relator: Min. Luís Felipe Salomão, Quarta Turma, julgado em 12.04.2016, DJe 23.05.2016).

⁵¹⁴ Ver item 2.2 desta obra.

⁵¹⁵ Em 2015, o então Presidente do Tribunal de Justiça, José Reinaldo Nalini, numa ação cível acatou um pedido da Prefeitura para adiar uma reintegração de posse de um terreno particular de 68 mil metros quadrados na Vila Maria, impedindo o cumprimento, pelo juiz natural, de uma decisão judicial transitada em julgado. O caso está documentado no portal da transparência do município de São Paulo (SÃO PAULO (Cidade). *Justiça adia reintegração de posse para garantir segurança.* 4 set. 2015a. Disponível em: http://www.capital.sp.gov.br/noticia/justica-adia-reintegracao-de-posse-para-garantir. Acesso em: 21 jun. 2020).

⁵¹⁶ Ver item 1.3 desta obra.

⁵¹⁷ BUCCI, Maria Paula Dallari. *Fundamentos para uma teoria jurídica das políticas públicas.* São Paulo: Saraiva, 2013, p. 192.

⁵¹⁸ Ver itens 3.4.1 e 3.4.2 desta obra.

sua complexidade, o fenômeno urbano no qual se encontra inserido o problema da moradia urbana para baixa renda.

Para isso, uma alternativa é o desenvolvimento de novas técnicas decisórias, que permitam a compreensão da política pública no lugar em que ela se concretiza.

4.3 A abordagem DPP e o Quadro de Problemas de Políticas Públicas (QPPP) da moradia para baixa renda

Não se pretende discutir, aqui, "o papel e o poder dos tribunais como *policymakers*",[519] ou os aspectos positivos e negativos do exercício desse poder para as políticas públicas de moradia.

A proposta é situar a questão a partir do método e das aplicações da abordagem DPP[520] e, assim, tentar buscar novas alternativas jurídicas para a judicialização da questão da moradia para baixa renda. Deve-se, para tanto, levar em consideração que o Poder Judiciário, apesar de não ser o responsável pela ação governamental, é uma instituição que pode afetar as políticas públicas, pois ao operacionalizar a lei e proferir decisões, aprofunda problemas ou contribui para soluções.

A abordagem DPP é adequada ao estudo da judicialização de políticas públicas, pois mantém o foco na ação do Poder Executivo. Uma das vantagens decorre do fato de considerar, "além da racionalidade governamental, outros fatores como as eleições, as burocracias, os partidos, os grupos de interesse, os movimentos sociais, a mídia".[521] Isso porque, conforme Bucci:

---

[519] BUCCI, Maria Paula Dallari. Método e aplicações da abordagem Direito e Políticas Públicas – DPP. *Revista de Estudos Institucionais*, Rio de Janeiro, v. 5, nº 3, p. 791-832, 2019, p. 792. Disponível em: https://estudosinstitucionais.com/REI/article/view/430/447. Acesso em: 1º ago. 2022.

[520] No desenvolvimento do método e aplicações da abordagem DPP, Bucci destaca a opção por essa opção metodológica em vez de optar por um novo campo ou subcampo metodológico: "Adota-se como premissa que a aplicação das relações entre Direito e Políticas Públicas deve se organizar como abordagem e não como campo ou subcampo no Direito [...] 'aberta tanto a uma gama de disciplinas isoladas como ao trabalho multidisciplinar' – do que a concepção de campo ou subcampo" (BUCCI, Maria Paula Dallari. Método e aplicações da abordagem Direito e Políticas Públicas – DPP. *Revista de Estudos Institucionais*, Rio de Janeiro, v. 5, nº 3, p. 791-832, 2019, p. 793-794. Disponível em: https://estudosinstitucionais.com/REI/article/view/430/447. Acesso em: 1º ago. 2022).

[521] BUCCI, Maria Paula Dallari. Método e aplicações da abordagem Direito e Políticas Públicas – DPP. *Revista de Estudos Institucionais*, Rio de Janeiro, v. 5, nº 3, p. 791-832, 2019, p. 814. Disponível em: https://estudosinstitucionais.com/REI/article/view/430/447. Acesso em: 1º ago. 2022.

[...] tem uma vocação aplicada, voltada à tradução do instrumentalismo em proposições juridicamente bem formuladas e adequadamente fundamentadas, com aptidão para a análise de problemas de concretos e contribuição para as soluções. Seu propósito é colaborar com a construção institucional do Estado brasileiro, na perspectiva democrática e da realização dos direitos fundamentais.[522]

A autora destaca as políticas públicas como objeto da abordagem DPP, ou seja:

[...] ação governamental coordenada e em escala ampla, atuando sobre problemas complexos, a serviço de uma estratégia determinada, tudo isso conformado por regras e processos jurídicos. Seu objetivo é examinar os pontos de contato entre os aspectos políticos e jurídicos que cercam a ação governamental e como se promovem transformações jurídico-institucionais, ora por meio de uma aproximação realista e analítica, ora idealista e prescritiva.[523]

Na abordagem DPP foi desenvolvido o Quadro de Referência de Políticas Públicas (QRPP). Seu propósito é, de acordo com Bucci:

[...] servir de guia para o recorte de um programa de ação, destacando-o do entorno, com base nos seguintes elementos: i) nome oficial do programa de ação; ii) gestão governamental; iii) base normativa; iv) desenho jurídico-institucional (detalhado nos itens seguintes); v) agentes governamentais; vi) agentes não governamentais; vii) mecanismos jurídicos de articulação; viii) escala e público-alvo; ix) dimensão econômico-financeira; x) estratégia de implantação; xi) funcionamento efetivo; xii) aspectos críticos do desenho jurídico-institucional. Aplicado principalmente por estudantes de DPP, deu suporte a um razoável acervo de estudos que demonstram tratar-se de *framework* útil para a aproximação do objeto e sua decomposição analítica.[524]

---

[522] BUCCI, Maria Paula Dallari. Método e aplicações da abordagem Direito e Políticas Públicas – DPP. *Revista de Estudos Institucionais*, Rio de Janeiro, v. 5, nº 3, p. 791-832, 2019, p. 806. Disponível em: https://estudosinstitucionais.com/REI/article/view/430/447. Acesso em: 1º ago. 2022.

[523] BUCCI, Maria Paula Dallari. Método e aplicações da abordagem Direito e Políticas Públicas – DPP. *Revista de Estudos Institucionais*, Rio de Janeiro, v. 5, nº 3, p. 791-832, 2019, p. 816. Disponível em: https://estudosinstitucionais.com/REI/article/view/430/447. Acesso em: 1º ago. 2022.

[524] BUCCI, Maria Paula Dallari. Método e aplicações da abordagem Direito e Políticas Públicas – DPP. *Revista de Estudos Institucionais*, Rio de Janeiro, v. 5, nº 3, p. 791-832, 2019, p. 817. Disponível em: https://estudosinstitucionais.com/REI/article/view/430/447. Acesso em: 1º ago. 2022.

O QRPP não é uma ferramenta conveniente para a análise de uma política sob a ótica do processo judicial, pois contém elementos irrelevantes para a situação apresentada ao juiz. A lide é uma pretensão resistida, devendo o magistrado se restringir aos pontos controversos do processo sob o risco de proferir decisão *extra petita* ou *ultra petita*.[525] Os limites assim estabelecidos são uma garantia democrática e não devem ser ultrapassados.

Do ponto de vista da cognição judicial, "a dogmática jurídica é considerada um dos principais 'esquemas de simplificação' do Direito",[526] com tempo, forma e partes definidos. A complexidade das políticas públicas não cabe dentro da lógica da decisão dogmática, e os elementos fixados no QRPP, embora adequados para revelar ao gestor o estado da arte da política pública, são excessivos à análise do ponto controverso submetido à apreciação do Poder Judiciário, e podem deslocar o eixo da cognição do juiz para pontos impertinentes à lide.

No caso do direito à moradia – política pública pouco institucionalizada – o desafio da utilização do QRPP é insuperável, pois ele nada vai revelar. Ademais, dos dados levantados a partir desse instrumento, dificilmente o juiz poderá ter o vislumbre de uma alternativa que colabore para que se abram janelas de oportunidade ao desenvolvimento da política pública.

Outra opção a ser utilizada é o QPPP, desenvolvido por Isabela Ruiz e Maria Paula Dallari Bucci, que

> visa identificar um conjunto de variáveis (e algumas relações entre elas) capazes de viabilizar uma análise juridicoinstitucional de situações-problema que deveriam ensejar programas de ação governamental, os quais, todavia, ainda não estão estruturados ou o estão de maneira insuficiente.[527]

---

[525] Conforme o artigo 460 do CPC/2015: "É defeso ao juiz proferir sentença, a favor do autor, de natureza diversa da pedida, bem como condenar o réu em quantidade superior ou em objeto diverso do que lhe foi demandado" (BRASIL. Lei nº 13.105, de 16 de março de 2015. Código de Processo Civil. *Diário Oficial da União*, Brasília, DF, p. 1, 17 mar. 2015. Disponível em: http://www.planalto.gov.br/ccivil03/ato2015-2018/2015/lei/l13105.htm. Acesso em: 7 dez. 2020). Desse modo, o dispositivo legal consagra no ordenamento processual civil o princípio da congruência, também conhecido como princípio da correlação ou da adstrição do julgamento ao pedido.

[526] BUCCI, Maria Paula Dallari. Método e aplicações da abordagem Direito e Políticas Públicas – DPP. *Revista de Estudos Institucionais,* Rio de Janeiro, v. 5, nº 3, p. 791-832, 2019, p. 822. Disponível em: https://estudosinstitucionais.com/REI/article/view/430/447. Acesso em: 1º ago. 2022.

[527] RUIZ, Isabela; BUCCI, Maria Paula Dallari. Quadro de problemas de políticas públicas: uma ferramenta para análise jurídico-institucional. *Revista de Estudos Institucionais*, Rio de

Esse modelo destaca o papel do gestor e "procura identificar a maneira pela qual alguns grupos de interesse e instituições políticas se tornam capazes de limitar a tomada de decisões em determinadas situações".[528] Colabora, também, para explicar cenários em que não existem normas jurídicas para tratar de situações-problema ou, caso existam, elas não são implementadas de fato.

Na ferramenta proposta, as autoras consideram, ainda, o modelo de análise das múltiplas correntes (*multiple streams framework*),[529] em que se identifica o processo político que antecede o momento da inclusão de determinado problema na agenda decisória governamental. Para tanto, três correntes (ou fluxos) de atores e processos são considerados: a corrente dos problemas (*problem stream*), a corrente das soluções (*policy stream*) e a corrente da política (*politics stream*).[530]

De acordo com esse modelo de análise, quando há a conjunção dos três fluxos (*problems, policies and politics*), o que raramente acontece por acaso,[531] abre-se uma janela de oportunidades (*window of opportunity*) que aumenta significativamente as chances de uma questão ir para a agenda de decisão.

Janeiro, v. 5, nº 3, p. 1142-1167, 2019, p. 1149. Disponível em: https://estudosinstitucionais. com/REI/issue/view/10. Acesso em: 15 jun. 2020.

[528] RUIZ, Isabela; BUCCI, Maria Paula Dallari. Quadro de problemas de políticas públicas: uma ferramenta para análise jurídico-institucional. *Revista de Estudos Institucionais*, Rio de Janeiro, v. 5, nº 3, p. 1142-1167, 2019, p. 1150. Disponível em: https://estudosinstitucionais. com/REI/issue/view/10. Acesso em: 15 jun. 2020.

[529] RUIZ, Isabela; BUCCI, Maria Paula Dallari. Quadro de problemas de políticas públicas: uma ferramenta para análise jurídico-institucional. *Revista de Estudos Institucionais*, Rio de Janeiro, v. 5, nº 3, p. 1142-1167, 2019, p. 1151. Disponível em: https://estudosinstitucionais. com/REI/issue/view/10. Acesso em: 15 jun. 2020.

[530] RUIZ, Isabela; BUCCI, Maria Paula Dallari. Quadro de problemas de políticas públicas: uma ferramenta para análise jurídico-institucional. *Revista de Estudos Institucionais*, Rio de Janeiro, v. 5, nº 3, p. 1142-1167, 2019, p. 1151. Disponível em: https://estudosinstitucionais. com/REI/issue/view/10. Acesso em: 15 jun. 2020.

[531] "Embora o alinhamento das janelas de cada fluxo possa ocorrer por acaso, na maior parte das vezes isso acontece pela ação concreta dos atores (MARQUES, 2013, p. 40). O acoplamento (*coupling*) dos três fluxos depende substancialmente da atuação dos empreendedores da política (*policy entrepreneurs*), que são os agentes que se dedicam a atuar no processo político, em cada um desses fluxos, alocando recursos, disponibilizando informações e utilizando estratégias de convencimento para persuadir as autoridades sobre a relevância de suas posições, buscando abrir janelas e fazer com que as decisões sejam tomadas no sentido da defesa de seus interesses, seja construindo o reconhecimento de uma questão social como um problema, incentivando a adoção de determinada solução ou promovendo acordos e alianças políticas, bem como atuando para o alinhamento de todos esses elementos (MARQUES, 2013)" (RUIZ, Isabela; BUCCI, Maria Paula Dallari. Quadro de problemas de políticas públicas: uma ferramenta para análise jurídico-institucional. *Revista de Estudos Institucionais*, Rio de Janeiro, v. 5, nº 3, p. 1142-1167, 2019, p. 1149. Disponível em: https://estudosinstitucionais.com/REI/issue/view/10. Acesso em: 15 jun. 2020).

Por outro lado, a ação estratégica de determinados atores ou grupos de atores pode buscar, sistematicamente, a redução das chances de que determinado tema ou alternativa seja levado em consideração. Pode, ainda, propiciar que determinada alternativa minoritária de política pública tenha vantagens consideráveis em relação a outras possibilidades do gestor.

Parte-se da premissa de que o foco da questão não é a tomada da decisão e, sim, o não surgimento de janelas de oportunidade para o ingresso da questão na agenda.

São elementos do QPPP de Ruiz e Bucci: 1) *Situação-problema*: situação fática que se pretende investigar como problema; 2) *Diagnóstico situacional*: caracterização dos contextos político, econômico, social e cultural que permitem verificar se o ambiente externo à arena institucional é propício ou não às decisões que determinem mudanças bruscas ou incrementais relativas à situação-problema; 3) *Solução hipotética*: idealização incipiente quanto a um instrumento, instituto ou procedimento, passível de ser regulado por meio de uma ou mais normas jurídicas que, presumivelmente, seja capaz de solucionar a situação-problema identificada; 4) *Contexto normativo:* disposições normativas (constitucionais, legais e infralegais) que já regulam a política setorial na qual se insere a situaçãoproblema; 5) *Processo decisório*: processo juridicamente regulado, estruturante da atuação do poder público, que deverá ser primordialmente acionado com vistas à solução hipotética da situação-problema (processo eleitoral, processo legislativo, processo administrativo, processo orçamentário e processo judicial); 6) *Etapa atual do processo decisório*: estágio do processo decisório relativo à política pública no qual se insere a solução hipotética da situação-problema e que demanda uma decisão ou uma não decisão (formação da agenda, formulação de alternativas, tomada de decisão, implementação, avaliação); 7) *Arena institucional*: espaço institucional no qual a controvérsia relativa à situação-problema e sua solução hipotética serão discutidas naquela etapa do processo decisório; 8) *Protagonistas:* agentes governamentais ou não governamentais, indivíduos ou grupos de interesse favoráveis a determinada decisão sobre o problema, suas competências, atribuições, responsabilidades e grau de discricionariedade; 9) *Antagonistas*: agentes governamentais ou não governamentais, indivíduos ou grupos de interesse contrários à determinada decisão sobre o problema, suas competências, atribuições, responsabilidades e grau de discricionariedade; 10) *Decisores*: responsáveis por tomar (ou não tomar) determinada decisão relativa à situação-problema; suas competências, atribuições, responsabilidades e grau de discricionariedade (no processo eleitoral, os candidatos e dirigentes dos partidos; no processo legislativo, os parlamentares, membros de comissões, líderes de bancadas; no processo administrativo, o ordenador de despesas, as chefias, os técnicos, os burocratas de nível de rua, os gestores de contratos e parcerias; no processo judicial, os magistrados); 11) *Recursos de barganha*: táticas e estratégias utilizadas por protagonistas e antagonistas para influenciar os decisores a tomar ou não tomar determinada decisão.[532]

O QPPP, entretanto, não é uma ferramenta de trabalho adequada para apoiar o magistrado num esforço de sistematizar as informações disponíveis relativas à ação governamental nas políticas públicas de moradia para baixa renda no município de São Paulo, quando essa questão estiver judicializada. Isso decorre do fato de que um pressuposto para a utilização do modelo é o interesse do gestor em criar uma janela de oportunidade.

Os dois quadros descritos são *frameworks* baseados na categoria *instituição*, ou seja, na ação governamental. No caso da política pública judicializada, entretanto, o principal *decisor* do processo judicial deve ser o juiz que comanda o processo, com uma peculiaridade: ele não tem nenhuma relação direta com a ação governamental. Sua missão é decidir dentro da lógica processual.

É nesse ponto que o sentido democrático do controle judicial de políticas públicas se revela, eis que a decisão judicial pode *ou* ignorar a ação judicial em curso, *ou,* mesmo sendo contramajoritária, levar em consideração a ação governamental e a legislação aplicada àquela política pública.

Na segunda hipótese, eventualmente, poderá contribuir para o surgimento de uma "janela de oportunidade" na implementação da política pública ou, conforme expressão de Virgílio A. da Silva, da "vontade política",[533] contribuindo a partir da perspectiva estrutural da política para contribuir com o seu o avanço.

Considerada a posição do magistrado em relação à política pública, e a lide como a pretensão resistida urbanística, o instrumento

---

[532] RUIZ, Isabela; BUCCI, Maria Paula Dallari. Quadro de problemas de políticas públicas: uma ferramenta para análise jurídico-institucional. *Revista de Estudos Institucionais*, Rio de Janeiro, v. 5, nº 3, p. 1142-1167, 2019, p. 1153-1155. Disponível em: https://estudosinstitucionais.com/REI/issue/view/10. Acesso em: 15 jun. 2020.

[533] Ver item 1.1, nota 25, desta obra.

mais adequado para auxiliar o juiz a se situar no contexto de uma ação governamental não é um *Quadro,* e sim um *Roteiro Decisório de Políticas Públicas* específico, que considere as dinâmicas processuais, e desse modo seja apto a colaborar para o julgamento de ações que envolvem políticas públicas, aumentando o âmbito de cognição do juiz e, desse modo, incrementando as condições de exequibilidade das decisões.

4.4 Questões juridicamente relevantes para o controle judicial de políticas públicas de moradia a partir dos casos narrados

Segundo lição de Susana H. da Costa, a função judicial diante de conflitos que envolvem políticas públicas deve ser consequencialista, estratégica e mediadora:

> No desempenho dessa atividade político-jurídica, fica evidenciada a necessidade de incorporação de algumas novas características à função judicial. Não é possível julgar conflitos sobre alocação de recursos públicos ou mesmo sobre reforma estrutural do Estado da mesma forma como se julgam conflitos subjetivos privados. A função judicial politizada deve ser consequencialista, estratégica e mediadora.[534]

De acordo com a autora, "*consequencialista* é a postura do magistrado que pondera sobre os efeitos materiais da sua decisão na sociedade".[535] Ainda segundo ela:

> [...] o juiz que decide sobre políticas públicas deve ser um mediador, em especial, um mediador institucional. A definição e a implementação de políticas públicas dependem, muitas vezes, da atuação de mais de um dos Poderes do Estado, de forma concatenada e na busca de um mesmo objetivo. O Judiciário, quando decidir pela reforma estrutural do Estado (p. ex. reestruturação do sistema educacional ou penitenciário) será o grande mediador dessa transformação, possibilitando uma necessária

---

[534] COSTA, Susana Henriques da. A imediata judicialização dos direitos fundamentais sociais e o mínimo existencial: relação direito e processo. *In*: GRINOVER, Ada Pelegrini; WATANABE, Kazuo; COSTA, Susana Henriques da. *O processo para solução de conflitos de interesse público.* Salvador: JusPodivm, 2017, p. 397-422, p. 403.
[535] COSTA, Susana Henriques da. A imediata judicialização dos direitos fundamentais sociais e o mínimo existencial: relação direito e processo. *In*: GRINOVER, Ada Pelegrini; WATANABE, Kazuo; COSTA, Susana Henriques da. *O processo para solução de conflitos de interesse público.* Salvador: JusPodivm, 2017, p. 397-422, p. 403.

interlocução entre as instituições envolvidas (p. ex. Legislativo, Executivo, Ministério Público, Sociedade Civil) para o cumprimento da decisão da melhor forma possível.[536]

A posição de mediador, assumida pelo Poder Judiciário, será relevante até mesmo nos casos em que a política pública judicializada ainda não exista ou seja muito incipiente. Ela deve instigar os atores sociais envolvidos a assumir o seu papel na ação governamental antes que, na ação judicial, medidas indutivas precisem ser tomadas, nos termos do artigo 139 do CPC/2015.

A lei processual, contudo, pode não permitir que, de forma imediata, se evidencie a pertinência do pedido com a política pública, cabendo ao magistrado redefinir e reinterpretar as técnicas existentes, criando novos mecanismos que permitam que essa relação do pedido com a política pública venha à tona. Nessa hipótese, o juiz deverá assumir, em primeiro lugar, uma postura estratégica:

> A função judicial deve também, nesse novo contexto, ser estratégica. Essa característica se refere, em especial, à postura adotada pelo magistrado na execução de decisões envolvendo a implementação de políticas públicas, em especial em demandas coletivas. O cumprimento desta espécie de decisão é complexo e desloca para a fase satisfativa do processo um alto grau de atividade cognitiva. O objeto é a concretização da política pública determinada pela sentença, mas até lá haverá muito a se decidir. Para que se chegue ao objetivo, deve o juiz traçar uma estratégia, um plano de atuação [...] flexível e sujeito a eventuais adaptações que se façam necessárias. Deve, também, ter o acompanhamento detido pelo juiz do cumprimento do plano e dos prazos. Esse é o juiz estrategista.[537]

É fundamental, portanto, que o magistrado compreenda o problema por ele enfrentado para que, após ter a visão contextualizada da questão que lhe é submetida, possa se concentrar no ponto controvertido do seu processo e traçar um plano de ação.

---

[536] COSTA, Susana Henriques da. A imediata judicialização dos direitos fundamentais sociais e o mínimo existencial: relação direito e processo. In: GRINOVER, Ada Pelegrini; WATANABE, Kazuo; COSTA, Susana Henriques da. *O processo para solução de conflitos de interesse público*. Salvador: JusPodivm, 2017, p. 397-422, p. 403.

[537] COSTA, Susana Henriques da. A imediata judicialização dos direitos fundamentais sociais e o mínimo existencial: relação direito e processo. In: GRINOVER, Ada Pelegrini; WATANABE, Kazuo; COSTA, Susana Henriques da. *O processo para solução de conflitos de interesse público*. Salvador: JusPodivm, 2017, p. 397-422, p. 404.

No primeiro capítulo desta obra, nos itens 1.4.1 a 1.4.3, foram formulados problemas relativos à judicialização de questões urbanísticas que envolvem o direito à moradia, sem tratar dele diretamente. As questões são agora sistematizadas da seguinte forma:

1) O processo envolve questões com diferentes conceitos de posse e propriedade? Essas questões estão expressas? Qual o conceito de posse e propriedade utilizado pelas partes?
2) Quais as partes envolvidas? A sentença irá afetar terceiros? Eles foram intimados da existência do processo? Como deve se dar essa intimação?
3) Existem outras ações envolvendo esse território? Elas podem ser reunidas? As ações envolvem questões interrelacionadas?
4) As ações de desapropriação podem ser reunidas? Por qual critério? As áreas a serem desapropriadas estão ocupadas? Desde quando? Qual o planejamento para a remoção dos ocupantes? A quem cabe este planejamento?
5) O conflito envolve alguma política pública fácil de ser identificada nos *sites* oficiais? Tem relação com o Plano Diretor ou com o Estatuto da Cidade? São políticas que envolvem direitos fundamentais? É relevante intimar o Ministério Público e a Defensoria para ciência?
6) Se a ação envolve uma obra de infraestrutura, está relacionada à execução do Plano Diretor?
7) A obra a ser realizada envolve infraestrutura para fins de moradia? O projeto está inserido em alguma política pública específica?
8) Em caso de ação possessória, o que está em discussão é realmente a posse? Qual o resultado pretendido pelo autor? Trata-se de ação envolvendo política pública urbana?
9) Quais as alternativas para a remoção? É possível antecipar as questões para a execução do título de forma a induzir, desde o início, medidas de mitigação dos custos sociais da execução?

A sistematização das questões permite reconhecer que é fundamental compreender o conflito tal como apresentado em juízo na ação governamental em curso na cidade, pois não faz parte da prática jurídica a discussão nos processos judiciais das diferentes narrativas das partes, apoiadas, por vezes, nos mesmos dispositivos legais, porém, se utilizando de diversos conceitos jurídicos, como ocorre com o emprego do conceito de posse, em que há uma tendência de o autor se basear no conceito de *posse como conteúdo de direitos*, e o réu com base na ideia da *posse por si mesma*⁵³⁸ em razão do uso da terra. Ademais, não se relacionam os institutos jurídicos em debate no processo com políticas públicas em curso na cidade, tampouco com as questões da moradia. Como peça de um quebra-cabeça, é necessário conferir a parte do quadro com a qual ele se relaciona. Sintonizada a questão judicializada com o contexto da política pública em discussão, a decisão judicial – proferida de acordo com os deveres do magistrado e nos limites da atividade que lhe é destinada nos termos do CPC/2015 (em especial os artigos 139 e 190) – poderá induzir o Poder Executivo, na condição de réu da ação, a satisfazer o pedido, se não integralmente, ao menos em parte, diminuindo o vazio que há entre a demanda real e os efeitos do deferimento formal da ação. Aumentam, com isso, as probabilidades de exequibilidade da decisão.

4.5 Elementos de um RCJPP adequado a conflitos judicializados de moradia para baixa renda

O RCJPP proposto envolve questões mais genéricas, que podem se relacionar com qualquer ação judicial envolvendo políticas públicas, e questões específicas, direcionadas para processos que envolvem o direito à moradia da população de baixa renda, sem alternativa habitacional adequada.

Sem responder às questões formuladas no item anterior, os problemas que delas emergem são agrupados de acordo com a fase processual em que ganham relevância, de forma a evidenciar para o juiz as consequências das decisões a serem tomadas, num contexto de políticas públicas em curso, e disponibilizar elementos para que seja traçada uma estratégia processual eficiente e adequada à lide específica.

Como este é um *framework* baseado na categoria *processo* e não *instituição*, o foco é a perspectiva jurídico-processual com sucessão em etapas simétricas às fases do processo de conhecimento e de execução. Diferente dos outros quadros já desenvolvidos, a resposta às questões iniciais pode incidir sobre as demais, inclusive gerando novas perguntas a serem formuladas.

Desse modo, de acordo com a fase do processo em curso, as questões foram divididas em quatro grupos. No Grupo A estão as questões referentes ao momento da propositura da ação.

---

⁵³⁸ Ver nota 183, item 2.4, desta obra.

No Grupo B estão os problemas a serem enfrentados com a resposta do réu, momento crítico do processo policêntrico, pois é neste instante que o juiz poderá se basear nos instrumentos de Direito Processual disponíveis para ampliar os limites da demanda, se assim entender conveniente à solução do conflito.

No Grupo C são reunidas as questões relativas ao saneamento e instrução do processo, fase em que o juiz poderá, a partir da ampliação do olhar da cognição nas etapas anteriores, fixar os pontos controvertidos e traçar um caminho processual para que o conflito seja reduzido com o passar do tempo processual, à medida em que o processo caminha em direção à sentença.

No Grupo D encontram-se as questões referentes à medida liminar que, apesar de se relacionarem com a primeira decisão proferida no processo, estão incluídas nesse último grupo porque as questões decorrentes da concessão da medida liminar se relacionam à execução do processo, já que sua efetivação implica na antecipação da entrega ao credor, do bem da vida em disputa.

A aproximação do momento da liminar com o da execução e sua relevância quando o tema são as políticas públicas já foi notada por Bucci:

> Um componente relevante é o temporal. A disseminação do uso das figuras de tutela de urgência nos processos altera de maneira relevante o exercício do contraditório. A decisão de maior impacto é a proferida em caráter liminar, em relação à qual as partes dedicam grandes esforços, aí compreendida a decisão dos recursos nas sucessivas instâncias. A fase de produção de provas, na qual o contraditório ocorre em sua plenitude, tem seu sentido reduzido ante uma decisão proferida com antecedência e cujos efeitos já se fizeram sentir por algum tempo. O problema aqui, pode-se dizer, reside na coordenação na dimensão temporal.[539]

A concessão da liminar, para ambas as partes, encurta a dimensão temporal do resultado do processo. Quando o réu tem suas condições materiais de acesso à justiça reduzidas diante do autor, seja este o Poder Público ou não,[540] esse encurtamento pode significar o fim das

---

[539] BUCCI, Maria Paula Dallari. *Fundamentos para uma teoria jurídica das políticas públicas*. São Paulo: Saraiva, 2013, p. 196.

[540] Relembro, aqui, a questão já abordada no item 3.2 desta obra: mesmo nos casos em que o domínio do imóvel é privado, hoje, por expressa disposição legal, artigo 565, *caput* do CPC/2015, quando há ocupação multitudinária, existe a participação do Ministério Público, a tutela eventual do direito à moradia. Assim, sem o deslocamento da competência para as varas de Fazenda Pública, há um interesse público em disputa.

chances de um contraditório efetivo, eis que a tendência das tutelas de urgência é a estabilização. Esse é o caso das ações que envolvem posse e propriedade de um lado e poder público do outro, em que há uma clara tendência à concessão de liminar em favor do poder público, mesmo que este não tenha interesse em cumpri-la de imediato.

Considerada a proximidade da liminar concedida com a execução, como já se ilustrou com os casos narrados anteriormente, as liminares dificilmente são cumpridas no momento em que a decisão é proferida, aguardando-se a fase de execução da obra. Assim, na prática, há tendência à aproximação do cumprimento efetivo da liminar com a fase de execução do processo, sendo os instrumentos empregados pelo juiz para a execução da decisão praticamente idênticos, independentemente do momento de cumprimento.

4.5.1 Grupo A: Questões referentes ao ajuizamento da ação

1) O processo envolve questões de posse e propriedade? Essas questões estão expressas? Qual o verdadeiro conflito em jogo no processo?

A questão tem relevância porque, embora a ação trate de posse e propriedade, pode ocorrer de esses institutos não serem passíveis de controvérsia, como acontece nas ações de desapropriação, com território não ocupado pelo proprietário tabular. Mas podem haver questões relativas ao conceito de posse e de propriedade (disputas de narrativas, em que se alegue de um lado a *posse como conteúdo de direitos* e, de outro, a *posse por si mesma*) que afetem a execução, pois se o processo envolver obra de infraestrutura e no território houver ocupantes, a execução será tumultuada, podendo ser interessante, desde o início do processo, buscar uma solução que envolva os conflitos jurídicos subjacentes.

2) O nome atribuído à ação é adequado ao pedido formulado?

A partir da petição inicial, o juiz poderá relacionar o nome da ação com o pedido e conferir a possibilidade de violação de direitos fundamentais. Nem sempre, porém, o nome da ação e a causa de pedir se identificam com o pedido. Por exemplo, o processo pode dizer respeito, aparentemente, à posse, e não se tratar de uma verdadeira ação possessória. Isso ocorre em ações que têm o objetivo de remanejar pessoas de área de risco, ajuizadas com o nome de ação de *reintegração de posse*, mas a finalidade da ação é a remoção de pessoas de áreas de risco, ou a redução do risco.

Quando não há uma ligação direta entre o pedido e a causa de pedir, existe uma chance razoável de a ação envolver políticas públicas, bem como uma solução mais adequada ao conflito do que as alternativas que decorrem das técnicas postulatórias tradicionais.

O controle de adequação consiste numa análise dos limites da lide e do conflito, o que pode gerar determinações por parte do juízo a fim de garantir ciência da existência do processo aos atores sociais responsáveis pelo controle social e com capacidade postulatória.

Identificada a assimetria entre o pedido e os conflitos subjacentes em jogo, o juiz pode estar diante de um caso em que a solução do processo não resulte na redução do conflito, e nesse caso pode ser conveniente a ampliação do objeto da ação ou das parte envolvidas.

3) A questão descrita na inicial indica a possibilidade de outras partes interessadas, além daquelas já indicadas pelo autor para constar no polo passivo da ação?

Se o juiz observar, desde o início, a possibilidade de haver terceiros juridicamente interessados, deverá desde já determinar a emenda da inicial, de forma fundamentada, com vistas à ampliação do polo passivo da ação.

4) Existem outras ações envolvendo esse território? Elas podem ser reunidas? As ações envolvem questões interrelacionadas?

A relevância da territorialidade do conflito já foi discutida neste estudo,[541] e deve ser considerada. Se houver uma ACP a envolver o território ou a obra a ser realizada, seria adequado, considerando o disposto no artigo 55, §3º do CPC/2015, que ambas fossem julgadas pelo mesmo juiz.

Esse juízo de adequação da ampliação dos limites objetivos e subjetivos da lide deve direcionar o olhar do magistrado desde a leitura da inicial. Trata-se de um juízo negativo, ou seja, o juiz deve se perguntar se o conflito será solucionado caso esta ampliação não ocorra. Se a resposta for positiva, não há necessidade de ampliação.

---

[541] Ver item 2.5.3.1 desta obra.

5) O conflito envolve alguma política pública fácil de ser identificada nos sites ou documentos oficiais? Tem relação com o Plano Diretor ou com o Estatuto da Cidade?

É importante para o juiz identificar se o pedido e a causa de pedir do autor se relacionam com uma política pública oficial, seja a ação de natureza aparentemente individual ou coletiva. Se os elementos da ação se relacionarem com uma política pública em curso,[542] o juiz poderá determinar a emenda, de modo que o questionamento da política se torne evidente para o juiz. Caso identifique-se a relação da ação com o Estatuto da Cidade ou com o Plano Diretor em vigor, o Ministério Público deverá ser cientificado dos fatos em razão da natureza do interesse público em jogo.[543]

Nessa fase, o juiz poderá, ainda, ampliar os limites de cognição do processo, dando ciência da existência da ação, mediante ofício, a órgãos técnicos do Poder Público local, de modo que possam, se assim entenderem relevante, integrar a lide ou contribuir com informações ao Poder Judiciário.

Mesmo que não seja o caso de ampliação dos limites objetivos e subjetivos da lide, é conveniente situar a pretensão formulada pelo autor no contexto da política pública em jogo a fim de garantir que a decisão seja proferida dentro da lógica normativa daquela política.

6) As ações de desapropriação podem ser reunidas? Por qual critério? As áreas a serem desapropriadas estão ocupadas? Desde quando? Qual o planejamento para a remoção dos ocupantes? A quem cabe este planejamento? O projeto está inserido em alguma política pública específica? A obra a ser realizada envolve infraestrutura para fins de moradia?

Já foram analisadas neste estudo as limitações relativas ao processo de desapropriação,[544] bem como apresentadas estratégias para viabilizar a ampliação da cognição quanto a um mesmo território. O juiz do processo poderá, além das medidas já mencionadas, como a expedição de ofício ao Ministério Público de Habitação e Urbanismo

---

[542] A proposta é perfeitamente viável. Nas ações de medicamentos, desde 2019, há recomendação para que o magistrado consulte o Núcleo de Apoio Técnico do Poder Judiciário (NATJUS) antes da concessão de liminar.
[543] Ver item 3.3 desta obra.
[544] Ver item 2.5.3.1 desta obra.

para ciência da obra, requisitar informações complementares ao próprio poder expropriante para que informe quanto à dimensão da obra, as demais ações de desapropriação em curso, a possibilidade de perícia única para a totalidade da obra, e para que desde o início informe sobre o planejamento para o cumprimento da liminar de imissão na posse, portanto, elemento fundamental à futura execução do título sem dano urbanístico.

Em razão do disposto no artigo 82 (CPC/2015),[545] o fornecimento dos meios para a remoção dos ocupantes da área é responsabilidade do exequente. Portanto, há que se cobrar do ente expropriante o envolvimento dos órgãos responsáveis pelas políticas públicas de moradia desde o início do processo, a fim de identificar a futura demanda da administração e a redução do futuro impacto urbanístico da obra na sustentabilidade urbana.

Se a obra a ser realizada for de infraestrutura urbana, estiver inserida em alguma política pública específica, como de mobilidade urbana (ex.: estações de metrô) e atingir outras políticas urbanas – como a de moradia, com consequente remoção de população vulnerável – é recomendável a comunicação ao Ministério Público de Habitação e Urbanismo e à Defensoria Pública, nos termos do CPC/2015.[546]

O mesmo dispositivo poderá ser aplicado com mais razão ainda se o empreendimento envolver a reintegração ou imissão na posse de edifícios urbanos abandonados e transformados em moradia precária, em especial quando esses edifícios forem expropriados para programas de habitação de baixa renda via mercado. A diligência judicial atingirá direito fundamental[547] e haverá necessidade de garantia do direito de defesa do direito atingido.

---

[545] Conforme artigo 82: "Salvo as disposições concernentes à gratuidade da justiça, incumbe às partes prover as despesas dos atos que realizarem ou requererem no processo, antecipando-lhes o pagamento, desde o início até a sentença final ou, na execução, até a plena satisfação do direito reconhecido no título" (BRASIL. Lei nº 13.105, de 16 de março de 2015. Código de Processo Civil. *Diário Oficial da União*, Brasília, DF, p. 1, 17 mar. 2015. Disponível em: http://www.planalto.gov.br/ccivil03/ato2015-2018/2015/lei/l13105.htm. Acesso em: 7 dez. 2020).

[546] Ver item 3.2 desta obra.

[547] Refiro-me, aqui, ao conceito de direito de proteção da posse, como desenvolvido no item 2.4 desta obra.

4.5.2 Grupo B: Questões referentes à citação e à defesa do réu

1) Quais as partes envolvidas? A sentença afetará terceiros? Eles foram intimados da existência do processo? Como deve se dar essa intimação?

A partir do primeiro grupo de questões formuladas abre-se outro rol de questões relativas à citação do réu e às possibilidades de defesa.

Como já visto,[548] a citação dos possíveis réus não tem como única finalidade a defesa na forma de contestação. A citação é, antes de tudo, um convite para as partes iniciarem um processo de mediação com o objetivo de construir uma solução sustentável para o espaço urbano. É relevante que os ocupantes encontrados no dia em que o Oficial de Justiça comparecer no local sejam citados pessoalmente. Quando, porém, há ocupação multitudinária, o uso de faixas, cartazes e quaiquer outros meios de comunicação podem surtir efeito desejado, que é manter todos cientes de que aquele é um território conflituoso, e quem tiver interesse na defesa de eventuais direitos deverá buscar assessoria jurídica. O ato de citação não deve ser renovado periodicamente por meio de Oficial de Justiça porque esse procedimento tumultua o processo e desgasta o relacionamento entre os ocupantes do local e o Poder Judiciário. Novos cartazes e faixas, entretanto, devem ser colocados periodicamente a fim de garantir a comunicação com os ocupantes temporários do território.[549]

2) É relevante intimar o Ministério Público para ciência? É relevante intimar a Defensoria Pública da existência da ação? A questão controvertida pode ser mapeada de tal forma a alcançar os legitimados para a defesa de interesses coletivos?

Já se mencionou neste estudo a alteração procedimental introduzida pelo artigo 565, §2º do CPC/2015,[550] a partir da qual se estabelece

---

[548] Ver item 3.2 desta obra.
[549] Conforme o artigo 554, §3º: "[...] O juiz deverá determinar que se dê ampla publicidade da existência da ação prevista no §1º e dos respectivos prazos processuais, podendo, para tanto, valer-se de anúncios em jornal ou rádio locais, da publicação de cartazes na região do conflito e de outros meios" (BRASIL. Lei nº 13.105, de 16 de março de 2015. Código de Processo Civil. *Diário Oficial da União*, Brasília, DF, p. 1, 17 mar. 2015. Disponível em: http://www.planalto.gov.br/ccivil03/ato2015-2018/2015/lei/l13105.htm. Acesso em: 7 dez. 2020).
[550] Ver item 3.2 desta obra.

que, quando o direito à moradia de vulneráveis é ameaçado, há necessidade de intimação do Ministério Público e da Defensoria Pública.

A participação das duas instituições tem perfil diferenciado. O Ministério Público será intimado sempre que houver litígio coletivo da posse, independentemente da condição pessoal dos ocupantes. O fundamento dessa participação, portanto, é a questão urbanística subjacente, uma vez que a sustentabilidade urbana está em jogo nessa natureza de litígio.

Já a participação da Defensoria Pública apenas é obrigatória nos casos em que houver parte beneficiária de justiça gratuita, e diz respeito exclusivamente à necessidade de tutela de direitos fundamentais de pessoas vulneráveis economicamente.

Com base no princípio da colaboração,[551] o juiz também pode esclarecer as partes de forma fundamentada que, em razão da peculiaridade do caso, seria conveniente invocar outra modalidade de intervenção de terceiros,[552] a fim de garantir que demais envolvidos na política urbana em implementação sejam integrados no polo ativo ou passivo da ação, permitindo, desse modo, o ingresso formal de outros órgãos nos autos do Poder Público. Desse modo, podem assumir a sua responsabilidade quanto aos danos urbanísticos e à necessidade de garantia da sustentabilidade urbana.

Essa ampliação dos sujeitos processuais pode se dar, inclusive, de ofício pelo magistrado, como prevê o artigo 138 do CPC/2015.[553] É conveniente, também, que ela se dê nos momentos iniciais do processo

---

[551] É possível afirmar que este é um poder-dever do juiz, com fundamento no princípio da colaboração, que se estrutura a partir da previsão de regras que devem ser seguidas pelo juiz na condução do processo. Como afirmam Luiz Guilherme Marinoni, Sérgio Cruz Arenhart e Daniel Mitidiero, "não faz sentido afirmar que o Estado tem o dever de tutelar os direitos e ao mesmo tempo permitir que o direito sucumba diante de defeitos formais sanáveis e não revelados pelo próprio Estado" (MARINONI, Luiz Guilherme; ARENHART, Sérgio Cruz; MITIDIERO, Daniel. *Novo curso de processo civil*: tutela dos direitos mediante procedimento comum. 3. ed. São Paulo: Revista dos Tribunais, 2017, v. 2, p. 171-172). Ver item 3.1.2 desta obra.

[552] Com já analisado no item 3.4.5 desta obra, além do *amicus curiae*, outras modalidades de intervenção de terceiros podem ser utilizadas para dar maior representatividade aos atores sociais em conflitos policêntricos.

[553] Conforme artigo 138: "O juiz ou o relator, considerando a relevância da matéria, a especificidade do tema objeto da demanda ou a repercussão social da controvérsia, poderá, por decisão irrecorrível, de ofício ou a requerimento das partes ou de quem pretenda manifestar-se, solicitar ou admitir a participação de pessoa natural ou jurídica, órgão ou entidade especializada, com representatividade adequada, no prazo de 15 (quinze) dias de sua intimação" (BRASIL. Lei nº 13.105, de 16 de março de 2015. Código de Processo Civil. *Diário Oficial da União*, Brasília, DF, p. 1, 17 mar. 2015. Disponível em: http://www.planalto.gov.br/ccivil03/ato2015-2018/2015/lei/l13105.htm. Acesso em: 7 dez. 2020).

em razão da impossibilidade de ampliar os limites subjetivos da lide na fase de execução do processo.

3) De que forma as partes discutem os instiututos da posses e propriedade?

Após a contestação, o juiz poderá identificar o ponto controverso do processo, o qual se compara ao *diagnóstico situacional*,[554] nos termos do artigo 357 do CPC/2015. Isso quer dizer que, nesse ponto, o juiz tem que estar ciente do conflito como pré-requisito para o próximo passo, que é delimitar as questões de fato sobre as quais recairá a atividade probatória, especificando as provas e distribuindo os ônus.

O *contexto normativo*, num primeiro momento, diz respeito à legislação mencionada pelas partes na inicial e na contestação. Ações que envolvem políticas públicas, entretanto, possuem contextos normativos explícitos e implícitos no processo. No Direito Processual vigora o princípio de que o juiz conhece o Direito (*jura novit curia*), cabendo-lhe aplicar as normas e qualificações jurídicas pertinentes ao caso, independentemente de alegação das partes. Caso as partes não apresentem normas explicitamente, deverá o juiz, com fundamento nos princípios da colaboração e da vedação à decisão-surpresa,[555] inquiri-las sobre o contexto normativo implícito.[556]

---

[554] RUIZ, Isabela; BUCCI, Maria Paula Dallari. Quadro de problemas de políticas públicas: uma ferramenta para análise jurídico-institucional. *Revista de Estudos Institucionais*, Rio de Janeiro, v. 5, nº 3, p. 1142-1167, 2019, p. 1153-1155. Disponível em: https://estudosinstitucionais.com/REI/issue/view/10. Acesso em: 15 jun. 2020.

[555] Conforme artigo 10: "O juiz não pode decidir, em grau algum de jurisdição, com base em fundamento a respeito do qual não se tenha dado às partes oportunidade de se manifestar, ainda que se trate de matéria sobre a qual deva decidir de ofício" (BRASIL. Lei nº 13.105, de 16 de março de 2015. Código de Processo Civil. *Diário Oficial da União*, Brasília, DF, p. 1, 17 mar. 2015. Disponível em: http://www.planalto.gov.br/ccivil03/ato2015-2018/2015/lei/l13105.htm. Acesso em: 7 dez. 2020).

[556] Conforme ensinam Marinoni, Arenhart e Mitidiero, "O direito ao contraditório – lido na perspectiva do direito ao diálogo, inerente à colaboração – condiciona a aplicação da máxima *Iura novit cúria* ao prévio diálogo judicial. É certo que o juiz continua com o poder de aplicar o direito ao caso concreto, inclusive invocando normas jurídicas não invocadas pelas partes. No entanto, a validade da aplicação ao caso concreto dessa inovação está condicionada ao prévio diálogo com as partes. Vale dizer, o juiz tem o dever de oportunizar às partes que o influenciem a respeito do acerto ou desacerto da solução que pretende outorgar ao caso concreto (artigo 10, CPC). Isso quer dizer que a máxima do *Iura novit cúria* continua plenamente vigente no novo Código: apenas a sua aplicação é que está condicionada ao prévio diálogo com as partes" (MARINONI, Luiz Guilherme; ARENHART, Sérgio Cruz; MITIDIERO, Daniel. *Novo curso de processo civil*: tutela dos direitos mediante procedimento comum. 3. ed. São Paulo: Revista dos Tribunais, 2017, v. 2, p. 183).

Esse é fundamento suficiente para que o magistrado, vislumbrando o risco de violação dos direitos fundamentais ou de estar diante de ação que envolve políticas públicas, cumpra o disposto no artigo 357, §3º do CPC/2015,[557] e designe audiência para mediação e saneamento do processo.

Ao juiz, nos termos dos artigos 140 do CPC/2015, é vedado decidir fora dos limites propostos pelas partes.[558] As limitações legais, contudo, não o impedem de, até o processo estar definitivamente saneado, convidar outros interessados a ingressar na lide, tampouco de mencionar, na decisão, a legislação que lhe é implicitamente aplicável, não trazida aos autos expressamente pelas partes.

Nesse tipo de ação, o conceito de posse e propriedade utilizado pelo autor e pelo réu pode divergir. Como já visto, são três as situações de posse: a primeira com conteúdo de direitos; a segunda como requisito para aquisição de direitos reais; e a terceira como a posse por si mesma,[559] sendo que cada uma merece tutela diferenciada pelo ordenamento jurídico.

Há que se explicitar as situações de posse tal como narradas pelas partes, bem como os sistemas protetivos em jogo. Muito provavelmente, ações que envolvem conflitos urbanos em que se discute a posse, o conceito utilizado pelas partes (autor e réu) decorre do olhar do observador. Sem o diagnóstico da situação da posse em concreto, uma das duas visões de ocupação pode ser descartada sem que se debata justamente a situação em jogo.

Decorrem dessa diversidade de narrativas as diferentes lógicas protetivas de direitos fundamentais submetidas a apreciação judicial. Essas diferentes lógicas podem ser explicitadas com ampliação dos

---

[557] Conforme artigo 357, §3º: "[...] Se a causa apresentar complexidade em matéria de fato ou de direito, deverá o juiz designar audiência para que o saneamento seja feito em cooperação com as partes, oportunidade em que o juiz, se for o caso, convidará as partes a integrar ou esclarecer suas alegações" (BRASIL. Lei nº 13.105, de 16 de março de 2015. Código de Processo Civil. *Diário Oficial da União*, Brasília, DF, p. 1, 17 mar. 2015. Disponível em: http://www.planalto.gov.br/ccivil03/ato2015-2018/2015/lei/l13105.htm. Acesso em: 7 dez. 2020).

[558] Conforme artigo 140: "O juiz não se exime de decidir sob a alegação de lacuna ou obscuridade do ordenamento jurídico. Parágrafo único. O juiz só decidirá por equidade nos casos previstos em lei. Artigo 141. O juiz decidirá o mérito nos limites propostos pelas partes, sendo-lhe vedado conhecer de questões não suscitadas a cujo respeito a lei exige iniciativa da parte" (BRASIL. Lei nº 13.105, de 16 de março de 2015. Código de Processo Civil. *Diário Oficial da União*, Brasília, DF, p. 1, 17 mar. 2015. Disponível em: http://www.planalto.gov.br/ccivil03/ato2015-2018/2015/lei/l13105.htm. Acesso em: 7 dez. 2020).

[559] Ver item 2.4 desta obra.

limites objetivos e subjetivos da lide, evitando que no futuro o juiz fique entre duas alternativas inconvenientes, quais sejam, proferir uma decisão inexequível ou uma sentença *ultra petita* ou *extra petita*.

4.5.3 Grupo C: Questões referentes ao saneamento e à instrução

O saneamento ocorre durante toda a tramitação do processo, não sendo, portanto, um ato único. Conforme o *princípio da primazia do julgamento do mérito*, as partes têm direito ao julgamento do mérito com a efetivação do direito material, que é a principal finalidade do processo. O juiz tem o dever de determinar o saneamento de vícios processuais (artigo 139, IX, do CPC/2015) durante todo o andamento processual. Em que pese a possibilidade de saneamento a qualquer tempo, a lei fixa que, após a contestação e réplica, é um dever do juiz sanear o processo.

Uma das modificações do CPC/2015, como já mencionado anteriormente, foi a possibilidade do saneamento por cooperação (artigo 357, §3º), o que pode ocorrer em audiência. Neste momento, as partes podem transigir quanto ao objeto da ação, aceitar a reunião de processos, concordar nos pontos controversos, delimitando, junto com o magistrados, os limites objetivos e subjetivos da lide. Podem, ainda, definir em conjunto as provas a serem produzidas e os prazos viáveis para o cumprimento de diligências que caibam às partes.

A instrução de ações que envolvem políticas públicas deve partir do pressuposto da possibilidade de conciliação parcial sobre pontos já negociados em qualquer fase do processo. Sempre que algum ponto estiver definido, o juiz poderá proferir uma decisão estrutural, decidindo ao menos parcialmente o processo, permitindo a consolidação de objetivos parciais, e traçando novas metas a serem atingidas.

Ainda nessa fase, o experimentalismo jurídico tem maior liberdade, pois as decisões judiciais estão sujeitas ao contraditório, sendo possível ao magistrado, com fundamento no artigo 139, VI, do CPC/2015, adaptar o rito às especificidades da causa, observadas as garantias fundamentais do processo.[560]

---

[560] O Enunciado nº 35 da Escola Nacional de Formação e Aperfeiçoamento de Magistrados (ENFAM) traz: "Além das situações em que a flexibilização do procedimento é autorizada pelo artigo 139, VI, do CPC/2015, pode o juiz, de ofício, preservada a previsibilidade do rito, adaptá-lo às especificidades da causa, observadas as garantias fundamentais do processo" (ESCOLA NACIONAL DE FORMAÇÃO E APERFEIÇOAMENTO DE MAGISTRADOS (ENFAM). *Seminário "O Poder Judiciário e o Novo Código de Processo Civil"*:

O juiz tem a liberdade de sugerir às partes, com fundamento no artigo 139, V, do CPC/2015, que realizem um negócio jurídico processual com fundamento no artigo 190 do CPC/2015. Nesse caso, o poder público, mesmo sem liberdade para transigir quanto ao mérito,[561] tem condições, por exemplo, de dispor sobre os pontos controversos e prazos para a administração cumprir determinações e fornecer informações.

1) Existem outras ações envolvendo esse território? Elas podem ser reunidas? As ações envolvem questões interrelacionadas?

Caso as partes tenham municiado o juízo de informações sobre outras ações que envolvem o território, há, na decisão saneadora, quatro possibilidades para o magistrado: (i) as ações podem ser reunidas para prosseguimento e instrução conjuntos, com fundamento no artigo 55, §3º, do CPC/2015;[562] (ii) o juiz da ação pode utilizar o instituto de juízes cooperantes, previsto no artigo 69, §3º do CPC/2015 e realizar atos instrutórios únicos aos processos em que os juízes concordem com essa cooperação; (iii) o juiz poderá suspender a sua ação até o resultado de processo conexo, conforme permite o artigo 313, V, "a", do CPC/2015; (iv) o juiz pode prosseguir com a sua ação sem se preocupar com o resultado dos demais processos que tramitam em relação ao território.

O CPC/2015 disponibiliza diversas ferramentas para justificar a reunião de processos ou a não repetição de atos. Caberá ao juiz de cada processo verificar a alternativa à sua disposição que poderá gerar melhor resultado no caso concreto. A última alternativa proposta (o prosseguimento das ações sem a utilização dos instrumentos anteriores) pode resultar em maior celeridade para o processo, porém, provavelmente será a de menor resultado para a solução do conflito urbano.

Enunciados aprovados. 2015. Disponível em: https://www.enfam.jus.br/wp-content/uploads/2015/09/ENUNCIADOS-VERS%C3%83O-DEFINITIVA-.pdf. Acesso em: 12 jan. 2021).

[561] É possível interpretar que existe a possibilidade de o Estado transigir, a partir do disposto no artigo 26 da LINDB: "Artigo 26. Para eliminar irregularidade, incerteza jurídica ou situação contenciosa na aplicação do direito público, inclusive no caso de expedição de licença, a autoridade administrativa poderá, após oitiva do órgão jurídico e, quando for o caso, após realização de consulta pública, e presentes razões de relevante interesse geral, celebrar compromisso com os interessados, observada a legislação aplicável, o qual só produzirá efeitos a partir de sua publicação oficial" (BRASIL. Decreto-Lei nº 4.657, de 4 de setembro de 1942. Lei de Introdução às normas do Direito Brasileiro. *Diário Oficial da União*, Rio de Janeiro, DF, p. 1, 9 set. 1942b. Disponível em: http://www.planalto.gov.br/ccivil_03/decreto-lei/del4657compilado.htm. Acesso em: 16 dez. 2020).

[562] Ver item 3.4 desta obra.

A reunião dos processos poderá aumentar as chances de um acordo, já que a questão estará submetida a um único juízo, com menor risco de decisões contraditórias a serem cumpridas.

O instituto dos juízes cooperantes pode resultar em uma produção de prova com análise mais exauriente, já que será realizada por um juiz e utilizada por outro, que pode submetê-la a novo contraditório. O risco de decisões contraditórias, entretanto, persiste.

A suspensão do processo enquanto determinada situação jurídica se estabiliza pode ser conveniente em algumas circunstâncias como, por exemplo, permitir a paralisação do processo enquanto o conflito jurídico-político é absorvido por outra forma, que não a decisão judicial, ou pela passagem do tempo.

2) O conflito envolve alguma política pública fácil de ser identificada nos sites e documentos oficiais? Tem relação com o Plano Diretor ou com o Estatuto da Cidade? São políticas que envolvem direitos fundamentais? Se a ação envolve uma obra de infraestrutura, está relacionada com a execução do Plano Diretor?

Esta questão já foi analisada no Grupo A, mas no Grupo C também possui relevância, já que não se esgota no momento da propositura da ação. A identificação, pelo juiz, da existência de uma política pública que afeta o direito à moradia pode alterar a sua forma de condução do processo. Nem sempre esse fator emerge da pergunta formulada pelo juiz ao receber a petição inicial, mas até o saneamento e mesmo com o início da instrução, as questões subjacentes ainda não trazidas aos autos não estão preclusas, e podem ser discutidas, já que não podem ser caracterizadas como fatos novos, sendo apenas novos aspectos jurídicos[563] dos pontos contraditórios.

As partes, segundo o princípio da cooperação, devem trazer a informação ao magistrado, que poderá classificar o processo como conflito policêntrico.

Confirmado o conflito policêntrico, maiores serão as chances de demandas conexas e de julgamentos conflitantes. No momento da produção da prova, mesmo que os atores sociais não estejam

---

[563] Após a contestação, o juiz poderá acrescentar novos argumentos jurídicos à discussão, mesmo quando não trazidos pelas partes, pois ao juiz cabe conhecer o direito. Mas deverá dar às partes o direito de se manifestar, como se confere no artigo 10 do CPC/2015. Assim, ao lhe ser apresentada nova legislação referente à política pública em discussão nos autos, não mencionada pelas partes, poderá abrir prazo para as partes se manifestarem quanto aos novos argumentos em jogo, e considerá-los na decisão.

envolvidos no processo, as questões da política pública em jogo devem ser aclaradas no processo para que o juiz possa inserir a compreensão do contexto maior da política. A prova a ser produzida também deverá ter como pressuposto a política pública (mesmo que o objeto da ação seja justamente alguma variável dessa política).

Para tanto, devem ser trazidos aos autos os processos administrativos referentes às escolhas públicas. Quanto ao controle jurisdicional das decisões administrativas, afirmou Marcos Augusto Perez:

> É justamente nesse ponto em que o processo administrativo ganha importância como elemento de estruturação da legalidade do ato discricionário. O dever de motivar as decisões e o motivo, enquanto fundamento de fato e direito das ações administrativas, deve ser o resultado da atuação processual da Administração. A importância de associar-se motivo e processo administrativo como elementos da legalidade da atuação administrativa está justamente em, com isso, abrir-se um largo caminho para a atuação do controle jurisdicional da discricionariedade administrativa. O processo administrativo dá materialidade aos motivos da decisão, tornando-se evidências processuais, elementos de prova sobre os quais deve repousar a motivação.[564]

A qualquer momento o juiz poderá requerer do poder público o fornecimento de informações quanto à política pública em andamento, como lhe permite o artigo 396, do CPC/2015 (ou na fase de execução, os artigos 772, inciso III, e 773 do CPC/2015). Poderão ser solicitadas cópias do processo decisório administrativo e outros documentos que lhe permitam acompanhar, com a frequência que reputar necessária, o Processo decisório político-administrativo, para que esteja ciente do andamento da ação governamental e profira decisões com conhecimento das opções legislativas e da sua motivação.

Quanto mais fundamentadas as decisões do gestor e quanto mais debatida a política pública com a sociedade, menor será a margem de discricionariedade do juiz no controle jurisdicional. Daí a relevância da apresentação ao magistrado, por parte do gestor, dos procedimentos de escolha à ação governamental.

---

[564] PEREZ, Marcos Augusto. *Testes de legalidade:* métodos para o amplo controle jurisdicional da discricionariedade administrativa. Belo Horizonte: Fórum, 2020, p. 291.

Pode, ainda, na fase de instrução do processo, ser conveniente a realização de uma perícia propositiva[565] mediante ampla prova, a fim de garantir direitos fundamentais em jogo.

3) Qual o resultado efetivo pretendido pelo autor com a ação? Trata-se de ação envolvendo política pública urbana?

No momento processual da produção da prova, o juiz pode questionar se o que está em jogo é realmente a posse da área, e se o objetivo do poder público é mesmo o cumprimento da imissão na posse ou a sua reintegração. Por vezes, em se tratando de área de risco, o objetivo da ação é mitigar a responsabilidade do poder público em caso de futuro acidente com mortes. Pode acontecer, também, que uma desapropriação tenha a finalidade de apenas aumentar o estoque de áreas públicas para futura construção de moradias para baixa renda via mercado. A posse, portanto, é um meio para atingir um fim de interesse público, relacionado a uma política pública que afeta o direito à moradia.

Nesses casos, durante a fase instrutória, pode ser interessante a utilização de instrumentos que tragam as partes para o diálogo, como a audiência pública, com a oitiva de outros interessados além das partes processuais, ou o negócio jurídico processual, de modo a planejar a futura remoção dos ocupantes da área de forma ordenada e sem dano à cidade.

Sempre que o processo permitir poderá ser proferida uma sentença parcial de mérito,[566] instrumento que pode ser bastante útil em ações que envolvem políticas públicas. Em conjunto com as decisões estruturais e a partir de consensos parciais das partes, esse instrumento pode colaborar para a redução dos conflitos subjacentes ao processo de forma gradual.

O juiz ainda poderá, na medida em que acompanha a política pública, suspender, em momentos estratégicos e por motivo fundamentado, o andamento total ou parcial do processo judicial, de modo

---

[565] Ver item 3.4.3 desta obra.
[566] Prevê o artigo 356: "O juiz decidirá parcialmente o mérito quando um ou mais dos pedidos formulados ou parcela deles: I – mostrar-se incontroverso; II – estiver em condições de imediato julgamento, nos termos do artigo 355" (BRASIL. Lei nº 13.105, de 16 de março de 2015. Código de Processo Civil. *Diário Oficial da União*, Brasília, DF, p. 1, 17 mar. 2015. Disponível em: http://www.planalto.gov.br/ccivil03/ato2015-2018/2015/lei/l13105.htm. Acesso em: 7 dez. 2020). A sentença parcial de mérito permite decidir desde já sobre pontos incontroversos ou já comprovados, mas prosseguir na fase de conhecimento do processo quanto a pontos ainda controversos.

a garantir que a decisão encontre uma janela temporal conveniente no andamento da política pública.[567]

A instrução deverá ter como objetivo não a conclusão imediata do processo, mas a sua condução de modo que as próprias partes encontrem, no curso do processo, a melhor solução para o conflito, e apenas os pontos remanescentes fiquem sujeitos ao controle judicial.

4.5.4 Grupo D: Questões referentes ao cumprimento de liminar e à fase de execução do processo

1) Quais as alternativas para a remoção? É possível antecipar as prováveis questões para a execução do título de forma a induzir, desde o início, medidas de mitigação dos custos sociais da execução?

As questões referentes ao cumprimento da liminar são muito próximas daquelas relativas à fase de execução. Tanto é assim que o artigo 771 do CPC/2015 possibilita, expressamente, o uso subsidiário das regras do processo de execução para combater os efeitos de atos ou fatos processuais a que a lei atribuir força executiva.

Um aspecto bastante interessante no cumprimento da liminar de ação que envolve conflito fundiário é o fato de que a execução do título está nas mãos do credor. É ele que escolhe o *tempo* da execução e o momento em que é conveniente fornecer os meios adequados para que o título seja cumprido.

Curiosamente, nas ações que envolvem políticas públicas fundiárias urbanas, ou seja, naquelas em que o Estado é parte, o componente temporal é relevante e se encontra sob controle do poder público que deverá cumprir a liminar ou a sentença. Enquanto não é de seu interesse o cumprimento da medida, ele não fornece os meios adequados, que são sua obrigação, conforme refere o artigo 82 do CPC/2015. Este é um

---

[567] O tempo da política pública nem sempre coincide com o tempo do processo. Afinal, a política pública é ação governamental vinculada ao Poder Executivo, enquanto que o processo judicial depende de outra instituição. Sobre o impacto dos tempos institucionais, Bucci afirma que: "Outro impacto do tempo é o que relaciona o tempo político com o funcionamento das instituições. O calendário eleitoral, em qualquer país, mas especialmente nas democracias menos maduras, tem grande influência sobre a definição de políticas e o seu ciclo de formação. O tempo político-governamental é mais exíguo que o tempo necessário para o desenvolvimento da ação em bases institucionais de caráter permanente. O impulso governamental de inovação dificilmente se concilia com os tempos necessários à estabilização de procedimentos formalizados" (BUCCI, Maria Paula Dallari. *Fundamentos para uma teoria jurídica das políticas públicas*. São Paulo: Saraiva, 2013, p. 144).

tempo impróprio pois não preclui o direito de o poder público executar aquele título (ou cumprir a liminar).

De outro lado, até o momento do cumprimento da medida, não existe nenhuma preocupação com os custos sociais da execução do título, tampouco com os possíveis conflitos incidentes sobre o território não mapeados na inicial e na contestação pelas partes.

2) Em caso de processo de desapropriação, poderá o juiz utilizar medidas indutivas, coercitivas, mandamentais ou sub-rogatórias para assegurar o cumprimento da ordem judicial, conforme autoriza o artigo 139, inciso VI, do CPC/2015?

O poder público, em ação de desapropriação, via de regra, requer liminar de imissão na posse. A execução é postergada para momento futuro e oportuno, mas seu cumprimento tem alto grau de certeza, exceto em caso de desistência da desapropriação.

Se essas questões forem antecipadas pelo juízo, com fundamento no artigo 139, inciso VI, do CPC/2015, que lhe permite medidas indutivas, é possível planejar o futuro cumprimento da execução desde o início do processo.

Com a antecipação das questões subjacentes ao cumprimento de uma liminar, em parte coincidentes com as questões da execução do título,[568] quando finalmente for o tempo adequado ao poder público cumprir a decisão a seu favor, os meios já se encontrarão organizados de tal forma que o dano ao meio ambiente urbano será o mínimo possível.

3) É possível realizar audiência em fase de execução?

O artigo 771, parágrafo único do CPC/2015, possibilita o uso subsidiário das regras do processo de conhecimento ao processo de execução. A partir da leitura integral do referido artigo firma-se o entendimento de que há, no ordenamento, para o juiz, a alternativa de flexibilização do procedimento executivo com foco na garantia da força executiva do título, desde que não haja supressão de garantias e direitos.

Desse modo, a audiência pode ser um instrumento de execução, assim como o negócio jurídico processual, o diálogo institucional e a decisão estrutural, construída sob o crivo do contraditório.

---

[568] Ver itens 1.4.1, 1.4.2 e 1.4.3 desta obra.

Numa ação de desapropriação, antes mesmo de propor a ação, o expropriante sabe que terá que se responsabilizar pela remoção dos ocupantes da área atingida, com fundamento no artigo 82 do CPC/2015.[569] Como os ocupantes vulneráveis não podem ser deixados na via pública, restam ao poder público três opções: (i) pagar o auxílio-aluguel ou auxílio-remoção, conforme previsto na Portaria SEHAB nº 131/2015;[570] (ii) remover os bens do ocupante para um depósito; ou (iii) remover o ocupante e seus bens para outra ocupação. Nenhuma das alternativas pode ser considerada uma tutela adequada do direito à moradia, entretanto, com planejamento é possível alcançar outros resultados e sem a violação de direitos fundamentais.

Os meios para a execução tranquila do título não podem ser deixados para o momento da imissão na posse. A lei permite, como se depreende do disposto no artigo 771 do CPC/2015, que desde o início do processo o juiz exija do expropriante um planejamento que garanta a retirada dos ocupantes da área expropriada com garantia dos direitos sociais em jogo.

Com base nessas informações, o juiz poderá provocar o Tribunal de Justiça e buscar apoio, por exemplo, no GAORP[571] ou em instrumento de diálogo institucional equivalente, numa tentativa de firmar acordo a ser costurado já nos momentos iniciais do processo, reduzindo os futuros percalços da execução.

A partir das questões formuladas e do seu desdobramento, chega-se ao *Quadro-Síntese do RCJPP*, a ser aplicado em caso de ameaça ao direito à moradia:

---

[569] Conforme artigo 82: "Salvo as disposições concernentes à gratuidade da justiça, incumbe às partes prover as despesas dos atos que realizarem ou requererem no processo, antecipando-lhes o pagamento, desde o início até a sentença final ou, na execução, até a plena satisfação do direito reconhecido no título" (BRASIL. Lei nº 13.105, de 16 de março de 2015. Código de Processo Civil. *Diário Oficial da União*, Brasília, DF, p. 1, 17 mar. 2015. Disponível em: http://www.planalto.gov.br/ccivil03/ato2015-2018/2015/lei/l13105.htm. Acesso em: 7 dez. 2020).

[570] Ver item 2.7 desta obra.

[571] Ver item 3.4.2 desta obra.

Quadro 2 – RCJPP

(continua)

A – Ajuizamento da ação	1) Qual o verdadeiro conflito em jogo? Posse, propriedade, moradia, Plano Diretor, Estatuto da Cidade? Obra de infraestrutura? (Arts. 8º, 554 e 557 do CPC/2015). 2) O nome dado à ação corresponde ao conflito a ser decidido? 3) A questão diz respeito à política pública em implementação? (Art. 8º do CPC/2015). 4) É possível e adequado ampliar os limites objetivos e subjetivos da lide? Se não houver esta ampliação, o conflito será resolvido? (Arts. 554, §1º, 556, §2º, e 562 do CPC/2015). 5) É possível e adequada a reunião de ações relativas ao mesmo conflito/ território? (Art. 55, §3º do CPC/2015).
B – Citação e defesa	1) A forma como está sendo feita a citação é suficiente para garantir a ciência da existência do processo a todos os interessados? (Art. 139, inciso IX do CPC/2015). 2) Existem instrumentos legais para ampliação dos limites objetivos/subjetivos da ação? (Arts. 190 e 191 do CPC/2015 e Enunciado nº 35 da ENFAM). 3) As partes podem ser induzidas a providenciar essa ampliação? (Arts. 138, 140 e 565, *caput*, §5º do CPC/2015). 4) Existem direitos de diversas gerações em conflito e, portanto, diversos conceitos de posse e de pretensões possessórias? 5) Existe uma base normativa implícita em jogo? É possível trazê-la à tona, com fundamento no artigo 10 do CPC/2015? (Art. 396 CPC/2015).
C – Saneamento e instrução	1) É conveniente sanear em audiência? (Art. 357, §3º do CPC/2015) 2) É conveniente um negócio jurídico processual quanto aos pontos controversos e prazos? (Art. 190 do CPC/2015). 3) As partes têm condições de identificar outras ações conexas para reunião? (Art. 69, §§2º e 3º, e 55, §3º do CPC/2015). 4) Existe um processo administrativo que esclareça as escolhas públicas? Pode ser disponibilizado pelas partes? (Art. 5º do CPC/2015). 5) É conveniente proferir decisões parciais, decidindo o processo em fases ou etapas? (Art. 356 do CPC/2015). 6) Será mais conveniente suspender o processo enquanto não há uma definição política mais precisa sobre a política pública? (Art. 313, inciso I, alínea "b" e 313, inciso V, alínea "a" do CPC/2015). 7) Será necessária perícia? Quais as questões que o perito deverá responder para garantir a efetividade da execução com a preservação de direitos? (Arts. 5º, 9º e 357 do CPC/2015). 8) Pode ser conveniente a realização durante a instrução de audiências públicas, com a oitiva de outros interessados? (Arts. 357, §§3º, e 139, inciso V, do CPC/2015). 9) É interessante proferir diversas decisões estruturais, e não uma sentença fechada para ser executada? (Arts. 190 e 191, c.c. e 356 do CPC/2015).

	(conclusão)
D – Cumprimento de liminar e execução	1) Quais os possíveis obstáculos à execução do título no futuro? 2) Quais desses obstáculos podem ser superados se houver ampliação dos limites objetivos e subjetivos da lide ou produção mais extensa da prova? (Arts. 772, inciso III, e 773 do CPC/2015). 3) Esses obstáculos, mesmo não sendo pontos controversos propriamente ditos, podem ser negociados na fase de conhecimento, de modo a terem uma solução já encaminhada no momento da sentença? 4) Que medidas indutivas podem ser tomadas desde o início do processo para assegurar o cumprimento da ordem judicial sem violação de direitos fundamentais? (Art. 139, inciso VI, do CPC/2015). 5) Todas as questões relevantes para a execução já foram superadas na fase de conhecimento do processo ou é conveniente realizar uma nova conciliação na execução? (Art. 771, parágrafo único, do CPC/2015).

Fonte: Dados da pesquisa (2020).

Para avaliar a aplicabilidade do *Quadro-Síntese do RCJPP* aplicaram-se as questões formuladas a uma ação de desapropriação e a uma ação possessória, relacionadas aos casos narrados no primeiro capítulo.[572]

O teste foi realizado levando em consideração uma petição inicial, tal como apresentada em juízo, mas a partir desse primeiro ato processual, aplicando-se as questões formuladas, o desenvolvimento processual ganhou novos caminhos em potencial. Os resultados do teste foram registrados,[573] demonstrando a viabilidade do emprego dos institutos jurídicos especificados no *Quadro-Síntese do RCJPP* para o estímulo a uma tutela judicial do direito à moradia, trazendo o contexto da política pública em jogo para dentro do processo.

---

[572] Ver itens 1.4.1 e 1.4.3 desta obra.
[573] Ver, adiante, os anexos desta obra.

CONCLUSÃO

Este livro propôs-se a investigar a viabilidade de o Poder Judiciário, com os instrumentos atualmente disponíveis na esfera jurídica, realizar um controle mais eficiente das políticas públicas de moradia à população de baixa renda, colaborando para a redução dos conflitos urbanos e para a sustentabilidade urbana.

Compreender o processo de urbanização da cidade de São Paulo e situar a defesa do direito à moradia como uma questão de políticas públicas que interessa ao direito à cidade e à sustentabilidade urbana eram premissas do estudo. Por mais relevante que seja a defesa dos direitos de segunda e terceira gerações, os instrumentos jurídicos para a sua proteção são frágeis, o que se buscou evidenciar.

A escolha da judicialização no município de São Paulo como objeto de estudo decorreu da importância do Município e dos profundos problemas habitacionais que o mesmo enfrenta e que se apresentam ao Poder Judiciário. Denota-se, nesse cenário, que parece não haver instrumentos efetivos para um controle adequado da violação do direito fundamental de moradia.

Dos casos narrados foi possível extrair questões mal equacionadas pelo ordenamento jurídico civil e processual civil, as quais afetam a tutela desse direito.

O primeiro caso selecionado para ilustrar este estudo foi a imissão na posse das ações judiciais envolvendo a desapropriação da Quadra 36 da Cracolândia. A escolha se deu em razão de a intervenção no direito à moradia se relacionar com uma grande obra de infraestrutura localizada no centro da cidade de São Paulo, com a consequente remoção de populações que moravam na referida Quadra desapropriada.

Da narrativa foi possível trazer à luz questões como: o policentrismo das ações de desapropriação apesar das limitações processuais legais do Decreto-Lei nº 3.365/1941 quanto a intervenção de terceiros; a ausência de compatibilização entre o procedimento de desapropriação e os princípios do Estatuto da Cidade; as dificuldades de uma tutela urbanística adequada diante das restrições no reconhecimento de conexão das ações, tudo repercutindo para a tutela precária do direito à moradia para pessoas de baixa renda na cidade; o descompasso entre os mecanismos processuais de intervenção do Estado na propriedade e os princípios constitucionais de Direito Processual Civil; e as limitações dos instrumentos processuais para garantir o diálogo entre as políticas públicas de gestão com a garantia de direitos fundamentais pelo Poder Judiciário.

O segundo caso estudado, relativo à imissão na posse do Alto Tietê – Dique Itaim, decorreu de projeto de infraestrutura na região conhecida como Jardim Pantanal, localizada onde o Rio Tietê entra na cidade de São Paulo. Apesar de a obra ser necessária para reduzir as inundações no local, a remoção dos moradores também não integrava o planejamento da obra. A população local era bastante carente, e a defesa dos seus interesses pela Defensoria Pública foi bastante complexa devido à dificuldade de associação do imóvel expropriado com o local da ocupação. Ainda, a defesa só foi viabilizada aos ocupantes no momento da organização do cumprimento da imissão na posse, ou seja, quando já não havia prazo para nenhuma defesa de direitos eficiente.

Da narrativa ficou evidenciado que quanto mais carente a população removida, mais ela tem dificuldade de acesso ao direito de defesa do direito à moradia. Ademais, apesar de haver a previsão constitucional do amplo acesso à Justiça para a proteção de direitos fundamentais, sua efetivação em caso de grandes obras encontra obstáculos técnico-processuais, pois a ameaça ao direito à moradia se concretiza para as pessoas hipossuficientes apenas na fase de execução dos processos.

O terceiro caso tramitou em uma Vara Cível da cidade de São Paulo, e não em uma das Varas da Fazenda Pública de São Paulo, e envolveu uma ARP em área já desapropriada pela CDHU, em 1998, para a construção de um conjunto habitacional para baixa renda no centro da cidade. A obra exigirá a remoção das famílias que lá moram, aproximadamente desde 2001. Apesar de a ação ter sido proposta em 2014, até 2020 não havia ocorrido a reintegração de posse, o que significa que as famílias estão no local há mais de 15 (quinze) anos.

Do caso narrado constatou-se a dificuldade em relação à apreciação da prova produzida sob o crivo do contraditório à luz da legislação urbanística; e a falta de critérios urbanísticos para análise da posse de bem público, negando-se com isso aos ocupantes o acesso a outros instrumentos legais de proteção da posse que não a usucapião e a propriedade.

No segundo capítulo, a partir das diferentes racionalidades jurídicas expostas por Hayek e Ewald,[574] o primeiro defensor do direito liberal, e o segundo, do Estado social, são constatadas as limitações para o estabelecimento de um sistema de proteção de direitos fundamentais, em especial de direitos de segunda e terceira gerações, relacionados ao Princípio da Solidariedade Ambiental. Essa proteção depende dos interesses políticos em jogo, de uma vontade de poder, o que justifica a sua fragilidade.

A incapacidade protetiva da legislação de cunho social e solidário merece ser contrabalançada com interpretações jurídicas contramajoritárias, a cargo do Poder Judiciário.

A partir dessa conclusão, o capítulo analisa os principais institutos que se relacionam com o direito à moradia desde o CC/1916, que sequer reconhecia a existência desse direito, e as transformações nos principais institutos relacionados com esse direito decorrentes da promulgação da CF/1988 e do novo CC, de 2002.

Da análise do conceito de bens públicos e privados conclui-se que, atualmente, o simples critério do domínio ou da funcionalidade já não são suficientes para o cumprimento da função social desses bens. O critério da afetação é aquele que ganha relevância a partir das utilidades extraídas dos bens, tanto públicos como privados. Em consequência, não se admite que um bem imóvel urbano, principalmente um bem público, não tenha nenhuma utilidade, situação contra o direito hoje vigente.

Por outro lado, a posse de bem público ou privado, quando não maculada pela violência ou clandestinidade, não precisa resultar necessariamente na usucapião, pois o ordenamento jurídico contém alternativas para legitimar a posse urbana, tradicionalmente nomeada de precária ou clandestina, sem que essa legitimação implique na supressão do direito de propriedade, tanto nos casos dos bens públicos quanto dos bens privados.

Não se justifica, tampouco, manter a ficção da posse precária para a posse urbana não previamente autorizada de bem público. A posse precária é conceito que apenas tem sentido para os bens privados, em determinadas circunstâncias, e merece ser revisto quando do seu emprego para bens públicos, na medida em que não é útil para a pacificação dos conflitos urbanos.

---

[574] MACEDO JÚNIOR, Ronaldo Porto. O conceito de direito social e racionalidades em conflito: Ewald contra Hayek. In: MACEDO JÚNIOR, Ronaldo Porto. *Ensaios de Teoria do Direito*. São Paulo: Saraiva, 2013b. p. 57-107.

Apenas a propriedade privada pode ser adquirida por usucapião. Assim, não há porque o Estado ajuizar ARP para a defesa da propriedade, quando não tem a intenção de afetar o bem a algum uso.

Ao se proceder uma releitura dos institutos do Direito Civil à luz do Estatuto da Cidade compreende-se que é possível ao Poder Judiciário superar as limitações da tutela possessória tradicional do Direito Romano, conferindo às ações possessórias uma tutela da posse e da propriedade mais condizente com a função social da cidade e da propriedade, trabalhando com os sentidos do instituto da posse já presentes no CC, e reconhecendo, quando for o caso, a dicotomia não excludente entre a *posse enquanto conteúdo de direitos* e a defesa da posse em si mesma.

A partir do conceito de posse hoje vigente no CC, o resultado de improcedência numa ação possessória não implica, necessariamente, no direito de usucapir, sendo possível se cogitar da aplicação de outros instrumentos urbanísticos para a preservação da sustentabilidade urbana.

No terceiro capítulo chamou-se a atenção para as diferentes características que o Processo Civil vem assumindo no decorrer do tempo, de acordo com a natureza do processo: se o processo diz respeito a direito privado, algumas regras são aplicadas de uma maneira; se a lide tem por objeto o direito público, a forma de se conduzir o processo é outra, em que pese a doutrina administrativista falar da publicização do privado e vice-versa.

O CPC de 2015 trouxe princípios inovadores, como o princípio da cooperação, e uma nova abordagem às ações possessórias, estabelecendo normas específicas para a tutela dos bens públicos e ocupações multitudinárias. Essas regras permitem ao Poder Judiciário privilegiar a função social da posse e da propriedade urbanas e garantir ao processo judicial refletir o policentrismo do conflito, na medida em que outros atores sociais podem ser chamados pelo próprio magistrado para integrar a lide.

O CPC ainda abre espaço para outras formas de solução do litígio que não seja a execução da sentença, quando esta for complexa e danosa ao meio ambiente urbano, como acontece com processos que envolvem obras de infraestrutura. Institutos como o princípio da cooperação e o negócio jurídico processual podem ser empregados na fase de execução a fim de garantir uma solução que concilie a obra urbana contratada e a necessidade de recolocação de pessoas.

A complexidade que envolve a proteção do direito à moradia, porém, não será superada apenas com a aplicação de forma concatenada dos institutos do Estatuto da Cidade, do CC/2002 e do CPC/2015. Apesar de as alternativas apresentadas nesta obra colaborarem para uma solução processual na execução, construída desde o início da fase de conhecimento dos processos judiciais, elas não são suficientes para superar o problema de fundo desses processos, qual seja, a ausência de políticas públicas de moradia para baixa renda.

O emprego da abordagem DPP tem como finalidade encontrar subsídios para inserir o conflito judicial numa questão de política pública. A partir de elementos dessa metodologia propôs-se um *RCJPP de moradia para baixa renda*, o qual apresenta a possibilidade de análise do processo judicial, levando em consideração as políticas públicas existentes nesse campo. Trata-se de um instrumento que pode colaborar para que o juiz incorpore no processo, desde o início, informações de relevância jurídica para a defesa de direitos fundamentais quanto à ação governamental em curso. Desse modo, poderá compreender melhor o contexto das questões que lhe são apresentadas no curso do processo, quando integrantes de uma política pública.

O *Roteiro* apresentado tem foco na tutela do direito à moradia, e viabiliza o acesso a informações pelo Poder Judiciário quanto à ação governamental das políticas públicas relacionadas a esse direito, envolvidas no conflito, a partir da aplicação do princípio da colaboração.

O *Roteiro* propõe-se a aumentar as possibilidades de solução de problemas jurídicos complexos em conflitos policêntricos, como são as ações analisadas neste trabalho, já que o magistrado terá elementos para conhecer o problema público de forma mais ampla, bem como as ações já tomadas (ou não) para o enfrentamento do problema.

A partir dessas informações, o magistrado poderá buscar a cooperação de outros atores sociais relevantes, sugerir negócios jurídicos processuais, ponderar sobre a conveniência de reunião de ações e garantir o resultado útil do processo, sem ter como único objetivo o fim do processo pelo cumprimento do título tal como formado, mas propondo-se a proceder as alterações pertinentes, que viabilizem o fim da execução com a preservação de direitos sociais e sem a multiplicação de litígios decorrentes da não solução do conflito com o cumprimento do primeiro título formado.

O *Roteiro* foi aplicado a um processo de desapropriação e a uma ação possessória,[575] relacionados aos primeiro e terceiro caso narrados nos autos.[576] A partir do teste, verifica-se que uma postura colaborativa em relação a ações urbanísticas não terá o condão de resolver a questão da moradia em São Paulo, já que os processos que mais atingem o direito à moradia – os processos de desapropriação –, são pouco permeáveis ao princípio da colaboração e aos novos instrumentos disponíveis para esse tipo de ação.

A realização de uma fase probatória mais exauriente, porém, que relembre ao poder público a existência de um direito social relevante em jogo a ser enfrentada o quanto antes para garantir a tranquilidade da fase de execução do processo, pode conduzir a novos desfechos. A insistência na criação de momentos processuais em que as partes efetivamente dialoguem pode conduzir ao surgimento de janelas de oportunidade, que por sua vez poderão incentivar o desenvolvimento de políticas públicas de moradia definitiva para os casos de remoção por grandes obras públicas.

Conclui-se que é viável ao Poder Judiciário, com os instrumentos hoje disponíveis na esfera jurídica, introduzir o conceito de políticas públicas nas ações judiciais que envolvem o seu controle judicial, e em específico o direito à moradia e as eventuais políticas públicas existentes para a sua tutela, contextualizando as questões conflituosas e que possam comprometer a execução do título e a sustentabilidade urbana em um *RCJPP de Moradia para Baixa Renda.*

O *Roteiro,* por sua vez, pode evidenciar a política pública em jogo, bem como o seu contexto normativo específico, fomentando deste modo a utilização de determinadas ferramentas de direito material e processual para auxiliar esse Poder a exercer o seu poder-dever de cooperação e, deste modo, colaborar para o surgimento de novas oportunidades de desenvolvimento da ação governamental, capazes de reduzir o risco de comprometimento de direitos fundamentais.

Com a utilização dos instrumentos processuais para a ampliação dos limites objetivos e subjetivos dos processos em que o direito à moradia está em jogo, o juiz estará adotando uma conduta estratégica no processo, e viabilizando que o título judicial seja executado com maior segurança jurídica, colaborando para a redução dos conflitos urbanos.

---

[575] Ver, adiante, os anexos desta obra.
[576] Ver, adiante, os itens 1.4.1.1 e 1.4.1.2 desta obra.

REFERÊNCIAS

10 PERGUNTAS e respostas sobre a nova lei de regularização fundiária urbana. *Terra de Direitos*, [s.l.], 13 dez. 2017. Disponível em: https://terradedireitos.org.br/noticias/noticias/10-perguntas-e-respostas-sobre-a-nova-lei-de-regularizacao-fundiaria-urbana/22705. Acesso em: 16 dez. 2020.

ALFONSIN, Betânia de Moraes. Regularização fundiária: um imperativo ético da cidade sustentável – O caso de Porto Alegre. *In*: SAULE JR., Nelson (coord.). *Direito à cidade:* trilhas legais para o direito às cidades sustentáveis. Porto Alegre: Max Limonad, 1999. p. 157–172.

ALFONSIN, Betânia de Moraes (coord.) *et al*. *Regularização da terra e da moradia:* o que é e como implementar. São Paulo: Instituto Polis, 2022. Disponível em: https://www.mprs.mp.br/media/areas/urbanistico/arquivos/manual_regul_terra_moradia.pdf. Acesso em: 27 jul. 2022.

ALFONSIN, Betânia de Moraes; FERNANDES, Edésio. Revisitando o instituto da desapropriação: uma agenda para reflexão. *In*: ALFONSIN, Betânia de Moraes; FERNANDES, Edésio (org.). *Revisitando o instituto da desapropriação*. Belo Horizonte: Fórum, 2009. p. 21–37.

ALVES, José Carlos Moreira. *A posse:* do antigo direito português ao Código Civil brasileiro. Coimbra: Gráfica de Coimbra, 1984.

AMADEI, Vicente Celeste; AMADEI, Vicente de Abreu. Desdobro de lote. *In*: AHUALLI, Tania Mara; BENACCHIO, Marcelo. *Direito Notarial e Registral.* Homenagem às Varas de Registros Públicos da Comarca de São Paulo. São Paulo: Quartier Latin, 2016. p. 21–42.

ARAÚJO, Alexandra Fuchs de. *Participação democrática na administração:* o procedimento da reforma do Plano Diretor da cidade de São Paulo – fase do executivo – gestões Kassab (2006-2012) e Haddad (2013-2016). São Paulo: Quartier Latin, 2019.

ARAÚJO, Alexandra Fuchs de *et al*. *Judicialização de Políticas Públicas e o Caso das Próteses*: fatores intervenientes para uma solução consensual na Fase da Execução. São Paulo, 2019. No prelo.

ARAÚJO, Alexandra Fuchs de; ARAÚJO, Paulo. A Lei nº 13.465/2017 e o direito à moradia: novos caminhos para a tutela de antigos direitos. *In*: CHIARELLO, Felipe; PIRES, Lilian Regina Gabriel Moreira (org.). *Novos paradigmas da regularização fundiária urbana.* Estudos sobre a Lei nº 13.465/2017. São Paulo: Almedina, 2019. p. 21–42.

ARAÚJO, Alexandra Fuchs de; BALDO, Rafael Antonio. Federalismo e políticas públicas em tempos de pandemia. *In*: CUNHA FILHO, Alexandre Jorge Carneiro da (coord.) *et al*. *Direito em tempos de crise:* covid-19: volume II: constitucional, ambiental e econômico. São Paulo: Quartier Latin, 2020. p. 95–110.

ARAÚJO, Alexandra Fuchs de; CUNHA FILHO, Alexandre Jorge Carneiro da. A desapropriação e a política pública urbana: necessidade de releitura do instituto para a adequada tutela de bens ambientais e urbanísticos. *Revista de Direito Ambiental*, São Paulo, v. 48, nº 48, p. 9-20, 2019. Disponível em: http://www.tjsp.jus.br/download/EPM/Publicacoes/CadernosJuridicos/48.01%20fuchs_cunhafilho.pdf?d=636970733448306078. Acesso em: 1º jun. 2020.

ARAÚJO, Alexandra Fuchs de; DI PIETRO, Mariana de Araújo. *The social role of property in Brazil:* the long path from the legislative amendment to the modification of social reality (Congress, at the delta: belonging, place and visions of law and social change). New Orleans: Law and Society Association, 2016.

BALZA, Guilherme; ARCOVERDE, Léo. Testagem aponta que 34% dos moradores do Jardim Pantanal, na Zona Leste de SP, já tiveram coronavírus. *G1 São Paulo,* São Paulo, 17 jul. 2020. Disponível em: https://g1.globo.com/sp/sao-paulo/noticia/2020/07/17/testagem-aponta-que-34percent-dos-moradores-do-jardim-pantanal-na-zona-leste-de-sp-ja-tiveram-coronavirus.ghtml. Acesso em: 10 dez. 2020.

BARROZO, Thaís Aranda. *Ocupações coletivas e tutela jurisdicional possessória.* Análise à luz da garantia de defesa dos réus. Tese (Doutorado em Direito) – Faculdade de Direito da Universidade de São Paulo (USP), São Paulo, 2017.

BASTOS, Antonio Adonias Aguiar. Situações jurídicas homogêneas: um conceito necessário para o processamento das demandas de massa. *Revista de Processo,* Brasília, v. 35, nº 186, p. 87-107, ago. 2010.

BEDESCHI, Luciana. *Limites do sistema possessório:* conhecimento e prática do princípio constitucional da função social da propriedade urbana no Tribunal de Justiça de São Paulo. Tese (Doutorado em Direito) – Universidade Federal do ABC, São Paulo, 2018.

BERGAMIM JR., Giba. Justiça cumpre ação de reintegração de posse em quadra da Cracolândia. *G1 São Paulo,* São Paulo, 16 abr. 2018. Disponível em: https://g1.globo.com/sp/sao-paulo/noticia/justica-cumpre-acao-de-reintegracao-de-posse-em-quadra-da-cracolandia.ghtml. Acesso em: 10 dez. 2020.

BERNARDI, Jorge Luiz. *Funções sociais da cidade:* conceitos e instrumentos. Dissertação (Mestrado em Gestão Urbana) – Centro de Ciências Exatas e Tecnologia da Pontifícia Universidade Católica do Paraná (PUC-PR), Curitiba, 2006. Disponível em: http://livros01.livrosgratis.com.br/cp000951.pdf. Acesso em: 2 out. 2019.

BIRMAN, Joel. Jogando com a verdade. Uma Leitura de Foucault. *Physis*: Revista Saúde Coletiva, Rio de Janeiro, v. 12, nº 2, p. 301-324, 2002. Disponível em: http://www.scielo.br/pdf/physis/v12n2/a07v12n2.pdf, 2002. Acesso em: 11 dez. 2020.

BOBBIO, Norberto. *Estudos por uma Teoria Geral do Direito.* Trad. Daniela Beccaccia Versiani. São Paulo: Manole, 2015.

BONDUKI, Nabil. *Origens da habitação social no Brasil.* Arquitetura Moderna, Lei do Inquilinado e Difusão da Casa Própria. São Paulo: Fapesp, 2017.

BONDUKI, Nabil. *Origens da habitação social no Brasil:* o caso de São Paulo. Tese (Doutorado em Arquitetura e Urbanismo) – Faculdade de Arquitetura e Urbanismo da Universidade de São Paulo (USP), São Paulo, 1994.

BONDUKI, Nabil; KOURY, Ana Paula. *Os pioneiros da habitação social.* Inventário da produção pública no Brasil entre 1930 e 1964. São Paulo: Ed. Unesp/Edições Sesc, 2014. v. 2.

BRASIL. [Constituição (1988)]. *Constituição da República Federativa do Brasil de 1988.* Brasília, DF: Presidência da República, [2020a]. Disponível em: http://www.planalto.gov.br/ccivil_03/constituicao/constituicao.htm. Acesso em: 7 dez. 2020.

BRASIL. Câmara dos Deputados. Medida Provisória nº 2.220, de 4 de setembro de 2001. Dispõe sobre a concessão de uso especial de que trata o §1º do artigo 183 da Constituição, cria o Conselho Nacional de Desenvolvimento Urbano (CNDU) e dá outras providências. *Diário Oficial da União,* Brasília, DF, p. 1, 2, 5 set. 2001a. Disponível em: https://www2.camara.leg.br/legin/fed/medpro/2001/medidaprovisoria-2220-4-setembro-2001-396074-norma-pe.html. Acesso em: 20 dez. 2020.

BRASIL. Câmara dos Deputados. *Projeto de Lei nº 5.139, de 2009*. Disciplina a ação civil pública para a tutela de interesses difusos, coletivos ou individuais homogêneos, e dá outras providências. 2009a. Disponível em: https://www.camara.leg.br/proposicoesWeb/prop_mostrarintegra;jsessionid=6035F632AD4B9F6A7E187E0B3B733F23.proposicoesWebExterno2?codteor=761353&filename=Avulso+-PL+5139/2009. Acesso em: 15 ago. 2022.

BRASIL. Câmara dos Deputados. *Projeto de Lei nº 6.960/2002*. Dá nova redação aos artigos 2º, 11, 12, 43, 66, 151, 224, 243, 244, 246, 262, 273, 281, 283, 286, 294, 299, 300, 302, 306, 309, 328, 338, 369, 421, 422, 423, 425, 429, 450, 456, 471, 472, 473, 474, 475, 478, 479, 480, 482, 496, 502, 506, 533, 549, 557, 558, 559, 563, 574, 576, 596, 599, 602, 603, 607, 623, 624, 625, 633, 637, 642, 655, 765, 788, 790, 872, 927, 928, 931, 944, 947, 949, 950, 953, 954, 966, 977, 999, 1053, 1060, 1086, 1094, 1099, 1158, 1160, 1163, 1165, 1166, 1168, 1196, 1197, 1204, 1210, 1228, 1273, 1274, 1276, 1316, 1341, 1347, 1352, 1354, 1361, 1362, 1365, 1369, 1371, 1374, 1378, 1379, 1434, 1436, 1456, 1457, 1473, 1479, 1481, 1512, 1515, 1516, 1521, 1526, 1561, 1563, 1573, 1574, 1575, 1576, 1581, 1583, 1586, 1589, 1597, 1601, 1605, 1606, 1609, 1614, 1615, 1618, 1623, 1625, 1626, 1628, 1629, 1641, 1642, 1660, 1665, 1668, 1694, 1700, 1701, 1707, 1709, 1717, 1719, 1721, 1722, 1723, 1725, 1726, 1727, 1729, 1731, 1736, 1768, 1788, 1790, 1800, 1801, 1815, 1829, 1831, 1834, 1835, 1848, 1859, 1860, 1864, 1881, 1909, 1963, 1965, 2002, 2038 e 2045 da Lei nº 10.406 de 10 de janeiro de 2002, que "Institui o Código Civil", acrescenta dispositivos e dá outras providências. 2002a. Disponível em: https://www.camara.leg.br/proposicoesWeb/prop_mostrarintegra?codteor=50233. Acesso em: 6 ago. 2022.

BRASIL. Câmara dos Deputados. *Projeto de Lei nº 8.058/2014*. Institui processo especial para o controle e intervenção em políticas públicas pelo Poder Judiciário e dá outras providências. 2014a. Disponível em: https://www.camara.leg.br/propostas-legislativas/687758. Acesso em: 15 ago. 2022.

BRASIL. Decreto-Lei nº 58, de 10 de dezembro de 1937. Dispõe sôbre o loteamento e a venda de terrenos para pagamento em prestações. *Diário Oficial da União*, Rio de Janeiro, DF, 13 dez. 1937. Disponível em: http://www.planalto.gov.br/ccivil_03/decreto-lei/1937-1946/del058.htm. Acesso em: 1º ago. 2022.

BRASIL. Decreto-Lei nº 3.365, de 21 de junho de 1941. Dispõe sobre desapropriações por utilidade pública. *Diário Oficial da União*, Rio de Janeiro, DF, p. 14427, 18 jul. 1941. Disponível em: http://www.planalto. gov.br/ccivil_03/decreto-lei/del3365.htm. Acesso em: 12 set. 2022.

BRASIL. Decreto-Lei nº 4.598, de 20 de agosto de 1942. Dispõe sobre aluguéis de residências e dá outras providências. *Diário Oficial da União*, Rio de Janeiro, DF, p. 12897, 21 ago. 1942a. Disponível em: https://www2.camara.leg.br/legin/fed/declei/1940-1949/decreto-lei-4598-20-agosto-1942-414411-publicacaooriginal-1-pe.html. Acesso em: 1º ago. 2022.

BRASIL. Decreto-Lei nº 4.657, de 4 de setembro de 1942. Lei de Introdução às normas do Direito Brasileiro. *Diário Oficial da União*, Rio de Janeiro, DF, p. 1, 9 set. 1942b. Disponível em: http://www.planalto.gov.br/ccivil_03/decreto-lei/del4657compilado.htm. Acesso em: 16 dez. 2020.

BRASIL. Emenda Constitucional nº 45, de 30 de dezembro de 2004. Altera dispositivos dos arts. 5º, 36, 52, 92, 93, 95, 98, 99, 102, 103, 104, 105, 107, 109, 111, 112, 114, 115, 125, 126, 127, 128, 129, 134 e 168 da Constituição Federal, e acrescenta os arts. 103-A, 103B, 111-A e 130-A, e dá outras providências. *Diário Oficial da União*, Brasília, DF, p. 9, 31 dez. 2004. Disponível em: http://www.planalto.gov.br/ccivil_03/constituicao/emendas/emc/emc45.htm. Acesso em: 10 ago. 2022.

BRASIL. Lei nº 601, de 18 de setembro de 1850. Dispõe sobre as terras devolutas do Império. *In*: Imprensa Nacional. *Coleção das Leis do Brasil* (CLBR). 1850. Rio de Janeiro: Imprensa Nacional, 1850, v. 1, p. 307. Disponível em: https://www.planalto.gov.br/ccivil_03/leis/lim/lim601.htm. Acesso em: 26 set. 2019.

BRASIL. Lei nº 3.071, de 1º de janeiro de 1916. Código Civil dos Estados Unidos do Brasil. *Diário Oficial da União*, Rio de Janeiro, DF, p. 133, 5 jan. 1916. Disponível em: https://www2.camara.leg.br/legin/fed/lei/1910-1919/lei-3071-1-janeiro-1916-397989-publicacaooriginal-1-pl.html. Acesso em: 15 dez. 2020.

BRASIL. Lei nº 5.869, de 11 de janeiro de 1973. Institui o Código de Processo Civil. *Diário Oficial da União*, Brasília, DF, p. 1, 17 jan. 1973. Disponível em: https://www.planalto.gov.br/ccivil_03/leis/l5869.htm. Acesso em: 1º ago. 2022.

BRASIL. Lei nº 6.766, de 19 de dezembro de 1979. Dispõe sobre o Parcelamento do Solo Urbano e dá outras Providências. *Diário Oficial da União*, Brasília, DF, p. 19457, 20 dez. 1979a. Disponível em: http://www.planalto.gov.br/ccivil_03/leis/l6766.htm. Acesso em: 1º ago. 2022.

BRASIL. Lei nº 6.820, de 16 de setembro de 1980. Dá nova redação ao art. 923 da Lei nº 5.869, de 11 de janeiro de 1973 - Código de Processo Civil. *Diário Oficial da União*, Brasília, DF, 17 set. 1980. Disponível em: https://www.planalto.gov.br/ccivil_03/leis/1980-1988/l6820.htm. Acesso em: 1º ago. 2022.

BRASIL. Lei nº 8.666, de 21 de junho de 1993. Regulamenta o art. 37, inciso XXI, da Constituição Federal, institui normas para licitações e contratos da Administração Pública e dá outras providências. Diário Oficial da União, Brasília, DF, p. 8269, 22 jun. 1993. Disponível em: http://www.planalto.gov.br/ccivil_03/LEIS/L8666cons.htm. Acesso em: 19 set. 2022.

BRASIL. Lei nº 10.257, de 10 de julho de 2001. Regulamenta os arts. 182 e 183 da Constituição Federal, estabelece diretrizes gerais da política urbana e dá outras providências. *Diário Oficial da União*, Brasília, DF, p. 1, 11 jul. 2001b. Disponível em: http://www.planalto.gov.br/ccivil_03/leis/leis_2001/l10257.htm. Acesso em: 5 abr. 2020.

BRASIL. Lei nº 10.406, de 10 de janeiro de 2002. Institui o Código Civil. *Diário Oficial da União*, Brasília, DF, p. 1, 11 jan. 2002b. Disponível em: http://www.planalto.gov.br/ccivil_03/leis/2002/l10406.htm. Acesso em: 10 fev. 2020.

BRASIL. Lei nº 11.481, de 31 de maio de 2007. Prevê medidas voltadas à regularização fundiária de interesse social em imóveis da União; e dá outras providências. *Diário Oficial da União*, Brasília, DF, p. 1, 31 maio 2007. Disponível em: http://www.planalto.gov.br/ccivil_03/_ato2007-2010/2007/lei/l11481.htm. Acesso em: 20 dez. 2020.

BRASIL. Lei nº 12.651, de 25 de maio de 2012. Dispõe sobre a proteção da vegetação nativa; altera as Leis nºs 6.938, de 31 de agosto de 1981, 9.393, de 19 de dezembro de 1996, e 11.428, de 22 de dezembro de 2006; revoga as Leis nºs 4.771, de 15 de setembro de 1965, e 7.754, de 14 de abril de 1989, e a Medida Provisória nº 2.166-67, de 24 de agosto de 2001; e dá outras providências. *Diário Oficial da União*, Brasília, DF, p. 1, 28 maio 2012. Disponível em: http://www.planalto.gov.br/ccivil_03/_ato2011-2014/2012/lei/l12651.htm. Acesso em: 6 ago. 2022.

BRASIL. Lei nº 11.977, de 7 de julho de 2009. Dispõe sobre o Programa Minha Casa, Minha Vida – PMCMV e a regularização fundiária de assentamentos localizados em áreas urbanas. *Diário Oficial da União*, Brasília, DF, p. 2, 8 jul. 2009b. Disponível em: http://www.planalto.gov.br/ccivil_03/_ato2007-2010/2009/lei/l11977.htm. Acesso em: 5 abr. 2020.

BRASIL. Lei nº 13.105, de 16 de março de 2015. Código de Processo Civil. *Diário Oficial da União*, Brasília, DF, p. 1, 17 mar. 2015. Disponível em: http://www.planalto.gov.br/ccivil_03/_ato2015-2018/2015/lei/l13105.htm. Acesso em: 7 dez. 2020.

BRASIL. Lei nº 13.465, de 11 de julho de 2017. Dispõe sobre a regularização fundiária rural e urbana, sobre a liquidação de créditos concedidos aos assentados da reforma agrária e sobre a regularização fundiária no âmbito da Amazônia Legal; institui mecanismos para aprimorar a eficiência dos procedimentos de alienação de imóveis da União. *Diário Oficial da União*, Brasília, DF, p. 1, 12 jul. 2017a. Disponível em: http://www.planalto.gov.br/ccivil_03/_Ato2015-2018/2017/Lei/L13465.htm. Acesso em: 2 abr. 2020.

BRASIL. Lei Complementar nº 35, de 14 de março de 1979. Dispõe sobre a Lei Orgânica da Magistratura Nacional. *Diário Oficial da União*, Brasília, DF, 14 mar. 1979b. Disponível em: http://www.planalto.gov.br/ccivil_03/leis/lcp/lcp35.htm. Acesso em: 6 abr. 2020.

BRASIL. Ministério do Desenvolvimento Regional. *PRÓ-MORADIA*. 10 ago. 2020b. Disponível em: https://www.gov.br/mdr/pt-br/assuntos/habitacao/pro-moradia-2013-programa-de-atendimento-habitacional-atraves-do-poder-publico-selecao-2020. Acesso em: 8 ago. 2022.

BRASIL. Senado Federal. *Conferência Rio-92 sobre o meio ambiente do planeta: desenvolvimento sustentável dos países*. 7 ago. 2017b. Disponível em: https://www.senado.gov.br/noticias/Jornal/emdiscussao/rio20/a-rio20/conferencia-rio-92-sobre-o-meio-ambiente-do-planeta-desenvolvimento-sustentavel-dos-paises.aspx. Acesso em: 8 nov. 2019.

BRESCIANI, Maria Stella. Sanitarismo e configuração do espaço urbano. *In*: CORDEIRO, Simone Lucena (org.). *Os cortiços de Santa Ifigênia*: sanitarismo e urbanização (1893). São Paulo: Imprensa Oficial do Estado de São Paulo; Arquivo Público do Estado de São Paulo, 2010. p. 15-38.

BUCCI, Maria Paula Dallari. *Fundamentos para uma teoria jurídica das políticas públicas*. São Paulo: Saraiva, 2013.

BUCCI, Maria Paula Dallari. Método e aplicações da abordagem Direito e Políticas Públicas – DPP. *Revista de Estudos Institucionais*, Rio de Janeiro, v. 5, nº 3, p. 791-832, 2019. Disponível em: https://estudosinstitucionais.com/REI/article/view/430/447. Acesso em: 1º ago. 2022.

CABRAL, Lucíola Maria de Aquino. *Competências constitucionais dos municípios para legislar sobre o meio ambiente*: a efetividade das normas ambientais. Curitiba: Letra da Lei, 2008.

CAMBI, Eduardo; GALDURÓZ, Eduardo de Lima. Função social da posse e ações possessórias (releitura do artigo 927, I, do CPC/73 e perspectiva de interpretação para o artigo 561, I, do NCPC). *In*: ALVIM, Teresa Arruda.; DIDIER JR., Fredie (org.). *Doutrinas essenciais*: novo Processo Civil. 2. ed. São Paulo: Revista dos Tribunais, 2018. v. VI. p. 1082-1132.

CARMO, Aendria de Souza do. *Contribuição de melhoria*: tributo justo e pouco aplicado, mas valioso aos fundamentos e objetivos constitucionais. [s.d.]. p. 1-27. Disponível em: http://www.publicadireito.com.br/artigos/?cod=4ab209885a134d73. Acesso em: 20 fev. 2020.

CARPINTÉRO, Marisa Varanda Teixeira. *A construção de um sonho*: os engenheiros-arquitetos e a formulação da política habitacional no Brasil. São Paulo – 1917/1940. Campinas: Unicamp, 1997.

CARVALHO FILHO, José dos Santos. *Manual de Direito Administrativo*. 12. ed. Rio de Janeiro: Lumen Juris, 2005.

CAVALHEIRO, Patrícia da Cruz. Grupo de Trabalho sobre conflitos fundiários permanecerá por mais um ano e deve ter Comitê em 2016. *Tribunal de Justiça do Estado do Rio Grande do Sul*, Porto Alegre, 16 dez. 2015. Disponível em: https://www.tjrs.jus.br/novo/noticia/grupo-de-trabalho-sobre-conflitos-fundiarios-permanecera-por-mais-um-ano-e-deve-ter-comite-em-2016/. Acesso em: 2 maio 2016.

CHAUÍ, Marilena. *História do povo brasileiro*. São Paulo: Fundação Perseu Abramo, 2000.

COMPANHIA DE DESENVOLVIMENTO HABITACIONAL E URBANO (CHDU). *Relatório Geral do Programa de Atuação em Cortiços*. [s.d.]. Disponível em: http://cdhu.sp.gov.br/documents/20143/37069/RelatorioGeralProgramaCorticos.pdf/cef12342-5419-23a0-b-f8c-95360484fe86. Acesso em: 10 dez. 2020.

CONSELHO NACIONAL DE JUSTIÇA (CNJ). Departamento de Pesquisas Judiciárias (DPJ). *Principais ações do Conselho Nacional de Justiça* – conflitos fundiários. Ago. 2010. Disponível em: https://www.cnj.jus.br/wp-content/uploads/2011/02/relat_acoes_cnj_2009_2010.pdf. Acesso em: 24 dez. 2020.

CONSELHO NACIONAL DE JUSTIÇA (CNJ). TJ/RS utiliza conciliação para resolver conflitos de reintegração de posse. *Jusbrasil*, [s.l.], 31 jul. 2015. Disponível em: https://cnj.jusbrasil.com.br/noticias/214639818/tjrs-utiliza-conciliacao-para-resolver-conflitos-de-reintegracao-de-posse. Acesso em: 27 jul. 2022.

CONSELHO NACIONAL DE JUSTIÇA (CNJ). Resolução nº 350 de 27/10/2020. Estabelece diretrizes e procedimentos sobre a cooperação judiciária nacional entre os órgãos do Poder Judiciário e outras instituições e entidades, e dá outras providências. *Diário de Justiça Eletrônico Nacional* (DJEN), Brasília, nº 349, p. 8-15, 29 out. 2020. Disponível em: https://atos.cnj.jus.br/atos/detalhar/3556. Acesso em: 19 jul. 2019.

CORDEIRO, S. L. (org.). *Os cortiços de Santa Ifigênia:* sanitarismo e urbanização (1893). São Paulo: Imprensa Oficial do Estado de São Paulo; Arquivo Público do Estado de São Paulo, 2010.

COSTA, Eduardo José da Fonseca. A "Execução Negociada" de políticas públicas em juízo. *Revista do Ministério Público do Rio de Janeiro*, Rio de Janeiro, nº 59, p. 109-136, jan./mar. 2016. Disponível em: http://www.mprj.mp.br/documents/20184/1275172/Eduardo_Jose_da_ Fonseca_Costa.pdf. Acesso em: 2 maio 2020.

COSTA, Susana Henriques da. A imediata judicialização dos direitos fundamentais sociais e o mínimo existencial: relação direito e processo. *In*: GRINOVER, Ada Pelegrini; WATANABE, Kazuo; COSTA, Susana Henriques da. *O processo para solução de conflitos de interesse público*. Salvador: JusPodivm, 2017. p. 397-422.

COSTA, Susana Henriques da. Controle Judicial de Políticas Públicas – Relatório Nacional (Brasil). *Civil Procedure Review*, Salvador, v. 4, Special Edition, p. 70-120, 2013. Disponível em: http://www.civilprocedurereview.com/busca/baixa_arquivo.php?id=72&. Acesso em: 20 dez. 2020.

CYMBALISTA, Renato; TSUKUMO, Isadora Tami Lemos. Terra urbana para habitação social: alternativas à desapropriação na experiência brasileira. *In*: ALFONSIN, Betânia de Moraes; FERNANDES, Edésio (org.). *Revisitando o instituto da desapropriação*. Belo Horizonte: Fórum, 2009.

DENALDI, Rosana (coord.). *Parcelamento, edificação ou utilização compulsórios e IPTU progressivo no tempo:* regulação e aplicação. Brasília: Ministério da Justiça, Secretaria de Assuntos Legislativos; Instituto de Pesquisa Econômica Aplicada (IPEA), 2015. Disponível em: http://pensando.mj.gov.br/wp-content/uploads/2015/11/PoD_56_web1.pdf. Acesso em: 16 dez. 2020.

DEPARTAMENTO DE ÁGUAS E ENERGIA ELÉTRICA (DAEE). Parque Várzeas do Tietê - O Maior Parque Linear do Mundo. *Vizca*, São Paulo, [2018]. Disponível em: http://www.vizca.com.br/2018/07/30/parque-varzeas-do-tiete-o-maior-parque-linear-do-mundo/. Acesso em: 4 ago. 2022.

DONIZETTI, Elpídio. *Curso didático de Direito Processual Civil*. 19. ed. São Paulo: Atlas, 2016.

ESCOLA NACIONAL DE FORMAÇÃO E APERFEIÇOAMENTO DE MAGISTRADOS (ENFAM). *Seminário "O Poder Judiciário e o Novo Código de Processo Civil"*: Enunciados aprovados. 2015. Disponível em: https://www.enfam.jus.br/wp-content/uploads/2015/09/ENUNCIADOS-VERS%C3%83O-DEFINITIVA-.pdf. Acesso em: 12 jan. 2021.

FACULDADE DE ARQUITETURA E URBANISMO DA UNIVERSIDADE DE SÃO PAULO (FAUUSP). Intervenções na Metrópole: a utilização das ZEIS e dos Eixos de Estruturação da Transformação Urbana como mecanismos de transformação social no Jardim Pantanal. *Gestão Urbana SP*. São Paulo, 2014. Disponível em: https://gestaourbana.prefeitura.sp.gov.br/wp-content/uploads/2015/02/D2-FAUUSP-Interven%C3%A7%C3%B5es-na-Metr%C3%B3pole-a-utiliza%C3%A7%C3%A3o-das-ZEIS-e-dos-Eixos-de-Estrutura%C3%A7%C3%A3o-da-Transforma%C3%A7%C3%A3o-Urbana-c.pdf. Acesso em: 27 jul. 2022.

FACULDADE DE ARQUITETURA E URBANISMO DA UNIVERSIDADE DE SÃO PAULO (FAUUSP). Sobre o LabCidade. *LabCidade*, São Paulo, [2019]. Disponível em: http://www.labcidade.fau.usp.br/entenda-o-labcidade/. Acesso em: 13 jul. 2019.

FARIA, José Eduardo. *O Direito na economia globalizada*. São Paulo: Malheiros, 2004.

FARINA, Fernanda Mercier Querido. *Técnicas de agregação de demandas repetitivas:* uma análise comparativa da experiência norte-americana em busca da eficiência processual. Dissertação (Mestrado em Direito) – Faculdade de Direito da Universidade de São Paulo (USP), São Paulo, jan. 2014.

FERNANDES, Anaïs. Minha Casa chega aos 10 anos esvaziado e com futuro incerto. *Folha de São Paulo*, São Paulo, 24 mar. 2019. Disponível em: https://www1.folha.uol.com.br/mercado/2019/03/minha-casa-chega-aos-10-anos-esvaziado-e-com-futuro-incerto.shtml. Acesso em: 8 jun. 2019.

FERRARO, Marcella Pereira. *Do processo bipolar a um processo coletivo-estrutural*. Dissertação (Mestrado em Direito) – Setor de Ciências Jurídicas da Universidade Federal do Paraná (UFPR), Curitiba, 2015.

FERREIRA, Regina Fátima. Movimentos de moradia, autogestão e política habitacional no Brasil: do acesso à moradia ao direito à cidade. *AGB Urbana*. São Paulo, 2013. p. 1-18. Disponível em: https://agburbana.files.wordpress.com/2013/12/texto_isa_reginaferreira_port.pdf. Acesso em: 27 jul. 2022.

FIUZA, Ricardo (coord.). *Novo Código Civil Comentado*. São Paulo: Saraiva, 2002.

FIÚZA, César Augusto de Castro; SANTOS, Clarice Fernandes. A função social da posse no ordenamento jurídico brasileiro. *In*: LOPES, Christian Sahb Batista, OLIVEIRA, José Sebastião de; DAL BOSCO, Maria Goretti (coord.). *Direito civil contemporâneo I* [Recurso eletrônico on-line]. Florianópolis: Conselho Nacional de Pesquisa e Pós-Graduação em Direito (CONPEDI), 2015. p. 280-295. Disponível em: http://site.conpedi.org.br/publicacoes/66fsl345/852e718s/61Ke6ym3tuadOP4X.pdf. Acesso em: 6 mar. 2022.

FRANÇA. LOI nº 2007-290 du 5 mars 2007 instituant le droit au logement opposable et portant diverses mesures en faveur de la cohésion sociale. *Journal officiel de la République française (JORF)*, Paris, nº 55, texte 4, sur 119, 6 mar. 2007. https://www.legifrance.gouv.fr/download/pdf?id=sCdd6eoWIJfIOJ9DaCEgxN2zup93I6QTVIOrDQLksWk=. Acesso em: 27 jul. 2022.

GAJARDONI, Fernando da Fonseca et al. *Execuções e Recursos*: comentários ao CPC de 2015. 2. ed. Rio de Janeiro: Forense; São Paulo: MÉTODO, 2018a. v. 3.

GAJARDONI, Fernando da Fonseca et al. *Processo de conhecimento e cumprimento de sentença*: comentários ao CPC de 2015. 2. ed. Rio de Janeiro: Forense; São Paulo: MÉTODO, 2018b. v. 2.

GAMA, Guilherme Calmon Nogueira; CASTRO, Diana Loureiro Paiva. Proteção possessória no novo Código de Processo Civil: notas à luz da Lei 13.105/2015. *In*: ALVIM, Teresa Arruda; DIDIER JR., Fredie (org.). *Doutrinas essenciais:* Novo Processo Civil. 2. ed. São Paulo: Revista dos Tribunais, 2018, p. 1082-1132. v. VI.

GARCIA, Maria (org.). *A cidade e seu estatuto*. São Paulo: Juarez de Oliveira, 2005.

GAVRONSKI, Alexandre Amaral. *Técnicas extraprocessuais de tutela coletiva:* a efetividade da tutela coletiva fora do processo judicial. São Paulo: Revista dos Tribunais, 2010.

GIDI, Antonio. O Projeto CNJ de Lei de Ação Civil Pública. Avanços, inutilidades, imprecisões e retrocessos: a decadência das ações coletivas no Brasil. *Civil Procedure Review* (Special Edition), [s.l.], v. 12, nº 1, p. 25-75, 2021. Disponível em: https://civilprocedurereview.com/revista/article/view/223. Acesso em: 27 jul. 2022.

GOHN, Maria da Glória. Movimentos sociais na contemporaneidade. *Revista Brasileira de Educação*, São Paulo, v. 16, nº 47, p. 333-361, maio/ago. 2011. Disponível em: http://www.scielo.br/pdf/rbedu/v16n47/v16n47a05.pdf. Acesso em: 12 jul. 2019.

GOMIDE, Tainá Rodrigues. *A aplicabilidade da contribuição de melhoria pela Administração Pública Municipal.* 131 f. Dissertação (Mestrado em Administração) – Faculdade de Administração da Universidade Federal de Viçosa (UFV), Viçosa, 2009. Disponível em: https://www.locus.ufv.br/bitstream/123456789/1925/1/texto%20completo.pdf. Acesso em: 19 set. 2022.

GOTTI, Alessandra; ARAÚJO, Alexandra Fuchs de; MARCELINO, Jéssica Fernanda Luís. O controle judicial na implementação e gestão de políticas públicas: novas perspectivas. *Revista Eletrônica do CNJ*, Brasília, v. 3, nº 2, p. 8-18, jul./dez. 2019. Disponível em: https://www.cnj.jus.br/ojs/index.php/revista-cnj/article/view/53. Acesso em: 16 dez. 2020.

GOVERNO de SP inicia licitação para pôlder contra enchente na Vila Itaim. *G1 São Paulo*, São Paulo, 21 out. 2016. Disponível em: http://g1.globo.com/sao-paulo/noticia/2016/10/governo-de-sp-inicia-licitacao-para-polder-contra-enchente-na-vila-itaim.html. Acesso em: 10 dez. 2020.

GRANDES obras: Linha 5-lilás do metrô: Relatório completo. *Radar Brasil*, São Paulo, [s.d.]. Disponível em: http://radarbrasil.fiesp.com.br/linha-5-lilas-do-metro-relatorio-completo. Acesso em: 16 dez. 2020.

HADDAD, Frederico. *Função social das vias urbanas:* uma análise à luz da teoria jurídica das políticas públicas. Dissertação (Mestrado em Direito) – Faculdade de Direito da Universidade de São Paulo (USP), São Paulo, 2019.

HOYLER, Telma. Produção habitacional via mercado: quem produz, como e onde? *In*: MARQUES, Eduardo (org.). *A metrópole de São Paulo no século XXI:* espaços, heterogeneidades e desigualdades. São Paulo: Ed. Unesp, 2015. p. 378-385.

INSTITUTO BRASILEIRO DE GEOGRAFIA E ESTATÍSTICA (IBGE). *Arranjos populacionais e concentrações urbanas do Brasil.* 2. ed. Rio de Janeiro: IBGE, 2016. Disponível em: https://www.ibge.gov.br/apps/arranjos_populacionais/2015/pdf/publicacao.pdf. Acesso em: 8 dez. 2020.

INSTITUTO BRASILEIRO DE GEOGRAFIA E ESTATÍSTICA (IBGE). Aglomerados subnormais. *In*: IBGE. *Censo 2010*. Rio de Janeiro: IBGE, 2010. Disponível em: https://censo2010.ibge.gov.br/agsn/. Acesso em: 19 set. 2022.

INSTITUTO DE PESQUISA ECONÔMICA APLICADA (IPEA). Objetivos de Desenvolvimento Sustentável: metas possíveis. *Ipea, Desafios do Desenvolvimento*, Brasília, ano 12, ed. 86, 28 mar. 2016. Disponível em: http://www.ipea.gov.br/desafios/index.php?option=com_content&view=article&id=3232&catid=30&Itemid=41. Acesso em: 15 nov. 2019.

JUSTIÇA FEDERAL DO ESTADO DE SÃO PAULO (JFESP). Desapropriação por obras do Metrô é de competência da Justiça Estadual. *Jusbrasil*, [s.l.], 8 nov. 2012. Disponível em: https://jf-sp.jusbrasil.com.br/noticias/100172806/desapropriacao-por-obras-do-metro-e-de-competencia-da-justica-estadual. Acesso em: 16 dez. 2020.

KAUFMANN, Daniel; LÉAUTIER, Frannie; MATRUZZI, Massimo. Globalization and Urban performance. *In*: LEAUTIER, Frannie. *Cities in a Globalizing World*. Governance, Performance, and Sustainability. Washington: The World Bank, 2006. p. 27-68.

KELSEN, Hans. *Teoria pura do direito*: introdução à problemática científica do direito: versão condensada pelo próprio autor. 2. ed. rev. Trad. J. Cretella e Agnes Cretella. São Paulo: Revista dos Tribunais, 2002.

KHURI, Naila de Rezende. A função social do registro de imóveis na regularização fundiária urbana. *In*: MENCIO, Mariana; CERQUEIRA LEITE, Luís Felipe Tegon. *Regularização fundiária urbana:* desafios e perspectivas para aplicação da Lei 13.465/2017. São Paulo: Letras Jurídicas, 2019.

KOCHEM, Ronaldo. Introdução às raízes históricas do princípio da cooperação (kooperationsmaxime). *Revista de Processo*, São Paulo, ano 41, v. 251, p. 75-111, jan. 2016. Disponível em: http://www.mpsp.mp.br/portal/page/portal/documentacao_e_divulgacao/doc_biblioteca/bibli_servicos_produtos/bibli_boletim/bibli_bol_2006/RPro_n.251.04.PDF. Acesso em: 27 jan. 2021.

LEVY-VROELANT, Claire. The right to housing in France: still a long way to go from intention to implementation. *Journal of Law and Social Policy*, Ontario, v. 24, p. 88-108, 2015.

LIBÓRIO, Daniela Campos; FROTA, Henrique Botelho; CARDOSO, Patrícia de Menezes; GUIMARÃES, Irene Maestro S. dos Santos (org.). *Direito urbanístico em juízo*: estudo de acórdãos do Tribunal de Justiça do Estado de São Paulo. Colaboração de Larissa Perez Cunha e Victor Iacovini. São Paulo: Instituto Brasileiro de Direito Urbanístico (IBDU), 2016.

LIBÓRIO, Daniela Campos; SAULE JÚNIOR, Nelson. Princípios e instrumentos de política urbana. *In*: CAMPILONGO, Celso Fernandes; GONZAGA, Álvaro de Azevedo; FREIRE, André Luiz (coord.). *Enciclopédia Jurídica da PUC-SP*. Tomo: Direito Administrativo e Constitucional, coord. por Vidal Serrano Nunes Jr., Maurício Zockun, Carolina Zancaner Zockun, André Luiz Freire. São Paulo: Pontifícia Universidade Católica de São Paulo (PUC-SP), 2017. Disponível em: https://enciclopediajuridica.pucsp.br/verbete/76/edicao-1/principios-e-instrumentos-de-politica-urbana. Acesso em: 15 abr. 2020.

LOPES, Júlio Aurélio Vianna. *A carta da democracia*: o processo constituinte da ordem pública de 1988. Rio de Janeiro: Topbooks, 2008.

LUCCHESI, Bianca Melzi de Domenicis. Transformações urbanas e habitação no final do século XIX: proibição e permanência dos cortiços na cidade de São Paulo. *In*: SIMPÓSIO NACIONAL DE HISTÓRIA, 28., jul. 2015, São Paulo. *Anais* [...]. São Paulo: ANPUH, jul. 2015. Disponível em: http://www.snh2015.anpuh.org/resources/anais/39/1434064843_ARQUIVO_TransformacoesurbanasehabitacaonofinaldoseculoXIXproibicaoepermanenciadoscorticosnacidadedeSaoPaulo-BiancaLucchesi.pdf. Acesso em: 3 nov. 2019.

MACEDO JÚNIOR, Ronaldo Porto. *Ensaios de Teoria do Direito*. São Paulo: Saraiva, 2013a.

MACEDO JÚNIOR, Ronaldo Porto. O conceito de direito social e racionalidades em conflito: Ewald contra Hayek. *In*: MACEDO JÚNIOR, Ronaldo Porto. *Ensaios de Teoria do Direito*. São Paulo: Saraiva, 2013b. p. 57-107.

MACHADO, Jeanne da Silva. *A solidariedade social na responsabilidade ambiental*. Rio de Janeiro: Lumen Júris, 2006.

MACHADO, Maíra Rocha. O estudo de caso na pesquisa em direito. *In*: MACHADO, Maíra Rocha (org.). *Pesquisar empiricamente o Direito*. São Paulo: Rede de Pesquisa Empírica em Direito, 2017. p. 357-389.

MAIA, José Afonso Ferreira; SILVA, Sandra Almeida da; SILVA, Cristiane Almeida da. Metodologia para avaliação econômica e social de políticas públicas. *Sitientibus*. Feira de Santana, nº 32, p. 167-192, jan./jun. 2005. Disponível em: http://www2.uefs.br/sitientibus/pdf/32/metodologia_para_avaliacao_economica.pdf. Acesso em: 19 nov. 2019.

MALHEIROS, Rafael Taranto. *O procedimento administrativo da regularização fundiária urbana de interesse social como garantia do direito à moradia*. Dissertação (Mestrado em Direito) – Universidade Presbiteriana Mackenzie, São Paulo, 2019.

MARINONI, Luiz Guilherme; ARENHART, Sérgio Cruz; MITIDIERO, Daniel. *Novo curso de processo civil*: tutela dos direitos mediante procedimento comum. 3. ed. São Paulo: Revista dos Tribunais, 2017. v. 2.

MARQUES, Eduardo (org.). *A metrópole de São Paulo no século XXI*: espaços, heterogeneidades e desigualdades. São Paulo: Ed. Unesp, 2015a.

MARQUES, Eduardo. De volta aos capitais para melhor entender as políticas urbanas. *Novos Estudos CEBRAP*, São Paulo, v. 35, nº 2, p. 15-33, jul. 2016. (Dossiê Capitais do Urbano).

MARQUES, Eduardo. São Paulo: transformações, heterogeneidades, desigualdades. In: MARQUES, Eduardo (org.). *A metrópole de São Paulo no século XXI:* espaços, heterogeneidades e desigualdades. São Paulo: Ed. Unesp, 2015b. p. 1-17.

MARQUES NETO, Floriano de Azevedo. *Bens públicos:* função social e exploração econômica. O regime jurídico das utilidades públicas. Belo Horizonte: Fórum, 2009.

MARRARA, Thiago. Concessão de Uso Especial para Fins de Moradia (CUEM): o que mudou em seu regime jurídico desde a Constituição de 1988 até a Lei nº 13.465, de 2017? *GENJURÍDICO.COM.BR*, São Paulo, 3 abr. 2019. Disponível em: http://genjuridico.com.br/2019/04/03/concessao-de-uso-especial-para-fins-de-moradia-cuem-o-que-mudou-em-seu-regime-juridico-desde-a-constituicao-de-1988-ate-a-lei-n-13465-de-2017/. Acesso em: 22 jun. 2020.

MEDEIROS NETO, Elias Marques de et al. "Decisão-surpresa" e a sua vedação no Processo Civil brasileiro. *Migalhas*, [s.l.], 27 abr. 2017. Disponível em: https://migalhas.uol.com.br/coluna/cpc-na-pratica/257894/decisao-surpresa--e-a-sua-vedacao-no-processo-civil-brasileiro. Acesso em: 4 jan. 2021.

MEIRELLES, Helly Lopes. *Direito administrativo brasileiro*. 26. ed. São Paulo: Malheiros, 2001.

MENCIO, Mariana; CERQUEIRA LEITE, Luís Felipe Tegon. *Regularização fundiária urbana:* desafios e perspectivas para aplicação da Lei 13.465/2017. São Paulo: Letras Jurídicas, 2019.

MENDES, José Sacchetta Ramos. Desígnios da Lei de Terras: imigração, escravismo e propriedade fundiária no Brasil Império. *Cad. CRH* [online], Salvador, v. 22, nº 55, p. 173-184, 2009. Disponível em: http://www.scielo.br/scielo.php?script=sci_arttext&pid=S0103-49792009000100011&lng=en&nrm=iso. Acesso em: 7 dez. 2020.

MENDES, Alluisio Gonçalves Castro; TEMER, Sofia. Técnicas adequadas à litigiosidade coletiva e repetitiva. *Revista de Processo*, São Paulo, v. 40, nº 243, maio 2015. Disponível em: http://www.mpsp.mp.br/portal/page/portal/documentacao_e_divulgacao/doc_biblioteca/bibli_servicos_produtos/bibli_boletim/bibli_bol_2006/RPro_n.243.12.PDF. Acesso em: 27 maio 2020.

MILANO, Giovanna Bonilha. *Conflitos fundiários urbanos e Poder Judiciário*. Curitiba: Ithala, 2017.

MORADORES do Jardim Pantanal tentam salvar móveis após temporal. *R7*, São Paulo, 9 jan. 2020. Disponível em: https://noticias.r7.com/sao-paulo/moradores-do-jardim-pantanal-tentam-salvar-moveis-apos-temporal-09012020. Acesso em: 10 dez. 2020.

NERY JÚNIOR, Nelson; NERY, Rosa Maria Andrade. *Código Civil Comentado*. 3. ed. São Paulo: Revista dos Tribunais, 2005.

OLIVEIRA, Clarisse Inês de. O judiciário na arena política: da redemocratização ao intimismo no ato de julgar. In: BELLINETTI, Luiz Fernando; DAL BOSCO, Maria Goretti; REBOUÇAS, Maia (coord.). *Acesso à justiça III* [Recurso eletrônico on-line]. Florianópolis: CONPEDI, 2014. p. 54-69. Disponível em: http://www.publicadireito.com.br/artigos/?cod=4c75be1151d04f3c. Acesso em: 17 out. 2019.

OLIVEIRA, Antonio Manoel dos Santos; CAMPOS, Daniel Carlos. A ocupação das várzeas no alto Tietê e a reprodução deste modelo urbano na bacia do Rio Baquirivu Guaçu, Guarulhos e Arujá. *GEOUSP:* Espaço e Tempo (*online*), São Paulo, nº 32, p. 198-213, 2012. Disponível em: https://www.revistas.usp.br/geousp/article/view/74291/77934. Acesso em: 19 set. 2022.

PEREIRA, Anna Carolina Migueis. Desapropriações e remoções na implantação de projetos de infraestrutura: entre avanços e oportunidades. *Revista Publicum*, Rio de Janeiro, v. 3, nº 2, p. 134-165, 2017. Disponível em: http://www.e-publicacoes.uerj.br/index.php/publicum. Acesso em: 4 jul. 2020.

PEREIRA JÚNIOR, Jessé Torres; MARÇAL, Thaís. A convergência entre cooperação processual e consensualidade administrativa, na gestão do Estado Democrático de Direito. *In*: OLIVEIRA, Rafael Carvalho Rezende; MARÇAL, Thaís. *Temas relevantes de Processo Administrativo*. 20 anos da Lei 9.784/1999. Belo Horizonte, JusPodivm, 2019.

PEREZ, Marcos Augusto. *Testes de legalidade*: métodos para o amplo controle jurisdicional da discricionariedade administrativa. Belo Horizonte: Fórum, 2020.

PIRES, Álvaro P. Amostragem e pesquisa qualitativa: ensaio teórico e metodológico. *In*: POUPART, Jean et al. *A pesquisa qualitativa*: enfoques epistemológicos e metodológicos. Petrópolis: Vozes, 2014. p. 154-214.

PIRES, Lilian Regina Gabriel Moreira. *Função social da propriedade urbana e o Plano Diretor*. Belo Horizonte: Fórum, 2007.

PIRES, Luís Manuel Fonseca. *Moradia e propriedade*: um breve ensaio sobre conflitos humanos. Belo Horizonte: Fórum, 2015.

PROGRAMA Habitacional em São Paulo. *Programas Habitacionais do Brasil*, [s.l.], [2022]. Disponível em: https://programashabitacionais.com.br/programa-habitacional-em-sao-paulo/. Acesso em: 8 ago. 2022.

RAMOS, André de Carvalho. *Teoria geral dos direitos humanos na ordem internacional*. São Paulo: Saraiva, 2006.

RANGEL, Heleno Márcio Vieira; SILVA, Jucilene Vieira. O direito fundamental à moradia como mínimo existencial, e a sua efetivação à luz do estatuto da cidade. *Veredas do Direito*. Belo Horizonte, v. 6, nº 12, p. 57-78, jul./dez. 2009.

REALE, Miguel. *Lições preliminares de direito*. 25. ed. São Paulo: Saraiva, 2001.

REFOSCO, Helena Campos. *Ação coletiva e democratização do acesso à Justiça*. São Paulo: Quartier Latin, 2018.

REQUENA, Carolina; HOYLER, Telma; SARAIVA, Camila. Interação e segregação: centro, periferia e residenciais fechados. *In*: MARQUES, Eduardo (org.). *A metrópole de São Paulo no século XXI*: espaços, heterogeneidades e desigualdades. São Paulo: Ed. Unesp, 2015. p. 255-307.

REZENDE, Flávio da Cunha. Da exogeneidade ao gradualismo: inovações na teoria da mudança institucional. *Revista Brasileira de Ciências Sociais*, São Paulo, v. 27, nº 78, p. 113-194, fev. 2012.

ROCHA, Everardo. *O que é mito?* São Paulo: Brasiliense, 1999. (Coleção Primeiros Passos, nº 151).

ROCHA, Sílvio Luís Ferreira da. *Função social da propriedade pública*. São Paulo: Malheiros, 2005.

ROLNIK, Raquel. *A cidade e a lei* – legislação, política urbana e territórios na cidade de São Paulo. São Paulo: Studio Nobel/Fapesp, 2003.

ROLNIK, Raquel. Pode o governo do Estado descumprir impunemente o Plano Diretor? *Blog da Raquel Rolnik*, [s.l.], 23 abr. 2018. Disponível em: https://raquelrolnik.wordpress.com/2018/04/23/pode-o-governo-do-estado-descumprir-impunemente-o-plano-diretor/. Acesso em: 13 jul. 2019.

ROZAS, Luiza Barros. *Direito à moradia*: âmbito, limites e controle no ordenamento jurídico nacional. Tese (Doutorado em Direito) – Universidade de São Paulo (USP), São Paulo, 2016.

RUIZ, Isabela; BUCCI, Maria Paula Dallari. Quadro de problemas de políticas públicas: uma ferramenta para análise jurídico-institucional. *Revista de Estudos Institucionais*, Rio de Janeiro, v. 5, nº 3, p. 1142-1167, 2019. Disponível em: https://estudosinstitucionais. com/REI/issue/view/10. Acesso em: 15 jun. 2020.

SABEL, Charles Frederick; SIMON, William H. *Destabilization rights:* how public law litigation succeeds. *Harvard Law Review*, Cambridge, v. 117, p. 1016-1101, 2004. Disponível em: https://scholarship.law.columbia.edu/cgi/viewcontent.cgi?article=1824&context=faculty_scholarship. Acesso em: 30 jul. 2022.

SALLES, Carlos Alberto de. Processo civil de interesse público. *In*: GRINOVER, Ada Pelegrini; WATANABE, Kazuo; COSTA, Susana Henriques. *O processo para solução de conflitos de interesse público*. Salvador: Juspodivm, 2017. p. 193-227.

SANTOS, Renato Abramowicz; VILLELA, Felipe. Último refúgio da quadra 36 é destruído por obra irregular do Pérola Byington. *Observatório de Remoções*, São Paulo, 13 jun. 2018. Disponível em: http://www.observatorioderemocoes.fau.usp.br/ultimo-refugio-da-quadra-36-e-destruido-por-obra-irregular-do-perola-byington/. Acesso em: 27 jul. 2022.

SÃO PAULO (Cidade). Decreto Municipal nº 58.289, de 26 de junho de 2018. Confere nova regulamentação à Transferência do Direito de Construir com Doação de Imóvel, nos termos dos artigos 123, 126, 127, 128, 130 e 131 da Lei nº 16.050, de 31 de julho de 2014 - Plano Diretor Estratégico - PDE; revoga o Decreto nº 57.535, de 15 de dezembro de 2016. *Diário Oficial da Cidade*, São Paulo, p. 1, 27 jun. 2018. Disponível em: https://leismunicipais.com.br/a/sp/s/sao-paulo/decreto/2018/5828/ 58289/decreto-n-58289-2018-confere-nova-regulamentacao-a-transferencia-do-direito-de-construir-. Acesso em: 24 jun. 2020.

SÃO PAULO (Cidade). Decreto nº 15.764, de 22 de março de 1979. Dispõe sobre a regularização de armamentos e loteamentos executados anteriormente a 1º de novembro de 1972, e dá outras providências. *Diário Oficial da Cidade*, São Paulo, p. 3, 23 mar. 1979. Disponível em: http://legislacao.prefeitura.sp.gov.br/leis/decreto-15764-de-22-de-marco-de-1979. Acesso em: 9 jun. 2019.

SÃO PAULO (Cidade). Decreto nº 51.653, de 22 de julho de 2010. Regulamenta a forma de pagamento da verba de atendimento habitacional no âmbito do Programa "Ações de Habitação". *Diário Oficial da Cidade*, São Paulo, [jul. 2010]. Disponível em: https://leismunicipais.com.br/a/sp/s/sao-paulo/decreto/2010/5166/51653/decreto-n-51653-2010-regulamenta-a-forma-de-pagamento-da-verba-de-atendimento-habitacional-no-ambito-do-programa-acoes-de-habitacao. Acesso em: 11 set. 2022.

SÃO PAULO (Cidade). *Justiça adia reintegração de posse para garantir segurança*. 4 set. 2015a. Disponível em: http://www.capital.sp.gov.br/noticia/justica-adia-reintegracao-de-posse-para-garantir. Acesso em: 21 jun. 2020.

SÃO PAULO (Cidade). Lei nº 11.632, de 22 de julho de 1994. Dispõe sobre o estabelecimento de uma política integrada de habitação, voltada à população de baixa renda; autoriza a instituição, junto à Companhia Metropolitana de Habitação de São Paulo – COHAB/SP, do Fundo Municipal de Habitação; cria o Conselho do Fundo Municipal de Habitação, e dá outras providências. *Diário Oficial da Cidade*, São Paulo, p. 1, 26 jul. 1994. Disponível em: https://legislacao.prefeitura.sp.gov.br/leis/lei-11632-de-22-de-julho-de-1994. Acesso em: 8 ago. 2022.

SÃO PAULO (Cidade). Lei nº 16.050, de 31 de julho de 2014. Aprova a Política de Desenvolvimento Urbano e o Plano Diretor Estratégico do Município de São Paulo e revoga a Lei nº 13.430/2002. *Diário Oficial da Cidade*, São Paulo, p. 1, 1º ago. 2014. Disponível em: https://leismunicipais.com.br/plano-diretor-sao-paulo-sp. Acesso em: 4 jul. 2019.

SÃO PAULO (Cidade). Lei nº 17.638, de 9 de setembro de 2021. Disciplina o Programa Pode Entrar, estabelecendo regras, mecanismos e instrumentos para sua operacionalização. *Diário Oficial da Cidade*, São Paulo, p. 1, 10 set. 2021a. Disponível em: https://legislacao.prefeitura.sp.gov.br/leis/lei-17638-de-9-de-setembro-de-2021. Acesso em: 7 ago. 2022.

SÃO PAULO (Cidade). Plano Municipal de Habitação de São Paulo: Projeto de Lei nº 619/16. *Gestão Urbana SP*. São Paulo, dez. 2016a. Disponível em: https://gestaourbana. prefeitura.sp.gov.br/wp-content/uploads/2014/08/20161221_PMH_PL_bxa.pdf. Acesso em: 1º ago. 2022.

SÃO PAULO (Cidade). Projeto de Lei Executivo nº 619, de 21 de dezembro de 2016. Aprova o Plano Municipal de Habitação, conforme previsto no artigo 293 do Plano Diretor Estratégico do Município de São Paulo, de acordo com o Sistema Nacional de Habitação de Interesse Social - SNHIS. *Diário Oficial da Cidade*, São Paulo, p. 130, 2 fev. 2017. Disponível em: https://legislacao.prefeitura.sp.gov.br/leis/projeto-de-lei-619-de-21-de-dezembro-de-2016. Acesso em: 17 ago. 2022.

SÃO PAULO (Cidade). Projetos de Intervenção Urbana (PIU). *Gestão Urbana SP*. São Paulo, [2022]. Disponível em: https://gestaourbana.prefeitura.sp.gov.br/estruturacao-territorial/piu/. Acesso em: 27 jul. 2022.

SÃO PAULO (Cidade). *Resolução nº 62, de 31 de maio de 1875*. Código de Posturas da Câmara Municipal da Imperial Cidade de São Paulo sobre os diversos meios de manter a segurança, comodidade e tranquilidade pública. Cap. XIV, arts. 229 e 230. São Paulo: Secretaria do Governo de São Paulo, 31 maio 1875. Disponível em: https://www.al.sp.gov.br/repositorio/legislacao/resolucao/1875/resolucao-62-31.05.1875.html. Acesso em: 8 nov. 2019.

SÃO PAULO (Cidade). Secretaria Especial de Comunicação (SEC). *Censo da População de Rua da Cidade de São Paulo, de 2019*. 31 jan. 2020. Disponível em: http://www.capital.sp.gov.br/noticia/prefeitura-de-sao-paulo-divulga-censo-da-populacao-em-situacao-de-rua-2019. Acesso em: 20 dez. 2020.

SÃO PAULO (Cidade). Secretaria Municipal de Habitação (SEHAB). *Plano Municipal de Habitação de São Paulo*: caderno para discussão pública. São Paulo: SEHAB, jun. 2016b. Disponível em: http://www.favelasaopaulomedellin.fau.usp.br/wp-content/uploads/2016/09/CadernoPMH.pdf. Acesso em: 7 dez. 2020.

SAO PAULO (Cidade). Secretaria Municipal de Habitação (SEHAB). Portaria SEHAB nº 131, de 8 de julho de 2015. Estabelece alternativas de atendimento habitacional provisório, fixa os valores limites e regulamenta as condições e os procedimentos para a sua concessão e manutenção. *Diário Oficial da Cidade*, São Paulo, p. 27, 9 jul. 2015b. Disponível em: http://legislacao.prefeitura.sp.gov.br/leis/portaria-secretaria-municipal-de-habitacao-131-de-9-de-julho-de-2015.

SÃO PAULO (Cidade). Secretaria Municipal de Habitação (SEHAB). *Urbanização de Favelas*. 12 jan. 2021b. Disponível em: https://www.prefeitura.sp.gov.br/cidade/secretarias/habitacao/programas/index.php?p=237077. Acesso em: 7 ago. 2022.

SÃO PAULO (Estado). *Decreto nº 59.217, de 21 de maio de 2013*. Declara de utilidade pública, para fins de desapropriação, imóveis situados no Bairro Campos Elíseos, Município e Comarca de São Paulo, necessários à instalação do novo Hospital Pérola Byington. São Paulo: Casa Civil, 21 maio 2013. Disponível em: https://www.al.sp.gov.br/repositorio/legislacao/decreto/2013/decreto-59217-21.05.2013.html. Acesso em: 7 dez. 2020.

SÃO PAULO (Estado). Governo de SP inicia construção do novo hospital da mulher. *ABC do ABC*, [s.l.], 13 ago. 2019. Disponível em: https://www.abcdoabc.com.br/abc/noticia/governo-sp-inicia-construcao-novo-hospital-mulher-86770. Acesso em: 27 jul. 2022.

SÃO PAULO (Estado). Ministério Público. *Inquérito civil nº 14.0749.0004371/2017*. Documento não publicado.

SÃO PAULO (Estado). *Ofício SIMA/GAB/GAB/354/2019*. 2019. Disponível em: http://www.daee.sp.gov. br/index.php?option=com_content&view=article&id=2385:polder-da-vila-itaim-obras-seguem-em-ritmo-acelerado&catid=48:noticias&Itemid=53. Acesso em: 17 jul. 2019.

SAULE JR., Nelson. Estatuto da Cidade: instrumento de reforma urbana. *In*: SAULE JR., Nelson; ROLNIK, Raquel. *Estatuto da Cidade:* novas perspectivas para a reforma urbana. São Paulo: Polis, 2001.

SILVA, Amanda Sousa da. Outros atores e interesses identificados no Jardim Pantanal. *Jardim Pantanal:* atores e interesses, desalento e esperança. 2016. Dissertação (Mestrado em Mudança Social e Participação Política) – Escola de Artes, Ciências e Humanidades da Universidade de São Paulo (USP), São Paulo, 2016. DOI:10.11606/D.100.2017.tde-03022017-193812. Disponível em: https://www.teses.usp.br/teses/disponiveis/100/100134/tde-03022017-193812/publico/dissertacaoamanda.pdf. Acesso em: 30 jul. 2022.

SILVA, José Afonso da. *Direito urbanístico brasileiro*. 5. ed. São Paulo: Malheiros, 2008.

SILVA, Luiz Antonio Machado. Quarenta anos de sociologia das classes populares urbanas. *In*: CARNEIRO, Sandra de Sá; SANT'ANNA, Maria Josefina Gabriel (org.). *Cidade*: olhares e trajetórias. Rio de Janeiro: Garamond, 2009. p. 21-42.

SILVA, Virgílio Afonso da. O Judiciário e as políticas públicas: entre transformação social e obstáculo à realização dos direitos sociais. *In*: GRINOVER, Ada Pelegrini; WATANABE, Kazuo; COSTA, Susana Henriques da (org.). *O processo para solução de conflitos de interesse público*. Salvador: Juspodivm, 2017. p. 383-396.

SOTTO, Débora. *A recuperação de mais-valias urbanísticas como meio de promoção do desenvolvimento sustentável das cidades brasileiras:* uma análise jurídica. Tese (Doutorado em Direito) – Pontifícia Universidade Católica de São Paulo (PUC-SP), São Paulo, 2015.

SOUZA, Fernando Garcia. *Judicialização de direitos sociais:* o Judiciário como articulador interinstitucional no cumprimento de sentenças coletivas. Dissertação (Mestrado em Direito) – Universidade de São Paulo (USP), São Paulo, 2016.

SOUZA, Luiz Sérgio Fernandes. Lacunas no direito. *In*: CAMPILONGO, Celso Fernandes; GONZAGA, Álvaro de Azevedo; FREIRE, André Luiz (coord.). *Enciclopédia Jurídica da PUC-SP* [online]. Tomo: Teoria Geral e Filosofia do Direito. São Paulo: Pontifícia Universidade Católica de São Paulo (PUC-SP), 2017. Disponível em: https://enciclopedia juridica.pucsp.br/verbete/159/edicao-1/lacunas-no-direito. Acesso em: 10 dez. 2020.

SOUZA, Marcelo Lopes de. Problemas de regularização fundiária em favelas territorializadas por traficantes de drogas. *In*: ALFONSIN, Betânia de Moraes; FERNANDES, Edésio (org.). *Direito à moradia e segurança da posse no Estatuto da Cidade*. Diretrizes, instrumentos e processos de gestão. Belo Horizonte: Fórum, 2004. p. 241-266.

SOUZA, Sérgio Iglesias Nunes. *Direito à moradia e de habitação*. São Paulo: Revista dos Tribunais, 2013.

SUNDFELD, Carlos Ari. O Estatuto da Cidade e suas Diretrizes Gerais. *In*: DALLARI, Adilson de Abreu; FERRAZ, Sérgio (org.). *Estatuto da Cidade* – Comentários à Lei Federal 10.257/2001. São Paulo: Malheiros, 2001. p. 44-60.

SUPREMO TRIBUNAL FEDERAL (STF). *Ação Direta de Constitucionalidade (ADC) 42 Distrito Federal*. Relator: Min. Luiz Fux, Tribunal Pleno, julgado em 28.02.2018, Processo Eletrônico DJe-175, divulg. 12.08.2019, public. 13.08.2019a. Disponível em: https://redir.stf.jus.br/paginadorpub/paginador.jsp?docTP=TP&docID=750504737. Acesso em: 30 jul. 2022.

SUPREMO TRIBUNAL FEDERAL (STF). *Ag. Reg. no Recurso Extraordinário com Agravo 1.017.664* – Distrito Federal. Relator: Min. Edson Fachin, Segunda Turma, julgado em 25 out. 2019, Processo Eletrônico DJe-244, divulg. 7.11.2019, public. 8.11.2019b. p. 1-19. Disponível em: https://redir.stf.jus.br/paginadorpub/paginador.jsp?docTP=TP&docID=751348165. Acesso em: 15 nov. 2019.

SUPREMO TRIBUNAL FEDERAL (STF). *Ag. Reg. no Recurso Extraordinário com Agravo 1.155.939* – Distrito Federal. Relator: Min. Edson Fachin, Segunda Turma, julgado em 25 out. 2019, Processo Eletrônico DJe-244, divulg. 7.11.2019, public. 8.11.2019c. Disponível em: http://www.stf.jus.br/portal/jurisprudencia/visualizarEmenta.asp?s1=000286643&base=baseAcordaos. Acesso em: 15 nov. 2019.

SUPREMO TRIBUNAL FEDERAL (STF). *Medida Cautelar na Petição 9382* - São Paulo. Relator: Min. Alexandre de Moraes, decisão monocrática proferida em 15 jan. 2021. Disponível em: https://portal.stf.jus.br/processos/downloadPeca.asp?id=15349281204&ext=.pdf. Acesso em: 19 set. 2022.

SUPREMO TRIBUNAL FEDERAL (STF). *Recurso Extraordinário (RE) 1186410* – Pernambuco. Relatora: Min. Cármen Lúcia, decisão monocrática proferida em 6 mar. 2019d. Disponível em: https://portal.stf.jus.br/processos/detalhe.asp?incidente=5621685. Acesso em: 15 nov. 2019.

SUPREMO TRIBUNAL FEDERAL (STF). *Recurso Extraordinário (RE) 1198197* – Rio de Janeiro. Relator: Min. Edson Fachin, julgado em 10.04.2019, Processo Eletrônico DJe-076, divulg. 11.04.2019, public. 12.04.2019e. Disponível em: https://portal.stf.jus.br/processos/detalhe.asp?incidente=5659809. Acesso em: 30 jul. 2022.

SUPREMO TRIBUNAL FEDERAL (STF). *Recurso Extraordinário (RE) 422349* - Rio Grande do Sul. Relator: Min. Dias Toffoli, decisão monocrática proferida em 11 mar. 2019f. Disponível em: http://redir.stf.jus.br/paginadorpub/paginador.jsp?docTP=TP&docID=9046379. Acesso em: 16 dez. 2020.

SUPREMO TRIBUNAL FEDERAL (STF). *Recurso Extraordinário com Agravo (ARE) 1131424* – São Paulo. Relator: Min. Edson Fachin, julgado em 6.11.2019, Processo Eletrônico DJe-245, divulg. 8.11.2019, public. 11.11.2019g. Disponível em: https://portal.stf.jus.br/processos/detalhe.asp?incidente=5456778. Acesso em: 30 jul. 2022.

SUPREMO TRIBUNAL FEDERAL (STF). *Recurso Extraordinário com Agravo (ARE) 1168305* São Paulo. Relatora: Min. Cármen Lúcia, julgado em 13.06.2019, Processo Eletrônico DJe-134, divulg. 18.06.2019, public. 19.06.2019h. Disponível em: https://portal.stf.jus.br/processos/detalhe.asp?incidente=5565364. Acesso em: 30 jul. 2022.

SUPREMO TRIBUNAL FEDERAL (STF). *Recurso Extraordinário com Agravo (ARE) 1158201* – São Paulo. Relator: Min. Edson Fachin, decisão monocrática proferida em 28 out. 2020. Disponível em: https://portal.stf.jus.br/processos/detalhe.asp?incidente=5538209. Acesso em: 30 jul. 2022.

SUPREMO TRIBUNAL FEDERAL (STF). *Tema 348* - Plano diretor como instrumento básico da política de desenvolvimento e de expansão urbana. Relator: Min. Teori Zavaski. Disponível em: https://portal.stf.jus.br/jurisprudenciaRepercussao/verAndamentoProcesso.asp?incidente=3823627&numeroProcesso=607940&classeProcesso=RE&numeroTema=348. Acesso em: 19 set. 2022.

SUPERIOR TRIBUNAL DE JUSTIÇA (STJ). *AgInt no Agravo em Recurso Especial 460180* – Espírito Santo. Relator: Min. Sérgio Kukina, Primeira Turma, julgado em 3.10.2017, DJe 18.10.2017. Disponível em: https://scon.stj.jus.br/SCON/pesquisar.jsp?i=1&b=ACOR&livre=((%27AINTARESP%27.clas.+e+@num=%27460180%27)+ou+(%27AgInt%20no%20AREsp%27+adj+%27460180%27).suce.)&thesaurus=JURIDICO&fr=veja. Acesso em: 19 set. 2022.

SUPERIOR TRIBUNAL DE JUSTIÇA (STJ). *Ag. Reg. no Recurso Extraordinário com Agravo 1.017.664* – Distrito Federal. Relator: Min. Edson Fachin, Segunda Turma, julgado em 25.10.2019, DJe-244, divulg. 07.11.2019, public. 08.11.2019. Disponível em: http://www.stf.jus.br/portal/jurisprudencia/visualizarEmenta.asp?s1=000286643&base=baseAcordaos. Acesso em: 15 nov. 2019.

SUPERIOR TRIBUNAL DE JUSTIÇA (STJ). *Recurso Especial (REsp) 650728* – Santa Catarina. Relator: Min. Herman Benjamin, Segunda Turma, julgado em 23.10.2007, DJe 02.12.2009. Disponível em: https://scon.stj.jus.br/SCON/GetInteiroTeorDoAcordao?num_registro=200302217860&dt_publicacao=02/12/2009. Acesso em: 25 abr. 2020.

SUPERIOR TRIBUNAL DE JUSTIÇA (STJ). *Recurso Especial (REsp) 1148631* – Distrito Federal. Relator: Min. Luis Felipe Salomão, Rel. p/ acórdão: Min. Marco Buzzi, Quarta Turma, julgado em 15.08.2013, DJe 4.4.2014. Disponível em: https://scon.stj.jus.br/SCON/jurisprudencia/toc.jsp?processo=1148631&b=ACOR&thesaurus=JURIDICO& p=true. Acesso em: 14 abr. 2021.

SUPERIOR TRIBUNAL DE JUSTIÇA (STJ). *Recurso Especial (REsp) 1302736* – Minas Gerais. Relator: Min. Luís Felipe Salomão, Quarta Turma, julgado em 12.04.2016, DJe 23.05.2016.

SUPERIOR TRIBUNAL DE JUSTIÇA (STJ). Súmula 619. A ocupação indevida de bem público configura mera detenção, de natureza precária, insuscetível de retenção ou indenização por acessões e benfeitorias. Corte Especial, julgado em 24.10.2018, DJe 30.10.2018. *Revista de Súmulas do Superior Tribunal de Justiça*, Brasília, nº 48, 2021. Disponível em: https://www.stj.jus.br/publicacaoinstitucional/index.php/sumstj/article/view/5048/5175. Acesso em: 30 jul. 2022.

SUPERIOR TRIBUNAL DE JUSTIÇA (STJ). *Usucapião extraordinária pode ser reconhecida em área inferior ao módulo urbano fixado em lei municipal*. 7 dez. 2020. Disponível em: https://www.stj.jus.br/sites/portalp/Paginas/Comunicacao/Noticias/07122020-Usucapiao-extraordinaria-pode-ser-reconhecida-em-area-inferior-ao-modulo-urbano-fixado-em-lei-municipal.aspx. Acesso em: 16 dez. 2020.

TARTUCE, Flávio. *Manual de Direito Civil*. São Paulo: Método, 2011.

TAVARES, André Ramos. *Curso de Direito Constitucional*. 10. ed. São Paulo: Saraiva, 2012.

TEIXEIRA, Carlos Sávio. Experimentalismo e democracia em Unger. *Lua Nova*, São Paulo, v. 80, p. 45-69, 2010. Disponível em: https://www.scielo.br/j/ln/a/NP84XnLSyrDMmJHkKtq9KFh/?format=pdf&lang=pt. Acesso em: 5 maio 2020.

TIERNO, Rosane de Almeida. A Lei nº 13.465/17 e suas PerverCidades. *In*: SEMINÁRIO NOVOS PARÂMETROS PARA A REGULARIZAÇÃO FUNDIÁRIA URBANA E RURAL: DESAFIOS NA APLICAÇÃO DA LEI 13.465/17, 10 out. 2017, São Paulo. *Anais* [...]. São Paulo: Centro Gaspar Garcia de Direitos Humanos, 10 out. 2017. Disponível em: http://gaspargarcia.org.br/wp-content/uploads/2017/10/GG-2017_RTierno.pdf. Acesso em: 16 dez. 2020.

TIERNO, Rosane de Almeida. *Alguns comentários ao Provimento CGJ/TJSP nº 56/19* – itens 267 a 324 – Dispositivos sobre Registro de REURB. Artigo com data de 14 abr. 2020. No prelo.

TIERNO, Rosane de Almeida. *Controle judicial de políticas públicas urbanas e sua efetividade*: o caso do Complexo Açucará, em Osasco. São Paulo: Escola Paulista de Magistratura - 5º Núcleo de Estudos em Direito Urbanístico, 10 out. 2019. Disponível em: https://www.academia.edu/41302032/Controle_judicial_de_pol%C3%ADticas_p%C3%BAblicas_urbanas_e_sua_efetividade_O_caso_do_Complexo_A%C3%A7ucar%C3%A1_em_Osasco_Rosane_Tierno. Acesso em: 21 jun. 2020.

TRIBUNAL DE JUSTIÇA DO ESTADO DE SÃO PAULO (TJSP). 3ª Câmara de Direito Público. *Ação Civil Pública nº 0027139-65.2000.8.26.0053*. Relator: Magalhães Coelho. São Paulo, 26 abr. 2005.

TRIBUNAL DE JUSTIÇA DO ESTADO DE SÃO PAULO (TJSP). Centro de Apoio aos Juízes das Varas da Fazenda Pública da Capital (CAJUFA). *Normas Cajufa para avaliações de imóveis nas varas da Fazenda Pública de São Paulo*. [2019a]. Disponível em: https://www.tjsp.jus.br/Download/SecaoDireitoPublico/Pdf/Cajufa/NormasCajufaAvaliacaoImoveis.pdf. Acesso em: 20 dez. 2020.

TRIBUNAL DE JUSTIÇA DO ESTADO DE SÃO PAULO (TJSP). *Processo nº 1009667-15.2014.8.26.0127*. Disponível em: https://esaj.tjsp.jus.br/cpopg/show.do?processo.codigo=3J0001E280000&processo.foro=127&processo.numero=1009667-15.2014.8.26.0127&uuidCaptcha=sajcaptcha_4bfa9aa193c6470db3d0f01a36dad286. Acesso em: 17 jul. 2019.

TRIBUNAL DE JUSTIÇA DO ESTADO DE SÃO PAULO (TJSP). *Processo nº 1056966-40.2019.8.26.0053*. Disponível em: https://esaj.tjsp.jus.br/cpopg/show.do?processo.codigo=1H000G96L0000&processo.foro=53&processo.numero=1056966-40.2019.8.26.0053&uuidCaptcha=sajcaptcha_eccd85934ca442e49e3839eba021cf1e. Acesso em: 17 jul. 2019.

TRIBUNAL DE JUSTIÇA DO ESTADO DE SÃO PAULO (TJSP). *Relatório e pesquisa de opinião* – Grupo de Apoio às Ordens Judiciais de Reintegração de Posse – GAORP. São Paulo: Secretaria de Planejamento Estratégico, dez. 2015.

TRIBUNAL DE JUSTIÇA DO ESTADO DE SÃO PAULO (TJSP). *Tribunal de Justiça do Estado de São Paulo*. São Paulo, [2019b]. Disponível em: https://www.tjsp.jus.br/. Acesso em: 17 jul. 2019.

TRIBUNAL DE JUSTIÇA DO ESTADO DE SÃO PAULO (TJSP). Processo nº 0008515-88.2018.8.26.0100. Disponível em: https://esaj.tjsp.jus.br/pastadigital/abrirPastaProcessoDigital.do?nuProcesso=0008515-88.2018.8.26.0100&cdProcesso=2S000 TI3Z0000&cdForo=100&baseIndice=INDDS&nmAlias=PG5JMDS&tpOrigem=2&fl Origem=P&cdServico=190101&acessibilidade=false&ticket=b3faX7U96HU3j3SBE06eBco7DbaRQ P0ciU9v3jTQY9CCy4IUZbNOKN4F0xYudKlvSB5Lflb4geCTIWX3q1not5Elur%2Bk-8m8uHYKEq9vnBjyqSA7flGRkiQ6YRolbKx32E4ZYwx65w7OX4pS93VVORsBZpiHhB JhukReAZVN0TXLT5xLC%2Bl7YWqFsBQcY0A4oxmRHtVH4HONimtLKGN3jh2Fln4 zNYY76aZHruyk85lYXRw5RREJ9dJT8NgcjxdPavKA3cUdNHT0miYfWoSTR%2Fg%3 D%3D. Acesso em: 17 jul. 2019.

TRIBUNAL DE JUSTIÇA DO ESTADO DE SÃO PAULO (TJSP). *Registro: 2017.000075083*. Acórdão. 27 set. 2017. Disponível em: https://esaj.tjsp.jus.br/cjsg/getArquivo.do;jsessionid=EA8B18183C5CC1C5E17FA1FC8B6B5714.cjsg2?conversationId=&cdAcordao=10846183&cdForo=0&uuidCaptcha=sajcaptcha_b1ff28907a894602908985b29ccc20 59&g-recaptcha-response=03AIIukzhoUREXpHsgcPRqvmmM9PHOfEUMs5s0eh-ErunqNzRkDdvgCv_OOEt4xGS6p9F3w5cRN0sFAhuxxvYXgn2jppuPvySJJA-k4Y-BI31uT4JBbJ2ZsjKrQxzW8Nr22YS3mCw3IOxgF1OsLCxm6TH1uGVFZJHTSWopIFG-ouzFLHfJRjEMHXLxMUnT2cbFiGS6-RtFkkZpD1ORIUc81rZpcSpPUyXYkPSL7y2n-PrcVrFjkxRpS2MN4mVf3Zu9-ZeHFDl-aQQzjFozhWi_usDleYMPnGPzCYR5S4C7eZGC-nU7RZt9O0nR4NLHQ9jS8AWT7kIUc2N1kH1RkrM4taQWIjDcET5n7PTErm4pZiK-TWnYSt39Yt3SUbVGFv7BQIYuq9ozusVWSRGzi62AzfHP1ddxLyqn7k0wdxkV-7rnyMUPgDW_8xsFKqmZRM91JGCrQb-92Lc2ZI7aXlmk7sJlq64DFcSN5yVJN4Yijt3BM-vGpn4pOkoEP9TFeisDlNgnEfJQDrXHrujBfT3W5_AWIkbMU4b9mPahcDdtVfexqJYd-NO_Z3FabMwlmhApKnSQCSAJkB601EEKIJFke. Acesso em: 19 set. 2022.

TROMBINI, Maria Eugênia (org.). *Diálogos sobre justiça e conflitos fundiários urbanos:* caminhando da mediação para a efetivação dos direitos humanos. Curitiba: Terra de Direitos, 2017.

TRUBECK, David M. The handmaiden's revenge: on reading and using the newer sociology of civil procedure. *Law and contemporary problems*, Durham, v. 51, nº 4, p. 111-114, 1988. Disponível em: https://scholarship.law.duke.edu/cgi/viewcontent.cgi?article=3973&context=lcp. Acesso em: 10 fev. 2020.

UNGER, Roberto Mangabeira. *Passion:* an essay on personality. New York/London: The Free Press, 1984. Disponível em: http://www.robertounger.com/en/wp-content/uploads/2017/10/passion-an-essay-on-personality.pdf. Acesso em: 10 fev. 2020.

UNIVERSIDADE DE SÃO PAULO (USP). Faculdade de Arquitetura e Urbanismo (FAU). Laboratório Espaço Público e Direito à Cidade (LabCidade). *Sobre*. [s.d.]. Disponível em: http://www.labcidade.fau.usp.br/sobre/. Acesso em: 12 nov. 2019.

VALLE, Vanice Regina Lírio. Desafios à jurisdição em políticas públicas: o que se pode aprender com a experiência da Colômbia. *In*: GRINOVER, Ada Pelegrini; WATANABE, Kazuo; COSTA, Susana Henriques. *O processo para solução de conflitos de interesse público*. Salvador: Juspodivm, 2017. p. 493-526.

VALLE, Vanice Regina Lírio; DIAS, Paula do Espírito Santo Oliveira. A litigiosidade na proteção ao direito fundamental à moradia: o caso do Município do Rio de Janeiro. *In*: PENALVA, Angela *et al* (org.). *Rio de Janeiro*: uma abordagem dialógica sobre o território fluminense. Rio de Janeiro: EDUERJ, 2018a. p. 233-253.

VALLE, Vanice Regina Lírio; DIAS, Paula do Espírito Santo de Oliveira. Indeterminação dos direitos sociais e os desafios à efetividade: uma visão empírica. *Revista de Direito Administrativo e Constitucional*, Belo Horizonte, v. 18, nº 73, p. 207-228, jul./set. 2018b.

VENOSA, Sílvio de Salvo. *Direito Civil*. São Paulo: Atlas, 2003. v. V.

VITORELLI, Edilson. Litígios estruturais: decisão e implementação de mudanças socialmente relevantes pela via do processo. *In*: ARENHART, Sérgio Cruz; JOBIM, Marco Félix. *Processos estruturais*. Salvador: Juspodivm, 2017. p. 369-422.

XIMENES, Salomão Barros; OLIVEIRA, Vanessa Elias de; SILVA, Mariana Pereira da. Judicialização da educação infantil: efeitos da interação entre o Sistema de Justiça e a Administração Pública. *Revista Brasileira de Ciência Política*, São Paulo, nº 29, p. 115-188, maio/ago. 2019. Disponível em: https://periodicos.unb.br/index.php/rbcp/article/view/27544. Acesso em: 20 jun. 2020.

ZAWASCKI, Teori Albino. *A tutela da posse na Constituição e no Projeto do Novo Código Civil*. A reconstrução do Direito Privado. São Paulo: Revista dos Tribunais, 2002.

ZIEGLER, Maria Fernanda. Padrão de disseminação urbana da COVID-19 reproduz desigualdades territoriais. *Agência Fapesp*, São Paulo, 22 maio 2020. Disponível em: https://agencia.fapesp.br/padrao-de-disseminacao-urbana-da-covid-19-reproduz-desigualdades-territoriais/33226/. Acesso em: 1º jun. 2020.

ZONA Especial de Interesse Social - ZEIS. *Gestão Urbana SP*, São Paulo, [2020]. Disponível em: https://gestaourbana.prefeitura.sp.gov.br/zona-especial-de-interesse-social-zeis/. Acesso em: 2 jul. 2020.

ANEXOS

ANEXO I – TESTE DO CASO 1 – EXECUÇÃO DA DESAPROPRIAÇÃO DA QUADRA 36 DA CRACOLÂNDIA

O processo paradigma a ser analisado para o teste[1] é o de nº 0001732-32.2015.8.26.0053. Nos autos, a partir da petição inicial, confere-se que o imóvel pertence ao Instituto de Cegos Padre Chico, declarado de Utilidade Pública pelo Decreto Estadual nº 59.217/2013 para fins de desapropriação, visando à construção do Novo Hospital Pérola Byington Centro de Referência da Saúde da Mulher e à implantação de outros serviços públicos. Oferece como indenização o valor de R$ 480.400,00 em favor do proprietário tabular, sendo R$ 173.100,00 para cada um dos apartamentos nº 21 e 31, e R$ 134.200,00 para o apartamento nº 32, válido para maio de 2012.

Questões do Grupo A – Ajuizamento da ação

1) Qual o verdadeiro conflito em jogo? Posse, propriedade, moradia, Plano Diretor, Estatuto da Cidade? Obra de infraestrutura? (Art. 8º, 554 e 557 do Código do Processo Civil (CPC).

---

[1] Conforme nota 84 do item 1.4.1, a esse caso estão vinculados os Processos nºs: 0032108-69.2013.8.26.0053, 0032740-95.2013.8.26.0053, 0031812-47.2013.8.26.0053, 0031918-09.2013.8.26.0053, 0035225-68.2013.8.26. 0053, 0031375-06.2013.8.26.0053, 0032609-23.2013.8.26.0053, 0030803-50.2013.8.26.0053, 0030804-35.2013. 8.26.0053, 0029064-42.2013.8.26.0053, 0030802-65.2013.8.26.0053, 0031189-80.2013.8.26.0053, 0031374-21.2013.8.26.0053, 0031813-32.2013.8.26.0053, 0032739-13.2013.8.26.0053, 0001732-32.2015.8.26.0053, 0027484-74.2013.8.26.0053, 1050508-75.2017.8.26.0053, 0031917-24.2013.8.26.0053, 0027485-59.2013.8. 26.0053, nas varas da Fazenda Pública de São Paulo, todos disponíveis para consulta no *site*: www.tjsp.jus.br. Acesso em: 10 jul. 2019.

O artigo 8º do CPC/2015 induz o juiz, ao aplicar o ordenamento jurídico, a atender aos fins sociais e às exigências do bem comum, resguardando e promovendo a dignidade da pessoa humana. Ao verificar que o processo diz respeito a imóveis localizados no centro da cidade de São Paulo, já emerge a grande probabilidade de o mesmo encontrar-se ocupado por terceiros e de haver algum zoneamento específico para a região, conforme o Plano Diretor da Cidade. O fato justificaria a expedição de ofício ao Ministério Público e ao órgão municipal responsável pelo cumprimento do Plano Diretor da cidade, a fim de verificar a adequação do projeto ao Plano. Por ser uma grande obra de infraestrutura, referindo-se a petição inicial à implantação de serviços públicos em geral, passa a ser provável a existência de outras ações de desapropriação conexas, além de eventuais ações possessórias tramitando em vara cível, caso a área esteja ocupada por terceiros. Assim, há a probabilidade de haver conflito possessório subjacente e o verdadeiro credor do valor não ser o proprietário, ou de o imóvel estar ocupado por grande número de pessoas, incidindo o disposto nos artigos 554 e 557 do CPC/2015, ou seja, justifica-se a expedição de ofícios ao Ministério Público, à Defensoria Pública e a órgãos urbanísticos municipais de controle, a fim de acompanhar o processo de desapropriação e propor ações de controle, se assim entenderem necessário.

2) O nome dado à ação corresponde ao conflito a ser decidido?

Na ação em questão, de fato está-se diante de uma ação de desapropriação por Utilidade Pública, o que limita o contraditório.

3) A questão diz respeito à política pública em implementação? (Art. 5º do CPC/2015).

A partir da narrativa da petição inicial, existe a probabilidade de estar-se diante de uma política de requalificação do centro urbano da cidade. Resta saber se essa política, que deveria ser municipal, está de acordo com o Plano Diretor da cidade e com as diversas políticas públicas urbanas a ele submissas. A não adequação pode levar à ineficiência da ação proposta, que permanecerá paralisada no Poder Judiciário por anos, enquanto o conflito político urbano subjacente não se resolver, o que, por sua vez, pode comprometer a eficiência da vara.

4) É possível e adequado ampliar os limites objetivos e subjetivos da lide? Se não houver essa ampliação, o conflito será resolvido? (Arts. 554, §1º; 556, §2º; e 562 do CPC/2015).

Por se tratar de ação de desapropriação, não é possível utilizar o artigo 554, §1º do CPC/2015, para ampliar os limites objetivos e subjetivos da lide, embora seja possível a expedição de ofícios para os órgãos de controle da política urbana. Não se aplica, também, o artigo 556, tampouco o artigo 562 do CPC/2015, por não se tratar de uma ação possessória, porém, o terceiro interessado poderá peticionar nos autos para informar a existência de outras ações, sendo importante, no momento da citação, tentar desde já identificar os terceiros interessados, expedindo-se não apenas mandado de citação, mas, também, de constatação, a fim de definir quem ocupa de fato o local, viabilizando, desse modo, o exercício de direitos previstos no artigo 562 do CPC/2015.

5) É possível e adequada a reunião de ações relativas ao mesmo conflito/ território? (Art. 55, §3º do CPC/2015).

Por se tratar de ação de desapropriação, não existe conexão propriamente dita, nos termos do *caput* do artigo 55 do CPC/2015.[2] A reunião de processos, porém, nos dias atuais, também se justifica quando há risco de julgamentos conflitantes ou contraditórios, mesmo quando não há conexão.[3] Desse modo, no caso em questão, pode valer a pena investigar se há outras ações em curso envolvendo o mesmo endereço, em outras varas cíveis ou de registro público, pelo menos. A diligência poderá ser feita pelo cartório ou pelo próprio autor, com fundamento no referido artigo, a fim de justificar a reunião, afastá-la ou trazer à tona os conflitos urbanos subjacentes e os riscos de eficiência processual.

---

[2] "Artigo 55, *caput*. Reputam-se conexas 2 (duas) ou mais ações quando lhes for comum o pedido ou a causa de pedir" (BRASIL. Lei nº 13.105, de 16 de março de 2015. Código de Processo Civil. *Diário Oficial da União*, Brasília, DF, p. 1, 17 mar. 2015. Disponível em: http://www.planalto.gov.br/ccivil_03/_ato2015-2018/2015/lei/l13105.htm. Acesso em: 7 dez. 2020).

[3] "Artigo 55, §3º. Serão reunidos para julgamento conjunto os processos que possam gerar risco de prolação de decisões conflitantes ou contraditórias, caso decididos separadamente, mesmo sem conexão entre eles" (BRASIL. Lei nº 13.105, de 16 de março de 2015. Código de Processo Civil. *Diário Oficial da União*, Brasília, DF, p. 1, 17 mar. 2015. Disponível em: http://www.planalto.gov.br/ccivil_03/_ato2015-2018/2015/lei/l13105.htm. Acesso em: 7 dez. 2020).

Aplicadas as questões, conclui-se que esse processo pode envolver conflitos urbanísticos e atingir o direito à moradia de populações locais, principalmente por ser uma área de conflito urbano, qual seja, o centro da cidade, não haver evidências claras de ocupantes no local, nem evidências para uma reunião de processos em trâmite para o mesmo território. Ademais, não há sinais de que os órgãos de controle já estejam cientes da obra, ou da sua adequação ao Plano Diretor, e de que a dignidade humana e a sustentabilidade urbana possam ser comprometidas sem medidas que garantam a publicidade da obra a ser realizada, a justificar a tomada dos procedimentos legais sugeridos.

Questões do Grupo B – Citação e defesa

1) A forma como está sendo feita a citação é suficiente para garantir a ciência da existência do processo a todos os interessados? (Art. 139, inciso IX do CPC/2015).

O artigo 139, inciso IX do CPC/2015, não se aplica a ações de desapropriação, pois elas têm pressupostos muito restritos. Essa questão diz respeito às ações possessórias, já que o CPC/2015 permite explicitamente a ampliação dos limites subjetivos e objetivos da ação.

2) Existem instrumentos legais para ampliação dos limites objetivos/subjetivos da ação? (Arts. 190 e 191 do CPC/2015 e Enunciado nº 35 da Escola Nacional de Formação e Aperfeiçoamento de Magistrados (ENFAM)).

O Decreto nº 3.365/1941 permite expressamente a autocomposição quanto ao valor.[4] Assim, a simples existência de ação judicial já é um indício de que a área é litigiosa. A expedição do mandado de constatação junto com o mandado de citação poderá definir a dimensão da litigiosidade, cuja providência não é vedada pela lei, podendo colaborar para a futura execução. Considerando que a Lei Geral de Desapropriações (LGD) permite a autocomposição, neste momento o juiz poderá, com base nos artigos 190 e 191 do CPC/2015, marcar uma audiência de conciliação para estipular mudanças no procedimento,

---

[4] Sempre foi possível o acordo administrativo expropriatório. Desde 2019, com as alterações previstas pela Lei nº 13.867/2019, passou a ser prevista, também, a arbitragem e a mediação, hipóteses em que o proprietário e o Poder Público definem o valor da desapropriação e o Poder Judiciário apenas executa a sentença.

ajustando-o às especificidades da causa e convencionando sobre os seus ônus, poderes, faculdades e deveres processuais. Desta forma, garantirá que o Poder Público enfrente a questão habitacional subjacente ao processo.

3) As partes podem ser induzidas a providenciar essa ampliação? (Arts. 138, 140 e 565, caput, §5º do CPC/2015).

Embora a LGD não permita expressamente o ingresso de terceiros, a provocação das partes para a autocomposição processual é permitida.

Por outro lado, a admissão do *amicus curiae*, prevista no artigo 138 do CPC/2015, é uma faculdade do juiz, que poderá solicitar ou admitir a participação de pessoa natural ou jurídica, órgão ou entidade especializada, com representatividade adequada, no prazo de 15 (quinze) dias de sua intimação.[5] Desse modo, o juiz, após a constatação, poderá provocar os mais diversos órgãos públicos e de defesa de direitos fundamentais, garantindo a ampla divulgação do empreendimento e do risco urbanístico, caso a questão urbana não seja enfrentada, visando a busca da sustentabilidade. Nesse caso, a ocupação por terceiros justifica a expedição dos ofícios para solicitar a participação de terceiros. Caso a ação de desapropriação nada mencione sobre a compatibilização do Decreto com o Plano Diretor da cidade, o juiz poderá decidir sobre a lacuna normativa, com base no artigo 140 do CPC/2015.

O artigo 565, *caput*, do CPC/2015, não se aplica às ações de desapropriação, pois nelas não é possível analisar a antiguidade do esbulho.

---

[5] Artigo 138 do CPC/2015. "O juiz ou o relator, considerando a relevância da matéria, a especificidade do tema objeto da demanda ou a repercussão social da controvérsia, poderá, por decisão irrecorrível, de ofício ou a requerimento das partes ou de quem pretenda manifestar-se, solicitar ou admitir a participação de pessoa natural ou jurídica, órgão ou entidade especializada, com representatividade adequada, no prazo de 15 (quinze) dias de sua intimação. §1º. A intervenção de que trata o *caput* não implica alteração de competência nem autoriza a interposição de recursos, ressalvadas a oposição de embargos de declaração e a hipótese do §3º; §2º. Caberá ao juiz ou ao relator, na decisão que solicitar ou admitir a intervenção, definir os poderes do *amicus curiae*; §3º. O *amicus curiae* pode recorrer da decisão que julgar o incidente de resolução de demandas repetitivas" (BRASIL. Lei nº 13.105, de 16 de março de 2015. Código de Processo Civil. *Diário Oficial da União*, Brasília, DF, p. 1, 17 mar. 2015. Disponível em: http://www.planalto.gov.br/ccivil_03/_ato2015-2018/2015/lei/l13105.htm. Acesso em: 7 dez. 2020).

4) Existem direitos de diversas gerações em conflito e, portanto, diversos conceitos de posse e de pretensões possessórias?

Não se aplica, pois esta não é uma ação possessória.

5) Existe uma base normativa implícita em jogo? É possível trazê-la à tona, com fundamento no artigo 10 do CPC/2015? (Art. 396 do CPC/2015).

Não apenas é possível, mas também conveniente o alargamento do conhecimento do juiz sobre normas urbanísticas incidentes sobre o território durante a fase da citação e da contestação, mesmo em ações de desapropriação, pois embora o juiz só possa decidir sobre o preço, esse conhecimento pode influenciar questões relativas ao levantamento, que também têm natureza jurisdicional. Pode, inclusive, viabilizar a realização de uma perícia propositiva, que proceda a uma a análise do território do ponto de vista urbanístico e, desse modo, colabore para a redução de incidentes de execução.

Assim, nos ofícios a serem expedidos, também poderá ser solicitada a informação necessária quanto à base normativa urbanística incidente sobre o território desapropriado, bem como documentos fundamentais para esta análise, como permite o artigo 396 do CPC/2015.

Questões do Grupo C – Saneamento e instrução

Nesse momento processual, não houve no processo original expedição de ofício para outros atores sociais relevantes, seguindo-se o procedimento tradicional previsto no Decreto nº 3.365/1941, ou seja: houve a avaliação provisória, à qual ficou condicionada a imissão provisória na posse. Efetuou-se depósito integral do valor ofertado. Ao ser citado, o expropriado ofereceu contestação (fls. 174/187 do processo), aduzindo que deverá ser fixado valor indenizatório compatível com a realidade do mercado imobiliário. Ademais, juntou cópia dos contratos de locação atinente aos imóveis (fls. 213/234). O laudo pericial prévio foi juntado às fls. 236/246.

Foram publicados editais para o conhecimento de terceiros (fls. 300/301 e 304/305). Decorrido o prazo de suspensão do feito, requereu o expropriante o prosseguimento do feito com a imissão provisória na posse (fl. 309). Declarado saneado o processo (fls. 311 e verso), foi determinada a produção de prova pericial de Engenharia com a finalidade de avaliar o justo valor da indenização devida à expropriada pela desapropriação do imóvel. Pela mesma decisão, determinou-se o depósito da diferença atualizada até a data do depósito entre o valor ofertado e aquele apontado no laudo prévio para fins de imissão provisória na posse.

O levantamento foi deferido pelos expropriados em 80% da quantia depositada em juízo (valor da oferta e complementação) (fl. 368 e verso), vindo a guia de levantamento judicial a ser expedida (fl. 370) e, posteriormente, retirada pelo expropriado (fl. 383). O decurso do prazo do edital foi certificado sem impugnação de terceiros (fl. 371), sendo o laudo definitivo ofertado às fls. 415/470, sem nada mencionar quanto aos ocupantes dos imóveis.

Finalmente, após o processo tramitar por mais de três anos, o Ministério Público apresentou manifestação (fls. 623/625), com requerimento de suspensão da ordem de imissão na posse até a adoção, pelo expropriante, de providências legais prévias necessárias à saída das famílias do imóvel expropriado. Na sequência, o Ministério Público juntou documentos (fls. 626/632), o que apenas aconteceu porque foi marcado o cumprimento de todos os mandados de imissão na posse para o território para o dia 16 de abril de 2018, por determinação do Juízo da Central de Mandados deste Fórum (fls. 634/641).

Na ocasião, o juiz suspendeu a imissão na posse, conforme requerido pelo Parquet (fl. 643). Contra essa decisão foi interposto Agravo de Instrumento (Ag) pelo expropriante (fls. 647/664), ao qual foi concedido efeito suspensivo (fls. 669/671). O mandado de imissão na posse foi devolvido à Central e devidamente cumprido (fls. 679/693).

No caminho tradicional do processo, portanto, não houve oportunidade para se conhecer a situação urbanística do território e a vulnerabilidade da sua população até o momento do cumprimento da liminar, que nesse caso se deu antes da sentença e praticamente três anos após o seu deferimento.

1) É conveniente sanear em audiência? (Art. 357, §3º do CPC/2015).

Num caso como o relatado, seria conveniente sanear em audiência, pois na ocasião o juiz poderia verificar, desde já, a adequação da obra ao Plano Diretor e conferir quais as medidas existentes no projeto para realocar a população, em caso de cumprimento da liminar, enquanto ainda havia prazo para o efetivo início da obra.

2) É conveniente um negócio jurídico processual quanto aos pontos controversos e prazos? (Art. 190 do CPC/2015).

Pode ser conveniente um negócio jurídico, em que o Poder Público esclareça não apenas ao proprietário do imóvel, mas também aos possuidores e ao Poder Judiciário, qual o planejamento para o território e seus prováveis prazos administrativos. Desse modo, pode ser proposto um negócio jurídico que leve em conta o planejamento administrativo, evitando-se incidentes como o relatado às fls. 643/664 do processo.

3) As partes têm condições de identificar outras ações conexas para reunião? (Arts. 69, §§2º e 3º, e 55, §3º do CPC/2015).

Realizada a audiência, poderão ser identificadas em conjunto, pelas partes, ações de possível reunião, relativas ao mesmo prédio ou ao mesmo quarteirão e projeto de infraestrutura. Desse modo, os atos de um processo poderão ser aproveitados nos demais, evitando decisões contraditórias. No caso em questão, os imóveis eram apartamentos de um prédio, talvez fosse conveniente a sua conexão, ao menos, com as outras unidades do mesmo prédio.

4) Existe um processo administrativo que esclareça as escolhas públicas? Pode ser disponibilizado pelas partes? (Art. 5º do CPC/2015).

Essa questão também é relevante enquanto preparação à audiência. A obra a ser realizada foi resultado de um processo administrativo público. As razões das escolhas administrativas podem subsidiar as decisões judiciais e nortear a perícia, de modo a reduzir os conflitos durante o processo, tanto em relação a valores em jogo, quanto à forma de lidar com as ocupações. No caso da Cracolândia, seria possível avaliar o tempo para a imissão na posse e cobrar do Poder Público um planejamento da remoção, que não implicasse na fixação de aluguel social às custas do Município.

5) É conveniente proferir decisões parciais, decidindo o processo em fases ou etapas? (Art. 356 do CPC/2015).

Essa questão pode ser negociada pelas partes na audiência, a partir dos ofícios respondidos e do mandado de constatação. Ampliar os limites objetivos e subjetivos da lide pode levar à conclusão de que o proprietário tem o título, mas não a posse, e que esses valores devem ser desmembrados para que o proprietário não seja premiado pelo abandono. Assim, decisões parciais podem ser convenientes, desmembrando valores, suprimindo o prêmio ao proprietário relapso, como no caso dos autos, em que o imóvel não era habitado pelo proprietário e ao, final, no momento da imissão na posse, não havia contrato de locação vigente.

6) Será mais conveniente suspender o processo enquanto não há definição política precisa sobre a política pública? (Art. 313, inciso I, alínea "b" e 313, inciso V, alínea "a" do CPC/2015).

Essa ponderação poderá ser realizada a qualquer momento, pois à medida que emergem os conflitos urbanos no território, a decisão judicial pode não ser a mais conveniente. Caso tenha sido feita a audiência e trazidas amplas informações ao processo, podem ser escolhidos aspectos do processo em relação aos quais a suspensão é conveniente e a outros não. No caso em questão, pode-se optar por suspender o levantamento enquanto não se definem os valores do domínio e da posse.

Assim, nos momentos mais críticos do conflito, a suspensão para dar oportunidade de solução extrajudicial do conflito pode ser adequada, mesmo que de forma parcial.

7) Será necessária perícia? Quais as questões que o perito deverá responder para garantir a efetividade da execução com a preservação de direitos? (Arts. 5º, 9º e 357 do CPC/2015).

A partir do mandado de constatação e da resposta dos ofícios, o perito poderia ser instado a realizar uma perícia, separando o valor do domínio e da posse. Poderia, ademais, registrar o tempo de posse de cada ocupante, de modo a registrar nos autos informações que auxiliassem na preservação do direito à moradia a partir da remoção.

8) Pode ser conveniente a realização de audiências públicas com a oitiva de outros interessados? (Arts. 139, inciso V, e 357, §§3º do CPC/2015).

Para este processo, a audiência pública não seria relevante, exceto para fixar a forma da imissão na posse, já que esta é inevitável nos termos da Lei.

9) É interessante proferir diversas decisões estruturais e não uma sentença fechada para ser executada? (Arts. 190 e 191, c. c. art. 356 do CPC/2015).

Novamente, nesse caso, a decisão estrutural não é conveniente, pois não se discute diretamente a política pública de moradia. As decisões estruturais apenas são convenientes quando a execução da sentença pode evoluir em fases, em camadas mais profundas de efetividade da decisão.

Questões do Grupo D – Cumprimento de liminar e execução

1) Quais os possíveis obstáculos à futura execução do título?

O principal obstáculo para o cumprimento da imissão na posse é a remoção de eventuais ocupantes com a garantia de direitos fundamentais.

2) Quais desses obstáculos podem ser superados se houver ampliação dos limites objetivos e subjetivos da lide ou produção mais extensa da prova? (Arts. 772, inciso III e 773 do CPC/2015).

Caso haja a ampliação dos limites objetivos e subjetivos da lide ou a produção mais extensa da prova, as questões práticas da remoção irão emergir no processo, e podem ser trazidos aos autos alternativas capazes de garantir direitos fundamentais.

3) Esses obstáculos, mesmo não sendo pontos controversos propriamente ditos, podem ser negociados na fase de conhecimento, de modo a terem uma solução já encaminhada no momento da sentença?

Se houver a participação efetiva do gestor público da obra na audiência e a compreensão da relevância da questão e da economicidade de sua solução prévia, pode haver a construção da solução durante a fase de conhecimento do processo.

4) Que medidas indutivas podem ser tomadas desde o início do processo para assegurar o cumprimento da ordem judicial sem a violação de direitos fundamentais? (Art. 139, inciso VI do CPC/2015).

O envio de ofícios é uma medida indutiva pois demonstra que o juiz está atento à questão. A realização da perícia propositiva, cobrando um relato minucioso da área, da ocupação e apontando para a necessidade de estratégias dignas de remoção é outra medida indutiva, pois obriga o Poder Público a se comprometer com o cumprimento de direitos fundamentais desde as fases iniciais do processo. Existe, ainda, a possibilidade de condicionar o levantamento à comprovação de que a posse foi sempre exercida sem desleixo, o que pode induzir o proprietário a negociar com os ocupantes, reconhecendo direitos incidentalmente e levantando apenas o valor de fato devido em razão do título.

5) Todas as questões relevantes à execução já foram superadas na fase de conhecimento do processo ou é conveniente realizar uma nova conciliação na execução? (Art. 771, § único do CPC/2015).

Se não houver audiência de instrução e nem levantamento, pode ser programada uma audiência de conciliação na fase de Execução, anterior à imissão na posse, o que não é o caso do processo, em que a imissão na posse se deu antes da sentença.

Conclusão

Para este caso, especificamente, a aplicação do roteiro poderia ter colaborado para a ampliação dos limites cognitivos da lide e antecipado as questões da execução da imissão na posse, incentivando o Poder Público a adotar uma conduta capaz de garantir de forma mais adequada os direitos fundamentais.

ANEXO II - TESTE DO CASO 3 - A DESAPROPRIAÇÃO E A REMOÇÃO DA OCUPAÇÃO DO TERRENO DA COMPANHIA DE DESENVOLVIMENTO HABITACIONAL E URBANO DO ESTADO DE SÃO PAULO (CDHU) NO BAIRRO DO BRESSER

O processo paradigma a ser analisado no teste de utilização do Roteiro a uma ação possessória é o de nº 1021019-51.2014.8.26.0100. Como se confere a partir da petição inicial, trata-se de ARP da área situada à Rua 21 de Abril, números 569, 585, 589, 593, 597 e 601, adquirida por meio de Ação de Desapropriação com o objetivo de implantar habitações voltadas à população de baixa renda, por meio do empreendimento denominado "Conjunto Habitacional Brás A". Esclareceu a autora (a CDHU), que na data de 04.12.2013 o terreno desapropriado fora invadido por cerca de 60 pessoas, que teriam se utilizado de violência e ameaça contra os vigilantes, caracterizando, segundo o seu entendimento, esbulho possessório, e que requereu a liminar de reintegração de posse.

Questões do Grupo A – Ajuizamento da ação

1) Qual o verdadeiro conflito em jogo? Posse, propriedade, moradia, Plano Diretor, Estatuto da Cidade? Obra de infraestrutura? (Arts. 8º, 554 e 557 do CPC/2015).

Da narrativa da petição inicial, fica evidente que a área a ser reintegrada está ocupada por terceiros. O pedido diz respeito à reintegração de posse com base no domínio do Poder Público. Há uma grande obra de infraestrutura em jogo, e esse fato já integra o relato da autora, que pediu a liminar.

Por essa razão, é possível que existam eventuais ações possessórias tramitando em vara cível, relativas a imóveis vizinhos, além de ações de usucapião. Incide, certamente, o disposto nos artigos 554 e 557 do CPC/2015, ou seja, é recomendada a expedição de ofícios ao Ministério Público, à Defensoria Pública e a órgãos urbanísticos municipais de controle para que acompanhem o processo de reintegração de posse e proponham ações de controle, se assim entenderem necessário.

2) O nome dado à ação corresponde ao conflito a ser decidido?

É questionável se nesta ação a CDHU, de fato, tem a intenção de reintegração imediata da obra, apesar do pedido de liminar. Muito provavelmente, apenas quer deixar caracterizado o esbulho possessório, garantindo o seu direito de proprietário à posse para assegurar eventual direito futuro de reintegração, em caso de efetiva concretização da obra planejada. Nesse contexto, a concessão de liminar desde já pode aumentar a litigiosidade do território (nesse caso, a liminar não foi concedida).

3) A questão diz respeito à política pública em implementação? (Art. 8º do CPC/2015).

A questão em jogo no processo está claramente relacionada à política pública de moradia do centro da cidade de São Paulo, motivo pelo qual pode ser interessante ter contato com o gestor da política pública e conferir como, no mundo real, fora do processo, pretende realizar a gestão da futura obra e a realocação das pessoas lá estabelecidas.

4) É possível e adequado ampliar os limites objetivos e subjetivos da lide? Se não houver essa ampliação, o conflito será resolvido? (Arts. 554, §1º; 556, §2º; e 562 do CPC/2015).

Por se tratar de Ação de Reintegração de Posse em que existe a possibilidade de busca da verdade real, é possível utilizar o artigo

554, §1º, para ampliar os limites objetivos e subjetivos da lide com a expedição de ofícios para os órgãos de controle da política urbana. Aplica-se, ainda, os artigos 556, §2º e 562 do CPC/2015 por ser ação possessória, sendo importante, no momento da citação, tentar identificar os terceiros interessados, expedindo-se não apenas mandado de citação, mas, também, de constatação, para definir quem, de fato, ocupa o local, viabilizando, deste modo, o exercício de direitos previstos no artigo 562 do CPC/2015.

5) É possível e adequada a reunião de ações relativas ao mesmo conflito/ território? (Art. 55, §3º do CPC/2015).

Por se tratar de Ação de Reintegração de Posse, existe conexão com outras ações possessórias eventualmente distribuídas em relação ao mesmo território, além de relação de prejudicialidade com eventuais ações de usucapião, o que justificaria a reunião, nos termos do *caput* do artigo 55 do CPC/2015,[6] ressalvada a competência das Varas de Registro Público para as ações de usucapião. A prejudicialidade existente,[7] porém, poderia levar a eventual acordo entre a autora e eventuais ocupantes na área, e ser um elemento para eventual conciliação. Deste modo, pode valer a pena investigar se há outras ações em curso, envolvendo o mesmo endereço, em outras varas cíveis ou, pelo menos, de registro público.

Questões do Grupo B – Citação e defesa

1) A forma como está sendo feita a citação é suficiente para garantir a ciência da existência do processo a todos os interessados? (Art. 139, inciso IX do CPC/2015).

---

[6] "Artigo 55, *caput*. Reputam-se conexas 2 (duas) ou mais ações quando lhes for comum o pedido ou a causa de pedir" (BRASIL. Lei nº 13.105, de 16 de março de 2015. Código de Processo Civil. *Diário Oficial da União*, Brasília, DF, p. 1, 17 mar. 2015. Disponível em: http://www.planalto.gov.br/ccivil_03/_ato2015-2018/2015/lei/l13105.htm. Acesso em: 7 dez. 2020).

[7] "Artigo 55, §3º. Serão reunidos para julgamento conjunto os processos que possam gerar risco de prolação de decisões conflitantes ou contraditórias caso decididos separadamente, mesmo sem conexão entre eles" (BRASIL. Lei nº 13.105, de 16 de março de 2015. Código de Processo Civil. *Diário Oficial da União*, Brasília, DF, p. 1, 17 mar. 2015. Disponível em: http://www.planalto.gov.br/ccivil_03/_ato2015-2018/2015/lei/l13105.htm. Acesso em: 7 dez. 2020).

Talvez seja interessante, nesta ação, solicitar que o Oficial de Justiça localize a liderança do movimento e forneça a relação e qualificação dos ocupantes da área, garantindo, deste modo, a ciência efetiva de todos quanto à existência da ação. Pode ser interessante, também, a autora determinar a fixação de cartazes na área a cada seis meses, a fim de garantir a ciência de todos os que vierem a ocupá-la, em razão do risco de haver uma população flutuante.

2) Existem instrumentos legais para ampliação dos limites objetivos/subjetivos da ação? (Arts. 190 e 191 do CPC/2015 e Enunciado nº 35 da ENFAM).

Por se tratar de ação possessória de caráter dúplice, que pode seguir o rito ordinário e sem prazos rígidos, pode ser realizada audiência judicial no início do processo, estabelecendo-se prazos para as partes produzirem e organizarem documentos e buscarem alternativas de moradia para os ocupantes. Isso porque, mesmo não tendo sido deferida a liminar, em algum momento a posse terá que ser concedida ao Poder Público, pois se trata de área pública com obra de infraestrutura urbana planejada. A reintegração de posse, portanto, é uma questão de tempo.

3) As partes podem ser induzidas a providenciar essa ampliação? (Arts. 138, 140 e 565, caput, 5º do CPC/2015).

Seria agradável ampliar os limites objetivos e subjetivos da ação, em especial com a inclusão dos órgãos responsáveis por moradia. Nesse ponto, pode ser interessante ao juiz dialogar diretamente com o gestor do contrato e das políticas públicas de moradia para o Município, a fim de que se possa planejar de forma antecipada as alternativas habitacionais para aqueles que serão removidos no momento do início da obra. Assim, mesmo sendo uma ação que envolve apenas a CDHU e os moradores, a Prefeitura poderá participar do processo, já que ao final será ela que terá que arcar com os custos urbanos da remoção, já que possui políticas públicas locais para auxílio moradia em caso de grandes obras. Quanto antes, portanto, a CDHU iniciar o diálogo para solução da questão da moradia com outros órgãos administrativos, menos traumática a futura remoção será para a cidade e para as pessoas envolvidas.

Do lado dos ocupantes, também pode ser interessante dar ciência do processo às diversas Organizações Não Governamentais (ONGs) e associações que fazem a defesa jurídica de vulneráveis, o que poderá equilibrar o jogo processual entre as partes na busca por soluções para a questão de moradia subjacente.

Aliás, na própria contestação, os réus pedem para que seja oficiado à Secretaria de Estado da Habitação do Estado de São Paulo, à Secretaria de Habitação e Desenvolvimento Urbano do Município de São Paulo, à Secretaria Municipal de Assistência Social e ao Conselho Tutelar da Criança e Adolescente da Lapa, além de órgãos competentes – pedido para negociar alternativas habitacionais aos ocupantes e demais atendimentos.

4) Existem direitos de diversas gerações em conflito e, portanto, diversos conceitos de posse e de pretensões possessórias?

A partir da leitura da contestação, fica claro que há gerações de direito em conflito. A autora defende o seu direito à posse com base no domínio. Já os réus, defendidos pela ONG Gaspar Garcia, aduzem a posse de 100 famílias no local há mais de 10 anos, formando, de maneira indivisa, a "Comunidade 12 de abril". Relatam diversas ações possessórias anteriores realizadas pelos proprietários originais, e o conhecimento da situação por moradores do bairro e pela imprensa. Aduzem que, apesar do duro processo de reconstrução de suas vidas e moradias, não tiveram o apoio do Estado, tampouco foram incluídos em programas habitacionais. A seu ver, comprovam o seu direito à posse, enquanto que a autora nunca teve a posse do local. Ainda, como matéria de defesa, aduzem a usucapião especial, pretendendo a regularização dos imóveis ocupados, conforme a Lei Federal nº 10.257/2001, e pedem o envio do processo à Vara de Registros Públicos. Comunicam a existência de tratativas com a autora desde outrubro de 2014 para alternativas habitacionais aos moradores, mas a CDHU silenciou a respeito. Foi proposto, ainda, a designaçao de audiência de conciliação, de reconhecimento do direito de retenção por benfeitorias, do reconhecimento do direito à moradia e da eficácia horizontal dos direitos humanos, seguindo-se a menção de diversos dispositivos constitucionais e tratados internacionais de defesa desse direito.

5) Existe uma base normativa implícita em jogo? É possível trazê-la à tona, com fundamento no art. 10 do CPC/2015? (Art. 396 do CPC/2015).

Da leitura da inicial e da contestação resta claro que existe uma base normativa explícita em jogo, não havendo necessidade de explicitar outros dispositivos legais ou constitucionais.

Na inicial, o pedido é formulado com base no artigo 1210 do CC e artigos 926 e seguintes do CPC/2015, e no domínio público.

Já a defesa tem na Lei Federal nº 10.257/2001 o fundamento do direito à moradia e à regularização, cujos dispositivos constitucionais e tratados internacionais referem-se ao direito à moradia, ou seja, a Declaração Universal de Direitos Humanos, de 1948, artigo XXV, item "1"; o Pacto Internacional e Direitos Econômicos, Sociais e Culturais, de 1966, artigo 11; a Convenção Internacional sobre Eliminação de Todas as Formas de Discriminação Racial, de 1965, artigo V; a Convenção sobre a Eliminação de Todas as Formas de Discriminação Contra a Mulher, de 1979, artigo 14.2, item "h"; a Convenção sobre os Direitos da Criança, de 1989, artigo 21, item "1"; a Declaração sobre Assentamentos Humanos de Vancouver, de 1976, seção III, capítulo II.

Questões do Grupo C – Saneamento e instrução

1) É conveniente sanear em audiência? (Art. 357, §3º do CPC/2015).

Pode ser vantajoso sanear este processo em audiência porque se os pontos referentes aos fundamentos jurídicos apresentados pelo réu forem trazidos para debate, o Poder Público pode ser instado a considerar a lógica da legislação social no projeto de infraestrutura em curso, buscando alternativas de recolocação dos ocupantes e buscando uma solução jurídica mais coordenada para a região no momento da desocupação efetiva.

2) É conveniente um negócio jurídico processual quanto aos pontos controversos e prazos? (Art. 190 do CPC/2015).

É conveniente a realização de negócios jurídicos no decorrer do processo, sendo evidente que a empresa autora precisa de tempo para negociar soluções. Os prazos processuais são curtos, e se não houver negociação de pontos controversos e prazos, serão pequenas as chances de solução para o processo, que acabem com o conflito de forma satisfatória para a sociedade.

3) As partes têm condições de identificar outras ações conexas para reunião? (Arts. 55, §3º; e 69, §§2º e 3º do CPC/2015).

A contestação faz menção a Ações de Reintegração de Posse ajuizadas antes dessa ação, mas em razão do tempo do processo, provavelmente existam ações de usucapião em curso, sendo interessante uma solução única.

4) Existe um processo administrativo que esclareça as escolhas públicas? Pode ser disponibilizado pelas partes? (Art. 5º do CPC/2015).

As partes não mencionaram a existência de um processo administrativo que esclareça a escolha da área. Essa informação pode ser solicitada ao gestor, que também pode ser instado a esclarecer se há orçamento efetivamente aprovado para o projeto, e se há expectativa de data para o início das obras.

5) É conveniente proferir decisões parciais, decidindo o processo em fases ou etapas? (Art. 356 do CPC/2015).

Nesse caso, resolver o processo aos poucos pode ser uma alternativa. O resultado final desse processo já é certo para ambas as partes desde o início. Algumas etapas anteriores à reintegração de posse, contudo, são necessárias, como verificar o "congelamento" da área, ou seja, definir os ocupantes e possíveis futuros beneficiários de políticas habitacionais para o local; conferir se estão incluídos em alguma fila para aquisição de moradia, de acordo com sua capacidade aquisitiva; e garantir que o Poder Público conheça os ocupantes e a necessidade de provimento de moradia para garantir a sustentabilidade urbana.

6) Será mais conveniente suspender o processo enquanto não há uma definição política mais precisa sobre a política pública? (Art. 313, inciso I, alínea "b" e 313, inciso V, alínea "a" do CPC/2015).

Nesse caso, não é conveniente suspender o processo, pois o seu objetivo não é a imediata reintegração de posse e, sim, garantir a litigiosidade do bem enquanto o Poder Público não se decide pelo início das obras. Assim, ele só terá interesse na reintegração quando houver recursos para a obra. O tempo do processo é indiferente.

7) *Será necessária perícia? Quais as questões que o perito deverá responder para garantir a efetividade da execução com a preservação de direitos? (Arts. 5º; 9º; e 357 do CPC/2015).*

Seria interessante fazer uma perícia que apurasse, além do valor dos bens, a quantidade de pessoas que ocupam o local, há quanto tempo isso acontece e a que título, a fim de conferir se a posse pode ter algum conteúdo econômico em face do proprietário, e um conteúdo social, considerados os instrumentos legais de regularização da posse. Essa perícia poderia orientar as partes e o Poder Público na concessão de benefícios, os quais não precisam se limitar à inscrição em um programa para aquisição de moradia pelo sistema privado.

8) *Pode ser conveniente a realização durante a instrução de audiências públicas, com a oitiva de outros interessados? (Arts. 139, inciso V; e 357, §§3º do CPC/2015).*

Seria muito interessante que isso ocorresse, pois desse modo se daria a oportunidade ao Ministério Público fiscalizar e trazer ao processo, as informações sobre o cumprimento do Plano Diretor da Cidade, a formação dos Conselhos Urbanísticos pertinentes, que são um meio de reforçar os princípios da cidadania urbana das pessoas em situação de vulnerabilidade e, deste modo, favorecer a paridade de armas no processo.

9) *É interessante proferir diversas decisões estruturais e não uma sentença fechada para ser executada? (Arts. 190 e 191, c. c. e 356 do CPC/2015).*

Nesse caso, uma sentença parcial ou uma decisão estrutural não é interessante e tampouco relevante, pois esse processo, embora diga respeito a uma política pública de moradia, não discute a política pública em si.

Questões do Grupo D – Cumprimento de liminar e execução

1) *Quais os possíveis obstáculos à execução do título no futuro?*

Muito provavelmente, no momento da execução do título, se não houver um planejamento desde o início do processo, não haverá meios para o cumprimento da reintegração de posse sem causar um trauma urbano. As pessoas removidas não terão para onde ir, as crianças terão de mudar de escola, com prejuízo para a sua escolaridade. Há risco de embate com a polícia militar no momento da reintegração, com prejuízo da imagem do Poder Judiciário.

2) Quais desses obstáculos podem ser superados se houver ampliação dos limites objetivos e subjetivos da lide ou produção mais extensa da prova? (Arts. 772, inciso III e 773 do CPC/2015).

Todos os obstáculos anteriores podem ser superados se o diálogo entre atores públicos e privados envolvidos no conflito ocorrer no início do processo e for mantido, por impulso do Poder Judiciário, até o momento da reintegração de posse.

3) Esses obstáculos, mesmo não sendo pontos controversos propriamente ditos, podem ser negociados na fase de conhecimento, de modo a terem uma solução já encaminhada no momento da sentença?

Sim, existe essa possibilidade, pois mesmo que não haja uma solução até a sentença, a negociação pode continuar até o momento da efetiva reintegração.

4) Que medidas indutivas podem ser tomadas desde o início do processo para assegurar o cumprimento da ordem judicial sem violação de direitos fundamentais? (Art. 139, inciso VI do CPC/2015).

Em primeiro lugar, o indeferimento da inicial pode incentivar o diálogo, bem como a realização de audiências, com a intimação do gestor público. Podem, também, ser exigidos planos, desde o início do processo, visando a forma de cumprimento da liminar, oficiando-se à Defensoria Pública e ao Ministério Público a garantia de que as medidas previstas no Plano Diretor estão sendo observadas.

5) Todas as questões relevantes para a execução já foram superadas na fase de conhecimento do processo ou é conveniente realizar uma nova conciliação na execução? (Art. 771, parágrafo único do CPC/2015).

No caso dos autos, existe um diálogo entre as partes, o cumprimento da sentença está suspenso enquanto algumas questões relativas à remoção não são definidas, e a obra não está liberada. Isso é um indício de que nem todas as questões relevantes à execução foram superadas na fase de conhecimento do processo, e que as tratativas de conciliação para futura remoção podem continuar até se alcançar o resultado menos danoso à sustentabilidade urbana.

Conclusão

Para este caso, especificamente, confere-se que durante a fase de conhecimento alguns dos instrumentos propostos foram empregados. A aplicação do *Roteiro*, de forma sistemática, entretanto, poderia ter colaborado para ampliar os limites cognitivos da lide e antecipar as questões da execução da imissão na posse, incentivando o Poder Público a adotar conduta capaz de garantir de forma mais adequada os direitos fundamentais.

Esta obra foi composta em fonte Palatino Linotype, corpo 10
e impressa em papel Offset 75g (miolo) e Supremo 250g (capa)
pela Gráfica Formato, em Belo Horizonte/MG.